北京理工大学"双一流"建设精品出版工程

Vehicle Multibody Dynamics Simulation and Example Exercise
车辆多体动力学仿真与实践

吴志成　杨　林　任宏斌 ◎ 编著

北京理工大学出版社
BEIJING INSTITUTE OF TECHNOLOGY PRESS

版权专有 侵权必究

图书在版编目（CIP）数据

车辆多体动力学仿真与实践 / 吴志成,杨林,任宏斌编著. -- 北京：北京理工大学出版社,2023.5
ISBN 978-7-5763-2357-3

Ⅰ. ①车… Ⅱ. ①吴…②杨…③任… Ⅲ. ①车辆动力学-计算机仿真 Ⅳ. ①U270.1-39

中国国家版本馆 CIP 数据核字（2023）第 081959 号

责任编辑：封 雪	**文案编辑**：封 雪
责任校对：周瑞红	**责任印制**：李志强

出版发行 / 北京理工大学出版社有限责任公司
社　　址 / 北京市丰台区四合庄路6号
邮　　编 / 100070
电　　话 / （010）68944439（学术售后服务热线）
网　　址 / http://www.bitpress.com.cn
版 印 次 / 2023年5月第1版第1次印刷
印　　刷 / 保定市中画美凯印刷有限公司
开　　本 / 787 mm × 1092 mm　1/16
印　　张 / 17.25
字　　数 / 402千字
定　　价 / 46.00元

图书出现印装质量问题，请拨打售后服务热线，负责调换

前言

车辆作为有轮运输工具出现在 6 000 多年前。在此后的大部分时间里,车辆技术的演化和进步是基于工程实践缓慢进行的。机动车出现后,车辆技术的发展逐步加速,进入内燃机汽车时代后,车辆技术的发展更是进入快车道。

随着汽车最高车速的不断提高,人们对汽车性能的认知越来越丰富,汽车设计师也不满足于依靠经验设计,而倾向于获得来自理论层面的指导。为响应来自工业界对汽车理论的需求,科技人员在试验的基础上逐渐深入研究并形成了车辆系统的理论体系。

车辆多体动力学研究车辆底盘在行驶过程中的响应特性,是车辆系统理论体系中的重要一环,也是车辆设计中必须考虑的一个方面。

现代计算机技术的发展使通过计算机建立车辆多体动力学虚拟样机并进行仿真分析成为可能。这样就可以避免一些费时费力的实车试验验证工作。因此,自车辆多体动力学仿真技术一出现就获得汽车行业的重视,并迅速成为一个研究前沿。目前车辆多体动力学仿真技术在汽车工业界有着广泛的商业应用,从技术角度体现着汽车企业的核心竞争力。

一些介绍车辆多体动力学仿真的教材专注于详细讲解多体动力学理论和多体动力学仿真软件及其车辆模块的使用,适合学习过车辆工程专业基础课的读者。但对于仅学过机械工程专业基础的读者,就需要另寻车辆工程专业基础课相关书籍以作参考。

本书希望能够整合车辆机械系统基础方面的内容,使车辆多体动力学仿真教材更具系统性和针对性,并设置了通过实例学习车辆多体动力学仿真软件的实验环节,便于学生通过实践巩固所学的理论知识。此外,为适应当前行业发展情况,增加了整车准多体动力学仿真软件的介绍。

本书共有 6 章内容,分别为绪论、基本的车辆机械系统、多体动力学基本理论、多体动力学仿真软件 ADAMS、ADAMS 的车辆多体动力学仿真和 AMESim 车辆动力学仿真软件介绍。第 1 章、第 3 章、第 4 章、第 5 章由吴志成编写;第 2 章由杨林编写;第 6 章由任宏斌编写。

本书在编写过程中，得到了北京理工大学、作者所在团队以及海克斯康集团 MSC 公司大中国区 ADAMS 技术团队的大力支持和帮助，参考和借鉴了国内同行的有关论著和研究成果，在此表示衷心的感谢。

由于写作时间仓促和作者水平有限，书中不当之处在所难免，敬请读者批评、指正，以便进一步修改、完善。

ADAMS 提供免费的学生版本，可访问瑞典海克斯康集团官网（https://hexagon.com/products/adams-student-edition），并在注册后下载。为方便用户学习，ADAMS 提供成套的教程，以及丰富的样例文件（https://hexagon.com/resources/resource-library/forms/adams-tutorial-kit-for-mechanical-engineering-courses）。本书中的实验 1 至实验 4 即是基于教程《ADM701：Complete Multibody Dynamics Analysis with Adams》编写，所用的样例文件也是同样来源。

目录 CONTENTS

1 绪论 ·· 001
    1.1 车辆多体动力学仿真发展史 ··· 001
    1.2 车辆多体动力学仿真的内容 ··· 003
    1.3 车辆多体动力学仿真的意义 ··· 004

2 基本的车辆机械系统 ·· 006
    2.1 车辆的动力传动系统 ··· 006
        2.1.1 动力装置 ·· 006
        2.1.2 传动系统 ·· 009
    2.2 车辆的行驶系统 ··· 021
        2.2.1 车架与车身 ··· 021
        2.2.2 车轮 ·· 022
        2.2.3 履带行驶装置 ·· 026
    2.3 车辆的转向系统 ··· 028
        2.3.1 转向原理 ·· 028
        2.3.2 阿克曼转向梯形 ··· 028
        2.3.3 车轮定位参数 ·· 029
        2.3.4 转向器和转向助力 ·· 030
    2.4 车辆的悬架系统 ··· 032
        2.4.1 独立悬架 ·· 032
        2.4.2 非独立悬架 ··· 035
        2.4.3 车辆悬架主要参数 ·· 037
        2.4.4 悬架运动学特性 ··· 039
    2.5 车辆的制动系统 ··· 040
        2.5.1 车辆制动原理 ·· 040

  2.5.2 车轮制动器 ……………………………………………………… 041
  2.5.3 制动力控制 ……………………………………………………… 042

3 多体动力学基本理论 ………………………………………………………… 046

 3.1 多体系统动力学建模 ……………………………………………………… 046
  3.1.1 基本的多体系统动力学概念与建模和求解过程 ……………… 046
  3.1.2 多刚体系统运动学 …………………………………………… 048
  3.1.3 多刚体系统动力学 …………………………………………… 055
 3.2 多体系统动力学方程的求解 ……………………………………………… 064
  3.2.1 非线性代数方程组求解 ……………………………………… 064
  3.2.2 微分代数方程组求解 ………………………………………… 065
  3.2.3 刚性（Stiff）问题 …………………………………………… 069
  3.2.4 小结 …………………………………………………………… 073

4 多体动力学仿真软件 ADAMS ………………………………………………… 074

 4.1 ADAMS 概述 ……………………………………………………………… 074
  4.1.1 ADAMS 发展简史 …………………………………………… 074
  4.1.2 ADAMS 动力学建模与求解 ………………………………… 075
  4.1.3 实验 1：ADAMS 动力学建模与求解 ………………………… 078
 4.2 ADAMS 界面 ……………………………………………………………… 082
  4.2.1 ADAMS/View 界面 …………………………………………… 082
  4.2.2 ADAMS/PostProcessor 界面 ………………………………… 084
  4.2.3 实验 2：ADAMS/View 仿真与后处理 ……………………… 085
 4.3 ADAMS 建模与仿真 ……………………………………………………… 091
  4.3.1 坐标系与部件 ………………………………………………… 091
  4.3.2 几何外形和精确定位 ………………………………………… 092
  4.3.3 初始条件、运动点轨迹和测量 ……………………………… 093
  4.3.4 施加约束与驱动 ……………………………………………… 095
  4.3.5 实验 3：悬架转向系统仿真 ………………………………… 099
  4.3.6 施加载荷 ……………………………………………………… 106
  4.3.7 解算器、脚本式仿真与传感器 ……………………………… 113
  4.3.8 设计研究与参数化 …………………………………………… 114
  4.3.9 实验 4：汽车后备厢盖打开机构仿真 ……………………… 118

5 ADAMS 的车辆多体动力学仿真 ……………………………………………… 129

 5.1 ADAMS/Car 模块概述 …………………………………………………… 129
  5.1.1 ADAMS/Car 简介 …………………………………………… 129
  5.1.2 基于模板建模的 ADAMS/Car ……………………………… 131
 5.2 ADAMS/Car 建模 ………………………………………………………… 133

          5.2.1 模板 ·· 133
          5.2.2 实验5：创建麦弗逊式悬架模板 ··· 139
          5.2.3 子系统 ·· 151
          5.2.4 悬架装配 ··· 155
          5.2.5 整车装配 ··· 157
     5.3 ADAMS/Car 仿真分析 ··· 158
          5.3.1 悬架K&C切换 ·· 158
          5.3.2 悬架性能仿真 ··· 159
          5.3.3 实验6：双横臂前悬架性能分析 ·· 162
          5.3.4 整车操纵稳定性仿真 ··· 165
          5.3.5 驾驶机器（Driving Machine） ·· 171
          5.3.6 轮胎与路面 ··· 176
          5.3.7 实验7：整车操纵稳定性分析 ··· 181
          5.3.8 整车行驶平顺性分析模块 ADAMS/Car Ride ·························· 188
          5.3.9 实验8：整车行驶平顺性分析 ··· 192
     5.4 ADAMS/Car 与 MATLAB/Simulink 联合仿真 ································· 197
          5.4.1 ADAMS/Controls 简介 ·· 197
          5.4.2 ADAMS/Car 受控模型 ·· 198
          5.4.3 建立 ADAMS/Car - MATLAB/Simulink 联合仿真模型 ············· 199
          5.4.4 实验9：ADAMS/Car - MATLAB/Simulink 联合仿真练习 ········· 201
     5.5 履带车辆仿真模块 ADAMS/ATV 简介 ··· 208
          5.5.1 ATV加载 ·· 208
          5.5.2 ATV建模元素 ··· 208
          5.5.3 ATV模板建模 ··· 213
          5.5.4 建立履带式车辆整车模型 ·· 217
     5.6 耐久性仿真模块 ADAMS/Durability 简介 ····································· 221
          5.6.1 疲劳与耐久性仿真技术概述 ··· 221
          5.6.2 使用 ADAMS/Durability 输出 DAC 格式文件 ························· 222
          5.6.3 使用 ADAMS/Durability 再现模态应力 ································· 230
          5.6.4 使用 ADAMS/Durability 导出疲劳分析模型文件 ····················· 233

6 AMESim 车辆动力学仿真软件介绍 ·· 238
     6.1 AMESim 简介 ·· 238
          6.1.1 AMESim 建模理论 ··· 238
          6.1.2 AMESim 基本操作流程 ··· 242
     6.2 AMESim 车辆动力学库简介 ··· 245
          6.2.1 AMESim 车辆坐标系的定义 ··· 245
          6.2.2 传感器模型 ··· 246
          6.2.3 多级复杂度悬架模型 ·· 247

  6.2.4 多级复杂度转向模型 …………………………………………… 250
  6.2.5 多级复杂度制动模型 …………………………………………… 250
  6.2.6 轮胎模型 ………………………………………………………… 251
  6.2.7 AMESim 驾驶员模型 …………………………………………… 252
  6.2.8 整车模型 ………………………………………………………… 253
  6.2.9 AMESim 模型简化 ……………………………………………… 255
 6.3 AMESim 建模仿真案例 ……………………………………………… 257
  6.3.1 悬架双质量模型的搭建与仿真 ………………………………… 257
  6.3.2 二自由度自行车模型的搭建与仿真 …………………………… 258
  6.3.3 多轴卡车模型建模 ……………………………………………… 261

参考文献 ……………………………………………………………………… 263

后记 …………………………………………………………………………… 265

1 绪 论

1.1 车辆多体动力学仿真发展史

车辆动力学在汽车设计和开发过程中扮演着极其重要的角色。车辆动力学是车辆力学的一个分支,涉及车辆系统、车辆控制及其零部件设计开发等多个领域,主要研究道路车辆在外部输入及驾驶员操作下的动态响应,分析汽车性能的内在联系和规律。随着计算机仿真技术的迅猛发展,基于多体动力学和多学科系统仿真与分析的技术日渐成熟,从而大大推动了汽车动力学的进一步发展,也为虚拟样机技术提供了坚实的理论基础。

车辆动力学的发展历史是随着人们对汽车品质需求的不断提高,而对车辆动力学不断进行深入探索和认识的过程。早期的汽车行驶速度缓慢,汽车的转弯半径完全取决于前轮转角,因此汽车转向规律基本符合阿克曼转向原理。随着汽车行驶速度的提高,人们发现装有充气轮胎的汽车的实验转弯半径并不符合阿克曼转向原理确定的理想关系。1904 年进行了世界上第一次汽车蛇行试验,汽车在涂有油脂的道路上急速蛇行行驶,速度可达 24~32 km/h。那时人们已认识到制动时后轮抱死将会导致汽车不稳定。1908 年世界上最早研究汽车动力学的工程师之一弗雷德里克威廉·兰切斯特提出了过多转向的概念。20 世纪 20 年代初,米其林公司的低压轮胎推向市场,但采用低压轮胎使得汽车转向摆振问题非常普遍,由于缺乏对轮胎力学特性的认识,阻碍了人们对汽车转向特性和摆振问题的研究。

1925 年法国的布劳赫特(Broulhiet)发现了汽车轮胎的侧偏现象,使人们认识到考虑"侧偏现象"的汽车转向运动系统,它实质上是一个无侧偏转向的基本系统加上一个侧偏反馈回路而形成的闭环系统。1931 年,在可测量充气轮胎力学特性的试验机问世后,人们开始了至今仍有意义的汽车转向特性研究。1934 年,美国 GM 公司高级工程师莫里斯·奥利(Maurice Olley),在对前人研究成果的基础上加以补充,对汽车的过度转向和不足转向特性下了定义,在已知充气轮胎在侧向力作用下将偏离轮胎中心平面,以所谓的侧偏角滚动的情况下,莫里斯·奥利将前轮的侧偏角与后轮的侧偏角作比较,把前轮侧偏角较大时称为不足转向,后轮侧偏角较大时称为过多转向,而前、后轮侧偏角相等时称为中性转向。

从 20 世纪 50 年代开始,由于道路硬件设施的发展和发动机性能的提高,汽车的行驶速度有了大幅提高。汽车动力学发展也随之进入"黄金时期"。1956 年,美国的西格尔(Segel)等人研究了汽车在稳态和瞬态的运动响应特性。为研究侧倾稳定性,在包括汽车横摆和侧向运动的二自由度数学模型基础上建立了包括侧倾自由度的三自由度汽车模型,汽车侧倾轴假设固定并且轮胎侧向力与侧偏角成正比,该模型能够在轮胎线性区域对汽车动态响应进行定性分析。二自由度和三自由度汽车模型是线性模型,在车辆侧向加速度小于 0.3g 的工况下能够产生满意的分析结果,但现代汽车的实际性能测试表明,其侧向加速度可以达到 0.8g。为了满足此要求，建立汽车非线性动力学模型就显得尤为重要。

1969 年，美国的麦克亨利（Mchenry）建立了一个车辆非线性动力学模型 HVOSM（高速公路车辆对象仿真模型），并进行了全尺寸实车试验验证。此后密歇根大学的查斯（Chace）和奥兰迪亚（Orlandea）等人建立了 42 自由度多体动力学模型来分析车辆操纵特性。2000 年，赫加齐（Hegazy）等人建立了 94 自由度整车非线性动力学模型，并以此模型分析车辆在双移线车道行驶中的瞬态特性，取得了较好的效果。汽车的非线性特性主要是由悬架系统非线性、轮胎非线性、转向系统的非线性以及车辆惯性运动的非线性等引起的。完全考虑这些非线性特性是不现实的，在建模时可以根据具体研究的内容忽略一些非线性特性以简化模型。

在人们对汽车动力学理解的进程中，理论和试验两方面因素均发挥了作用。其一，有关飞机稳定性及其控制理论被有效地运用于汽车，当时不少汽车动力学先驱者原先是从事航空工程领域工作的；其二，轮胎的重要性被肯定，人们开始用轮胎试验来测定轮胎的力学特性，轮胎特性得到全面的认识。

在随后的研究中，关于悬架和转向对于操纵稳定性能的影响开始逐渐深入。其中轴等效侧偏刚度概念的提出，使得除了轮胎侧偏现象以外，汽车转向运动其他因素的反馈得到更深入的理解和重视。利用轴等效侧偏刚度也可以进行汽车的高精度仿真分析。考虑各种反馈的综合效果才可以理解为什么一辆具有过度转向特性的汽车，如果在设计悬架转向系统时使它具有很强的"侧倾不足转向"特性，其综合效果表现仍然可以是具有一定不足转向的汽车。

20 世纪 60 年代到 80 年代，随着计算机技术的进步和多体动力学的蓬勃发展，各国学者开始建立复杂的汽车动力学模型。复杂的模型可以描述汽车的非线性特性和更精确的整车运动动态响应。这类模型都是基于总成特性的模型，把试验或人为的方法经过简化，用一组拟合参数来代替总成的特性，获得的参数都是系统的静态和准静态试验参数，因此与汽车运动状态中的动态特性参数有一定的误差，也影响了模型仿真的准确度。

我国的多体系统动力学研究起步较晚但发展很快，20 世纪 80 年代初，国内多家高校陆续邀请了美国的 Kane 教授、Roberson 教授、Huston 教授，德国的 Wittenburg 教授等多体系统动力学领域知名的专家学者来华讲学，促进了我国多体系统动力学的发展。原吉林工业大学（现吉林大学）汽车工程系 1985 年由方传流教授领导成立了"汽车多刚体系统动力学"课题组，开始将多体系统动力学应用于汽车工程技术中。

20 世纪 80 年代后期，多柔体系统动力学的理论和方法在汽车领域逐渐得到应用，汽车多体动力学也获得新的突破。其中许多有益的工作值得借鉴，例如把车身处理为柔性体，离散化过程采用集中质量法，并考虑转动惯量的影响，将计算出的结果同有限元分析方法进行比较；又如采用子结构的分析技术，车身为主结构，悬架系统处理为子结构，采用模态综合技术用自由度较少的模态坐标描述车身变形，通过约束条件把整个系统组装起来联合求解；再如用多体动力学方法研究汽车对路面随机振动输入的响应，模拟汽车转向侧倾、横摆运动，讨论车身离散化过程中模态的选择对计算精度的影响，分析悬架中弹性约束及橡胶衬套对汽车性能的影响，研究汽车碰撞过程中座椅安全带变形对人体运动的影响；等等。

随着系统仿真的快速发展，汽车建模方法也出现了新的改变。通用的多体动力学仿真软件开始逐渐被汽车厂家、汽车研究所、高等院校的科研人员应用，比较流行的商用分析软件主要有 MSC. ADAMS、Carsim、AMESim、SimulationX、Matlab、VeDyna、CarMaker、RecurDyn 等。以 MSC. ADAMS 为代表的多体仿真软件建立的汽车仿真模型是将汽车每一个部件看作刚性体或弹性体，它们的连接通过各种约束来描述，可以从整车或总成的运动学和动力学出发，对零部件进行几何拓扑和材料特性的优化，真正实现汽车的虚拟设计。而以 AMESim 为代表的系统仿真软件能够快速完成被控对象的高精度模型搭建，并自动编译生成描述系统的微分方程，利用软件内部的数学解算器进行微分方程的数值迭代求解。

1.2　车辆多体动力学仿真的内容

车辆是由动力、底盘、车厢和电气设备组成的，而车辆底盘包括了传动、行驶、转向和制动等系统组成的高度复杂的运动机械系统，这个系统在力学中就是所谓的多体系统。

多体系统动力学研究的主要任务是：建立复杂机械系统的运动学和动力学数学模型并确定工况；解算数学模型以得到多体系统的运动学和动力学响应；对解算结果进行数据处理与分析以评价多体系统的性能。对于由多个刚体组成的复杂系统，理论上可以采用经典力学的方法，即以牛顿-欧拉方程为代表的矢量力学方法和以拉格朗日方程为代表的分析力学方法。这种方法对于单刚体或者少数几个刚体组成的系统是可行的，但对于车辆多体系统，由于刚体数目的增加，方程复杂度成倍增长，寻求其解析解往往是不可能的。

随着计算机数值计算方法的出现，面向具体问题的程序数值方法成为求解复杂问题的一条可行道路，即针对具体的多刚体问题列出其数学方程，再编制数值计算程序进行求解，然后再对解算结果进行数据处理与分析。理论上只要对每一个具体的问题都编制相应的程序进行求解，就可得到合理的结果，但是这个长期的重复过程是人工不能忍受的，因此，需要计算机进行程式化的建模、求解和分析。这样，原先不能求解或者求解困难的大型复杂问题，就可以借助计算机顺利完成。

20 世纪 80 年代初，豪格（Haug）等人提出了"计算多体动力学"即"多体动力学仿真"的概念，认为其主要任务是：只需用户输入描述系统的最基本数据，借助计算机软件自动建立复杂机械系统运动学和动力学的数学模型；采用有效的处理数学模型的计算机方法与数值积分方法，自动得到系统的运动学规律和动力学响应；实现有效的数据后处理，采用动画显示、图表或其他方式提供数据处理结果。

车辆不同于普通的固定机械装置，具备在地面机动的能力，因而涉及行驶环境，直接影响地面给予车轮的动力学输入，需要特别考虑。车辆动力学可按方向分解成纵向、横向和垂向，纵向对应动力性和制动性，横向对应操纵稳定性，垂向对应行驶平顺性。

在研究汽车诸多的行驶性能时，汽车动力学研究对象的建模、分析与求解始终是一个关键性问题。汽车本身是一个复杂的多体系统，外界载荷的作用更加复杂，加上人、车、环境三者的相互作用，给汽车动力学带来了很大困难。由于理论方法和计算手段的限制，该学科曾一度发展缓慢，许多情况下不得不把模型进行较多简化，以便使问题能够用古典力学的方法人工求解。这导致汽车许多重要特性无法得到较精确的定量分析。计算机技术的迅速发展，使我们在处理上述问题方面产生了质的飞跃。因此，汽车动力学研究的力学模型逐渐由线性模型发展到非线性系统模型；模型的自由度由二自由度发展到数十个自由度，甚至到数百上千个自由度。模拟计算也由稳态响应特性的计算发展到瞬态响应特性和转弯制动特性的计算。

车辆多体动力学仿真的内容即：

①根据用户输入的描述车辆系统的最基本数据，借助计算机软件建立车辆系统运动学和动力学的数学模型（建模）。

②在计算机软件环境中设置并执行车辆行驶试验环境试验流程（仿真）。

③采用计算机数值计算的方法得到车辆系统的运动学规律和动力学响应（求解）。

④对解算结果进行数据处理与分析得到车辆的总体性能表现（输出）。

1.3　车辆多体动力学仿真的意义

车辆多体动力学仿真是车辆正向设计的关键一环，是使用动力学理论分析的结果指导实际的工程设计。相对于线性化车辆模型，车辆多体动力学模型能更准确地反映车辆系统较强的非线性特征。

传统的车辆设计往往是把零部件的设计、分析、研究作为其主要内容，其设计流程是先经验设计后造物理样车，再现场试验，样车再修改，现场再试验，经过几轮迭代后样车定型，最终规模生产，这是一种少、慢、差、费的设计方法。而车辆企业为增强开发能力和市场竞争力，必须使车辆满足制造周期短、质量轻、价格便宜、坚固耐用、安全舒适等要求。显然，传统的经验设计方法和设计流程并不能适应这种需求。

对于复杂的车辆系统来说，采用多体动力学开展研究是一种高效率、高精度的方法。目前，多体动力学已形成比较系统的研究方法。随着计算技术的飞速发展，已有大量通用多体动力学软件可以对汽车进行分析和计算，在汽车设计开发中发挥了重要作用。

汽车多体系统分析软件的分析范围包括：运动分析、静态分析、准静态分析、动态分析、灵敏度分析等，一些软件还可以与有限元分析、模态分析、优化分析等模块化的需求进行相互调用，以完成对整车及各零部件的性能分析和结构设计。车辆的整车性能则是这个系统中各系统、总成、零部件以及驾驶人和行驶环境相互作用的体现。对其部件和总成的设计研究进行评价与优化，也应以整车的性能指标为标准。

在多体动力学仿真技术的基础上，虚拟样车设计出现在汽车设计与制造领域。基于虚拟样车技术，设计者们在物理样车制造出来之前就可以通过计算机仿真分析，比较各种不同设计方案并进行匹配、优化。在设计早期阶段就能在各种不同的行驶工况下，较精确地预测车辆整车的操纵性、行驶平顺性、安全性以及零部件的寿命等，从而大大缩短了新产品的设计开发周期，保证整车性能指标，并且减少了人力、物力的耗费，使产品的成本大大降低。

为了实现虚拟样车技术，人们必须首先从整车或总成的运动学和动力学出发，进行一体化的建模和仿真研究，进而提出对各零部件的几何拓扑、材料特性等的优化设计以及各总成性能的要求。车辆多体系统动力学及其相应的程序系统，恰恰可以满足虚拟样车技术的这种需求。应用车辆多体系统动力学的建模理论和方法，可以较精确地建立整车或总成的分析模型，进而实现虚拟样车的设计和动力学仿真分析与优化。

借助多体系统动力学仿真软件的建模功能、卓越的分析能力及方便灵活的后处理手段，可以支撑复杂车辆"虚拟样机"的搭建，在模拟现实工作条件的虚拟环境下逼真地模拟其各种运动情况，帮助工程技术人员对系统的各种动力学性能进行有效的评估，并且可以快速分析比较多种设计思想，直至获得最优设计方案，提高产品性能，从而减少昂贵、耗时的物理样机试验，提高产品设计水平、缩短产品开发周期和节约产品开发成本。

总的来说，车辆多体动力学仿真的意义在于：

①基于更接近实际的车辆模型，得到更准确的计算结果（提升模型精度）。

②执行在实车试验中的危险工况，研究车辆在极限工况下的性能（虚拟试验）。

③支撑车辆虚拟样机的构建，在正向设计过程中优化机构与结构参数（优化工程设计）。

④替代部分物理样机试验，缩短产品开发周期和节约开发成本（高效研发）。

2 基本的车辆机械系统

2.1 车辆的动力传动系统

车辆工程专业的研究对象是机动车辆,机动车辆是指由动力装置驱动或牵引、在道路上行驶的、供乘用或运送物品或进行专项作业的轮式车辆。车辆的动力传动系统(Powertrain)包含了动力装置和将动力装置产生的动力传递到驱动车轮的传动系统。

2.1.1 动力装置

目前常见的车用动力装置有内燃机和电动机两类。

2.1.1.1 内燃机

内燃机是一种通过使燃料在机器内部燃烧并将放出的热能直接转换为动力的发动机。根据燃料不同,常见的内燃机有柴油机和汽油机。车用内燃机通常是活塞式内燃机,内燃机将燃料和空气混合,在其气缸内燃烧,产生高温高压的燃气,推动活塞运动。活塞式内燃机根据活塞的类型不同可以分为往复活塞式内燃机和旋转活塞式(转子)内燃机。往复活塞式内燃机通过曲柄连杆机构将活塞的往复运动转化成旋转运动,输出转矩;旋转活塞式内燃机则直接输出转矩。旋转活塞式内燃机和四冲程往复活塞式内燃机的工作循环如图2-1所示。

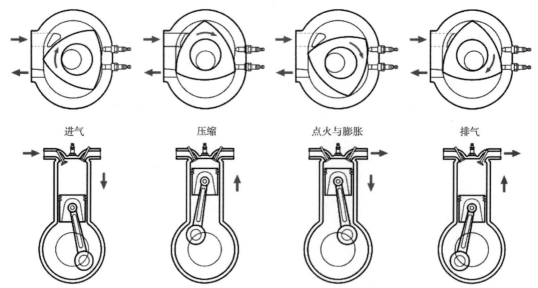

图2-1 旋转活塞式内燃机和四冲程往复活塞式内燃机的工作循环

可以看出:旋转活塞式内燃机的转子每转一圈,完成三个工作循环,产生三次动力,做三次功;而往复式四冲程内燃机的曲轴需要旋转两圈才完成一个工作循环,产生一个动力,做一次功。因此,转子旋转活塞式内燃机的工作效率比较高。此外,旋转活塞式内燃机还具有结构简单、工作平稳性好和转速高等优点,但是旋转活塞式内燃机的气缸密封困难，低速动力性能不佳，致使其应用远不及往复活塞式内燃机。

对于往复活塞式内燃机，气缸内的燃气压力施加在活塞上，转化为活塞施加给连杆的作用力，此作用力施加到发动机的曲轴上，形成曲轴上的输出转矩。即：发动机气缸内的燃烧情况决定了发动机的输出转矩。受到气缸容积限制，在每个吸气冲程进入气缸的燃料和空气燃气量受发动机转速的影响较小，每次燃烧的条件也基本相同，产生燃气的平均压力值也变动不大。因此发动机的平均输出转矩随转速变化并不明显。如欲在发动机的气缸不变的条件下提高平均输出转矩，可以采用增压或可变进气系统以增加进气量，以强化燃烧过程，从而实现增加燃气的平均压力值，提升发动机平均输出转矩的目的。采用增压和可变进气系统的发动机负荷特性曲线如图 2-2 所示。

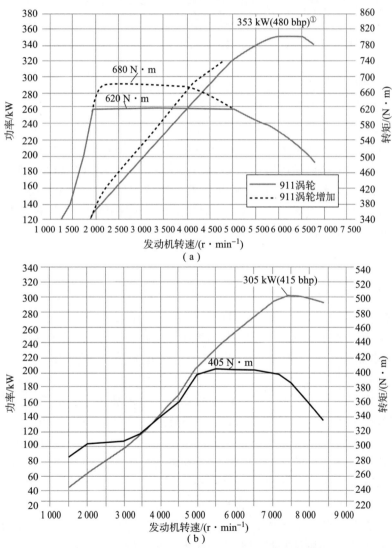

图 2-2 采用增压和可变进气系统的发动机负荷特性曲线
（a）保时捷 911 涡轮增压；（b）保时捷 911 GT3 可变进气系统

---

① bhp 指制动马力。

2.1.1.2 电动机

目前，以电动汽车为代表的新能源汽车方兴未艾。新能源汽车具有环保、节约、简单三大优势，在纯电动汽车上的体现尤为明显。与混合动力汽车相比，纯电动车使用单一电能源，结构更简化，也降低了机械部件摩擦导致的能量损耗及噪声，节省了汽车内部空间、质量。电动机及其控制系统是新能源汽车的核心部件（电池、电机、电控）之一，电动机的驱动特性决定了汽车行驶的主要性能指标。

电动汽车常用的动力电动机按照工作原理可分为：串励直流电动机、永磁同步电动机、交流感应异步电动机。

（1）串励直流电动机

串励直流电动机的励磁绕组与电枢绕组串联后连接直流电源，这种直流电动机的励磁电流就是电枢电流。这种电动机内磁场随着电枢电流的改变有显著的变化。为了使励磁绕组中不引起大的损耗和电压降，励磁绕组的电阻越小越好，所以串励式直流电动机通常用较粗的导线绕成，它的匝数较少。

串励直流电动机在低速运行时，能给电动汽车提供足够大的转矩，而在高速运行时，电动机电枢中的反电动势增大，与电枢串联的励磁绕组中的励磁电流减小，电动机高速运行时的弱磁调速功能易于实现，因此串励式直流电动机驱动系统能较好地符合电动汽车的特性要求。但串励直流电动机由低速到高速运行时弱磁调速特性不理想，随着电动汽车行驶速度的提高，驱动电动机输出转矩快速减小，不能满足电动汽车高速行驶时由于风阻大而需要输出较大转矩的要求。串励直流电动机运行效率低；在实现电动汽车的再生制动时，由于没有稳定的励磁磁场，再生制动的稳定性差；由于再生制动需要加接触器切换，因此驱动电动机控制系统的故障率较高，可靠性较差。另外，串励直流电动机的励磁绕组损耗大，体积和质量也较大。

（2）永磁同步电动机

永磁同步电动机的定子由电枢铁芯和在空间位置上相差120°的三相电枢绕组构成，转子主要由钕铁硼永磁体、转子铁芯和转轴等构成。在定子侧通入三相对称电流产生旋转磁场，永磁体转子在旋转磁场中受到电磁力作用运动，转子的工作转速与定子绕组的电流频率始终保持一致，控制电动机的定子绕组输入电流频率，即可控制电动机转速。

永磁同步电动机的转子磁场是由永磁体提供的，省去励磁所需电能，效率高；调整电流与频率即可在很大范围内调整电动机的功率和转速；结构简单，体积和质量相对较小，功率密度高。即在相同质量与体积下，永磁同步电动机能为车辆提供最大的动力输出。对于纯电动车来说，为了保证续航能力，电动汽车需要携带大量的电池组，负重很大，因此其他部件的轻量化至关重要，良好的质量控制可以有效降低能耗、延长续航里程。由于受到永磁材料自身性能的限制，转子上的永磁材料在高温、振动和过流的情况下，会产生退磁的现象，所以在相对复杂的工作条件下，永磁电动机容易发生损坏。而且永磁材料价格相对较高，因此整个电动机及其控制系统的成本也相对较高，这对稀土资源缺乏的国家是需要考虑的问题。

（3）交流感应异步电动机

交流感应异步电动机的转子由转子绕组和转子铁芯组成，定子同样由电枢铁芯和在空间位置上相差120°的三相电枢绕组构成。当三相定子绕组通入三相对称交流电后，将产生一个旋转磁场，该旋转磁场切割转子绕组，从而在转子绕组的闭合通路中产生感应电流，感应电流产生的转子磁场在定子旋转磁场作用下将产生电磁力，从而在电动机转轴上形成电磁转矩，驱动电动机旋转，并且电动机旋转方向与旋转磁场方向相同，但转子转速低于定子旋转磁场的转速。

　　交流感应异步电动机不需要永磁体，成本低，工艺简单，可靠耐用，维修时不用考虑灭磁维修，而且能忍受大幅度工作温度变化。峰值转速高，当汽车处于高速行驶时，交流感应异步电动机能够保持高速运转和高效的电能使用效率。交流感应异步电动机的矢量控制调速技术比较成熟，使得异步电动机驱动系统具有明显的优势，因此被较早应用于电动汽车的驱动系统。但交流感应异步电动机的转子磁场来自定子励磁，存在铜耗，能量转化率比永磁同步电动机低；质量和体积偏大，功率密度较低；交流异步电动机的控制相对较为复杂，配用的驱动控制器成本较高。

　　Tesla（特斯拉）Model S 车型和采用双速变速器的电动汽车的负荷特性如图 2－3 所示。

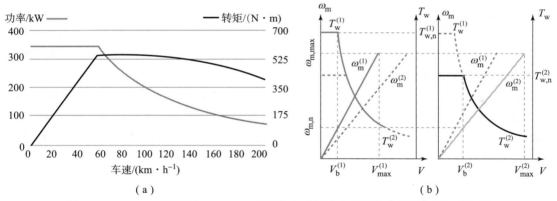

图 2－3　Tesla（特斯拉）Model S 车型和采用双速变速器的电动汽车的负荷特性
（a）Tesla（特斯拉）Model S 车型；（b）采用双速变速器的电动汽车

　　电动机的输出力矩是转子与定子之间磁场力相互作用的结果，与驱动控制器输出电流直接相关。在电源电压不变的条件下，电动机会表现出等功率的负荷特性。即：电动机的输出力矩需求会随转速的降低而增大，相应的电流需求也会随转速的降低而增大。但因电气系统元器件能承受的电流有限，驱动控制器会设计在电动机转速降低至某值后限制输出电流不再增加，此时电动机会表现出等转矩的负荷特性。

　　实际上，在电动机转速超过额定转速时，电动机的输出转矩和功率会明显下降。如采取减小电动机到驱动轮的速比的方法来满足高速驱动力，则又会出现低速驱动力不足的问题；采用二速变速器可通过挡位变化使电动机尽量工作在高效率的转速区间。

2.1.2　传动系统

　　汽车传动系统（Driveline）的基本功用是将发动机发出的动力传给驱动车轮。传动系统的功能包括：减速增扭、改变速比、中断传动、实现倒车、差速驱动。主要性能参数是传动比和传动效率。轿车的两种传动系统组成和布置如图2-4所示。

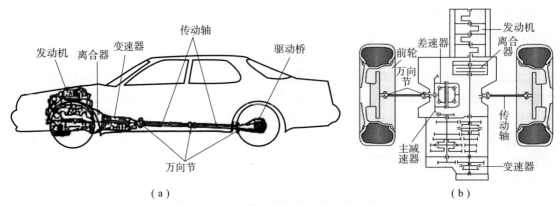

图2-4 轿车的两种传动系统组成和布置
(a) 发动机前置后轮驱动；(b) 发动机前置前轮驱动

图2-4（a）中，发动机发出的动力依次经过离合器、变速器（或自动变速器）和由万向节与传动轴组成的万向传动装置，以及安装在驱动桥中的主减速器、差速器和半轴，最后传到驱动车轮。图2-4（b）中，发动机发出的动力依次经过离合器、变速器（或自动变速器）、驱动桥中的主减速器和差速器，由内、外万向节与传动轴组成的车轮半轴传到驱动车轮。

部分高性能轿车和运动型汽车（SUV）采用全时或适时四轮驱动系统（简称AWD）。越野汽车则一般采用分时四轮驱动系统（简称4WD），动力在从变速器输出后还应经过分动装置分配到前、后驱动桥。越野汽车四轮驱动系统的组成如图2-5所示。

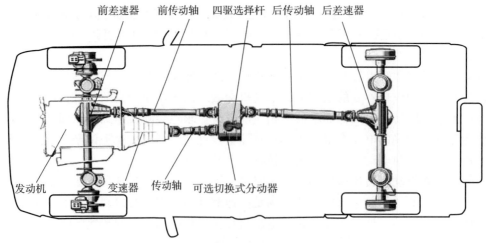

图2-5 越野汽车四轮驱动系统的组成

2.1.2.1 离合器

离合器（Clutch）是汽车传动系统中直接与发动机相联系的部件，其功用是通过切断或接通发动机与传动系统的联系，保证汽车平稳起步，保证换挡时工作平顺，防止传动系统过载，并能够抑制传动系统扭转振动。汽车上普遍采用膜片弹簧压紧的摩擦式离合器。

离合器的主动部分包括发动机的飞轮和压盘总成，压盘总成主要包括离合器盖、传动片、压盘，带有摩擦片的从动盘通过滑动花键与变速器的输入轴相连。压盘将从动盘压紧在飞轮端面上。发动机转矩一部分靠飞轮与从动盘接触面之间的摩擦作用而传到从动盘上，另一部分经过离合器盖、传动片、压盘以及压盘与从动盘之间的摩擦作用传到从动盘上，再由经过从动轴和传动系统中一系列部件传给驱动车轮。为了减小传动系统的扭转振动，降低振动噪声，并缓和传动系统所受的冲击载荷，在离合器的从动盘中装设扭转减振器。

膜片弹簧离合器及典型从动盘的结构如图2-6所示。

图2-6 膜片弹簧离合器及典型从动盘的结构
（a）膜片弹簧离合器；（b）典型从动盘

分离离合器时，驾驶人踩下离合器踏板，通过液压操纵机构和分离叉推动分离轴承左移，进而推动分离指内端左移，膜片弹簧以支承圈为支点转动（膜片弹簧呈反锥形），于是膜片弹簧外端右移，拉动压盘使其与从动盘分离。从动盘与飞轮和压盘之间的静摩擦力消失，从而中断了动力传递。松开离合器踏板，在压紧弹簧作用下，离合器重新接合。由于膜片弹簧具有良好的非线性特性，可在从动盘摩擦片磨损后仍维持压紧力，且减轻分离离合器时的踏板力，使操纵轻便。膜片弹簧离合器的工作原理及膜片弹簧的非线性弹性特性如图2-7所示。

2.1.2.2 手动变速器

发动机的转矩和转速变化范围较小，而复杂的使用条件则要求汽车的驱动力和车速能在相当大的范围内变化。为解决这一矛盾，在传动系统中设置了变速器（Gearbox）。

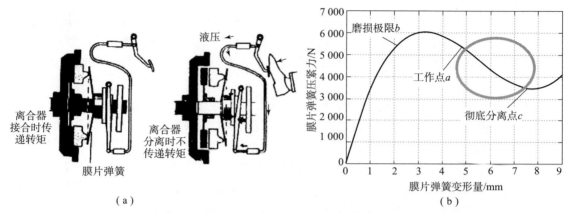

图 2-7 膜片弹簧离合器的工作原理及膜片弹簧的非线性弹性特性
(a) 膜片弹簧离合器；(b) 典型膜片弹簧的弹性特性曲线

目前发动机前置前轮驱动的轿车普遍采用两轴式齿轮变速器。捷达轿车采用的02KA型5挡变速器具有5个前进挡、1个倒挡，结构剖视图如图2-8所示

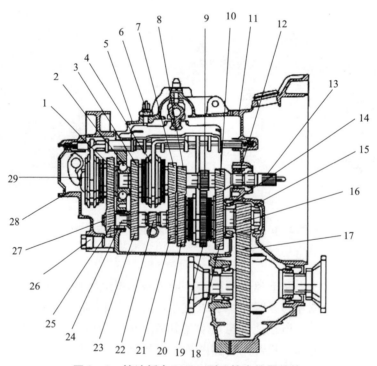

图 2-8 捷达轿车 02KA 型 5 挡变速器结构

1—输入轴五挡齿轮；2，12，14，15，27—轴承；3—输入轴四挡齿轮；4，29—接合套；5—变速器壳体；6—通气器；7—输入轴三挡齿轮；8—输入轴二挡齿轮；9—输入轴倒挡齿轮；10—输入轴一挡齿轮；11—离合器壳体；13—输入轴；16—主减速器主动齿轮；17—主减速器从动齿轮；18—输出轴一挡齿轮；19—输出轴倒挡齿轮；20—输出轴二挡齿轮；21—输出轴三挡齿轮；22—车速里程表传动齿轮；23—输出轴四挡齿轮；24—输出轴；25—输出轴五挡齿轮；26—放油塞；28—后壳体

输入轴上的主动齿轮与输出轴上的从动齿轮处于常啮合状态,但由于各挡位的传动齿轮中总有一个是空套在轴上的,因此不能传递动力。要想输出动力,必须利用换挡机构挂上相应的挡位。

为保证顺利换挡,需要采用锁环式惯性同步器,利用摩擦原理,使接合套与对应接合齿圈的圆周速度迅速达到同步,而在未同步时,同步器中的锁环会阻止接合套通过,避免与对应接合齿圈出现打齿。

锁环式惯性同步器(三、四挡)结构示意如图2-9所示。

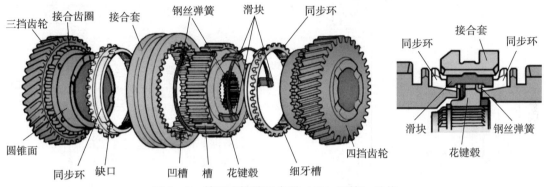

图 2-9 锁环式惯性同步器(三、四挡)结构

三、四挡从动齿轮通过滚针轴承空套在输出轴上,其上加工有接合齿圈和圆锥面,花键毂的内花键与输出轴的外花键配合。接合套的内花键齿与花键毂的外花键齿滑动配合,可轴向移动。两个青铜制成的锁环(也称同步环)安装在花键毂两端与接合齿圈之间,锁环套在接合齿圈外端的锥面上,具有与齿圈锥面锥度相同的内锥面,三个滑块在钢丝弹簧的作用下压向接合套,其中间凸起正好嵌在接合套中部的凹槽中,起到空挡定位作用,即保证同步器处于正确的空挡位置。

捷达02KA型变速器各前进挡传动路线如图2-10所示。

可以看出,若操纵一二挡接合套从空挡位置右移,使其内花键与输出轴一挡齿轮的接合齿圈接合,而其左半部分仍然与花键毂相结合,动力可传给输出轴,变速器处于一挡;若操纵一二挡接合套从空挡位置左移,使之与输出轴二挡齿轮接合齿圈接合,变速器即处于二挡;若操纵三四挡接合套从空挡位置右移,使之与输出轴三挡齿轮接合齿圈接合,变速器即处于三挡;若操纵三四挡接合套从空挡位置左移,使之与输出轴四挡齿轮接合齿圈接合,变速器即处于四挡;若操纵五挡接合套从空挡位置右移,使之与输出轴五挡齿轮接合齿圈接合,变速器即处于五挡。五挡的输出轴转速高于输入轴,故被称为超速挡。超速挡主要用于在良好路面上轻载或空载行驶的场合,以提高汽车的燃油经济性。为实现汽车的倒退行驶,在输入轴的一侧还设置了一根较短的倒挡轴。通过倒挡拨叉使倒挡中间齿轮左移,与倒挡主动和从动齿轮同时啮合,即得到倒挡。

2.1.2.3 自动变速器

汽车自动变速器可根据发动机负荷和车速等工况的变化自动变换传动系统的传动比,以使汽车获得良好的动力性和燃油经济性;并且有效地减少发动机排放污染以及显著地提高车辆行驶的安全性、乘坐舒适性和操纵轻便性。

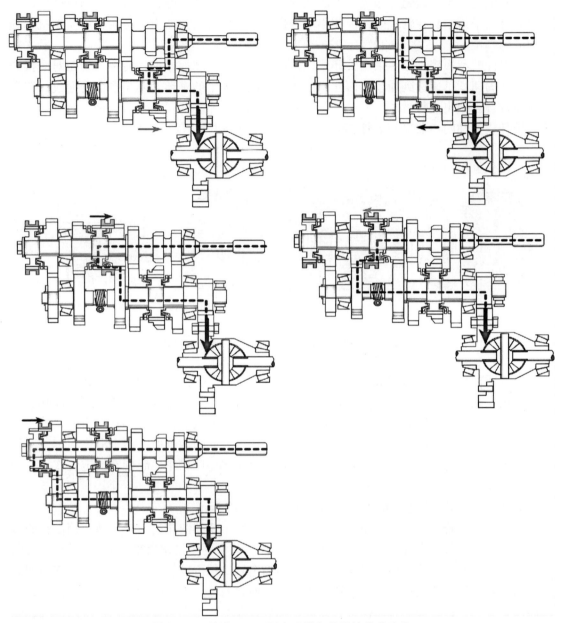

图 2-10 捷达 02KA 型变速器各前进挡传动路线

常见的自动变速器的类型有：电控机械自动变速器（Automated Manual Transmission，AMT）、液力机械式自动变速器（Automatic Transmission，AT）、金属带式无级自动变速器（Continuously Variable Transmission，CVT）、双离合器式自动变速器（Dual Clutch Transmission，DCT）等。

（1）液力机械式变速器

液力机械式变速器由液力变矩器（Torque Converter）与齿轮式变速器组成。

常见的液力变矩器主要由可旋转的泵轮、涡轮和单向旋转的导轮三个元件组成，内部充满液压油。泵轮与变矩器壳连成一体,用螺栓固定在发动机曲轴后端的凸缘上,泵轮的径向叶片较平直。壳体做成两半,装配后焊成一体(有的用螺栓连接)。涡轮以花键与变速器输入轴相连,导轮的叶片倾斜的方向与涡轮相反,通过单向离合器安装在导轮轴上。

液力变矩器可以在泵轮转矩不变的情况下,随涡轮转速(反映着汽车行驶速度)的改变而改变涡轮输出转矩数值。发动机工作时,曲轴带动变矩器壳和泵轮旋转,将内部的液压油搅动,在泵轮、涡轮和导轮之间形成螺旋流。若泵轮高于涡轮转速,从涡轮流出的油液正向冲击导轮,导轮固定提供反作用力,则涡轮输出到变速器输入轴的转矩会大于发动机输出转矩,随着涡轮转速的提高从涡轮流出的油液冲击导轮的角度减小直至为负,即反向冲击导轮,此时导轮反向自由旋转,不提供反作用力,涡轮输出转矩接近发动机输出转矩。

由于液力变矩器存在液力损失,变矩器的效率不高。为了提高变矩器在高转速比工况下的效率,在液力变矩器中设计带锁止离合器,在锁止离合器接合时,液力变矩器不起作用,机械效率接近100%。

液力变矩器结构和典型的液力变矩器特性曲线如图2-11所示。

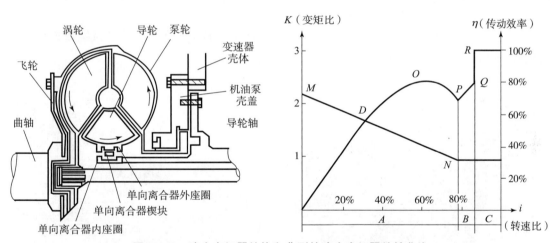

图 2-11 液力变矩器结构和典型的液力变矩器特性曲线

可以看出,横轴为转速比,表示涡轮与泵轮转速之比,左端泵轮转速远大于涡轮,右边相等。转速比较小时,变矩比大,传动效率较低;随着转速比增加,变矩比降低,传动效率也相应提高,转速比为60%时,效率最高;转速比进一步上升,变矩比接近1,但传动效率下降;为避免动力流失,变矩器用离合器锁止,转速比骤增至1,效率也达到最高。

与变矩器配合使用的齿轮式变速器多数是装备行星齿轮变速器。

行星齿轮变速器由行星齿轮机构和换挡执行机构组成。

行星齿轮机构的最简型式是单排行星齿轮机构,由太阳轮、齿圈、行星架、行星齿轮组成。太阳轮、齿圈和行星架同轴转动,行星齿轮围绕太阳轮旋转。行星齿轮有单级和双级两种结构型式,双级行星齿轮机构与单级行星齿轮机构在其他条件相同的情况下相比,齿圈可以得到反向传动。

单排行星齿轮机械的结构如图2-12(a)所示。

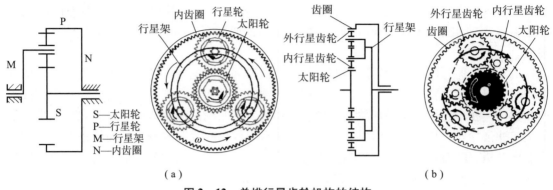

图 2-12 单排行星齿轮机构的结构
(a) 单排行星齿轮；(b) 双排行星齿轮

单排行星齿轮机构所提供的适用传动比数目是有限的，为了获得较多的挡数，可采用两排或多排行星齿轮机构。一般具有三四个前进挡的自动变速器至少需要两排行星齿轮机构。汽车自动变速器采用的复合式行星齿轮机构主要有：辛普森（Simpson）式、拉维娜（Ravigneaux）式和莱派特（Lepelletier）式等。

大众宝来轿车的01M型液力机械式自动变速器采用的齿轮变速机构是拉维娜式行星齿轮机构，结构如图2-13所示。

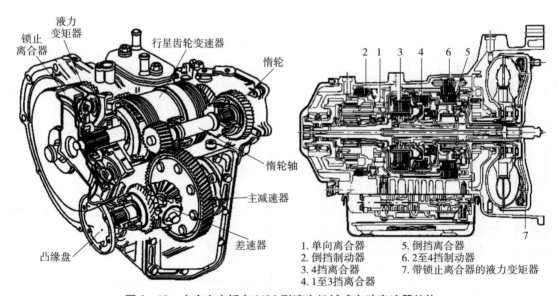

1. 单向离合器　5. 倒挡离合器
2. 倒挡制动器　6. 2至4挡制动器
3. 4挡离合器　7. 带锁止离合器的液力变矩器
4. 1至3挡离合器

图 2-13 大众宝来轿车01M型液力机械式自动变速器结构

拉维娜式行星齿轮机构组成包括：大太阳轮、小太阳轮、长行星齿轮、短行星齿轮、行星架和齿圈。两排行星齿轮机构共用一个齿圈和一个行星架。行星架上的长行星轮与前排行星齿轮机构的大太阳轮啮合，同时还与后排行星齿轮机构的短行星轮相啮合。短行星轮还与小太阳轮啮合。拉维娜式行星齿轮机构如图2-14所示。

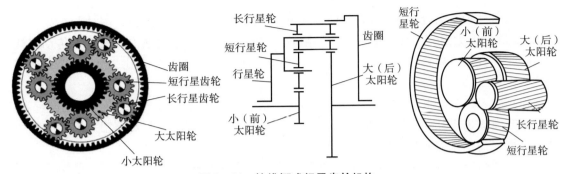

图 2-14 拉维娜式行星齿轮机构

01M 型自动变速器的换挡执行机构包括 3 个离合器、2 个制动器和 1 个单向离合器，离合器和制动器在外形上可能相似但作用不同：离合器啮合时传递力矩，驱动某元件运动；制动器啮合时阻止某元件运动；单向离合器只允许元件向某一个方向运动。

大众 01M 型自动变速器可实现 4 个前进挡和 1 个倒挡，工作原理如图 2-15 所示。

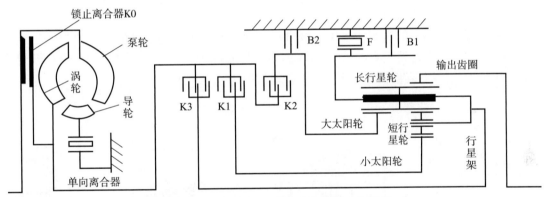

图 2-15 大众 01M 型自动变速器工作原理

可以看出，离合器 K1 连接涡轮和小太阳轮，离合器 K2 连接涡轮和大太阳轮，离合器 K3 连接涡轮和行星架，制动器 B1 制动行星架，制动器 B2 制动大太阳轮，单向离合器 F 单向制动行星架，动力由涡轮输入，从输出齿圈输出。

01M 型自动变速器各挡传动比如下：

一挡时，离合器 K1 接合，驱动小太阳轮，单向离合器 F 接合，正向锁止行星架，阻止行星架与小太阳轮同向转动，齿圈同向减速输出，动力传动路线为：泵轮→涡轮→离合器 K1→小太阳轮→短行星轮→长行星轮→输出齿圈，其传动比为 2.714。

二挡时，离合器 K1 接合，驱动小太阳轮，制动器 B2 制动大太阳轮，长行星轮绕大太阳轮旋转，行星架与小太阳轮同向转动，齿圈同向减速输出，动力传动路线为：泵轮→涡轮→离合器 K1→小太阳轮→短行星轮→长行星轮→输出齿圈，其传动比为 1.441。

三挡时，锁止离合器 K0 接合，液力变矩器闭锁，离合器 K1 和 K3 接合，行星排锁止，行星齿轮机构整体旋转，齿圈同向同速输出，动力传动路线为：锁止离合器→离合器 K1 和 K3→小太阳轮和行星架→长行星轮→输出齿圈，其传动比为 1，此时是直接挡。

四挡时，锁止离合器 K0 接合，液力变矩器闭锁，离合器 K3 接合，驱动行星架，制动器 B2 制动大太阳轮，长行星轮绕大太阳轮旋转，齿圈同向增速输出，其动力传动路线为：锁止离合器→离合器 K3→行星架→长行星轮→输出齿圈，其传动比为 0.743，此时是超速挡。

倒挡时，离合器 K2 接合，驱动大太阳轮，制动器 B1 制动行星架，小太阳轮空转，齿圈反向减速输出，其动力传动路线为：泵轮→涡轮→离合器 K2→大太阳轮→长行星轮→输出齿圈，传动比为 −2.884。

一挡滑行时，输出齿圈由被动件变为主动件，小太阳轮仍为主动件，行星架反向受力，单向离合器 F 反向解锁，行星架空转，此时发动机对滑行无制动作用，避免"挫车"。二、三、四挡和倒挡滑行时，单向离合器不工作，发动机对滑行有制动作用，保证行车安全性。

拉维娜式行星齿轮机构的结构紧凑，所用构件数量少，且相互啮合的齿数较多，可传递较大的转矩，因而得到广泛的应用。日本爱信（Aisin）生产的 OC8 型 8 挡自动变速器采用的莱派特行星齿轮组结构就包含了一个单排行星齿轮组和一个拉威娜行星齿轮组。

（2）金属带式无级变速器

装有活塞式内燃机的汽车，采用无级自动变速系统，可获得较好的动力性与燃油经济性。金属带式无级变速器（Continuously Variable Transmission，CVT）是一种无级自动变速系统。金属带式无级变速器的组成和工作原理如图 2−16 所示。

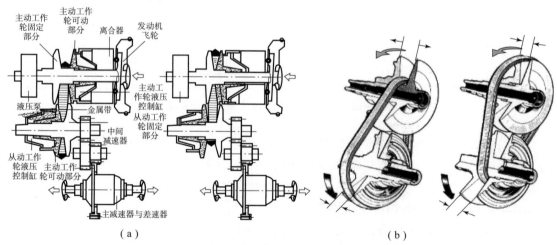

图 2−16 金属带式无级变速器的结构组成和工作原理

(a) 结构组成；(b) 工作原理

该变速传动系统中的主、从动工作轮是由固定部分和可动部分组成的。工作轮的固定部分和可动部分之间形成 V 形槽。当工作轮的可动部分作轴向移动时，即可改变金属带与主、从动工作轮的工作半径，从而改变金属带传动的传动比。主、从动工作轮的可动部分的轴向移动是根据汽车的行驶工况，通过液压控制系统进行连续地调节而实现无级变速传动的。

(3) 双离合器式自动变速器

双离合器式自动变速器（Dual Clutch Transmission，DCT）在定轴式变速器的基础上实现了自动变速，变速器中有两个离合器与两根输入轴相连，一根输入轴连接奇数挡，另一根输入轴连接偶数挡，正常工作时只有一个离合器接合。换挡时，两个离合器交替工作以实现挡位切换，离合器的操作通过变速器自动控制系统来实现，可以做到换挡没有动力中断。因此，双离合器式自动变速器既具有较好的起步和换挡品质，又可改善汽车的燃油经济性。

大众 6 挡双离合器式自动变速器相当于使用两个 3 挡两轴式齿轮变速器组合而成，组成原理和结构简图如图 2-17 所示。

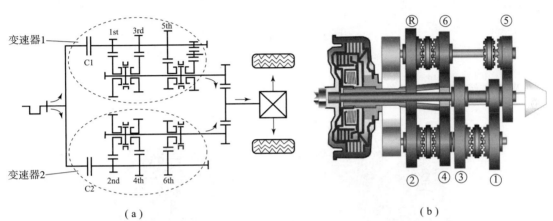

图 2-17 大众 6 挡双离合器式自动变速器
(a) 组成原理；(b) 结构简图

可以看到，离合器 C1 与一、三、五挡和倒挡相连，离合器 C2 与二、四、六挡相连。汽车起步时，变速器先挂入一挡，然后通过控制离合器 C1 缓慢接合实现平稳起步。要换入二挡时，变速器先挂入二挡，然后分离离合器 C1，再接合离合器 C2，汽车使用二挡行驶。交替变换两个离合器，汽车可以使用不同的挡位工作。电子控制技术的进步保证了换挡的平顺性，由于变速器中没有液力元件，因此效率较高，燃油经济性好。

2.1.2.4 万向传动装置

万向传动装置如图 2-18 所示。其功用是连接两根轴线不重合而且相对位置经常发生变化的轴，并能可靠地传递动力，由万向节（Universal Joints）和传动轴（Propeller Shaft）等组成。

(1) 十字轴式刚性万向节

十字轴式刚性万向节（Hooke's Joints）允许输入轴与输出轴的夹角在一定范围内传递动力，但当夹角不为零时，两轴的瞬时角速度不相等，即具有不等速特性。为了补偿其不等速特性，常采用双十字轴式万向节实现等速传动。

(2) 球笼式等速万向节

轿车的半轴常采用球笼式等速万向节（Rzeppa Constant Velocity Joints）。球笼式万向节通过 6 个传力钢球，将从具有内滚道的星形套输入的动力传递给具有外滚道的球形壳。球笼式万向节有固定型和伸缩型两种。固定型球笼式万向节安装在半轴的车轮侧。伸缩型球笼式万向节安装在半轴的差速器侧，用于补偿半轴因车轮跳动而产生的长度变化。

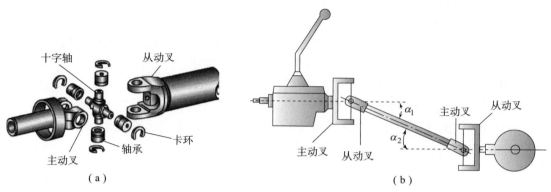

图 2-18　万向传动装置

(a) 十字轴式万向节结构；(b) 双十字轴万向节实现等速传动

球笼式万向节结构如图 2-19 所示。

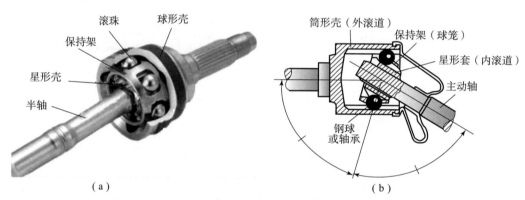

图 2-19　球笼式万向节结构

(a) 固定型；(b) 伸缩型

2.1.2.5　驱动桥

汽车驱动桥为汽车传动系统中最末端总成，由主减速器、差速器、半轴、万向节、驱动车轮和桥壳等组成。下面主要介绍主减速器和差速器。

(1) 主减速器

主减速器（Final drive）的功用是将输入的转矩增大并相应降低转速，以及当发动机纵置时还具有改变转矩旋转方向的作用。主减速器安装在驱动桥可减小对变速器传递转矩的要求，从而减小结构复杂的变速器的体积和质量。

(2) 差速器

当汽车转弯行驶时，外侧车轮滚过的距离大于内侧车轮。若两侧车轮都固定在一根刚性轴上，两轮角速度相等，则会有车轮出现打滑，造成转向困难。驱动桥中的差速器（Differential）允许左、右车轮以不同角速度旋转，并分配近似相等的转矩到左、右车轮。

汽车上广泛应用的是对称式锥齿轮差速器，它由圆锥行星齿轮、行星齿轮轴（十字轴）、圆锥半轴齿轮和差速器壳等组成。当两侧车轮以相同的转速转动时，行星齿轮绕半轴轴线公转。若两侧车轮阻力不同，则行星齿轮在做上述公转运动的同时，还绕自身轴线转动自转。这样，两半轴齿轮带动两侧车轮能够以不同的转速转动。

桑塔纳 2000GSI 轿车的主减速器和差速器结构如图 2-20 所示。

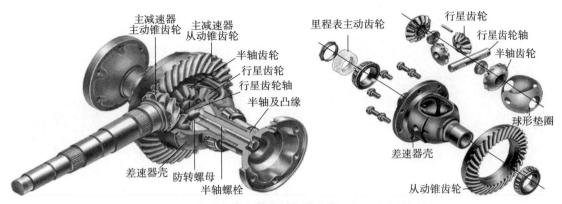

图 2-20　桑塔纳 2000GSI 轿车的主减速器和差速器结构

在全轮或多轮驱动的车辆中，两驱动桥之间应设计差速器，以允许两驱动桥差速。

2.2　车辆的行驶系统

轮式汽车行驶系统一般由车架、车桥、车轮和悬架组成。其功用是支持全车并保证车辆正常行驶。其基本功用是：把来自传动系统的转矩转化为地面对车辆的牵引力；承受外界对汽车施加的各种作用和力矩；减小振动，缓解冲击，保证汽车正常、平顺地行驶。

2.2.1　车架与车身

车架（Frame）是整个汽车的基体，汽车绝大多数部件和总成（如发动机、传动系统、悬架、转向、驾驶室、货厢和有关操纵机构）都是通过车架来固定其位置的。车架的功用是支撑连接汽车的各零部件，并承受来自车内外的各种载荷。

货车和越野车常用的车架形式为边梁式，车轮和车桥通过悬架安装其上，如图 2-21 所示。

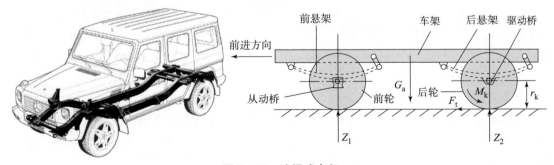

图 2-21　边梁式车架

轿车和一些大客车没有车架，其车架的功用由轿车车身或大客车车身骨架承担，故称其为承载式车身。为隔振和便于悬架装配，设计有副车架（Subframe）与车身（Body）相连接。

典型轿车的承载式车身及副车架如图2-22所示。

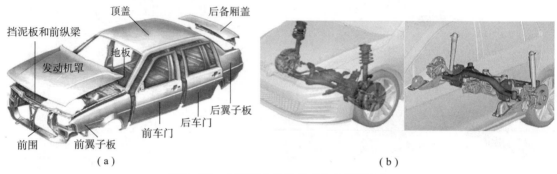

图2-22　典型轿车的承载式车身及副车架
(a) 承载式车身；(b) 前、后副车架

2.2.2　车轮

车轮是汽车行驶系统中的重要部件，其功用是：在垂向，支撑整车质量，缓和来自路面的冲击；通过轮胎与路面的附着作用，产生纵向反力（驱动力或制动力）和侧向反力，保证车辆正常行驶。车轮主要由金属车轮和轮胎两大部件组成。

2.2.2.1　金属车轮

金属车轮（Wheel）主要包括轮毂、轮辋和轮辐，其中轮毂通过轴承安装在车轴上，轮辋是安装轮胎的基座，轮辐是连接轮辋和轮毂的结构。一般轮辐与轮辋采用一体化结构，轮辐与轮毂采用车轮螺栓或螺母紧固。轮辋需要设计有安装气门嘴的孔洞。为保证车轮的动平衡，一般要使用平衡块夹子将质量合适的平衡块安装在轮辋外侧合适的位置，如图2-23所示。

图2-23　车轮组成

2.2.2.2　轮胎

早期的轮胎是实心的橡胶环，缓冲性能较差。充气轮胎的出现改善了轮胎的性能。由于橡胶的抗拉强度低，轮胎用帘布层来承受拉力，以保持外胎的形状和尺寸。轮胎按胎体中帘线排列的方向可分为普通斜交轮胎（bias tire）和子午线轮胎（radial tire）。

普通斜交轮胎的帘布层和缓冲层各相邻层帘线交叉，且与轮胎中心线呈小于90°角排列。通常由成双数的多层帘布用橡胶贴合而成。帘布的帘线与轮胎纵剖面的交角一般为53°左右，相邻层帘线相交排列。子午线轮胎的帘布层帘线排列的方向与轮胎断面平行，帘布层数一般比普通斜交胎少约一半，胎体较柔软。子午线轮胎采用高强度、不易拉伸的周向环形的带束层承受行驶时的受力。两种轮胎断面及帘布层结构如图 2-24 所示。

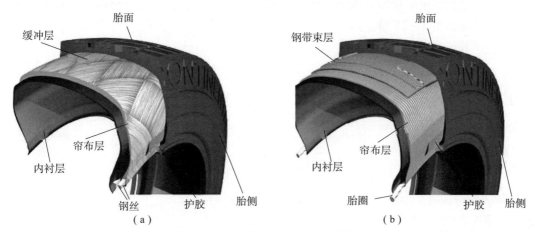

图 2-24 两种轮胎断面及帘布层结构
(a) 普通斜交轮胎；(b) 子午线轮胎

子午线轮胎和普通斜交轮胎相比具有下列优点：
① 接地面积大，对地单位压力小，附着性能好。
② 胎冠较厚且有坚硬的带束层，不易刺穿，行驶时变形小，因而滚动阻力小，使用寿命长，油耗降低。
③ 帘布层数少，胎侧薄，散热性能好。
④ 径向弹性大，缓冲性能好，负荷能力较大。
⑤ 在受侧向力时，接地面积基本不变，在转向行驶和高速行驶时稳定性好。

依照 ISO 国际标准，汽车轮胎规格的表示方法为：①断面宽标号/②扁平率标号③轮胎结构记号④适用轮辋直径标号⑤载荷指数⑥速度记号。前四项为结构尺寸参数，后两项为使用条件。例如某轮胎的规格为：195/60R14 85 H，其各部分含义是：断面宽约 195 mm；扁平率约为 60%；轮胎结构标记 R 对应子午线结构；适用轮辋直径为 14 in（356 mm）；载荷指数 85 对应最大载荷 5.05 kN；速度记号 H 对应最高速度 210 km/h。

2.2.2.3 轮胎附着力与路面附着系数

汽车制动过程中，逐渐增大踏板力时，胎面留在地面上的印记从车轮滚动到抱死拖滑是一个渐变过程。印记基本上可分三段：第一段内，轮胎印记的形状与轮胎花纹基本一致，车轮接近于单纯的滚动；第二段内，轮胎花纹的印记可以辨别出来，但花纹逐渐模糊，轮胎不只是单纯的滚动，胎面与地面发生一定程度的相对滑动，即车轮处于边滚边滑的状态；第三段形成一条粗黑的印记，看不出花纹的印记，车轮被制动器抱住，在路面上做完全的拖滑。

从这三段的变化情况可以看出，随着制动强度的增加，车轮滚动成分越来越少，而滑动成分越来越多。一般用滑动率来说明这个过程中滑动成分的多少。在纯滚动时，滑动率为 0；在纯拖滑时，滑动率为 100%；边滚边滑时，滑动率在 0~100% 之间。

定义地面对轮胎切向反作用力的极限值为轮胎附着力，定义轮胎附着力与车轮对路面垂直的方向作用力的比值为路面附着系数，轮胎附着力可分解为纵向和侧向附着力，路面附着系数也有纵向附着系数和侧向附着系数之分，路面附着系数会随滑动率变化而变化。

汽车制动过程中轮胎留在地面上的印记和在不同路面上通过试验测得的附着系数随滑动率变化曲线如图2-25所示。

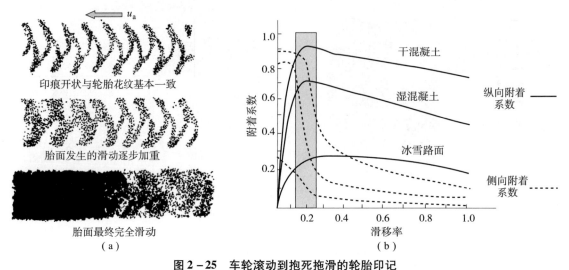

图2-25 车轮滚动到抱死拖滑的轮胎印记
(a) 制动过程中轮胎留在地面上的印记；(b) 附着系数随滑动率变化曲线

纵向附着系数随滑动率的增加而增加，一般出现在滑动率在10%～30%之间达到峰值。滑动率继续增加后，纵向附着系数有所下降，滑动率为100%时的附着系数为滑动附着系数，纵向峰值附着系数与滑动附着系数在干燥路面上的差别较大，而在湿路面差别较小。

侧向附着系数在滑动率为0时最大，滑动率较小时，侧向附着系数随滑动率的增加而缓慢降低，滑动率在10%～30%之间，侧向附着系数随滑动率的增加而迅速下降，滑动率大于30%之后，侧向附着系数随滑动率的增加而降低的速度减慢，但此时轮胎已经处于侧滑状态。制动时若能使滑动率保持在较低值，便可获得较大的纵向附着系数和侧向附着系数。制动防抱装置能够实现这个要求，从而显著地改善汽车在制动时的制动效能与方向稳定性。

附着系数的数值主要取决于道路的材料、路面的状况与轮胎结构、胎面花纹、材料以及汽车运动的速度等因素。研究表明，在良好、平整的沥青路面上，有胎面花纹轮胎的附着性能比无胎面花纹光整的轮胎要好；轮胎的磨损会影响附着能力，随着胎面花纹深度的减小，轮胎附着系数将有显著下降；附着系数随车速的提高而减小；增大轮胎与地面的接触面会提高附着能力，因此，低气压、宽断面和子午线轮胎的附着系数要较一般轮胎高；路面的结构对排水能力也有很大影响，为了增加潮湿时的附着能力，路面的宏观结构应具有一定不平度而有自动排水的能力，路面的微观结构应是粗糙具有一定的尖锐棱角，以穿透水膜，让路面与胎面直接接触。

2.2.2.4 轮胎侧偏现象

在汽车行驶过程中，由于路面的侧向倾斜、侧向风或曲线行驶时的离心力等的作用，将有侧向力作用于车轮中心。相应地，地面给车轮的侧向反作用力作用于轮胎接地面，此侧向反作用力被称为侧偏力。当车轮有侧向弹性时，车轮行驶方向亦将偏离车轮平面，这就是轮胎的侧偏现象，试验测出的侧偏角随侧偏力变化曲线表明，侧偏角不超过5°时，侧偏角与侧偏力呈线性关系。轮胎的侧偏现象和轮胎侧偏特性曲线如图2-26所示。

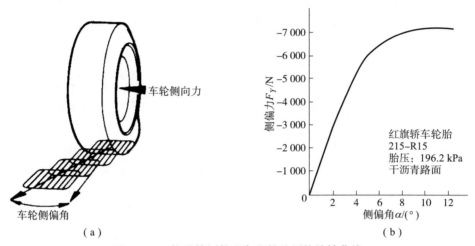

图 2-26　轮胎的侧偏现象和轮胎侧偏特性曲线
(a) 侧偏现象；(b) 侧偏角随侧偏力变化曲线

汽车正常行驶时，侧向加速度不超过0.4g，侧偏角不超过4°~5°，可以认为侧偏角与侧偏力呈线性关系。侧偏力与侧偏角的比值称为侧偏刚度，定义轮胎侧偏特性曲线在侧偏角为0°处的斜率称为侧偏刚度k，单位为N/rad或N/(°)。由轮胎坐标系有关符号规定为负值。小型轿车轮胎的侧偏刚度k值在-28 000 ~ -80 000 N/rad范围内。侧偏刚度是决定操纵稳定性的重要轮胎参数。轮胎应有高度的侧偏刚度（指绝对值），以保证汽车良好的操纵稳定性。

在较大的侧偏力时，轮胎侧偏特性曲线的斜率逐渐减小，这时轮胎在接地面处已发生部分侧滑。侧偏力达到附着极限时，整个轮胎侧滑。轮胎的最大侧偏力取决于附着条件，即垂直载荷、轮胎花纹、材料、架构、充气压力、路面的材料、结构、潮湿程度以及车轮的外倾角等。一般而言，最大侧偏力越大，可承受的极限侧向加速度就越高，汽车的极限性能越好。

轮胎的尺寸、形式和结构参数对侧偏刚度有显著影响。尺寸较大的轮胎有较高的侧偏刚度；子午线轮胎接地面宽，一般侧偏刚度较高；高宽比对轮胎侧偏刚度影响很大，采用高宽比小的宽轮胎是提高侧偏刚度的主要措施；侧偏刚度随垂直载荷的增大而加大，但垂直载荷过大时，轮胎侧偏刚度反而有所减小；轮胎的充气压力对侧偏刚度也有显著影响，随着气压的增加，侧偏刚度增大，但气压过高后刚度不再变化。

汽车行驶过程中，轮胎上常同时作用有侧向力与纵向力。试验表明，一定侧偏角下，纵向驱动力增加时，侧偏力逐渐有所减小，这是由于轮胎侧向弹性有所改变的关系。当纵向驱动力相当大时，侧偏力显著下降。这是因为在一定附着条件下轮胎的纵向附着力与侧向附着力的合力存在极限值。在接近轮胎附着性能的极限时，纵向力已耗去大部分附着力,而侧向能得到的附着力很少。在轮胎上作用有纵向制动力时,侧偏力也有相似的变化。

由于不同侧偏角下,侧向力与纵向驱动/制动力的关系曲线的包络线形状接近于椭圆,故此反映纵向附着力和侧向附着力关系的曲线一般被称为附着椭圆。在轮胎发生侧偏时,还会产生作用于轮胎绕垂直轴的力矩,此力矩使转向车轮恢复到直线行驶位置,被称为回正力矩,轮胎回正力矩与垂直载荷和侧偏角有关。轮胎附着椭圆和回正力矩特性如图 2 – 27 所示。

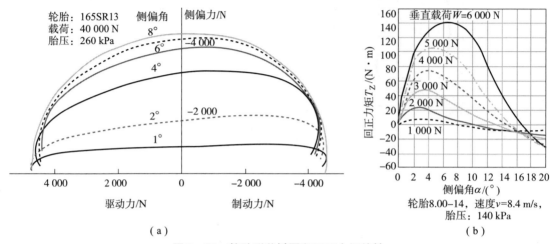

图 2 – 27　轮胎附着椭圆和回正力矩特性
(a) 轮胎附着椭圆；(b) 轮胎回正力矩特性

可以看出,侧偏角从 0°增加时,回正力矩先逐步增大达到最大值再下降,最后回正力矩下降成为负值,且回正力矩随垂直载荷的增大而增加。

轮胎的形式及结构参数对回正力矩特性有重要影响。在同样侧偏角下,尺寸大的轮胎一般回正力矩较大；子午线轮胎的回正力矩比斜交轮胎大；轮胎的气压低,回正力矩大；随着驱动力的增加,回正力矩达最大值后再下降；在制动力作用下,回正力矩不断减小,到一定制动力时下降为零,其后变为负值。

2.2.3　履带行驶装置

履带行驶装置是由主动轮驱动,围绕着主动轮、负重轮、诱导轮和托带轮的柔性链环。履带主要负责为负重轮提供一条连续的轨道,以提高在复杂地面上的通过性。履带式行驶装置支撑面积大、接地比压小,适合在松软或泥泞场地进行作业,下陷度小,滚动阻力也小,通过性能较好。履带支撑面上有履刺,不易打滑,牵引附着性能好,有利于发挥较大的牵力,金属履带还可在高温场地工作,但是履带行驶装置结构复杂,质量大,运动惯性大,行驶速度不能太高。履带行驶装置如图 2 – 28 所示。

2.2.3.1　履带

履带有金属履带和非金属履带两种。金属履带由履带板和履带销等组成。履带销将各履带板连接起来构成履带链环。金属履带根据履带销的数目可分为单销式和双销式两类,双销式履带啮合结构的活动关节比单销式多一倍,会降低履带的节距,提高履带柔性,能

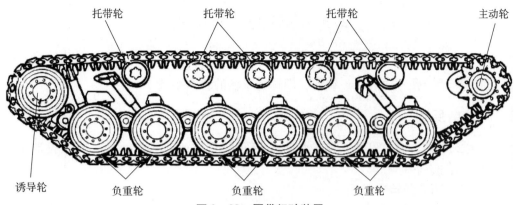

图 2-28 履带行驶装置

够有效地减少噪声和冲击。履带板的两端与主动轮啮合，中部或两侧有诱导齿，用来规正履带，并防止履带车辆转向或侧倾行驶时履带脱落，在与地面接触的一面有加强防滑筋，以提高履带板的坚固性和履带与地面的附着力。

2.2.3.2 主动轮

主动轮主要由齿圈或滚轮、轮毂及固定和连接件等组成。主动轮与履带啮合，将侧减速器传来的动力传给履带，且在制动时配合制动器完成对车辆的制动。此外主动轮应保证履带和主动轮各元件顺利地进入啮合和退出啮合，整个过程不会产生较大的冲击。主动轮和履带的啮合方式可以分为板齿啮合、齿啮合和板孔啮合。主动轮的布置位置可以前置或后置，主动轮前置结构有利于车辆在松软地面上的通过性，主动轮后置结构在前进时功率损失较小。

2.2.3.3 负重轮

负重轮是在履带上滚动负担整车质量的车轮，多对负重轮将整车的质量均匀地分布到履带和地面上，负重轮的数量越多在复杂地面上的通过性会越强，负重轮主要由轮辋、轮毂及轮盘等组成，轮辋外部包裹一圈实心橡胶层，能有效降低负重轮轴承的冲击载荷，减小负重轮在履带上滚动时的噪声。

2.2.3.4 诱导轮

诱导轮可以支撑起履带并改变其的运动方向，诱导轮的结构与负重轮相似，轮辋外部一般没有橡胶减振。诱导轮安装在履带张紧装置的曲轴上，可以按照圆弧移动诱导轮的位置来调节履带的松紧程度。一般来说，在雪地、沙地等附着力较差的地形上应放松履带，而在附着能力好且滚动阻力较大的路面上应拉紧履带。两侧的履带松紧程度应当尽量保持一致。履带过紧会增加履带行驶装置内部摩擦力消耗的功率，过松又会导致履带冲击各轮。有些设计将诱导轮和邻近的负重轮分别通过杠杆系统连接起来构成补偿结构，维持履带的松紧程度处于一个稳定的状态。

2.2.3.5 托带轮

托带轮主要用来托起上支履带（主动轮和诱导轮之间的上段履带），约为履带质量的1/3，用以减少上支履带的振荡。托带轮轮轴的一端固定在车体上。由于托带轮直径比负重轮小，其轴承的转速要高得多。

2.3 车辆的转向系统

车辆在行驶过程中,需按驾驶员的意志经常改变其行驶方向,即所谓车辆转向。用来改变或恢复车辆行驶方向的专设机构,即称为车辆的转向系统。

2.3.1 转向原理

要使轮式车辆转向,可使其遵循阿克曼转向原理或速差转向原理。要使履带车辆转向,只能遵循速差转向原理。

2.3.1.1 阿克曼转向原理

轮式车辆要顺利转向,应使各车轮均做纯滚动而没有滑动现象,以避免产生路面对车辆的附加阻力以及轮胎过快磨损。车辆应有一个瞬时转向中心,并以此中心为圆心做回转运动。

车辆在低速转弯行驶时,侧向加速度很小,阿克曼转向是理想的转向方式。当车辆高速行驶转弯时,由于侧向加速度较大,外侧车轮垂直载荷增加较大,可提供更大的侧向附着力,采用平行转向时可使外侧车轮产生更大的侧偏角和侧偏力,从而使侧向附着力得到充分利用。一些车辆为了追求极限转向能力,甚至会选择使用反阿克曼转向,如图 2-29 所示。

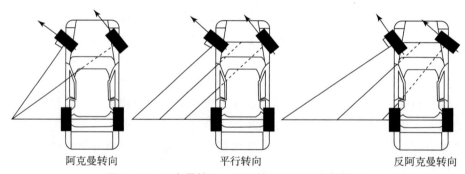

阿克曼转向　　　　平行转向　　　　反阿克曼转向

图 2-29　阿克曼转向、平行转向和反阿克曼转向

2.3.1.2 速差转向原理

履带车辆的外侧履带速度快于内侧履带时,可实现车辆转向。外侧履带与内侧履带反向驱动时,可实现车辆原地转向。履带车辆转向时,两侧履带发生侧滑,转向阻力较大。

轮式车辆主动驱动两侧车轮出现转速差,也可使车辆转向。当两侧车轮驱动方向相反时,也可实现车辆的原地转向。轮式车辆采用速差转向时,车轮会发生侧滑,转向阻力较大。

速差转向原理如图 2-30 所示。

2.3.2 阿克曼转向梯形

对于两轴汽车,因轮距影响,前两轮转弯半径不同,内转向轮偏转角应大于外转向轮偏转角,并符合理想关系式即阿克曼转向原理。转向梯形机构可使两侧车轮偏转角的关系

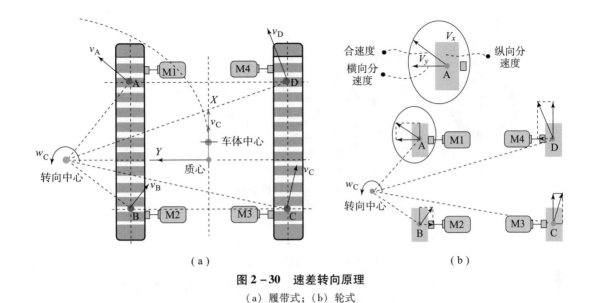

图 2-30 速差转向原理
(a) 履带式；(b) 轮式

大体上接近于理想关系。转向梯形指的是车辆俯视图下左右转向拉杆外点与左右轮主销在转向拉杆外点所在高度横截面交点围成的四边形，如图 2-31 所示。

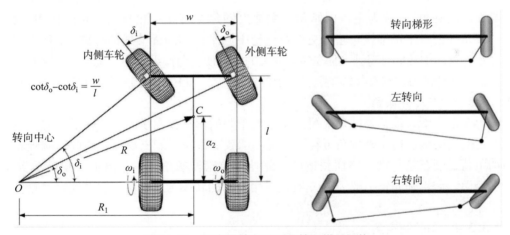

图 2-31 阿克曼转向原理及转向梯形机构

在实际的工程设计中，简单的转向梯形在结构上往往不能实现，需要根据转向器和悬架的具体情况设计转向传动机构，形成广义的转向梯形。转向梯形优化设计的基本目标是使内、外转向轮偏转角符合理想的阿克曼转向关系。对于高速车辆，还应考虑修正优化目标，以补偿内、外侧轮胎侧偏角的差值。

2.3.3 车轮定位参数

转向桥在保证汽车转向功能的同时，应使转向轮有自动回正作用，以保证汽车稳定的直线行驶功能。自动回正作用是由转向轮的定位参数来保证实现的。转向轮的定位参数有：主销后倾角、主销内倾角、车轮外倾角和车轮前束角，如图 2-32 所示。

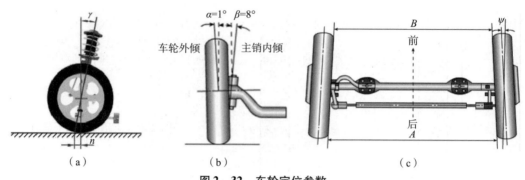

图 2-32 车轮定位参数
(a) 主销后倾角；(b) 主销内倾角和车轮外倾角；(c) 车轮前束角

2.3.3.1 主销后倾角

从汽车侧方看，主销在汽车的纵向平面内有向后的一个倾角 γ（即主销轴线和地面垂直线在汽车纵向平面内的夹角），称为主销后倾角。主销后倾角的作用是产生直线行驶的稳定力矩。现在车辆一般采用的 γ 角不超过 2°～3°。现代高速汽车由于轮胎气压降低弹性增加，而引起稳定力矩增加，因此，γ 角可以减小到接近于零，甚至为负值。

2.3.3.2 主销内倾角

从汽车前方看，主销在汽车横向平面向内的倾角 β（即主销轴线和地面垂直线在汽车横向断面内的夹角），称为主销内倾角。主销内倾角也有使车轮自动回正的作用。此外，主销内倾角还使得主销轴线与路面交点到车轮中心平面与地面交线的距离 c（称主销偏置量）减小，可减少转向时驾驶人加在转向盘上的力，使转向操纵轻便，也可减少从转向轮传到转向盘上的冲击力。在有些轿车上，主销偏置量为负，目的是提高制动时的方向稳定性。

2.3.3.3 车轮外倾角

从汽车前方看，前轮外倾角 α 是通过车轮中心的汽车横向平面与车轮平面的交线与地面垂线之间的夹角。前轮外倾角可补偿车桥因承载变形而可能出现车轮内倾，减轻轮毂外轴承的负荷，使车轮与拱形路面相适应。此外，前轮外倾角进一步降低了主销偏置量 c，使转向轻便。前轮外倾角一般为 1°左右，采用宽胎的轿车为了避免轮胎磨损，车轮外倾角接近于零。

2.3.3.4 车轮前束角

车轮有了外倾角后，在滚动时，就类似于滚锥，从而导致两侧车轮向外滚开。由于转向横拉杆和车桥的约束使车轮不可能向外滚开，车轮将在地面上出现边滚边滑的现象，从而增加了轮胎的磨损。为了消除车轮外倾带来的这种不良后果，在安装车轮时，使两车轮的中心面不平行，两轮前边缘距离 B 小于后边缘距离 A，$A-B$ 称为车轮前束值。这样可使车轮在每一瞬时滚动方向接近于向着正前方，从而在很大程度上减轻和消除了由于车轮外倾而产生的不良后果。一般前束值为 0～12 mm。车轮前束可通过改变横拉杆的长度来调整。

2.3.4 转向器和转向助力

转向器的作用是把来自转向盘的转向力矩和转向角进行适当的变换（主要是减速增

矩），再输出给转向拉杆机构，从而使汽车转向，所以转向器本质上就是减速传动装置，一般有 1~2 级减速传动副。根据输出运动形式的不同，可分为线位移输出转向器和角位移输出转向器。

2.3.4.1 线位移输出转向器

齿轮齿条式转向器是一种线位移输出转向器，以齿轮和齿条一级传动副作为传动机构，适合与独立悬架配用，常用于轿车、微型货车和轻型货车。

齿轮齿条式转向器按输出端形式分为两端输出式和中央输出式，如图 2-33 所示。

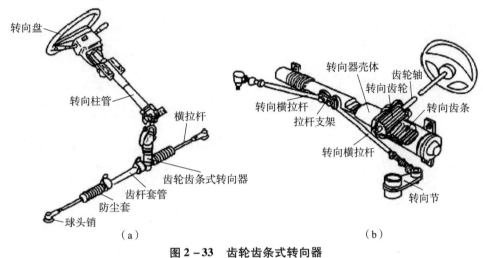

图 2-33 齿轮齿条式转向器
(a) 两端输出式；(b) 中央输出式

两端输出式齿轮齿条式转向器的转向齿轮与转向轴连接，两个转向横拉杆分别通过球头销连接在转向齿条的两端。转向时，转向齿轮转动并使与之啮合的转向齿条轴向移动，通过转向横拉杆带动左、右转向节转动，使转向轮偏转，从而实现汽车转向。这种布置形式占用的空间最少，并且无论车轮是转向还是跳动，均不会在齿条上产生绕其轴线的力矩。

齿轮齿条式转向器结构简单、紧凑；传动效率高达 90%；齿轮与齿条之间因磨损出现间隙后，利用装在齿条背部、靠近主动小齿轮处的压紧力可以调节的弹簧，可自动消除齿间间隙；占用的体积小；没有转向摇臂和直拉杆，所以转向轮转角可以增大；制造成本低。

齿轮齿条式转向器的逆效率较高（60%~70%），汽车在不平路面上行驶时，路面给转向轮的大部分冲击力能传至转向盘，使得转向盘突然转动造成所谓的"打手"现象。

2.3.4.2 角位移输出转向器

循环球式转向器是角位移输出转向器，主要由螺杆、螺母齿条、齿扇和转向器壳体等部件组成，常用于各种轻型和中型货车，也用于部分轻型越野汽车。

循环球式转向器有两级传动副，第一级是螺杆螺母传动副，第二级是齿条齿扇传动副。转向螺杆通过两个角接触球轴承支承在壳体上，只能转动，不能轴向移动。转向螺母外侧的下平面上加工成齿条，与齿扇轴（即摇臂轴）上的齿扇啮合，通过转向盘和转向轴转动转向螺杆时，转向螺母不能转动，只能轴向移动，并驱使齿扇轴转动从而实现角位移输出。

所谓循环球，是指被放置于螺母齿条与螺杆之间的密闭管路内的小钢球。转向螺杆和螺母上都加工出螺旋槽，两根 U 形钢球导管的两端插入螺母侧面的两对通孔中，与螺母内的螺旋管状通道组合成封闭的钢球"流道"。在螺杆螺母传动过程中，小钢球在"流道"中循环滚动，起到将螺母螺杆之间的滑动摩擦转变为滚动摩擦降低阻力的作用，如图 2 - 34 所示。

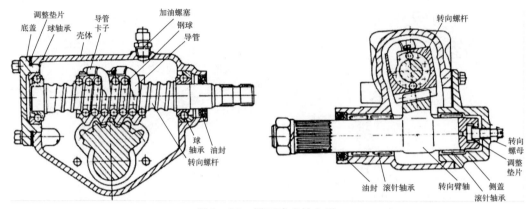

图 2 - 34 循环球式转向器

2.3.4.3 转向助力系统

汽车转向助力系统使转向操作轻便，转向助力系统可分为液压、电动液压和电动三大类。

液压助力转向系统采用液压动力转向器，转向助力泵由发动机驱动。液压动力转向器中的转向控制阀在转向盘转动而车轮未偏转时输出压力油，使动力转向器提供转向助力，车轮偏转后，转向控制阀停止输出，实现助力随动的效果。

电动液压助力转向系统的转向助力泵由电动机驱动，液压系统压力调整方便。

电动助力转向系统直接由电动机提供转向助力，电动机的控制由电控单元完成。电动转向助力系统没有液压系统，结构简单，但可提供的转向助力较小，而且路感不够清晰。

2.4　车辆的悬架系统

悬架系统是汽车的车架与车桥或车轮之间的一切传力连接装置的总称，其功能是传递作用在车轮和车架之间的力和力矩，并且缓冲由不平路面传给车架或车身的冲击力，并衰减由此引起的振动，以保证汽车平顺行驶。悬架系统一般由弹性元件、阻尼元件、导向机构和横向稳定器组成。根据导向机构的不同，车辆的悬架系统可分为独立悬架和非独立悬架。

2.4.1　独立悬架

独立悬架的每个车轮都是单独地通过弹性元件、阻尼元件和导向机构与车架或车身相连。现代轿车大都采用独立悬架系统，独立悬架主要有摆臂式、滑柱式和多连杆式等结构形式。

2.4.1.1 双横臂式独立悬架（Double Wishbone Suspension）

双横臂式独立悬架主要由较短的上横臂、较长的下横臂和转向节等部件组成。横臂的轮廓通常为V形，上、下横臂的内端分别通过摆臂轴与车架或车身做销轴连接，一般销轴上设有橡胶衬套以减小冲击与振动上传车架。上、下横臂的外端与转向节是通过球头销实现球铰连接，以满足转向节跳动和偏转的运动需求，上、下球头销中心的连线即主销轴线。为减小悬架上、下横臂的受力，上横臂可尽量向上布置，以增大上、下横臂的间距。

轿车和轻型汽车的双横臂式独立悬架多采用螺旋弹簧套在筒式液压减振器外构成一个组件，弹簧和减振器的轴线并不一定同轴。弹簧减振器组件的上座固定在车架或车身上，下座与下横臂相连。当车轮跳动时，弹簧和减振器沿本身的轴线做轴向伸缩。一些越野车和皮卡车的双横臂式独立悬架使用了扭杆弹簧，筒式减振器则单独布置，如图2-35所示。

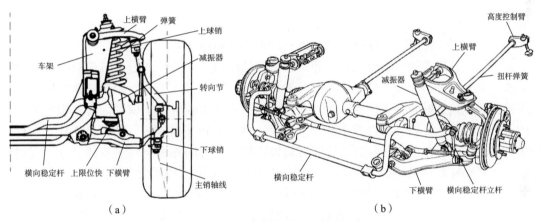

图2-35 双横臂式独立悬架结构
(a) 螺旋弹簧；(b) 扭杆弹簧

双横臂式独立悬架的减振器没有横向载荷，上、下横臂分散受力，高度方向占用空间较少，有利于降低车头的高度，结构相对简单，可靠性高，对车轮的导向控制能力较强，因而可以获得很好的操纵稳定性。

2.4.1.2 麦弗逊式独立悬架（MacPherson Suspension）

麦弗逊式悬架也称滑柱连杆式悬架，由滑动立柱和下横臂组成。轿车的麦弗逊式悬架一般采用筒式液压减振器作为滑柱，螺旋弹簧套在筒式液压减振器外构成一个组件，弹簧减振器组件上端通过柔性的橡胶座安装在车架或车身上，柔性的橡胶座允许减振器摆动，相当于球铰连接。弹簧减振器组件下端与转向节固连。下横臂的轮廓通常为V形，横臂内端通过摆臂轴与副车架做销轴连接，横臂外端与转向节通过球头销实现球铰连接，如图2-36所示。

筒式减振器上橡胶支座中心与下横臂外端的球铰链中心的连线为主销轴线。此结构也为无主销结构。当车轮上下跳动时，因减振器的下支点随横摆臂摆动，故主销轴线的角度是变化的。这说明车轮是沿着摆动的主销轴线而运动。因此，这种悬架在变形时，使得主

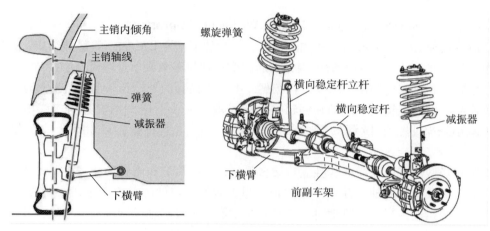

图 2-36 麦弗逊式独立悬架结构

销的定位角和轮距都有些变化。然而如果适当调整杆系的布置，可减小这些车轮定位参数的变化。

2.4.1.3 多连杆式独立悬架（Multi-Link Suspension）

多连杆式悬架主要由多根连杆、弹簧和减振器组成。多连杆式悬架是在双横臂式悬架的基础上发展起来的，常见的多连杆式悬架是四连杆式和五连杆式。四连杆式可以看作是用两根连杆替代上横臂或下横臂，再加上转向横拉杆和下横臂或上横臂，共 4 根连杆。五连杆式是用四根连杆将上横臂或下横臂都替代，再加上转向横拉杆，共 5 根连杆。连杆的内端一般通过橡胶衬套与车身或车架实现销轴连接，连杆的外端与转向节通过球销实现球铰连接。多连杆式悬架用于前悬架时，确定转向虚拟主销轴线需要先用两根上连杆或两根下连杆的轴线的交点确定虚拟上、下球销中心，再连接虚拟上、下球销中心得到转向虚拟主销轴线。在转向过程中，各连杆的位置发生改变，转向虚拟主销轴线也随之动态变化。

奥迪 A4 轿车四连杆式前独立悬架和本田雅阁轿车的五连杆式后悬架如图 2-37 所示。

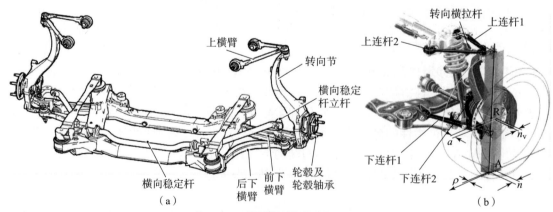

图 2-37 多连杆式独立悬架结构
(a) 奥迪 A4 轿车四连杆式前独立悬架；(b) 本田雅阁轿车五连杆式后悬架

多连杆式独立悬架受力分散,可靠性高,可以精确控制车轮导向,保证车轮与地面有良好的接触角度,因而可以获得极佳的操纵稳定性。

2.4.1.4 拖臂式独立悬架(Trailing Arm Suspension)

拖臂式独立悬架采用向后的单摆臂连接车轮轴,用于轿车的后悬架,具有结构简单、占用空间小、制造成本低等优点。为承受侧向力,拖臂需适当斜置,且拖臂的轮廓通常为V形;也有采用弹性的可扭转横梁连接两侧纵向拖臂的设计,这种扭转梁使两侧车轮不能完全独立,故被称为半独立悬架,如图2-38所示。

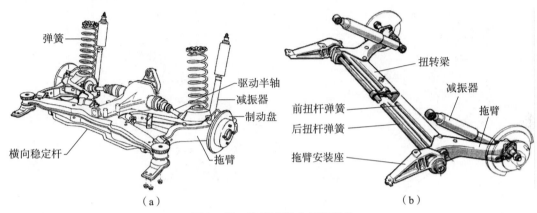

图2-38 拖臂式独立悬架结构
(a) 拖臂斜置;(b) 扭转梁

2.4.1.5 履带装置的单纵臂式独立悬架

履带装置的独立悬架采用单纵臂式结构,单摆臂可向后或向前连接负重轮轴,这种单纵臂被称为平衡肘,单纵臂式结构采用的弹性元件有钢板弹簧、螺旋弹簧、扭杆弹簧和油气弹簧等多种类型,如图2-39所示。

履带悬架采用的阻尼元件主要有液力的筒式减振器、叶片式减振器及摩擦式减振器。

2.4.2 非独立悬架

2.4.2.1 钢板弹簧非独立悬架

钢板弹簧自身可兼作导向机构,钢板之间的摩擦有一定的减振作用,使得悬架结构大为简化。钢板弹簧在汽车上的应用较早,一般用于商用车,皮卡车的后悬架也有应用。钢板弹簧通常是纵向安置。为防止在汽车制动时钢板弹簧发生S形扭曲变形,钢板弹簧应有较大的刚度,因而增加了保证汽车平顺性的设计难度。典型的纵置钢板弹簧非独立悬架如图2-40所示。

2.4.2.2 螺旋弹簧/空气弹簧/油气弹簧非独立悬架

螺旋弹簧/空气弹簧/油气弹簧仅能承受轴向载荷,在非独立悬架中只能承受整体式车桥的垂向力,而整体式车桥的纵向力和侧向力仍需导向机构传递给车架。承受纵向力的杆件被称为纵向推力杆,数量是2~4根;承受侧向力的杆件被称为横向推力杆或潘哈德杆(Panhard Bar),通常只有1根,受力集中。在轿车的后悬架使用时为保证车身强度,需要

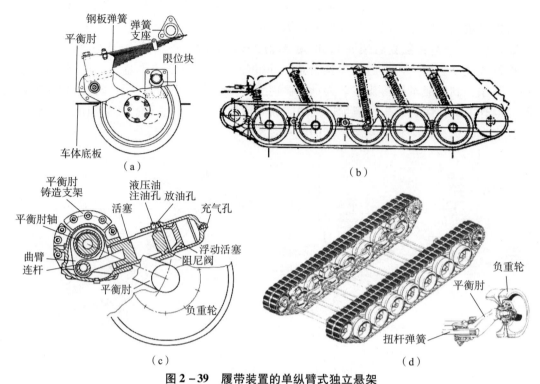

图 2-39 履带装置的单纵臂式独立悬架

(a) 钢板弹簧；(b) 螺旋弹簧；(c) 油气弹簧；(d) 扭杆弹簧

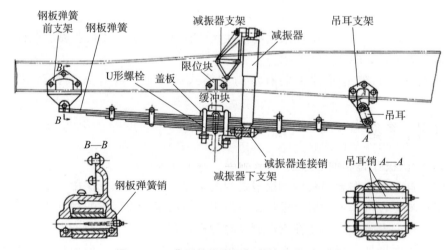

图 2-40 典型的纵置钢板弹簧非独立悬架

在横向推力杆安装座处设计加强结构。为减小横向推力杆在车桥跳动时的运动干涉引起车桥横向摆动，有采用瓦特连杆（Watts Link）的设计。典型的螺旋弹簧非独立悬架如图 2-41 所示。

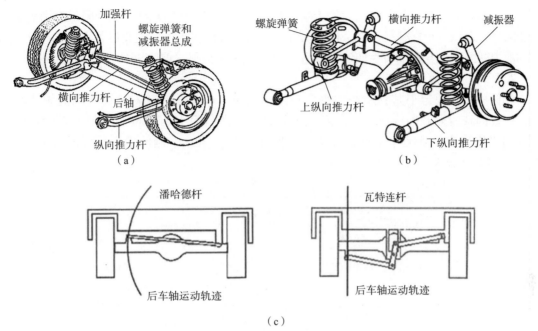

图 2-41 典型的螺旋弹簧非独立悬架
(a) 双纵向推力杆；(b) 四纵向推力杆；(c) 潘哈德杆与瓦特连杆

2.4.3 车辆悬架主要参数

车辆悬架的主要参数包括刚度、阻尼、侧倾中心高，等等。

2.4.3.1 悬架刚度

悬架刚度是衡量悬架抵抗变形能力的一种量度，为悬架所受载荷与载荷引起的悬架变形的比值。一般来说，悬架刚度是指悬架垂直刚度，也称悬架线刚度。而悬架抵抗侧倾变形的能力被定义为悬架侧倾刚度，也称悬架角刚度，是车身侧倾力矩与车身侧倾角的比值。而车身侧倾力矩是车身受到的侧向力与车身质心到车身侧倾中心垂直距离的乘积。

在设计初期，悬架刚度根据满载时的偏频确定，汽车设计悬架偏频的经验范围是：轿车 0.9~1.6 Hz，客车 1.3~1.9 Hz，货车 1.5~2.2 Hz，越野车 1.4~2.1 Hz。为减小角振动，后悬架偏频应略高于前悬架，前、后悬架偏频比的经验范围是：0.85~0.95。

对于非独立悬架，悬架刚度等于弹簧刚度。对于独立悬架，悬架刚度则等于弹簧刚度乘以一个杠杆比，这个杠杆比由悬架导向机构和弹簧的安装位置决定，因此独立悬架采用线性弹簧也可获得非线性弹性特性。

2.4.3.2 悬架阻尼

悬架阻尼是衡量悬架衰减振动能力的一种量度，悬架受到的阻尼力是振动速度的函数。阻尼力与振动速度的比值被称为阻尼系数。将悬架看作单自由度振动系统时，悬架阻尼系数与临界阻尼系数之比被定义为悬架的阻尼比。

根据汽车的性能需求不同，悬架的复原阻尼与压缩阻尼可以不同。普通轿车为避免路面突出物对车辆造成较大冲击，会采用压缩阻尼小于复原阻尼；轿跑车底盘较低，且需要保持轮胎与地面良好接触以保证操控性，因而会采用压缩阻尼大于复原阻尼。汽车悬架阻尼比的设计范围一般为 0.1~0.5。采用刚度较小的气体弹性元件时，也有阻尼比达到 0.8 的设计。

对于非独立悬架，悬架阻尼力等于减振器阻尼力。对于独立悬架，悬架阻尼力则等于减振器阻尼力乘以一个杠杆比，这个杠杆比由悬架导向机构和减振器安装位置决定。汽车采用筒式液力减振器，其阻尼特性曲线主要分为节流段和溢流段，具有非线性的阻尼特性。

2.4.3.3 侧倾中心高

侧倾中心高决定了其到质心的垂直距离，侧倾中心是车身相对地面绕纵向轴线转动时，汽车的瞬时侧倾轴线通过汽车前、后车轴垂直横断面上的交点。侧倾中心位置由悬架导向机构决定，且随车轮跳动和车身侧倾而变化，因此，侧倾中心是瞬时转动中心，如图 2-42 所示。

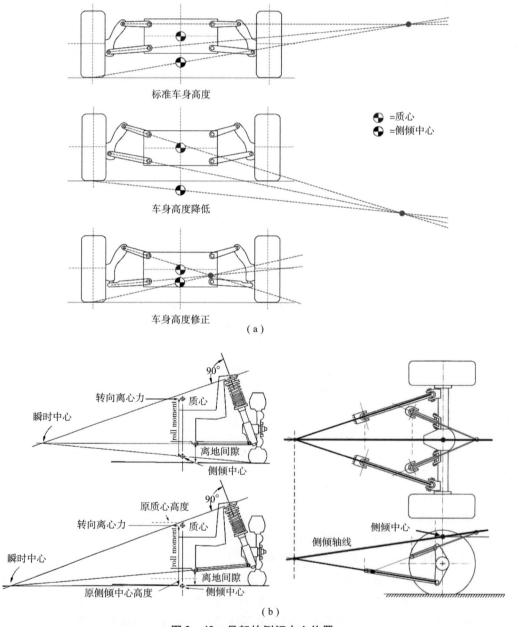

图 2-42 悬架的侧倾中心位置

（a）双横臂式独立悬架；（b）麦弗逊式独立悬架；（c）四纵向推力杆式非独立悬架

2.4.4 悬架运动学特性

悬架运动学特性主要指在车轮跳动时，车轮定位参数及侧倾中心高等参数变化的情况。

2.4.4.1 车轮定位参数变化

车轮定位参数变化会使汽车的性能发生改变。其中，车轮外倾角影响轮胎与地面的接触状态，车轮前束角与外倾角的匹配情况影响轮胎的滚动方向是否偏离车辆前进方向，主销后倾角影响转向车轮滚动时的回正性能。根据悬架导向机构的型式和结构尺寸的不同，车轮定位参数的变化规律也不相同。某五连杆悬架车轮定位参数随车轮跳动行程变化的规律如图2-43所示。

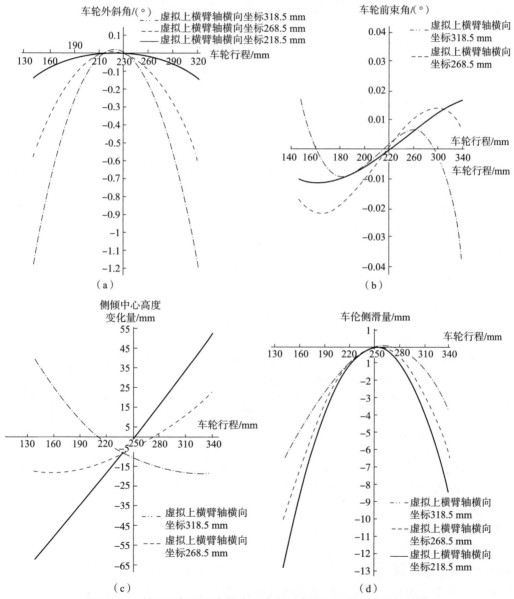

图2-43 某五连杆悬架车轮定位参数随车轮跳动行程变化的规律
（a）车轮外倾角；（b）车轮前束角；（c）侧倾中心高变化量；（d）车轮侧滑量

2.4.4.2 独立悬架的转向断开点

为避免因运动干涉而产生跳动转向（Bump Steer），与独立悬架匹配的转向横拉杆必须是分段式的。分段式横拉杆断开点的位置与独立悬架的结构型式有关。在设计初期，转向横拉杆断开点的确定可以采用三心定理或用上、下止点图解法，如图2-44所示。

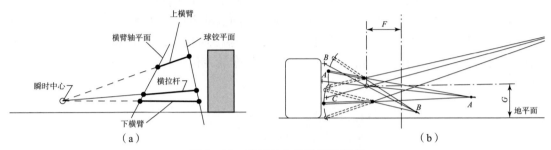

图 2-44 确定转向横拉杆断开点
(a) 三心定理；(b) 上、下止点图解法

2.4.4.3 悬架运动学优化目标

根据整车工况不同，悬架运动学优化目标也不相同。

汽车直线行驶时，为保证轮胎与地面的良好接触，车轮外倾角的变化范围应尽可能小。汽车转向行驶时，车身发生侧倾，为保证轮胎与地面的良好接触，车轮应在上跳行程有适当的内倾，且在下跳行程有适当的外倾。为避免车身侧倾加剧，侧倾中心高应在车身侧倾后尽可能有所升高。

车轮前束角的变化应保持与外倾角的变化趋势相同，即：外倾角为正值时，前束角也应为正值；根据实车经验，前束角一般为外倾角的 0.10~0.16。为保证车轮具有稳定的回正性，转向车轮的主销后倾角变化范围也应尽可能小。

2.5 车辆的制动系统

车辆的制动系统是使其行驶速度可强制降低或可靠停驻的专用装置。制动系统主要由供能装置、控制装置、传动装置和制动器等部分组成。制动系统的主要功用是使行驶中的汽车减速和停车，使下坡行驶的车辆保持速度稳定，并使已停驶的车辆保持不动。

2.5.1 车辆制动原理

车辆制动原理是利用与车身（或车架）相连的非旋转元件和与车轮（或传动轴）相连的旋转元件之间的相互摩擦来阻止车轮的转动或转动的趋势。即：通过动摩擦将行驶中车辆的动能转化成热能，或通过静摩擦使停驻的车辆保持静止。

2.5.1.1 车轮制动

制动车轮可以使用安装在轮边的车轮制动器完成，对于驱动轮，还可以通过制动半轴实现制动车轮功能，或制动变速器的输出轴，以实现同时制动左右两个车轮。行车制动需要对全部车轮实施制动，一般采用液压或气压制动系统。而驻车制动通常只制动后轮。典型的车轮制动系统组成如图 2-45 所示。

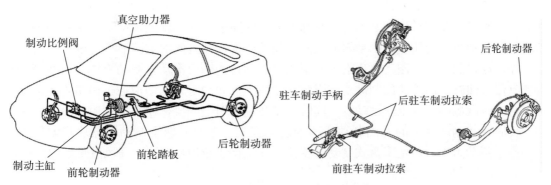

图 2-45 典型的车轮制动系统组成

(a) 液压式行车制动系统；(b) 机械式驻车制动系统

2.5.1.2 履带制动

在履带行驶装置中，通过制动主动轮可实现履带制动。由于履带车辆的传动系统在主动轮处需要设计有变速装置以实现转向功能，故多采用鼓式（外束）制动器实现制动主动轮。鼓式（外束）制动器也称带式制动器，其旋转元件是与主动轮相连的制动鼓，固定元件是制动带，收紧制动带使之与制动鼓摩擦，即产生制动力矩。如空间允许，也可采用盘式制动器制动主动轮。盘式制动器可以是全盘式或钳盘式。

使用液力传动系统的履带车辆也可设计液力制动器作为辅助制动，在高速行车时和持续下坡行驶时制动车辆，以减少机械制动器的磨损。

2.5.2 车轮制动器

车轮制动器通常为摩擦式制动器，有盘式（钳盘）和鼓式（内张）两种结构型式。

2.5.2.1 盘式制动器

盘式制动器的旋转元件是制动盘，固定元件是制动钳。制动盘以端面工作，制动钳由装在横跨制动盘两侧的钳体中的制动块和促动装置组成。制动块由摩擦块和金属背板组成。

按制动钳的运动方式，钳盘式制动器有定钳盘式和浮钳盘式两类，如图 2-46 所示。

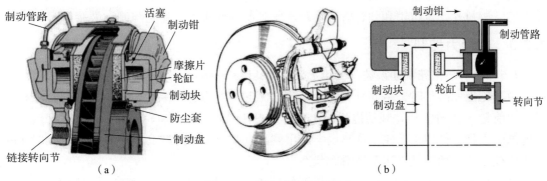

图 2-46 钳盘式制动器原理

(a) 定钳盘式；(b) 浮钳盘式

定钳盘式制动器的制动钳固定安装在车桥上，制动盘两侧的制动钳体内各有一个油缸和活塞，用于促动制动块。制动时，制动液通过油路进入两个促动油缸，分别将两侧的制动块压向制动盘。定钳盘式制动器应注意避免两个促动油缸间的连接油路过热。

浮钳盘式制动器的制动钳可沿导向销相对制动盘作轴向滑动，制动钳体上只在制动盘内侧有促动油缸，而外侧的制动块则附装在钳体上。制动时，制动液通过油路进入促动油缸，活塞将内侧制动块推向制动盘，同时作用在制动钳上的反作用力推动钳体沿导向销左移，使固定在制动钳上的外侧制动块压到制动盘上。于是，两个制动摩擦块将制动盘压紧，产生制动力矩。与定钳盘式制动器相比，该结构具有简单紧凑、通风散热好的优点。

2.5.2.2 鼓式制动器

鼓式制动器由制动鼓、制动蹄、制动底板、制动轮缸、复位弹簧等组成。制动蹄一端浮动支撑在具有间隙调节功能的支撑座上，另一端承受促动力时，蹄片张开并压靠到制动鼓内圆面上，产生摩擦力矩（制动力矩）。

采用液压制动系统的乘用车以轮缸作为制动蹄促动装置，采用气压制动系统的商用车常用凸轮或楔式机构作为促动装置。典型的鼓式制动器分解结构如图2-47所示。

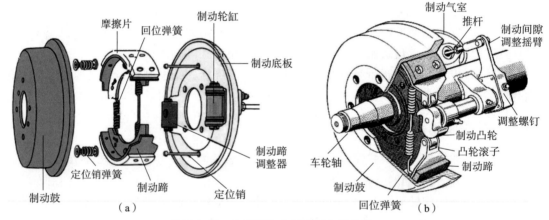

图2-47 典型的鼓式制动器分解结构
(a) 轮缸促动；(b) 凸轮促动

制动鼓多采用铸铁制造，以承受高温，为了提高散热性能，有的制动鼓外铸有散热筋条。制动底板多用钢板冲压成型，通过螺钉固定到车桥上。制动蹄两个一组，外侧粘有圆弧形的摩擦衬片。定位销和弹簧将制动蹄压紧到制动底板上，避免与制动鼓接触摩擦。

2.5.3 制动力控制

2.5.3.1 防抱死制动系统（Anti Lock Braking System，ABS）

当车轮抱死滑移时，路面可提供给车轮的侧向附着力急剧减小，汽车也将面临失控状态。如前轮（转向轮）先制动抱死，汽车会失去转向能力。如后轮先制动抱死，即使有较小的侧向干扰作用于后轮，汽车也会产生侧滑（甩尾）现象。因此，汽车在制动时车轮应不要被抱死，而是处于边滚边滑的状态。

防抱死制动系统（ABS）主要由轮速传感器、制动压力调节器和电子控制器（ECU）三大部分组成。轮速传感器将测得与制动车轮转速成正比的频率信号，ECU计算车速、轮速及其减速度及滑动率并根据控制策略向制动压力调节器发出控制指令,制动压力调节器采用电磁阀及液压泵控制制动压力的增减,以调节制动器的制动力矩,使之与地面附着状况相适应,控制车轮滑动率在8%~35%之间,防止制动车轮被抱死。

防抱死制动系统组成示意图如图2-48所示。

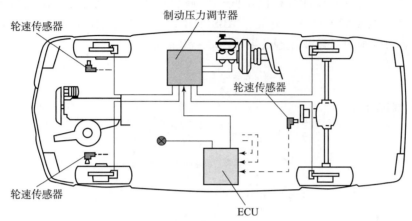

图2-48 防抱死制动系统组成示意图

2.5.3.2 驱动防滑系统（ASR/TCS）

汽车行驶在低附着路段发生驱动轮滑转时,路面可提供给驱动轮的侧向附着力急剧减小,汽车也将面临失控状态。驱动防滑系统（ASR/TCS）通过调节发动机或电动机的输出转矩和驱动轮制动器的制动力,直到驱动轮可以正常转动。ASR（Acceleration Slip Regulation）属于TCS（Traction Control System）的范畴,是在ABS基础上增加了发动机节气门控制装置和电动机的输出转矩控制策略,因此通常将ASR/TCS和ABS组合在一起。

驱动防滑系统组成示意图如图2-49所示。

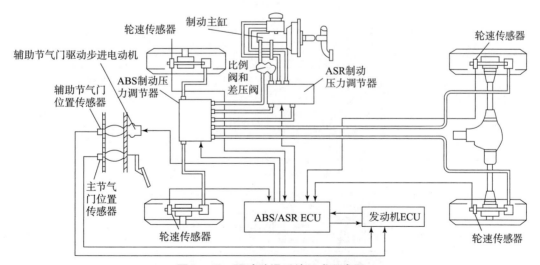

图2-49 驱动防滑系统组成示意图

2.5.3.3 电子制动力分配（Electronic Brake-force Distribution,EBD）

电子制动力分配（EBD）是指能够根据由于汽车制动时产生轴荷转移的不同,而自动调节前、后轴的制动力分配比例，提高制动效能，并配合 ABS 提高制动稳定性的系统。

在汽车制动时，为得到最大的地面制动力，前、后制动器制动力应分别等于各自的附着力（前、后车轮同时抱死），此时前、后轮制动器制动力的关系曲线称为理想的前、后轮制动器制动力分配曲线，简称 I 曲线。EBD 在汽车制动时，实时采集车轮转速、车轮阻力以及车轮载荷等信息，经计算得出不同车轮最合理的制动压力并分配给每个车轮制动器。EBD 可以利用 ABS 的硬件，并先于 ABS 工作，ABS 工作后，EBD 就停止工作。

电子制动力分配的原理及控制效果如图 2-50 所示。

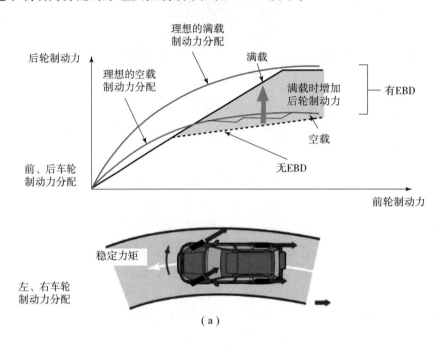

图 2-50 电子制动力分配的原理及控制效果
(a) EBD 原理；(b) EBD 控制效果

2.5.3.4 电子稳定程序（Electronic Stability Program，ESP）

ABS 和 ASR 系统的目的是直接控制纵向附着力，从而间接保证车辆侧向性能，EBD 的目的是得到最大的地面制动力。电子稳定程序（ESP）的目的则是尽可能避免汽车在高速转向时发生失稳的危险情况。

ESP 由转向盘转角传感器、侧向加速度传感器、横摆角速度传感器、轮速传感器、制动主缸压力传感器、监视器/警示灯、ESP 开关、含 ECU（电子控制单元）的液压泵模块以及驻车制动开关等组成。ESP 对车辆行驶状态进行实时探测和监控，判断车辆转向状态，并能够主动地降低发动机的输出扭矩或者对相应的车轮进行制动。当发生转向不足时，发出指令制动后内侧车轮；当发生转向过度时，发出指令制动前外侧车轮，使车辆产生相反方向的偏转力矩，从而抑制转向不足或转向过度，预防侧滑发生。电子稳定程序的原理及组成如图 2-51 所示。

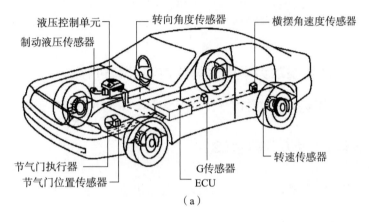

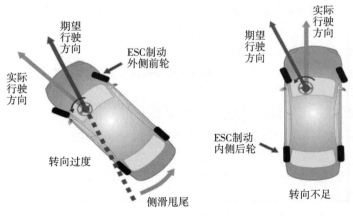

图 2-51 电子稳定程序的原理及组成

(a) ESP 组成；(b) ESP 原理

3 多体动力学基本理论

3.1 多体系统动力学建模

计算多体系统动力学分析，首先在于提供一个友好方便的界面以利于建立多体系统的力学模型，并在系统内部由多体系统力学模型得到动力学数学模型；再者需要有一个优良的解算器对数学模型进行求解，解算器要求效率高、稳定性好，并具有广泛的适应性；最后还需要对求解结果提供丰富的显示查询手段。这其中的关键技术就是自动建模技术和解算器设计，所谓自动建模，就是由多体系统力学模型自动生成其动力学数学模型，解算器的设计则必须结合系统的建模，以特定的动力学算法对模型进行求解。

3.1.1 基本的多体系统动力学概念与建模和求解过程

本节首先给出多体系统动力学的一些基本概念，再介绍多体系统动力学建模与求解的一般过程。

3.1.1.1 多体系统动力学基本概念

（1）物理模型

物理模型也称力学模型，是由物体、铰、力元和外力等要素组成的并具有一定拓扑构型的系统。

物体：多体系统中的构件定义为物体。在计算多体系统动力学中，物体区分为刚性体（刚体）和柔性体（柔体）。刚体和柔体是对机构零件的模型化，刚体定义为质点间距离保持不变的质点系，柔体定义为考虑质点间距离变化的质点系。

铰：也称为运动副，在多体系统中将物体间的运动学约束定义为铰。铰约束是运动学约束的一种物理形式。

力元：在多体系统中物体间的相互作用定义为力元，也称为内力。力元是对系统中弹簧、阻尼器、致动器的抽象，理想的力元可抽象为统一形式的拉压弹簧-阻尼器-作动器，或扭转弹簧-阻尼器-作动器。

外力（偶）：多体系统外的物体对系统中物体的作用定义为外力（偶）。

（2）拓扑构型

多体系统中各物体的联系方式称为系统的拓扑构型，简称拓扑。根据系统拓扑中是否存在回路，可将多体系统分为树系统与非树系统。系统中任意两个物体之间的通路唯一，不存在回路的，称为树系统；系统中存在回路的称为非树系统。

（3）约束

约束是对系统中某构件的运动或构件之间的相对运动所施加的限制，约束分为运动学约束和驱动约束，运动学约束一般是系统中运动副约束的代数形式，而驱动约束则是施加于构件上或构件之间的附加驱动运动条件。

（4）机构

装配在一起并允许作相对运动的若干个刚体的组合称为机构。

（5）数学模型

数学模型分为静力学数学模型、运动学数学模型和动力学数学模型，是指在相应条件下对系统物理模型（力学模型）的数学描述。

运动学：研究组成机构的相互连接的构件系统的位置、速度和加速度，其与产生运动的力无关。运动学数学模型是非线性和线性的代数方程。

动力学：研究外力（偶）作用下机构的动力学响应，包括构件系统的加速度、速度和位置，以及运动过程中的约束反力。动力学问题是已知系统构型、外力和初始条件求运动，也称为动力学正问题。动力学数学模型是微分方程或者微分方程和代数方程的混合。

静平衡：在与时间无关的力作用下系统的平衡，称为静平衡。静平衡分析是一种特殊的动力学分析，在于确定系统的静平衡位置。

逆向动力学：逆向动力学分析是运动学分析与动力学分析的混合，是寻求运动学上确定系统的反力问题，与动力学正问题相对应，逆向动力学问题是已知系统构型和运动求反力，也称为动力学逆问题。

（6）连体坐标系

固定在刚体上并随其运动的坐标系，用以确定刚体的运动。刚体上每一个质点的位置都可由其在连体坐标系中的不变矢量来确定。

（7）广义坐标

广义坐标是指唯一地确定机构所有构件位置和方位即机构构形的任意一组变量。广义坐标可以是独立的（即自由任意地变化）或不独立的（即需要满足约束方程）。对于运动系统来说，广义坐标是时变量。

（8）自由度

确定一个物体或系统的位置所需要的最少广义坐标数，称为该物体或系统的自由度。

（9）约束方程

用广义坐标表示系统中某构件的运动或构件之间的相对运动所施加的约束用广义坐标表示的代数方程形式，称为约束方程。约束方程是约束的代数等价形式，是约束的数学模型。

3.1.1.2　计算多体系统动力学建模与求解一般过程

一个机械系统，从初始的几何模型到动力学模型的建立，经过对模型的数值求解，最后得到分析结果，其流程如图3-1所示。

计算多体系统动力学分析的整个流程，主要包括建模和求解两个阶段。建模分为物理建模和数学建模，物理建模是指由几何模型建立物理模型，数学建模是指从物理模型生成数学模型。几何模型可以由动力学分析系统几何造型模块所建造，或者从通用几何造型软件导入。对几何模型施加运动学约束、驱动约束、力元和外力或外力矩等物理模型要素，形成表达系统力学特性的物理模型。物理建模过程中，有时需要根据运动学约束和初始位置条件对几何模型进行装配。由物理模型，采用笛卡儿坐标或拉格朗日坐标建模方法，应用自动建模技术，组装系统运动方程中的各系数矩阵，得到系统数学模型。对系统数学模型，根据情况应用解算器中的运动学、动力学、静平衡或逆向动力学分析算法，迭代求

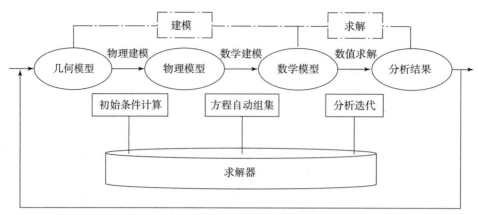

图 3-1 计算多体系统动力学建模与求解一般过程

解,得到所需的分析结果。联系设计目标,对求解结果再进行分析,从而反馈到物理建模过程,或者几何模型的选择,如此反复,直到得到最优的设计结果。

在建模和求解过程中,涉及几种类型的运算和求解。首先是物理建模过程中的几何模型装配,即"初始条件计算",这是根据运动学约束和初始位置条件进行的,是非线性方程的求解问题;再就是数学建模,是系统运动方程中的各系数矩阵自动组装过程,涉及大型矩阵的填充和组装问题;最后是数值求解,包括多种类型的分析计算,如运动学分析、动力学分析、静平衡分析、逆向动力学分析等。运动学分析是非线性的位置方程和线性的速度、加速度方程的求解,动力学分析是二阶微分方程或二阶微分方程和代数方程混合问题的求解,静平衡分析从理论上讲是一个线性方程组的求解问题,但实际上往往采用能量的方法,逆向动力学分析是一个线性代数方程组求解问题,其中最复杂的是动力学微分代数方程的求解问题,它是多体系统动力学的核心问题。

在多体系统动力学建模与求解过程中,还有一个问题是值得注意的——初值相容性问题,这是在任何正式求解之前必须首先解决的问题,直接影响到问题的可解性。初值相容性是要求系统中所有的位置、速度初始条件必须与系统运动学约束方程相容。对于简单问题,初值相容性是易于保证的,但对于大型复杂系统,必须有专门的初值相容性处理算法以判断系统的相容性或由一部分初值计算相容的其他初值。

在多体系统建模与求解过程,解算器是核心,其中涉及的所有运算和求解,如初始条件计算、方程自动组装、各种类型的数值求解等都由解算器支持,解算器也提供所需的全部算法。实际上,结果分析是需要有专门的数值后处理器来支持的,以提供曲线和动画显示以及其他各种辅助分析手段。但相比于多体系统建模与求解,数值后处理器相对简单,不存在什么理论上的重要问题。

3.1.2 多刚体系统运动学

对于多体系统的运动学分析,传统的理论力学是以刚体位置、速度和加速度的微分关系以及矢量合成原理为基础进行分析的,而计算多体系统动力学中的运动学分析则是以系统中连接物体与物体的运动副为出发点,所进行的位置、速度和加速度分析都是基于与运动副对应的约束方程来进行的。

基于约束的多体系统运动学，首先寻求与系统中运动副等价的位置约束代数方程，再由位置约束方程的导数得到速度、加速度的约束代数方程，对这些约束方程进行数值求解，可得到广义位置坐标及相应的速度和加速度坐标，最后根据坐标变换就可以由系统广义坐标及相应导数得到系统中任何一点的位置、速度和加速度。

由于机械系统在二维空间运动时，广义坐标、约束方程、问题规模以及问题求解都相对简单，故本节先讨论二维多体系统运动学以解释多体系统运动学基本理论，在此基础上再给出三维多体系统的运动学方程。

3.1.2.1 约束方程（位置方程）

设一个平面机构有个刚性构件。在机构所在平面上建立一个全局坐标系 xOy，机构在该坐标系中运动；再为机构上每个构件 i 建立各自的连体坐标系 $x_i'O_i'y_i'$，可由连体坐标系的运动确定构件的运动。选定构件 i 连体坐标系原点 O_i' 的全局坐标 $\boldsymbol{r}_i = [x_i, y_i]^T$ 和连体坐标系相对于全局坐标系的转角 φ_i 组成构件 i 的笛卡儿广义坐标矢量 $\boldsymbol{q}_i \equiv [x_i, y_i, \varphi_i]^T$，如图 3-2 所示。

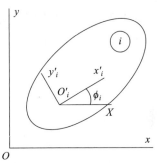

图 3-2 平面笛卡儿广义坐标

由 nb 个刚性构件组成的系统广义坐标数 $nc = 3 \times nb$，则系统广义坐标矢量可表示为 $\boldsymbol{q} = [\boldsymbol{q}_1^T, \boldsymbol{q}_2^T, \ldots, \boldsymbol{q}_{nb}^T]^T$。

一个实际的机械系统，系统中构件与支架或构件与构件之间存在运动副的连接，这些运动副可以用系统广义坐标表示为代数方程。设表示运动副的约束方程数为 nh，则用系统广义坐标矢量表示的运动学约束方程组为

$$\boldsymbol{\Phi}^K(\boldsymbol{q}) = [\Phi_1^K(\boldsymbol{q}), \Phi_2^K(\boldsymbol{q}), \cdots, \Phi_{nh}^K(\boldsymbol{q})]^T = 0 \tag{3-1}$$

这里给出的是定常完整约束情况。如果约束方程与时间相关，则自变量中显含时间项，这种约束被称为非定常约束；更一般的约束方程含有不可积速度项的不等式或关系式，这种约束称为非完整约束。一般的运动学约束是定常完整约束。

对于一个有 nc 个广义坐标和 nh 个约束方程的机械系统，若 $nc > nh$，且这 nh 个约束方程是独立、相容的，则系统自由度 DOC $= nc - nh$。为使系统具有确定运动，可以为系统添加与系统自由度相等的附加驱动约束或对系统施加力的作用。

为系统添加与系统自由度相等的附加驱动约束时，系统实际自由度为零，被称为是在运动学上确定的，在此情况下求解系统运动过程中的位置、速度和加速度的分析是运动学分析，运动学分析本身不涉及作用力或反作用力问题。但是对于运动学上确定的系统，可以求解系统中约束反力，即已知运动求作用力，这是动力学逆问题。

对系统施加力的作用时，系统有着大于零的自由度，但是在外力作用下，对于具有确定构型和特定初始条件的系统，其动力学响应是确定的，这种情况下求解系统运动过程中的位置、速度和加速度的分析，称为动力学分析。在这种情况下，特殊地，如果外力与时间无关，可以求解系统的静平衡位置，这就是静平衡分析问题。

考虑运动学分析，为使系统具有确定运动，即要使系统实际自由度为零，为系统施加等于自由度 $nc - nh$ 的驱动约束：

$$\boldsymbol{\Phi}^D(\boldsymbol{q}, t) = 0 \tag{3-2}$$

一般情况下，驱动约束是系统广义坐标和时间的函数。驱动约束在其集合内部及其与

运动学约束合集中必须是独立和相容的，在这种条件下，驱动系统运动学上是确定的，将作确定运动。

由式（3-2）表示的系统运动学约束和式（3-3）表示的驱动约束组合成系统所受全部约束：

$$\Phi(\boldsymbol{q},t) = \begin{bmatrix} \Phi^K(\boldsymbol{q},t) \\ \Phi^D(\boldsymbol{q},t) \end{bmatrix} = 0 \quad (3-3)$$

式（3-3）为 nc 个广义坐标的 nc 个非线性方程组，其构成了系统位置方程。求解上式，就可得到系统在任意时刻的广义坐标位置 $\boldsymbol{q}(t)$。

3.1.2.2 速度和加速度方程

对式（3-3）运用链式微分法则求导，得到速度方程：

$$\dot{\Phi}(\boldsymbol{q},\dot{\boldsymbol{q}},t) = \Phi_q(\boldsymbol{q},t)\dot{\boldsymbol{q}} + \Phi_t(\boldsymbol{q},t) = 0 \quad (3-4)$$

若令 $\boldsymbol{v} = \Phi_t(\boldsymbol{q},t)$，则速度方程为

$$\dot{\Phi}(\boldsymbol{q},\dot{\boldsymbol{q}},t) = \Phi_q(\boldsymbol{q},t)\dot{\boldsymbol{q}} - \boldsymbol{v} = 0 \quad (3-5)$$

如果 Φ_q 是非奇异的，可以求解上式得到各离散时刻的广义坐标速度 $\dot{\boldsymbol{q}}$。

对式（3-4）运用链式微分法则求导，可得加速度方程

$$\ddot{\Phi}(\boldsymbol{q},\dot{\boldsymbol{q}},\ddot{\boldsymbol{q}},t) = \Phi_q(\boldsymbol{q},t)\ddot{\boldsymbol{q}} + (\Phi_q(\boldsymbol{q},t)\dot{\boldsymbol{q}})_q\dot{\boldsymbol{q}} + 2\Phi_{qt}(\boldsymbol{q},t)\dot{\boldsymbol{q}} + \Phi_{tt}(\boldsymbol{q},t) = 0 \quad (3-6)$$

若令 $\eta = -(\Phi_q\dot{\boldsymbol{q}})_q\dot{\boldsymbol{q}} - 2\Phi_{qt}\dot{\boldsymbol{q}} - \Phi_{tt} = 0$，则加速度方程为

$$\ddot{\Phi}(\boldsymbol{q},\dot{\boldsymbol{q}},\ddot{\boldsymbol{q}},t) = \Phi_q(\boldsymbol{q},t)\ddot{\boldsymbol{q}} - \eta(\boldsymbol{q},\dot{\boldsymbol{q}},t) = 0 \quad (3-7)$$

如果 Φ_q 是非奇异的，可以求解上式得到各离散时刻的广义坐标加速度 $\ddot{\boldsymbol{q}}$。

在速度方程（3-5）和加速度方程（3-7）中出现的矩阵 Φ_q，称为雅可比矩阵，雅可比矩阵是约束多体系统运动学和动力学分析中最重要的矩阵。如果 Φ 的维数为 m，$\boldsymbol{q}$ 维数为 n，那么 Φ_q 维数为 $m \times n$ 矩阵，其定义为 $(\Phi_q)_{(i,j)} = \partial \Phi_i / \partial q_j$。这里 Φ_q 为 $n_c \times n_c$ 的方阵。

对式（3-5）中的 $\boldsymbol{v}$ 和式（3-7）中的 η 进行计算时，会涉及二阶导数，在实际的数值求解中，并不是实时地调用求导算法来进行计算，而是先根据具体的约束类型，导出二阶导数以及雅可比矩阵的表示式，在计算中只需代入基本的数据即可。

3.1.2.3 坐标变换与任意点运动

在确定系统中构件上任意点的运动时，常要求将构件上点从连体坐标系变换到全局坐标系中，现讨论连体坐标系与全局坐标系的坐标变换及构件上任意点运动。

设矢量 $\boldsymbol{s}$ 在全局坐标系 xOy 和某连体坐标系 $x_i'O_i'y_i'$ 中分别表示为

$$\begin{cases} \boldsymbol{s} = [s_x, s_y]^T \\ \boldsymbol{s}' = [s_x', s_y']^T \end{cases} \quad (3-8)$$

若任意点 P 在全局坐标系 xOy 和连体坐标系 $x_i'O_i'y_i'$ 中坐标如图3-3所示，则存在如下坐标变换关系：

$$\boldsymbol{r}^P = \boldsymbol{r} + \boldsymbol{s}^P = \boldsymbol{r} + \boldsymbol{A}\boldsymbol{s}'^P \quad (3-9)$$

式中，$\boldsymbol{r}^P$ 为点 P 在全局坐标系中的坐标，$\boldsymbol{r}$ 为连体坐标系原点 O' 在全局坐标系中的坐标，$\boldsymbol{s}^P$ 为矢量 $\boldsymbol{s}$ 在全局坐标系中的坐标，$\boldsymbol{s}'^P$ 为矢量 $\boldsymbol{s}$ 在连体坐标系中的坐标，$\boldsymbol{A}$ 为旋转变换矩阵，其形式为

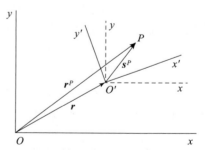

图3-3 二维空间坐标变换

$$A = A(\varphi) = \begin{bmatrix} \cos\varphi & -\sin\varphi \\ \sin\varphi & \cos\varphi \end{bmatrix} \tag{3-10}$$

A 对时间的导数为

$$\dot{A} = \dot{\varphi}\frac{\mathrm{d}}{\mathrm{d}\varphi}A = \dot{\varphi}\begin{bmatrix} -\sin\varphi & -\cos\varphi \\ \cos\varphi & -\sin\varphi \end{bmatrix} \equiv \dot{\varphi}B \tag{3-11}$$

根据式（3-9），我们可以得到以连体坐标系表示的构件上任一点的全局坐标。

式（3-9）对时间求导数，可得任意点的速度变换公式：

$$\dot{r}^P = \dot{r} + \dot{A}s'^P = \dot{r} + \dot{\varphi}Bs'^P \tag{3-12}$$

式（3-12）对时间求导数，可得任意点的加速度变换公式：

$$\ddot{r}^P = \ddot{r} + \ddot{\varphi}Bs'^P + \dot{\varphi}\dot{B}s'^P = \ddot{r} + \ddot{\varphi}Bs'^P - \dot{\varphi}^2 As'^P \tag{3-13}$$

对于一个平面机构来说，进行运动学分析时，先是选定最大集的广义坐标，再分别根据式（3-3）、式（3-5）和式（3-7）求解机构在各离散时刻的广义坐标位置、广义坐标速度和广义坐标加速度。对于任意一个由连体坐标系确定的构件上的点，可根据式（3-9）、式（3-12）和式（3-13）求解其位置、速度和加速度。

3.1.2.4 三维多体系统运动学

三维多体系统的运动分析与二维多体系统较为相似，只是广义坐标选取复杂一些，约束方程形式复杂一些，问题规模要大一些。三维多体系统广义坐标与二维相似，也是由位置坐标和方位（或称为姿态）坐标组成，位置坐标表示较为固定，都是由连体坐标系基点坐标确定的，方位坐标则具有多种形式，如方向余弦矩阵、欧拉角、卡尔丹角、有限转动四元数、欧拉参数等，最常用的是欧拉角和欧拉参数。这里先给出三维机械系统广义坐标的方向余弦与欧拉参数和欧拉角几种形式及其之间的变换，再据此给出系统的约束方程、速度方程和加速度方程的形式。

（1）坐标变换、欧拉参数与欧拉角

对于三维空间机构，采用固连在构件上的连体坐标系来确定系统运动。构件的广义坐标，由两个部分组成，一是连体坐标系的原点坐标，二是确定连体坐标系相对于全局坐标系的方位参数。连体坐标系 $O'x'y'z'$ 原点 O' 坐标为 $r \equiv [x,y,z]^\mathrm{T}$，$O'x'y'z'$ 相对于全局坐标系 $Oxyz$ 的方位可用方向余弦矩阵表示，也可用欧拉参数或者欧拉角，这几种具有相同几何意义，但数值特性不同，如图 3-4 所示。

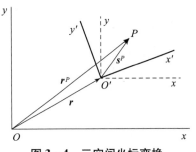

图 3-4 三空间坐标变换

方向余弦矩阵定义为

$$A = [f, g, h] = \begin{bmatrix} a_{11} & a_{12} & a_{13} \\ a_{21} & a_{22} & a_{23} \\ a_{31} & a_{32} & a_{33} \end{bmatrix} \tag{3-14}$$

式中，f、g 和 h 分别为连体坐标系 $O'x'y'z'$ 的坐标轴 $O'x'$、$O'y'$ 和 $O'z'$ 的单位矢量。方向余弦矩阵 A 为正交矩阵，因此，A 中 9 个变量受 6 个独立方程的约束，方向余弦矩阵中只存在说明 3 个转动自由度的独立变量。

如连体坐标系 $O'x'y'z'$ 和全局坐标系 $Oxyz$ 的原点重合，即 $r = 0$，则矢量 s 在连体坐标

系中的表示形式 s' 和在全局坐标系中的表示形式 s 存在变换关系 $s = As'$，更一般的坐标变换式为

$$r^P = r + As'^P \tag{3-15}$$

式中，r^P 为点 P 在坐标系 $Oxyz$ 中的坐标，r 为坐标系 $O'x'y'z'$ 原点 O' 在坐标系 $Oxyz$ 中的坐标，s'^P 为点 P 在坐标系 $O'x'y'z'$ 中的坐标，A 为 $O'x'y'z'$ 相对于 $Oxyz$ 的方向余弦矩阵。

对上式求时间导数，得速度变换式：

$$\dot{r}^P = \dot{r} + \dot{A}s'^P = \dot{r} + \tilde{\omega}s^P \tag{3-16}$$

式中，$\tilde{\omega}$ 是 ω 的斜对称矩阵，ω 称为连体坐标系 $O'x'y'z'$ 相对于全局坐标系 $Oxyz$ 的角速度矢量，表示为

$$\tilde{\omega} = \dot{A}A^T \tag{3-17}$$

若将角速度矢量 ω 运用变换关系 $\tilde{s}A = A\tilde{s}'$ 变换到坐标系 $O'x'y'z'$ 并表示为 ω'，则存在

$$\begin{cases} \tilde{\omega}' = A^T\dot{A} \\ \dot{A} = \tilde{\omega}A = A\tilde{\omega}' \end{cases} \tag{3-18}$$

对式（3-16）求时间导数，得加速度变换式：

$$\ddot{r}^P = \ddot{r} + \ddot{A}s'^P \tag{3-19}$$

式中：$\ddot{A} = \dot{\tilde{\omega}}A + \tilde{\omega}\tilde{\omega}A$。

如定义与位移 r 和角速度 ω 对应的虚位移 δr 和虚转动 $\delta\pi$，则式（3-16）、式（3-17）和式（3-18）存在相应的变分形式：

$$\delta r^P = \delta r + \delta As'^P = \delta r + \delta\tilde{\pi}s^P$$
$$\delta\tilde{\pi} = \delta A A^T$$
$$\delta\tilde{\pi}' = A^T\delta A$$
$$\delta A = \delta\tilde{\pi}A = A\delta\tilde{\pi}' \tag{3-20}$$

角速度 ω' 和虚转动 $\delta\pi$ 是不可积的，因此角速度也被称为拟坐标。

根据刚体转动的欧拉定理，确定刚体的方位还可以采用欧拉定理中的转动轴和转动角。如果坐标系 $Oxyz$ 与坐标系 $O'x'y'z'$ 原点重合，由欧拉定理可知，设坐标系 $Oxyz$ 绕单位轴矢量 u 转动 χ 角与坐标系 $O'x'y'z'$ 重合，可由 u 和 χ 定义一个 4 欧拉参数组：

$$\begin{cases} e_0 = \cos\dfrac{\chi}{2} \\ e = \begin{bmatrix} e_1 \\ e_2 \\ e_3 \end{bmatrix} \equiv u\sin\dfrac{\chi}{2} \end{cases} \tag{3-21}$$

用 4×1 列向量表示欧拉参数为：$p = [e_0, e^T]^T = [e_0, e_1, e_2, e_3]^T$。

欧拉参数要满足欧拉参数归一化约束：$p^Tp = e_0^2 + e_1^2 + e_2^2 + e_3^2 = 1$。

故欧拉参数 4 个分量中存在 3 个独立分量，描述物体转动。

欧拉参数 p 和方向余弦矩阵 A 都是描述物体方位的参数，是等价的，其间存在变换关系。

从欧拉参数到方向余弦矩阵的变换为

$$A = (2e_0^2 - 1)I + 2(ee^T + e_0\tilde{e}) \tag{3-22}$$

式中，I 为 3×3 单位矩阵；$\tilde{e}$ 为 e 的斜对称矩阵，其表示为

$$\tilde{e} = \begin{bmatrix} 0 & -e_3 & e_2 \\ e_3 & 0 & -e_1 \\ -e_2 & e_1 & 0 \end{bmatrix}$$

从方向余弦矩阵到欧拉参数的变换为

$$\begin{cases} e_0^2 = (\mathrm{tr}\boldsymbol{A} + 1)/4 \\ e_1 = (a_{32} - a_{23})/(4e_0) \\ e_2 = (a_{13} - a_{31})/(4e_0) \\ e_3 = (a_{21} - a_{12})/(4e_0) \end{cases} \tag{3-23}$$

上式中，$e_0 \neq 0$，若由上式中第一式计算得 $e_0 = 0$，则由下列式子确定欧拉参数。

$$\begin{cases} e_1^2 = (1 + 2a_{11} - \mathrm{tr}\boldsymbol{A})/4 \\ e_2^2 = (1 + 2a_{22} - \mathrm{tr}\boldsymbol{A})/4 \\ e_3^2 = (1 + 2a_{33} - \mathrm{tr}\boldsymbol{A})/4 \\ a_{21} + a_{12} = 4e_1 e_2 \\ a_{31} + a_{13} = 4e_1 e_3 \\ a_{32} + a_{23} = 4e_2 e_3 \end{cases} \tag{3-24}$$

式中，$\mathrm{tr}\boldsymbol{A}$ 为矩阵 $\boldsymbol{A}$ 的迹。

为研究欧拉参数与角速度之间的关系，定义两个辅助矩阵：

$$\boldsymbol{E} \equiv [-\boldsymbol{e}, \tilde{\boldsymbol{e}} + e_0 \boldsymbol{I}] = \begin{bmatrix} -e_1 & e_0 & -e_3 & e_2 \\ -e_2 & e_3 & e_0 & -e_1 \\ -e_3 & -e_2 & e_1 & e_0 \end{bmatrix},$$

$$\boldsymbol{G} \equiv [-\boldsymbol{e}, -\tilde{\boldsymbol{e}} + e_0 \boldsymbol{I}] = \begin{bmatrix} -e_1 & e_0 & e_3 & -e_2 \\ -e_2 & -e_3 & e_0 & e_1 \\ -e_3 & e_2 & -e_1 & e_0 \end{bmatrix}$$

可得到如下关系式及其变分形式：

$$\begin{cases} \boldsymbol{A} = \boldsymbol{E}\boldsymbol{G}^{\mathrm{T}} \\ \boldsymbol{\omega} = 2\boldsymbol{E}\dot{\boldsymbol{p}} \\ \boldsymbol{\omega}' = 2\boldsymbol{G}\dot{\boldsymbol{p}} \\ \dot{\boldsymbol{p}} = \frac{1}{2}\boldsymbol{E}^{\mathrm{T}}\boldsymbol{\omega} = \frac{1}{2}\boldsymbol{G}^{\mathrm{T}}\boldsymbol{\omega}' \end{cases} \tag{3-25}$$

$$\begin{cases} \delta\boldsymbol{A} = \delta\boldsymbol{E}\boldsymbol{G}^{\mathrm{T}} + \boldsymbol{E}\delta\boldsymbol{G}^{\mathrm{T}} \\ \delta\boldsymbol{\pi} = 2\boldsymbol{E}\delta\boldsymbol{p} \\ \delta\boldsymbol{\pi}' = 2\boldsymbol{G}\delta\boldsymbol{p} \\ \delta\boldsymbol{p} = \frac{1}{2}\boldsymbol{E}^{\mathrm{T}}\delta\boldsymbol{\pi} = \frac{1}{2}\boldsymbol{G}^{\mathrm{T}}\delta\boldsymbol{\pi}' \end{cases} \tag{3-26}$$

对于上述各式中所涉及的角速度和虚转动，并不像欧拉参数的导数或变分一样是可积的，所以在积分用角速度或虚转动表示的运动方程时，不可直接积分，需要利用上述公式

将角速度或虚转动变换为欧拉参数的导数或变分，再作积分运算。

根据欧拉定理，可以将刚体的方位分解为连体坐标系，从与全局坐标系重合的始点起，依次绕连体坐标系自身的 $O'x'$ 轴、$O'y'$ 轴和 $O'z'$ 轴转过有限角度 ψ（进动角）、θ（章动角）和 φ（自转角）来确定，三个角度坐标 ψ、θ 和 φ 即欧拉角。

用欧拉角表示的方向余弦矩阵为

$$\boldsymbol{A} = \begin{bmatrix} c\psi \cdot c\varphi - s\psi \cdot c\theta \cdot s\varphi & -c\psi \cdot s\varphi - s\psi \cdot c\theta \cdot c\varphi & s\psi \cdot s\theta \\ s\psi \cdot c\varphi + c\psi \cdot c\theta \cdot s\varphi & -s\psi \cdot s\varphi + c\psi \cdot c\theta \cdot c\varphi & -c\psi \cdot s\theta \\ s\theta \cdot s\varphi & s\theta \cdot c\varphi & c\theta \end{bmatrix} \qquad (3-27)$$

从方向余弦矩阵到欧拉角的变换为：

$$\begin{cases} \theta = \arccos(a_{33}) = \arcsin(\sqrt{1-a_{33}^2}) \\ \psi = \arccos(-a_{23}/s\theta) = \arcsin(a_{13}/s\theta) \\ \varphi = \arccos(a_{32}/s\theta) = \arcsin(a_{31}/s\theta) \end{cases} \qquad (3-28)$$

当章动角 $\theta = n\pi(n=0,1,\cdots)$ 时，上式失效，即进动角和自转角不能确定，为欧拉角奇异点。

欧拉角表示的欧拉参数为

$$\begin{cases} e_0 = \cos\left(\dfrac{\psi+\varphi}{2}\right) \cdot \cos\left(\dfrac{\theta}{2}\right) \\ e_1 = \cos\left(\dfrac{\psi-\varphi}{2}\right) \cdot \sin\left(\dfrac{\theta}{2}\right) \\ e_2 = \sin\left(\dfrac{\psi-\varphi}{2}\right) \cdot \sin\left(\dfrac{\theta}{2}\right) \\ e_4 = \sin\left(\dfrac{\psi+\varphi}{2}\right) \cdot \cos\left(\dfrac{\theta}{2}\right) \end{cases} \qquad (3-29)$$

从欧拉参数到欧拉角的变换为

$$\begin{cases} \psi = \arctan(e_3/e_0) + \arctan(e_2/e_1) \\ \theta = \arccos[2(e_0^2+e_3^2)-1] \\ \varphi = \arctan(e_3/e_0) - \arctan(e_2/e_1) \end{cases} \qquad (3-30)$$

（2）位置、速度和加速度分析

在一个三维多体系统中，构件 i 的广义坐标矢量由其连体坐标系原点坐标和欧拉参数组成，表示为

$$\boldsymbol{q}_i = \begin{bmatrix} \boldsymbol{r}_i \\ \boldsymbol{p}_i \end{bmatrix} \qquad (3-31)$$

对于由 nb 个构件组成的系统，其广义坐标矢量组为：$\boldsymbol{q} = [\boldsymbol{q}_1^{\mathrm{T}}, \boldsymbol{q}_2^{\mathrm{T}}, \cdots, \boldsymbol{q}_{nb}^{\mathrm{T}}]^{\mathrm{T}}$，系统广义坐标维数为 $7nb$。

采用欧拉参数广义坐标，每个构件的欧拉参数广义坐标必须满足归一化约束，即

$$\boldsymbol{\Phi}_i^p = \boldsymbol{p}_i^{\mathrm{T}} \boldsymbol{p}_i - 1 = 0, \quad i = 1, 2, \cdots, nb \qquad (3-32)$$

系统的欧拉参数归一化约束方程的矢量形式为：$\boldsymbol{\Phi}^p = [\boldsymbol{\Phi}_1^p, \boldsymbol{\Phi}_2^p, \cdots, \boldsymbol{\Phi}_{nb}^p]^{\mathrm{T}} = 0$，方程组的维数为 nb。

与二维系统类似，设与运动副等价的约束方程数为 nh，则系统运动学约束方程的矢量形式为：$\boldsymbol{\Phi}^K(\boldsymbol{q}) = [\Phi_1^K(\boldsymbol{q}), \Phi_2^K(\boldsymbol{q}), \cdots, \Phi_{nh}^K(\boldsymbol{q})]^T = 0$。为使系统具有确定运动，对系统施加 $6nb - nh$ 个独立的驱动约束，系统驱动约束方程的矢量形式为：$\boldsymbol{\Phi}^D(\boldsymbol{q}, t) = 0$。

据此，由系统的欧拉参数归一化约束方程、运动学约束方程及驱动约束方程组成的系统约束方程，或称位置方程为

$$\boldsymbol{\Phi}(\boldsymbol{q}, t) \equiv \begin{bmatrix} \boldsymbol{\Phi}^P(\boldsymbol{q}) \\ \boldsymbol{\Phi}^K(\boldsymbol{q}) \\ \boldsymbol{\Phi}^D(\boldsymbol{q}, t) \end{bmatrix} = 0 \tag{3-33}$$

上式包含 $7nb$ 个广义坐标的 $7nb$ 个方程。

为进行速度和加速度分析，对式（3-32）求微分，并运用式（3-30），得到欧拉参数归一化约束的变分为

$$\delta \Phi_i^p = 2 p_i^T \delta p_i = p_i^T G_i^T \delta \pi_i' = 0 \tag{3-34}$$

从而得到

$$\Phi_{i \pi_i'}^p = p_i^T G_i^T = 0 \tag{3-35}$$

式（3-34）和式（3-35）利用了 $\boldsymbol{G}\boldsymbol{p} = 0$ 这一事实。式（3-35）表明，与欧拉参数归一化约束有关并以 ω' 为变量的速度方程完全得到满足，且以 $\dot{\omega}'$ 为变量的加速度方程也将完全得到满足，故对于速度和加速度分析，当以角速度和角加速度为变量时，不需要考虑欧拉参数归一化约束，只考虑运动学约束及驱动约束即可。

矢量形式的系统运动学约束方程和驱动约束方程对时间求导即得系统速度方程：

$$\sum_{i=1}^{nb} \left\{ \begin{bmatrix} \Phi_{r_i}^K \\ \Phi_{r_i}^D \end{bmatrix} \dot{r}_i + \begin{bmatrix} \Phi_{\pi_i'}^K \\ \Phi_{\pi_i'}^D \end{bmatrix} \omega_i' \right\} = \begin{bmatrix} -\Phi_t^K \\ -\Phi_t^D \end{bmatrix} \equiv \begin{bmatrix} \upsilon^K \\ \upsilon^D \end{bmatrix} \tag{3-36}$$

由于运动学约束方程不涉及时间，故：$-\Phi_t^K = 0 \equiv \upsilon^K$。

对式（3-32）微分可得到系统加速度方程：

$$\sum_{i=1}^{nb} \left\{ \begin{bmatrix} \Phi_{r_i}^K \\ \Phi_{r_i}^D \end{bmatrix} \ddot{r}_i + \begin{bmatrix} \Phi_{\pi_i'}^K \\ \Phi_{\pi_i'}^D \end{bmatrix} \dot{\omega}_i' \right\} = -\begin{bmatrix} \Phi_{tt}^K \\ \Phi_{tt}^D \end{bmatrix} - \sum_{i=1}^{nb} \left\{ \begin{bmatrix} \dot{\Phi}_{r_i}^K \\ \dot{\Phi}_{r_i}^D \end{bmatrix} \dot{r}_i + \begin{bmatrix} \dot{\Phi}_{\pi_i'}^K \\ \dot{\Phi}_{\pi_i'}^D \end{bmatrix} \omega_i' \right\} \equiv \begin{bmatrix} \eta^K \\ \eta^D \end{bmatrix} \tag{3-37}$$

同样地，运动学约束中不涉及时间，时间仅可能出现在驱动约束中，驱动约束方程是仅依赖于广义坐标的函数之和或仅依赖于时间的函数之和，故 $\Phi_{qt} = 0$。

在计算速度方程和加速度方程中的雅可比矩阵时，并不是进行实时的数值计算，而是基于具体的约束类型进行计算。不管是运动学约束还是驱动约束，都可分为有限的几种类型，针对每一种类型的运动副计算其雅可比矩阵的代数形式，如此，在速度分析和加速度分析时只要先进行雅可比矩阵的组装，然后在迭代的每一时刻代入具体的构件特性值即可。

3.1.3 多刚体系统动力学

对于受约束的多体系统，其动力学方程是先根据牛顿定理，给出自由物体的变分运动方程，再运用拉格朗日乘子定理，导出基于约束的多体系统动力学方程。与运动学分析类似，先考虑二维多体系统，再讨论三维多体系统，并对动力学三种类型的分析——正向动力学、逆向动力学和静平衡分析分别予以讨论。

3.1.3.1 二维多刚体系统动力学

先给出自由刚体的运动方程，再根据拉格朗日乘子定理给出约束多体系统带乘子的运动方程，并讨论系统动力学分析的三种情况和约束反力问题。

（1）自由物体的变分运动方程

任意一个刚体构件 i，质量为 m_i，对质心的极转动惯量为 J'_i，作用于质心的外力矢量和力矩分别为 F_i 和力矩 n_i。定义刚体连体坐标系 $x'O'y'$ 的原点 O' 位于刚体质心，可导出该刚体带质心坐标的变分运动方程：

$$\delta r_i^T[m_i\ddot{r}_i - F_i] + \delta\varphi_i[J'_i\ddot{\varphi}_i - n_i] = 0 \tag{3-38}$$

式中，r_i 为固定于刚体质心的连体坐标系原点 O' 的代数矢量，φ_i 为连体坐标系相对于全局坐标系的转角，δr_i 与 $\delta\varphi_i$ 分别为 r_i 与 φ_i 的变分。

定义刚体构件 i 的广义坐标为 $q_i = [r_i^T, \varphi_i]^T$，受到广义力为 $Q_i = [F_i^T, n_i]^T$，质量矩阵为 $M_i = \text{diag}(m_i, m_i, J'_i)$，可将系统驱动约束方程写作虚功原理的形式：

$$\delta q_i^T(M_i\ddot{q}_i - Q_i) = 0 \tag{3-39}$$

上式是连体坐标系原点固定于刚体质心时用广义力表示的刚体变分运动方程。

（2）多体系统的运动方程

考虑由 nb 个构件组成的机械系统，对每个构件运用式（3-39），组合后可得到系统的变分运动方程为

$$\sum_{i=1}^{nb}\delta q_i^T[M_i\ddot{q}_i - Q_i] = 0 \tag{3-40}$$

若组合所有构件的广义坐标矢量、质量矩阵及广义力矢量，并构造系统的广义坐标矢量、质量矩阵及广义力矢量为：$q = [q_1^T, q_2^T, \cdots, q_{nb}^T]^T$，$M = \text{diag}(M_1, M_2, \cdots, M_{nb})$，$Q = [Q_1^T, Q_2^T, \cdots, Q_{nb}^T]^T$，系统的变分运动方程则可紧凑地写为

$$\delta q^T[M\ddot{q} - Q] = 0 \tag{3-41}$$

对于单个构件，运动方程中的广义力同时包含作用力和约束力，但在一个系统中，若只考虑理想运动副约束，根据牛顿第三定律，可知作用在系统所有构件上的约束力总虚功为零。若将作用于系统的广义外力表示为 $Q^A = [Q_1^{AT}, Q_2^{AT}, \cdots, Q_{nb}^{AT}]^T$，$Q_i^A = [F_i^{AT}, n_i^A]^T$，$i = 1, 2, \cdots, nb$，则理想约束情况下的系统变分运动方程为

$$\delta q^T[M\ddot{q} - Q^A] = 0 \tag{3-42}$$

式中虚位移 δq 与作用在系统上的约束是一致的。

系统运动学约束和驱动约束的组合为：$\Phi(q, t) = 0$。对其微分得到其变分形式为

$$\Phi_q \delta q = 0 \tag{3-43}$$

式（3-42）和式（3-43）组成受约束的机械系统的变分运动方程，式（3-43）对所有满足式（3-42）的虚位移 δq 均成立。

在动力学分析中，系统约束方程的维数不需要与系统广义坐标维数相等。如果令 $n = 3 \times nb$，则 $q \in \mathbf{R}^n$，$\Phi \in \mathbf{R}^m$，且 $m < n$。

为导出约束机械系统变分运动方程易于应用的形式，运用拉格朗日乘子定理对式（3-42）和式（3-43）进行处理。

拉格朗日乘子定理：设矢量 $b \in \mathbf{R}^n$，矢量 $x \in \mathbf{R}^n$，矩阵 $A \in \mathbf{R}^{m \times n}$ 为常数矩阵，如果有 $b^T x = 0$，对于所有满足 $Ax = 0$ 的 x 条件都成立，则存在满足 $b^T x + \lambda^T Ax = 0$ 的拉格朗

日乘子矢量 $\boldsymbol{\lambda} \in \mathbf{R}^m$，其中 x 为任意的。

在式（3-42）和式（3-43）中，$\boldsymbol{q} \in \mathbf{R}^n, \boldsymbol{M} \in \mathbf{R}^{n \times n}, \boldsymbol{Q}^A \in \mathbf{R}^n, \boldsymbol{\Phi}_q \in \mathbf{R}^{m \times n}$，运用拉格朗日乘子定理于式（3-42）和式（3-43），则存在拉格朗日乘子矢量 $\boldsymbol{\lambda} \in \mathbf{R}^m$，对于任意的 $\delta \boldsymbol{q}$ 应满足：$[\boldsymbol{M}\ddot{\boldsymbol{q}} - \boldsymbol{Q}^A]^\mathrm{T}\delta \boldsymbol{q} + \boldsymbol{\lambda}^\mathrm{T}\boldsymbol{\Phi}_q\delta \boldsymbol{q} = [\boldsymbol{M}\ddot{\boldsymbol{q}} + \boldsymbol{\Phi}_q^\mathrm{T}\boldsymbol{\lambda} - \boldsymbol{Q}^A]^\mathrm{T}\delta \boldsymbol{q} = 0$。

由此得到运动方程的拉格朗日乘子形式为

$$\boldsymbol{M}\ddot{\boldsymbol{q}} + \boldsymbol{\Phi}_q^\mathrm{T}\boldsymbol{\lambda} = \boldsymbol{Q}^A \qquad (3-44)$$

式（3-44）还必须满足位置约束方程、速度约束方程及加速度约束方程，即

$$\boldsymbol{\Phi}(\boldsymbol{q}, t) = 0 \qquad (3-45)$$

$$\dot{\boldsymbol{\Phi}}(\boldsymbol{q}, \dot{\boldsymbol{q}}, t) = \boldsymbol{\Phi}_q(\boldsymbol{q}, t)\dot{\boldsymbol{q}} - \upsilon = 0, \quad \upsilon = -\boldsymbol{\Phi}_t(\boldsymbol{q}, t) \qquad (3-46)$$

$$\ddot{\boldsymbol{\Phi}}(\boldsymbol{q}, \dot{\boldsymbol{q}}, \ddot{\boldsymbol{q}}, t) = \boldsymbol{\Phi}_q(\boldsymbol{q}, t)\ddot{\boldsymbol{q}} - \eta(\boldsymbol{q}, \dot{\boldsymbol{q}}, t) = 0, \quad \eta = -(\boldsymbol{\Phi}_q\dot{\boldsymbol{q}})_q\dot{\boldsymbol{q}} - 2\boldsymbol{\Phi}_{qt}\dot{\boldsymbol{q}} - \boldsymbol{\Phi}_{tt}$$

$$(3-47)$$

式（3-44）、式（3-45）、式（3-46）和式（3-47）组成约束机械系统的完整运动方程。

将式（3-44）与式（3-47）联立表示为矩阵形式：

$$\begin{bmatrix} \boldsymbol{M} & \boldsymbol{\Phi}_q^\mathrm{T} \\ \boldsymbol{\Phi}_q & 0 \end{bmatrix} \begin{bmatrix} \ddot{\boldsymbol{q}} \\ \boldsymbol{\lambda} \end{bmatrix} = \begin{bmatrix} \boldsymbol{Q}^A \\ \boldsymbol{\eta} \end{bmatrix} \qquad (3-48)$$

上式即多体系统动力学中最重要的动力学运动方程，被称为欧拉-拉格朗日方程（Euler-Lagrange Equation）。此微分-代数方程组（Differential Algebraic Equations - DAEs）不同于单纯的常微分方程组（Ordinary Differential Equations - ODEs），其求解的关键在于避免积分过程中的违约现象，此外，还要注意 DAEs 问题的刚性问题。显然，此式有且仅有唯一解的充要条件是其系数矩阵非奇异，但这一条件不利于实际中的判断，可以给出更为实用的判断。

如果式（3-48）满足：$\mathrm{Rank}\boldsymbol{\Phi}_q(\boldsymbol{q}, t) = m, m < n$ 且对任意 $a \in \mathrm{Ker}\boldsymbol{\Phi}_q(\boldsymbol{q}, t), a \neq 0$，$a^\mathrm{T}\boldsymbol{M}(\boldsymbol{q}, t)a > 0$，则式（3-48）中的系数矩阵是非奇异的，且 $\ddot{\boldsymbol{q}}$ 和 $\boldsymbol{\lambda}$ 是唯一确定的。

此为多体系统运动方程解的存在定理。

可以据此判断，如果系统质量矩阵是正定的，并且约束独立，那么运动方程就有唯一解。实际中的系统质量矩阵通常是正定的，只要保证约束是独立的，运动方程就会有解。

在实际数值迭代求解过程中，需要给定初始条件，包括位置初始条件 $q(t_0)$ 和速度初始条件 $\dot{q}(t_0)$。此时，如果要使运动方程有解，还需要满足初值相容条件，即使位置初始条件满足位置约束方程，速度初始条件满足速度约束方程。

对于由式（3-48）及式（3-45）、式（3-46）确定的系统动力学方程，初值相容条件为

$$\begin{cases} \boldsymbol{\Phi}(\boldsymbol{q}(t_0), t_0) = 0 \\ \dot{\boldsymbol{\Phi}}(\boldsymbol{q}(t_0), \dot{\boldsymbol{q}}(t_0), t_0) = \boldsymbol{\Phi}_q(\boldsymbol{q}(t_0), t_0)\dot{\boldsymbol{q}}(t_0) - \upsilon(\boldsymbol{q}(t_0), t_0) = 0 \end{cases} \qquad (3-49)$$

(3) 正向动力学分析、逆向动力学分析与静平衡分析

已知外力求运动及约束反力的动力学分析，称为正向动力学分析。

对于一个确定的约束多体系统，其动力学分析不同于运动学分析，并不需要系统约束方程的维数等于系统广义坐标的维数。在给定外力的作用下，从初始的位置和速度，求解

满足位置和速度约束的运动方程式,即可得到系统的加速度、速度和位置响应,以及代表约束反力的拉格朗日乘子。

由确定的运动求系统约束反力的动力学分析就是逆向动力学分析。

如果约束多体系统约束方程的维数与系统广义坐标的维数相等,即对系统施加与系统自由度相等的驱动约束,则该系统在运动学上就被完全确定,可以由约束方程、速度方程和加速度方程求解系统运动。在此情况下,式(3-45)的雅可比矩阵是非奇异方阵,即$|\boldsymbol{\Phi}_q(\boldsymbol{q},t)|\neq 0$。由式(3-47)可解得$\ddot{\boldsymbol{q}}$,再由式(3-44)可求得$\boldsymbol{\lambda}$,拉格朗日乘子$\boldsymbol{\lambda}$就唯一地确定了作用在系统上的约束力和力矩(主要存在于运动副中)。

求取系统的平衡状态及在平衡状态下的约束反力的动力学分析称为(静)平衡分析。如果一个系统在外力作用下保持静止状态,即$\ddot{\boldsymbol{q}} = \dot{\boldsymbol{q}} = \boldsymbol{0}$,则该系统处于平衡状态。代入运动方程式(3-44),得到平衡方程:

$$\boldsymbol{\Phi}_q^T \boldsymbol{\lambda} = \boldsymbol{Q}^A \tag{3-50}$$

由此平衡方程式及约束方程式(3-42)可求出状态$\boldsymbol{q}$和拉格朗日乘子$\boldsymbol{\lambda}$。

(4) 约束反力

对于约束机械系统中的构件i,设其与系统中某构件j存在运动学约束或驱动约束,约束编号为k。除连体坐标系$x'O'y'$外,再在构件i上以某点P为原点建立一个新的固定于构件上的坐标系$x''Py''$,称为运动副坐标系,设从坐标系$x''Py''$到坐标系$x'O'y'$的变换矩阵为C_i,从坐标系$x'O'y'$到坐标系xOy的变换矩阵为A_i,则可导出由约束k产生的反作用力和力矩为

$$\begin{cases} F_i''^k = -C_i^T A_i^T \boldsymbol{\Phi}_{r_i}^{kT} \boldsymbol{\lambda}^k \\ T_i^k = (s_i'^{PT} B_i^T \boldsymbol{\Phi}_{r_i}^{kT} - \boldsymbol{\Phi}_{\varphi_i}^{kT}) \boldsymbol{\lambda}^k \end{cases} \tag{3-51}$$

式中,$\boldsymbol{\lambda}^k$为约束k对应的拉格朗日乘子,反作用力F_i^k和力矩T_i^k均为运动副坐标系$x''Py''$中的量。

3.1.3.2 三维多刚体系统动力学

三维系统的广义坐标比二维系统复杂得多,使得问题规模更大。下面讨论与二维多体系统动力学分析相应的内容,包括微分-代数混合方程组的建立,三种类型的动力学分析等。根据三维系统情况的不同,给出了角速度表示和欧拉参数表示的两种不同形式的运动方程。

(1) 空间自由刚体的变分运动方程

对于空间任意刚体构件i,令其连体坐标系$O_i'x_i'y_i'z_i'$原点O_i'固定于刚体质心,此时连体坐标系也称为质心坐标系,设刚体质量为m_i,其相对于质心坐标系$O_i'x_i'y_i'z_i'$的惯性张量为J_i',再设作用在刚体上的总外力F_i,外力相对于质心坐标系$O_i'x_i'y_i'z_i'$原点的力矩为n_i',则相对于刚体质心坐标系的刚体牛顿-欧拉变分运动方程为

$$\delta r_i^T [m_i \ddot{r}_i - F_i] + \delta \pi_i'^T [J_i' \dot{\omega}_i' + \omega_i' J_i' \omega_i' - n_i'] = 0 \tag{3-52}$$

式中,$\delta r_i \in \mathbf{R}^3$为刚体质心的虚位移,$\delta \pi_i' \in \mathbf{R}^3$为刚体的虚转动,$r_i \in \mathbf{R}^3$为刚体质心位移,$\omega_i' \in \mathbf{R}^3$为刚体在坐标系$O_i'x_i'y_i'z_i'$中表示的角速度。

(2) 空间约束机械系统的运动方程——角加速度形式

考虑由nb个刚体组成的空间约束机械系统,系统的广义坐标选为

$$\begin{cases} \boldsymbol{r} = [r_1^T, r_2^T, \cdots, r_{nb}^T]^T \\ \boldsymbol{p} = [p_1^T, p_2^T, \cdots, p_{nb}^T]^T \end{cases} \quad (3-53)$$

定义：$\delta \boldsymbol{r} = [\delta r_1^T, \delta r_2^T, \cdots, \delta r_{nb}^T]^T$，$\delta \boldsymbol{\pi}' = [\delta \pi_1'^T, \delta \pi_2'^T, \cdots, \delta \pi_{nb}'^T]^T$，$\boldsymbol{M} \equiv \mathrm{diag}(m_1 I_3, m_2 I_3, \cdots, m_{nb} I_3)$，$\boldsymbol{\omega}' \equiv [\omega_1'^T, \omega_2'^T, \cdots, \omega_{nb}'^T]^T$，$\tilde{\boldsymbol{\omega}}' \equiv \mathrm{diag}()$，$\boldsymbol{n}' \equiv [n_1'^T, n_2'^T, \cdots, n_{nb}'^T]^T$，$\boldsymbol{J}' \equiv \mathrm{diag}(J_1', J_2', \cdots, J_{nb}')$，$\boldsymbol{F} \equiv [F_1^T, F_2^T, \cdots, F_{nb}^T]^T$。

运用上述符号将系统中每个构件的牛顿-欧拉方程式（3-52）总和为

$$\delta \boldsymbol{r}^T [\boldsymbol{M}\ddot{\boldsymbol{r}} - \boldsymbol{F}] + \delta \boldsymbol{\pi}'^T [\boldsymbol{J}'\dot{\boldsymbol{\omega}}' + \tilde{\boldsymbol{\omega}}'\boldsymbol{J}'\boldsymbol{\omega}' - \boldsymbol{n}'] = 0 \quad (3-54)$$

同样地，在理想约束情况下，对于一个系统只要考虑外力或外力矩，如此，由上式可得到约束机械系统的变分运动方程：

$$\delta \boldsymbol{r}^T [\boldsymbol{M}\ddot{\boldsymbol{r}} - \boldsymbol{F}^A] + \delta \boldsymbol{\pi}'^T [\boldsymbol{J}'\dot{\boldsymbol{\omega}}' + \tilde{\boldsymbol{\omega}}'\boldsymbol{J}'\boldsymbol{\omega}' - \boldsymbol{n}'^A] = 0 \quad (3-55)$$

此式需适用于所有运动学上所容许的虚位移和虚转动。

联立系统中的运动学约束和驱动约束表示为

$$\boldsymbol{\Phi}(\boldsymbol{r}, \boldsymbol{p}, t) \equiv \begin{bmatrix} \boldsymbol{\Phi}^K(\boldsymbol{r}, \boldsymbol{p}) \\ \boldsymbol{\Phi}^D(\boldsymbol{r}, \boldsymbol{p}, t) \end{bmatrix} = 0 \quad (3-56)$$

与运动学约束和驱动约束不同，动力学约束中允许总体上大于零的自由度出现，设其维数为 $nh(nh < 6nb)$。此外，采用欧拉参数还需满足欧拉参数归一化约束（其维数为 nb）：

$$\boldsymbol{\Phi}^p = [p_1^T p_1 - 1, p_2^T p_2 - 1, \cdots, p_3^T p_3 - 1]^T = 0 \quad (3-57)$$

对式（3-56）微分，得到用虚位移和虚转动表示的变分形式：

$$\boldsymbol{\Phi}_r \delta \boldsymbol{r} + \boldsymbol{\Phi}_{\pi'} \delta \boldsymbol{\pi}' = 0 \quad (3-58)$$

上式即系统虚位移 $\delta \boldsymbol{r}$ 和虚转动 $\delta \boldsymbol{\pi}'$ 在运动学上所容许的条件。式中不包括系统运动学约束方程的矢量形式所表示的欧拉参数归一化约束，因为如式（3-35）所表明的，当以 $\boldsymbol{\omega}'$ 为变量时，与欧拉参数归一化约束相关的速度方程是自动得到满足的，同样，以 $\delta \boldsymbol{\pi}'$ 为变量时，与欧拉参数归一化约束相关的变分方程也是自动满足的。

对式（3-55）和式（3-58）应用拉格朗日乘子定理，则存在一个拉格朗日乘子矢量 $\boldsymbol{\lambda}$，满足

$$\delta \boldsymbol{r}^T [\boldsymbol{M}\ddot{\boldsymbol{r}} - \boldsymbol{F}^A + \boldsymbol{\Phi}_r^T \boldsymbol{\lambda}] + \delta \boldsymbol{\pi}'^T [\boldsymbol{J}'\dot{\boldsymbol{\omega}}' + \tilde{\boldsymbol{\omega}}'\boldsymbol{J}'\boldsymbol{\omega}' - \boldsymbol{n}'^A + \boldsymbol{\Phi}_{\pi'}^T \boldsymbol{\lambda}] = 0 \quad (3-59)$$

式中，$\delta \boldsymbol{r}$ 和 $\delta \boldsymbol{\pi}'$ 是任意的，由此导出空间约束机械系统的牛顿-欧拉运动方程为

$$\begin{cases} \boldsymbol{M}\ddot{\boldsymbol{r}} + \boldsymbol{\Phi}_r^T \boldsymbol{\lambda} = \boldsymbol{F}^A \\ \boldsymbol{J}'\dot{\boldsymbol{\omega}}' + \boldsymbol{\Phi}_{\pi'}\dot{\boldsymbol{\omega}}' = \boldsymbol{\eta} \end{cases} \quad (3-60)$$

对式（3-56）分别求一次及两次导数，得到系统速度方程及加速度方程：

$$\boldsymbol{\Phi}_r \dot{\boldsymbol{r}} + \boldsymbol{\Phi}_{\pi'} \boldsymbol{\omega}' = \boldsymbol{\upsilon} \quad (3-61)$$

$$\boldsymbol{\Phi}_r \ddot{\boldsymbol{r}} + \boldsymbol{\Phi}_{\pi'} \dot{\boldsymbol{\omega}}' = \boldsymbol{\eta} \quad (3-62)$$

式（3-61）中的速度右项 υ 与式（3-36）中的定义相同，式（3-62）中的加速度右项 η 与式（3-37）中的定义相同。式（3-61）和式（3-62）的维数与式（3-56）相同，为 nh。

由式（3-60）及式（3-62）可以得到方阵形式的系统运动方程为

$$\begin{bmatrix} M & 0 & \boldsymbol{\Phi}_r^{\mathrm{T}} \\ 0 & J' & \boldsymbol{\Phi}_{\pi'}^{\mathrm{T}} \\ \boldsymbol{\Phi}_r & \boldsymbol{\Phi}_{\pi'} & 0 \end{bmatrix} \begin{bmatrix} \ddot{\boldsymbol{r}} \\ \dot{\boldsymbol{\omega}}' \\ \boldsymbol{\lambda} \end{bmatrix} = \begin{bmatrix} \boldsymbol{F}^A \\ \boldsymbol{n}'^A - \tilde{\boldsymbol{\omega}}' J' \boldsymbol{\omega}' \\ \boldsymbol{\eta} \end{bmatrix} \qquad (3-63)$$

式（3-62）与约束方程式（3-56）及速度方程式（3-61）一起组成描述 nh 个刚体系统运动的微分-代数方程组。式（3-63）的维数满足：$[(6nb+nh)\times(6nb+nh)] \cdot [(6nb+nh)\times 1] = [(6nb+nh)\times 1]$。

由于角速度是不可积的，因此应把式（3-63）看作是速度变量及代数变量的一阶微分-代数混合方程。

与二维约束机械系统类似，如果满足矩阵 $[\boldsymbol{\Phi}_r, \boldsymbol{\Phi}_{\pi'}]$ 行满秩且对任意 $\boldsymbol{a} \in \mathrm{Ker}[\boldsymbol{\Phi}_r, \boldsymbol{\Phi}_{\pi'}]$，$\boldsymbol{a} \neq 0$，存在 $\boldsymbol{a}^{\mathrm{T}}[M, J']\boldsymbol{a} > 0$，则式（3-63）中系数矩阵非奇异，系统运动方程有唯一解。

在实际迭代计算中，需要给定初始位置条件 $\boldsymbol{r}(t_0)$ 和 $\boldsymbol{p}(t_0)$，以及初始速度条件 $\dot{\boldsymbol{r}}(t_0)$ 和 $\boldsymbol{\omega}'(t_0)$，初始条件需分别满足位置约束方程和速度约束方程：

$$\begin{cases} \boldsymbol{\Phi}(\boldsymbol{r},\boldsymbol{p},t_0) = 0 \\ \boldsymbol{\Phi}_r \dot{\boldsymbol{r}}(t_0) + \boldsymbol{\Phi}_{\pi'}\boldsymbol{\omega}'(t_0) = \boldsymbol{v}(\boldsymbol{r},\boldsymbol{p},t_0) \end{cases} \qquad (3-64)$$

（3）空间约束机械系统的运动方程——欧拉参数形式

运用前述的欧拉参数导数与角速度之间的关系，可以得出用欧拉参数导数表示的空间机械系统运动方程。

在欧拉参数导数与角速度关系基础上，可进一步导出欧拉参数二阶导数与角加速度关系，对于单个刚体的这些运动量间关系有

$$\boldsymbol{\omega}' = 2G\dot{\boldsymbol{p}}, \quad \dot{\boldsymbol{p}} = \frac{1}{2}G^{\mathrm{T}}\boldsymbol{\omega}', \quad \dot{\boldsymbol{\omega}}' = 2G\ddot{\boldsymbol{p}}, \quad \ddot{\boldsymbol{p}} = \frac{1}{2}G^{\mathrm{T}}\dot{\boldsymbol{\omega}}' - \frac{1}{4}\boldsymbol{\omega}'^{\mathrm{T}}\boldsymbol{\omega}'\boldsymbol{p}, \quad \boldsymbol{\Phi}_p = 2\boldsymbol{\Phi}_{\pi'}G_{\circ}$$

则用欧拉参数表示式（3-61）所示的系统速度方程为

$$\boldsymbol{\Phi}_r \dot{\boldsymbol{r}} + \boldsymbol{\Phi}_p \dot{\boldsymbol{p}} = \boldsymbol{v} \qquad (3-65)$$

用欧拉参数表示式（3-62）所示的系统加速度方程为

$$\boldsymbol{\Phi}_r \ddot{\boldsymbol{r}} + \boldsymbol{\Phi}_p \ddot{\boldsymbol{p}} = \boldsymbol{\eta} \qquad (3-66)$$

式（3-65）和式（3-66）的维数同样为 nh。

对欧拉参数式（3-57）微分，得到欧拉参数速度方程：

$$\boldsymbol{\Phi}_p^p \dot{\boldsymbol{p}} = 0 \qquad (3-67)$$

式中：$\boldsymbol{\Phi}_p^p = 2\mathrm{diag}(\boldsymbol{p}_1^{\mathrm{T}}, \boldsymbol{p}_2^{\mathrm{T}}, \cdots, \boldsymbol{p}_{nb}^{\mathrm{T}})$，其维数关系为 $[nb \times 4nb] \cdot [4nb \times 1] = [nb \times 1]$。

对式（3-67）微分，得到欧拉参数加速度方程：

$$\boldsymbol{\Phi}_p^p \ddot{\boldsymbol{p}} = -2[\dot{\boldsymbol{p}}_1^{\mathrm{T}}\dot{\boldsymbol{p}}, \dot{\boldsymbol{p}}_2^{\mathrm{T}}\dot{\boldsymbol{p}}, \cdots, \dot{\boldsymbol{p}}_3^{\mathrm{T}}\dot{\boldsymbol{p}}]^{\mathrm{T}} \equiv \boldsymbol{\eta}^p \qquad (3-68)$$

其维数关系同式（3-67）。

约束方程变分式（3-58）用欧拉参数表示为

$$\boldsymbol{\Phi}_r \delta\boldsymbol{r} + \boldsymbol{\Phi}_p \delta\boldsymbol{p} = 0 \qquad (3-69)$$

欧拉参数约束方程（3-57）的变分式为

$$\boldsymbol{\Phi}_p^p \delta\boldsymbol{p} = 0 \qquad (3-70)$$

对于用角速度表示的约束机械系统的变分运动方程式（3-55），代入 $\delta\boldsymbol{\pi}' = 2G\delta\boldsymbol{p}$，

$\boldsymbol{\omega}' = 2\boldsymbol{G}\dot{\boldsymbol{p}}$，$\dot{\boldsymbol{\omega}}' = 2\boldsymbol{G}\ddot{\boldsymbol{p}}$，可推导得到用欧拉参数表示的系统变分运动方程：

$$\delta \boldsymbol{r}^{\mathrm{T}} [\boldsymbol{M}\ddot{\boldsymbol{r}} - \boldsymbol{F}^A] + \delta \boldsymbol{p}^{\mathrm{T}} [4\boldsymbol{G}^{\mathrm{T}}\boldsymbol{J}'\boldsymbol{G}\ddot{\boldsymbol{p}} - 8\dot{\boldsymbol{G}}^{\mathrm{T}}\boldsymbol{J}'\dot{\boldsymbol{G}}\boldsymbol{p} - 2\boldsymbol{G}^{\mathrm{T}}\boldsymbol{n}'^A] = 0 \quad (3-71)$$

式中：$\boldsymbol{G} = \mathrm{diag}(G_1, G_2, \cdots, G_{nb})$。

式（3-71）需对满足式（3-69）和式（3-70）中的所有 δr 和 δp 成立。

应用拉格朗日乘子定理于式（3-69）、式（3-70）和式（3-71），则有拉格朗日乘子 $\boldsymbol{\lambda}$ 和 $\boldsymbol{\lambda}^p$ 使下式对任意 δr 和 δp 成立。

$$\delta \boldsymbol{r}^{\mathrm{T}} [\boldsymbol{M}\ddot{\boldsymbol{r}} - \boldsymbol{F}^A + \boldsymbol{\Phi}_r^{\mathrm{T}}\boldsymbol{\lambda}] + \delta \boldsymbol{p}^{\mathrm{T}} [4\boldsymbol{G}^{\mathrm{T}}\boldsymbol{J}'\boldsymbol{G}\ddot{\boldsymbol{p}} - 8\dot{\boldsymbol{G}}^{\mathrm{T}}\boldsymbol{J}'\dot{\boldsymbol{G}}\boldsymbol{p} - 2\boldsymbol{G}^{\mathrm{T}}\boldsymbol{n}'^A + \boldsymbol{\Phi}_p^{\mathrm{T}}\boldsymbol{\lambda} + \boldsymbol{\Phi}_p^{p\mathrm{T}}\boldsymbol{\lambda}^p] = 0$$
$$(3-72)$$

从而得到欧拉参数形式的约束机械系统变分运动方程：

$$\begin{cases} \boldsymbol{M}\ddot{\boldsymbol{r}} + \boldsymbol{\Phi}_r^{\mathrm{T}}\boldsymbol{\lambda} = \boldsymbol{F}^A \\ 4\boldsymbol{G}^{\mathrm{T}}\boldsymbol{J}'\boldsymbol{G}\ddot{\boldsymbol{p}} + \boldsymbol{\Phi}_p^{\mathrm{T}}\boldsymbol{\lambda} + \boldsymbol{\Phi}_p^{p\mathrm{T}}\boldsymbol{\lambda}^p = 2\boldsymbol{G}^{\mathrm{T}}\boldsymbol{n}'^A + 8\dot{\boldsymbol{G}}^{\mathrm{T}}\boldsymbol{J}'\dot{\boldsymbol{G}}\boldsymbol{p} \end{cases} \quad (3-73)$$

由式（3-73），再加上运动学约束和驱动约束的加速度方程式（3-66）及欧拉参数约束的加速度方程式（3-68），可得到方阵形式的空间约束机械系统运动方程为

$$\begin{bmatrix} \boldsymbol{M} & \boldsymbol{0} & \boldsymbol{\Phi}_r^{\mathrm{T}} & \boldsymbol{0} \\ \boldsymbol{0} & 4\boldsymbol{G}^{\mathrm{T}}\boldsymbol{J}'\boldsymbol{G} & \boldsymbol{\Phi}_p^{\mathrm{T}} & \boldsymbol{\Phi}_p^{p\mathrm{T}} \\ \boldsymbol{\Phi}_r & \boldsymbol{\Phi}_p & \boldsymbol{0} & \boldsymbol{0} \\ \boldsymbol{0} & \boldsymbol{\Phi}_p^p & \boldsymbol{0} & \boldsymbol{0} \end{bmatrix} \begin{bmatrix} \ddot{\boldsymbol{r}} \\ \ddot{\boldsymbol{p}} \\ \boldsymbol{\lambda} \\ \boldsymbol{\lambda}^p \end{bmatrix} = \begin{bmatrix} \boldsymbol{F}^A \\ 2\boldsymbol{G}^{\mathrm{T}}\boldsymbol{n}'^A + 8\dot{\boldsymbol{G}}^{\mathrm{T}}\boldsymbol{J}'\dot{\boldsymbol{G}}\boldsymbol{p} \\ \boldsymbol{\eta} \\ \boldsymbol{\eta}^p \end{bmatrix} \quad (3-74)$$

式（3-74）与式（3-56）和式（3-57）的运动学约束和欧拉参数归一化约束以及式（3-65）和式（3-67）的相应速度方程一起，构成欧拉参数形式表达的系统微分-代数运动方程的混合方程组。其维数关系为：$[(8nb + nh) \times (8nb + nh)] \cdot [(8nb + nh) \times 1] = [(8nb + nh) \times 1]$。

式（3-74）的系数矩阵非奇异的条件同本节二维多体系统的运动方程解存在条件。

实际求解中需要给出初始位置 $\boldsymbol{r}(t_0)$ 和 $\boldsymbol{p}(t_0)$，以及初始速度条件 $\dot{\boldsymbol{r}}(t_0)$ 和 $\dot{\boldsymbol{p}}(t_0)$，且初始位置条件必须满足位置约束方程，初始速度条件必须满足速度约束方程，如下：

$$\begin{cases} \boldsymbol{\Phi}(\boldsymbol{r}, \boldsymbol{p}, t_0) = 0 \\ \boldsymbol{\Phi}^p(\boldsymbol{p}, t_0) = 0 \end{cases} \quad (3-75)$$

$$\begin{cases} \boldsymbol{\Phi}_r \dot{\boldsymbol{r}}(t_0) + \boldsymbol{\Phi}_p \dot{\boldsymbol{p}}(t_0) = \boldsymbol{v}(\boldsymbol{r}, \boldsymbol{p}, t_0) \\ \boldsymbol{\Phi}_p^p \dot{\boldsymbol{p}}(t_0) = 0 \end{cases} \quad (3-76)$$

与角速度形式的运动方程不同，式（3-74）、式（3-56）、式（3-57）、式（3-65）和式（3-67）组成是二阶微分-代数混合方程组。

在角速度形式的运动方程式（3-63）中，系数矩阵左上方是常数矩阵 $\boldsymbol{M}$ 和 $\boldsymbol{J}'$，而在欧拉参数形式的运动方程式中，系数矩阵中出现了取决于欧拉坐标的项 $\boldsymbol{G}^{\mathrm{T}}\boldsymbol{J}'\boldsymbol{G}$，这会使两种形式的运动方程的数值性态不尽相同。

（4）逆向动力学分析、平衡分析和运动副约束反力

空间约束机械系统的逆向动力学分析和平衡分析方法与平面约束机械系统完全相同。

逆向动力学分析，对于运动学上确定的系统，式（3-63）或式（3-74）的系数矩阵非奇异，可以直接求出加速度和拉格朗日乘子，再进一步得到系统运动状态和约束

反力。

平衡分析,根据平衡状态的定义由式(3-60)或式(3-73)可导出系统平衡方程,再由平衡方程及约束方程可求出系统的平衡位置及平衡时的拉格朗日乘子,再进一步得到约束反力。

运动副约束反力的计算也与平面约束机械系统类似。考虑一典型运动副 k,运动副定义点为 P,约束方程为 $\boldsymbol{\Phi}^k = 0$,相应的拉格朗日乘子为 $\boldsymbol{\lambda}^k$,运动副反作用力和反作用力矩在运动副定义坐标系 $Px''y''z''$ 中表示为 $F_i''^k$ 和 $T_i''^k$,则由拉格朗日乘子 $\boldsymbol{\lambda}^k$ 计算运动副反作用力和反作用力矩的公式为

$$\begin{cases} F_i''^k = - C_i^{\mathrm{T}} A_i^{\mathrm{T}} \boldsymbol{\Phi}_{r_i}^{k\mathrm{T}} \boldsymbol{\lambda}^k \\ T_i''^k = - C_i^{\mathrm{T}} (\boldsymbol{\Phi}_{\pi_i'}^{k\mathrm{T}} - \tilde{s}_i'^P \boldsymbol{\Phi}_{r_i}^{k\mathrm{T}}) \boldsymbol{\lambda}^k \end{cases} \quad (3-77)$$

式中,C_i 为从运动副定义坐标系 $Px''y''z''$ 到连体坐标系 $O'x'y'z'$ 的方向余弦变换矩阵。

3.1.3.3 计算多刚体系统动力学自动建模

系统的力学模型是对实际问题的力学抽象,要进行动力学求解,需要由系统的力学模型得到系统的数学模型,即要得到系统运动方程的具体形式,这其中的关键在于组装系统运动方程中所有的系数矩阵。

计算多体系统动力学是基于约束的运动学和动力学,不仅指运动的速度方程和加速度方程是在约束方程的基础上建立,动力学的运动方程在约束方程的约束下形成微分-代数方程,也指在多体系统动力学分析过程中,系统运动方程的各种导数不是实时地采用求导算法进行计算,而是采用基于约束的计算方法。

所谓基于约束的计算方法,是指对于有限的约束类型,包括运动学约束和驱动约束,针对每一种约束计算出在系统运动方程中所需的各种导数的相应代数形式,然后在建立数学模型时组装成系统运动方程中各种导数的组合式,这样在计算导数时只需要代入广义坐标、时间及其他相关参数即可,避免了导数实时计算所花的大量费用。

根据系统运动方程的要求,对于所有的各种运动学约束和驱动约束,需要给出约束方程 $\boldsymbol{\Phi}(\boldsymbol{q},t)$、约束方程雅可比矩阵 $\boldsymbol{\Phi}_q(\boldsymbol{q},t)$、速度右项 $\boldsymbol{v}(\boldsymbol{q},t)$ 及加速度右项 $\boldsymbol{\eta}(\boldsymbol{q},\boldsymbol{v},t)$ 等参量的代数形式,所有基本约束相应参量的表示可以直接给出。

从系统力学模型到数学模型过程中的自动建模技术,主要是各种系数矩阵的组装技术。

如前所述,二维多体系统动力学运动方程为

$$\begin{cases} F(\boldsymbol{q},\dot{\boldsymbol{q}},\ddot{\boldsymbol{q}},\boldsymbol{\lambda},t) = M(\boldsymbol{q},t)\ddot{\boldsymbol{q}} + \boldsymbol{\Phi}_q^{\mathrm{T}}(\boldsymbol{q},t)\boldsymbol{\lambda} - f(\boldsymbol{q},\dot{\boldsymbol{q}},t) = 0 \\ \boldsymbol{\Phi}(\boldsymbol{q},t) = 0 \\ \dot{\boldsymbol{\Phi}}(\boldsymbol{q},\dot{\boldsymbol{q}},t) = \boldsymbol{\Phi}_q(\boldsymbol{q},t)\dot{\boldsymbol{q}} - \boldsymbol{v}(\boldsymbol{q},t) = 0, \boldsymbol{v} = -\boldsymbol{\Phi}_t(\boldsymbol{q},t) \\ \ddot{\boldsymbol{\Phi}}(\boldsymbol{q},\dot{\boldsymbol{q}},\ddot{\boldsymbol{q}},t) = \boldsymbol{\Phi}_q(\boldsymbol{q},t)\ddot{\boldsymbol{q}} - \boldsymbol{\eta}(\boldsymbol{q},\dot{\boldsymbol{q}},t) = 0, \boldsymbol{\eta} = -(\boldsymbol{\Phi}_q\dot{\boldsymbol{q}})_q\dot{\boldsymbol{q}} - 2\boldsymbol{\Phi}_{qt}\dot{\boldsymbol{q}} - \boldsymbol{\Phi}_{tt} \end{cases}$$

(3-78)

需要组装的矩阵有:$M(\boldsymbol{q},t)$、$\boldsymbol{\Phi}_q(\boldsymbol{q},t)$、$f(\boldsymbol{q},\boldsymbol{v},t)$、$\boldsymbol{\Phi}(\boldsymbol{q},t)$、$\boldsymbol{v}(\boldsymbol{q},t)$ 和 $\boldsymbol{\eta}(\boldsymbol{q},\boldsymbol{v},t)$。

如果考虑到求解过程中所涉及的一些运算,还需给出所有约束的其他更复杂参量的代数形式,如 $[\boldsymbol{\Phi}(\boldsymbol{q},t)^{\mathrm{T}}\boldsymbol{\lambda}]_q$、$[\boldsymbol{\Phi}(\boldsymbol{q},t)\boldsymbol{a}]_q$、$[\boldsymbol{\Phi}(\boldsymbol{q},t)\boldsymbol{v}]_q$、$\boldsymbol{\eta}_q(\boldsymbol{q},\boldsymbol{v},t)$ 及 $\boldsymbol{\eta}_v(\boldsymbol{q},\boldsymbol{v},t)$ 等。

以二维系统为例,三维系统同理。

设二维系统由 nb 个构件和 nj 个约束（包括运动学约束和驱动约束）组成，并对系统中构件施加力（矩）和力元的作用，再设系统广义坐标维数为 n，约化后的约束方程维数为 m。

定义构件 i 的物理参量和约束 j（设其连接构件 r 与构件 s）的运动参量为：广义坐标 q_i、质量 $m_i(q_i,t)$、极转动惯量 $J'_i(q_i,t)$、外力矢 $F_i(q_i,t)$、外力矩 $n_i(q_i,t)$、约束方程 $\Phi^j(q_{r,s},t)$、速度右项 $\upsilon^j(\boldsymbol{q}_{r,s},t)$、加速度右项 $\eta^j(q_{r,s},v_{r,s},t)$。

其中，构件质量和极转动惯量考虑的是一般情况，极转动惯量 J'_i 是对构件质心的极转动惯量；外力矢和外力矩是由作用于构件的任意时变外力和力矩向质心简化后所得的合力矢和合力矩，为时间和构件广义坐标函数。

组合构件 i 的质量矩阵和外力（矩）矢量为：

$$\begin{cases} M_i(q_i,t) = \mathrm{diag}(m_i,m_i,J'_i) \\ f^i(q_i,t) = [F_i^{\mathrm{T}},n_i]T \end{cases} \quad (3-79)$$

在力学模型的运动学约束、驱动约束、力元、外力（矩）等要素中，运动学约束和驱动约束通过代数等价转化为系统约束方程，外力（矩）通过规范化过程转化为系统外力矢量，力元对系统的作用可等价成作用于连接两个构件的互反的广义力矢量，在系统数学模型中的体现是并入到系统外力矢量。故系统力矢量是由每个构件的外力矢量和力元广义力矢量组成的。

若设力元 k 是构件 r 与构件 s 之间的作用力，则其等价的广义力：

构件 r 上的力元广义力为 $fe^{k_r}(\boldsymbol{q}_{r,s},v_{r,s},t)$；

构件 s 上的力元广义力为 $fe^{k_s}(\boldsymbol{q}_{r,s},\boldsymbol{v}_{r,s},t) = -\boldsymbol{fe}^{k_r}$。

构件 i 上的力元广义力应等价于其上所有力元广义力的合力。

设系统中力元个数为 nf，构件 i 上力元广义力为

$$fe^i = \sum_{k=1,l=i}^{nf} fe^{k_l}$$

定义并计算与构件 i、约束 j 和力元 k 相关的雅可比阵为

$$\Phi^j_{q_i}(\boldsymbol{q}_{r,s},t), i = r,s$$

由系统中每个构件的参量矩阵，可组装得到系统的参量矩阵。

组装系统广义坐标矢量 $\boldsymbol{q}$：

$$\boldsymbol{q} = [\boldsymbol{q}_1^{\mathrm{T}},\boldsymbol{q}_2^{\mathrm{T}},\cdots,\boldsymbol{q}_{nb}^{\mathrm{T}}]^{\mathrm{T}}, \quad \boldsymbol{q} \in \mathbf{R}^n, \quad n = 3nb \quad (3-80)$$

组装系统质量矩阵 $\boldsymbol{M}$：

$$\boldsymbol{M} = \mathrm{diag}(\boldsymbol{M}_1,\boldsymbol{M}_2,\cdots,\boldsymbol{M}_{nb}), \quad \boldsymbol{M} \in \mathbf{R}^{n \times n} \quad (3-81)$$

组装系统力矢量 $f(\boldsymbol{q},\boldsymbol{v},t)$：

$$\boldsymbol{f} = [\boldsymbol{f}^{1\mathrm{T}},\boldsymbol{f}^{2\mathrm{T}},\cdots,\boldsymbol{f}^{nb\mathrm{T}}]^{\mathrm{T}} + [\boldsymbol{fe}^{1\mathrm{T}},\boldsymbol{fe}^{2\mathrm{T}},\cdots,\boldsymbol{fe}^{nb\mathrm{T}}]^{\mathrm{T}}, \quad \boldsymbol{f} \in \mathbf{R}^n \quad (3-82)$$

组装系统约束方程矢量 $\boldsymbol{\Phi}(\boldsymbol{q},t)$：

$$\boldsymbol{\Phi} = [\boldsymbol{\Phi}^{1\mathrm{T}},\boldsymbol{\Phi}^{2\mathrm{T}},\cdots,\boldsymbol{\Phi}^{nj\mathrm{T}}]^{\mathrm{T}}, \quad \boldsymbol{\Phi} \in \mathbf{R}^m, \quad m \leqslant n \quad (3-83)$$

组装系统速度右项矢量 $\boldsymbol{\upsilon}(\boldsymbol{q},t)$：

$$\boldsymbol{\upsilon} = [\boldsymbol{\upsilon}^{1\mathrm{T}},\boldsymbol{\upsilon}^{2\mathrm{T}},\cdots,\boldsymbol{\upsilon}^{nj\mathrm{T}}]^{\mathrm{T}}, \quad \boldsymbol{\upsilon} \in \mathbf{R}^m \quad (3-84)$$

组装系统加速度右项矢量 $\boldsymbol{\eta}(\boldsymbol{q},\boldsymbol{v},t)$：

$$\boldsymbol{\eta} = [\boldsymbol{\eta}^{1\mathrm{T}}, \boldsymbol{\eta}^{2\mathrm{T}}, \cdots, \boldsymbol{\eta}^{nj\mathrm{T}}]^{\mathrm{T}}, \quad \boldsymbol{\eta} \in \mathbf{R}^m \qquad (3-85)$$

约束 j 的约束方程 $\Phi^j(\boldsymbol{q}_{r,s}, t)$ 只是所连接的两构件的广义坐标和时间的函数，因而系统约束雅可比阵为稀疏矩阵，但不是分块对角的。

采用分块贡献法进行组装，就是以约束为考虑对象，分别计算每个约束对所连接的两个构件广义坐标的导数子矩阵，然后加入系统约束对系统广义坐标的导数全矩阵中。

设系统约束个数为 nj，定义矩阵扩展运算符号 $ext_{i,j}^{m,n}(sub^{u,v})$，表示将 $u \times v$ 子矩阵 sub 扩展为 $m \times n$ 全矩阵，置子矩阵于指定位置 (i, j)，其余补充元素全置 0。

组装系统雅可比矩阵 $\boldsymbol{\Phi}_q(\boldsymbol{q}, t)$：

$$\boldsymbol{\Phi}_q = \sum_{j=1}^{nj} [ext_{\Sigma, rc}^{m,n}(\boldsymbol{\Phi}_{q_r}^{jm_j,3}) + ext_{\Sigma, sc}^{m,n}(\boldsymbol{\Phi}_{q_s}^{jm_j,3})], \quad \boldsymbol{\Phi}_q \in \mathbf{R}^{m \times n}, \quad \Sigma = \sum_{k=1}^{j-1} m_k + 1$$

$$(3-86)$$

式中，m_k 表示第 k 个约束的约束方程数，$rc = 3(r-1)+1$，$sc = 3(s-1)+1$，m_j 表示第 j 个约束的约束方程数。

各种参量矩阵的组装是根据力学模型进行的，组装所需参量矩阵后，就得到了系统数学模型，接下来是选用专门的动力学数值分析算法迭代求解，并以适当方式显示分析结果。

3.2 多体系统动力学方程的求解

在建模和求解过程中，涉及几种类型的运算和求解：初始条件计算、数学模型自动组装、运动学分析、动力学分析、逆动力学分析和静平衡分析。初始条件计算是非线性位置方程的求解；数学建模是系数矩阵操作；运动学分析是非线性的位置方程和线性的速度、加速度方程的求解；动力学分析是二阶微分方程或二阶微分方程和代数方程混合问题的求解；逆向动力学分析是线性代数方程组求解；静平衡分析从理论上是线性方程组的求解。

总的来说，计算多体系统动力学涉及的基本运算包括线性方程组求解、非线性方程组求解、常微分方程组（ODEs）求解和微分代数方程组（DAEs）求解。

线性方程组和常微分方程组的求解是数值分析中的基本内容。线性方程组根据问题规模可以采用消元法或迭代法，在计算多体系统动力学中，一般采用全主元高斯消元法；常微分方程组的求解可以采用线性多步法或单步法的龙格-库塔法。接下来，先介绍求解非线性方程组的牛顿-拉夫森（Newton-Raphson）方法，再介绍多体系统动力学微分代数方程组求解技术。

3.2.1 非线性代数方程组求解

牛顿-拉夫森方法在求解非线性代数方程组时应用广泛。

对含有 n 个变量的 n 个非线性方程组 $\boldsymbol{\Phi}(\boldsymbol{q}) = 0$，$\boldsymbol{q} \equiv [q_1, q_2, \cdots, q_n]^{\mathrm{T}}$，$\boldsymbol{\Phi} \equiv [\boldsymbol{\Phi}_1, \boldsymbol{\Phi}_2, \cdots, \boldsymbol{\Phi}_n]^{\mathrm{T}}$，0 为 n 维列向量，令 $\boldsymbol{q} = \boldsymbol{q}^*$ 为上式的解，记 $\boldsymbol{q}^i$ 为 $\boldsymbol{q}^*$ 的近似，将 $\boldsymbol{\Phi}(\boldsymbol{q})$ 在 $\boldsymbol{q} = \boldsymbol{q}^i$ 进行一阶泰勒展开为

$$\boldsymbol{\Phi}(\boldsymbol{q}) = \boldsymbol{\Phi}(\boldsymbol{q}^i) + \boldsymbol{\Phi}_q(\boldsymbol{q}^i)(\boldsymbol{q} - \boldsymbol{q}^i) + o(\boldsymbol{q} - \boldsymbol{q}^i) \qquad (3-87)$$

式中，$\boldsymbol{\Phi}_q$ 为雅可比矩阵。

令 $\boldsymbol{q} = \boldsymbol{q}^{i+1}$ 为改进的近似，如果 $(\boldsymbol{q}^{i+1} - \boldsymbol{q}^i)$ 足够小，则有

$$\boldsymbol{\Phi}(\boldsymbol{q}^{i+1}) \approx \boldsymbol{\Phi}(\boldsymbol{q}^i) + \boldsymbol{\Phi}_q(\boldsymbol{q}^i)(\boldsymbol{q}^{i+1} - \boldsymbol{q}^i) = 0 \tag{3-88}$$

令 $\Delta \boldsymbol{q}^i = \boldsymbol{q}^{i+1} - \boldsymbol{q}^i$，上式化为

$$\boldsymbol{\Phi}_q(\boldsymbol{q}^i) \Delta \boldsymbol{q}^i = -\boldsymbol{\Phi}(\boldsymbol{q}^i) \tag{3-89}$$

如果雅可比阵 $\boldsymbol{\Phi}_q(\boldsymbol{q}^i)$ 非奇异，则上式有唯一解，且得到

$$\boldsymbol{q}^{i+1} = \boldsymbol{q}^i + \Delta \boldsymbol{q}^i \tag{3-90}$$

可根据式（3-89）与式（3-90），由某一初始值 $\boldsymbol{q}^0$ 开始，逐步迭代，直到收敛，得到有效结果，或者不能收敛，初始值不合适或牛顿-拉夫森方法失效。

3.2.2 微分代数方程组求解

根据对广义坐标处理方式的不同，目前微分代数方程求解的常用技术可以分为增广法和缩并法。缩并法一般是在处理过程中将微分代数方程转化为二阶常微分方程再进行求解，增广法更多的是将微分代数方程直接转化为代数方程组的求解序列。

在 20 世纪 80 年代后期至 90 年代，微分代数方程求解中缩并法占了主要地位，但 90 年代增广法展现出新的面貌，体现出其独特的优势。F. A. Potra 提出的基于超定微分代数方程组（ODAEs-Overdetermined Differential Algebraic Equations）方法的解耦 ODAEs 方法，主要采用微分流形的技术，将微分代数方程组转化为代数方程组的求解序列。此方法充分体现了求解 ODAEs 问题中所采用预估-校正策略和显式-隐式方法的区别。

3.2.2.1 约束多体系统动力学方程的完整形式

重写约束多体系统动力学方程的完整形式为

$$\begin{cases} F(\boldsymbol{q},\dot{\boldsymbol{q}},\ddot{\boldsymbol{q}},\boldsymbol{\lambda},t) = M(\boldsymbol{q},t)\ddot{\boldsymbol{q}} + \boldsymbol{\Phi}_q^{\mathrm{T}}(\boldsymbol{q},t)\boldsymbol{\lambda} - f(\boldsymbol{q},\dot{\boldsymbol{q}},t) = 0 \\ \boldsymbol{\Phi}(\boldsymbol{q},t) = 0 \\ \dot{\boldsymbol{\Phi}}(\boldsymbol{q},\dot{\boldsymbol{q}},t) = \boldsymbol{\Phi}_q(\boldsymbol{q},t)\dot{\boldsymbol{q}} - \upsilon(\boldsymbol{q},t) = 0, \upsilon = -\boldsymbol{\Phi}_t(\boldsymbol{q},t) \\ \ddot{\boldsymbol{\Phi}}(\boldsymbol{q},\dot{\boldsymbol{q}},\ddot{\boldsymbol{q}},t) = \boldsymbol{\Phi}_q(\boldsymbol{q},t)\ddot{\boldsymbol{q}} - \eta(\boldsymbol{q},\dot{\boldsymbol{q}},t) = 0, \eta = -(\boldsymbol{\Phi}_q\dot{\boldsymbol{q}})_q\dot{\boldsymbol{q}} - 2\boldsymbol{\Phi}_{qt}\dot{\boldsymbol{q}} - \boldsymbol{\Phi}_{tt} \end{cases} \tag{3-91}$$

式中，$\boldsymbol{q},\dot{\boldsymbol{q}},\ddot{\boldsymbol{q}} \in \mathbf{R}^n$ 分别为系统位置、速度、加速度向量，$\boldsymbol{\lambda} \in \mathbf{R}^m$ 是拉格朗日乘子向量，$t \in \mathbf{R}$ 是时间，$M(\boldsymbol{q},t) \in \mathbf{R}^{n \times n}$ 为机械系统质量矩阵，$\boldsymbol{\Phi}_q(\boldsymbol{q},t) = \partial \boldsymbol{\Phi}/\partial \boldsymbol{q} \in \mathbf{R}^{m \times n}$ 为约束雅可比矩阵，$f(\boldsymbol{q},\dot{\boldsymbol{q}},t) \equiv Q^A(\boldsymbol{q},\dot{\boldsymbol{q}},t) \in \mathbf{R}^n$ 为外力向量，$\boldsymbol{\Phi}(\boldsymbol{q},t) \in \mathbf{R}^m$ 为位置约束方程，υ 和 η 分别称为速度右项和加速度右项。

此式被称为欧拉-拉格朗日（Euler-Lagrange）方程，是微分-代数方程（DAE），DAE 不是单纯的常微分方程（ODE）问题，其求解的关键在于避免积分过程中的违约现象。

此系统运动方程给出的是最一般的情况。虽是以二维系统的形式给出，但三维系统如果对各系数矩阵进行适当的组装，也可得到与上述几式一致的运动方程，只是其中各量的含义与二维不同。对于质量矩阵，考虑的是与位置和时间相关的质量矩阵，这是最一般的情况；对于外力向量，考虑的是与位置、速度和时间相关的力，即考虑到了弹簧力、阻尼力等情况；对于约束方程，同时考虑到运动学约束和驱动约束。上述各式给出了明确的函

数相关量。

为了上述系数矩阵非奇异，系统运动方程有唯一解，应满足 $\mathrm{Rank}\Phi_q(q,t) = m, m < n$，且对任意 $a \in \mathrm{Ker}\Phi_q(q,t), a \neq 0, a^{\mathrm{T}}M(q,t)a > 0$。

3.2.2.2 超定微分-代数方程组

引入速度矢量 v 和加速度矢量 a，记为：$v = \dot{q}, a = \dot{v}$，则式（3-91）可另写为

$$\begin{cases} \dot{q} - v = 0 \\ \dot{v} - a = 0 \\ F(q,v,a,\lambda,t) = M(q,t)a + \Phi_q(q,t)^{\mathrm{T}}\lambda - f(q,v,t) = 0 \\ \Phi(q,t) = 0 \\ \dot{\Phi}(q,v,t) = \Phi_q(q,t)v - v(q,t) = 0 \\ \ddot{\Phi}(q,v,a,t) = \Phi_q(q,t)a - \eta(q,v,t) = 0 \end{cases} \quad (3-92)$$

在上式中，定义增广广义坐标为：$x = [q^{\mathrm{T}}, v^{\mathrm{T}}, a^{\mathrm{T}}, \lambda^{\mathrm{T}}]^{\mathrm{T}}$。增广广义坐标 x 的维数为 $3n + m$，方程组的维数为 $3n + 3m$，这是一个超定问题，即所谓超定微分-代数方程组（ODAEs），在前述假设条件下是相容有解的。由于系统内在的相容一致性，上式中虽然存在冗余，但可以采取某种方式消除这种冗余性。根据解的存在性定理中的假设，可以认为冗余只会存在于速度矢量 v 和加速度矢量 a 中，可以采用微分流形"投影"技术以消除超定性，即

$$\begin{cases} A_1^{\mathrm{T}}(\dot{v} - a) = 0 \\ A_2^{\mathrm{T}}(\dot{q} - v) = 0 \end{cases} \quad (3-93)$$

式中，$A_1 \in \mathbf{R}^{n \times (n-m)}$，$A_2 \in \mathbf{R}^{n \times (n-m)}$。

取 $A_i^{\mathrm{T}} = K(q_c, t_c)^{\mathrm{T}} M(q_c, t_c)$，$i = 1, 2$。

其中 $K \in \mathbf{R}^{n \times (n-m)}$ 满足 $\Phi_q(q_c, t_c) K(q_c, t_c) = 0$ 且 $K(q_c, t_c)^{\mathrm{T}} K(q_c, t_c) = I$。

则方程组（3-92）可写作

$$H_1(x,t) = \begin{bmatrix} F(x,t) \\ \ddot{\Phi}(x,t) \\ \dot{\Phi}(x,t) \\ \Phi(x,t) \\ A_1^{\mathrm{T}} R_1(x) \\ A_2^{\mathrm{T}} R_2(x) \end{bmatrix} = \begin{bmatrix} M(q,t)a + \Phi_q(q,t)^{\mathrm{T}}\lambda - f(q,v,t) \\ \Phi_q(q,t)a - \eta(q,v,t) \\ \Phi_q(q,t)v - v(q,t) \\ \Phi(q,t) \\ A_1^{\mathrm{T}}(\dot{v} - a) \\ A_2^{\mathrm{T}}(\dot{q} - v) \end{bmatrix} = 0 \quad (3-94)$$

此时，$x \in \mathbf{R}^{3n+m}$，$H_1 \in \mathbf{R}^{3n+m}$，消除了系统超定性。

采用线性多步法，即

$$y_n = \sum_{i=1}^{r} \alpha_i y_{n-i} + h \sum_{i=0}^{r} \beta_i \dot{y}_{n-i} \quad (3-95)$$

令：$\hat{q}_n = \sum_{i=1}^{r} \alpha_i q_{n-i} + h \sum_{i=1}^{r} \beta_i v_{n-i}$，$\hat{v}_n = \sum_{i=1}^{r} \alpha_i v_{n-i} + h \sum_{i=1}^{r} \beta_i a_{n-i}$。

在 $t = t_n$ 时，将 q_n、v_n、a_n 和 λ_n 分别写作变量 q、v、a 和 λ，则 $H_1(x,t)$ 可化为

$$H(\boldsymbol{x},t_n) = \begin{bmatrix} F(\boldsymbol{x},t_n) \\ \ddot{\boldsymbol{\Phi}}(\boldsymbol{x},t_n) \\ \dot{\boldsymbol{\Phi}}(\boldsymbol{x},t_n) \\ \boldsymbol{\Phi}(\boldsymbol{x},t_n) \\ \boldsymbol{A}_1^T R_1(\boldsymbol{x}) \\ \boldsymbol{A}_2^T R_2(\boldsymbol{x}) \end{bmatrix} = \begin{bmatrix} M(\boldsymbol{q},t_n)\boldsymbol{a} + \boldsymbol{\Phi}_q(\boldsymbol{q},t_n)^T \boldsymbol{\lambda} - f(\boldsymbol{q},\boldsymbol{v},t_n) \\ \boldsymbol{\Phi}_q(\boldsymbol{q},t_n)\boldsymbol{a} - \eta(\boldsymbol{q},\boldsymbol{v},t_n) \\ \boldsymbol{\Phi}_q(\boldsymbol{q},t_n)\boldsymbol{v} - \upsilon(\boldsymbol{q},t_n) \\ \boldsymbol{\Phi}(\boldsymbol{q},t_n) \\ \boldsymbol{A}_1^T(\boldsymbol{v} - h\beta_0\boldsymbol{a} - \hat{\boldsymbol{v}}_n) \\ \boldsymbol{A}_2^T(\boldsymbol{q} - h\beta_0\boldsymbol{v} - \hat{\boldsymbol{q}}_n) \end{bmatrix} = 0 \quad (3-96)$$

如果取得有效的 $\boldsymbol{A}_1$ 和 $\boldsymbol{A}_2$，使速度矢量 $\boldsymbol{v}$ 和加速度矢量 $\boldsymbol{a}$ 从 n 维降到 $n-m$ 维，消除了系统冗余性。可证明，如果取 $\boldsymbol{A}_1$ 和 $\boldsymbol{A}_2$ 满足：

矩阵 $\begin{bmatrix} \boldsymbol{A}_i^T \\ \boldsymbol{\Phi}_q(\boldsymbol{q}_c,t_c) \end{bmatrix}$，$(i=1,2)$ 非奇异，则方程组（3-92）与方程组（3-96）在某点 $(\boldsymbol{q}_c,t_c)$ 的某个邻域内同解。

3.2.2.3 基于 ODAEs 的显式线性多步法

考虑显式方法。采用显式线性多步法时，式（3-95）中 $\beta_0 = 0$。

在 $t = t_n$ 时，取 $\boldsymbol{A}_2$ 值为 $\boldsymbol{A}_2^T = K(\hat{\boldsymbol{q}}_n,t_n)^T M(\hat{\boldsymbol{q}}_n,t_n)$，组建位置方程组：

$$\begin{cases} \boldsymbol{A}_2^T(\boldsymbol{q} - \hat{\boldsymbol{q}}_n) = 0 \\ \boldsymbol{\Phi}(\boldsymbol{q},t_n) = 0 \end{cases} \quad (3-97)$$

引入未知因子 $\boldsymbol{\tau}_1 \in \mathbf{R}^m$ 和 $\boldsymbol{\Phi}_q(\boldsymbol{q}_c,t_c)K(\boldsymbol{q}_c,t_c) = 0$，可得 $\boldsymbol{A}_2^T(\boldsymbol{q}-\hat{\boldsymbol{q}}_n) + K(\hat{\boldsymbol{q}}_n,t_n)^T \boldsymbol{\Phi}_q(\hat{\boldsymbol{q}}_n,t_n)^T \boldsymbol{\tau}_1 = \boldsymbol{0}$，再引入 $K(\boldsymbol{q}_c,t_c)^T K(\boldsymbol{q}_c,t_c) = \boldsymbol{I}$，可得 $M(\hat{\boldsymbol{q}}_n,t_n)(\boldsymbol{q}-\hat{\boldsymbol{q}}_n) + \boldsymbol{\Phi}_q(\hat{\boldsymbol{q}}_n,t_n)^T \boldsymbol{\tau}_1 = \boldsymbol{0}$。代入式（3-97）中可得

$$\hat{P}_n(\boldsymbol{q},\boldsymbol{\tau}_1) \equiv \begin{pmatrix} M(\hat{\boldsymbol{q}}_n,t_n)(\boldsymbol{q}-\hat{\boldsymbol{q}}_n) + \boldsymbol{\Phi}_q(\hat{\boldsymbol{q}}_n,t_n)^T \boldsymbol{\tau}_1 \\ \boldsymbol{\Phi}(\boldsymbol{q},t_n) \end{pmatrix} = \boldsymbol{0} \quad (3-98)$$

由上式计算出 $\boldsymbol{q}_n$ 后，再取 $\boldsymbol{A}_1$ 值为：$\boldsymbol{A}_1^T = K(\boldsymbol{q}_n,t_n)^T M(\boldsymbol{q}_n,t_n)$。组建速度方程组：

$$\begin{cases} \boldsymbol{A}_1^T(\boldsymbol{v} - \hat{\boldsymbol{v}}_n) = \boldsymbol{0} \\ \boldsymbol{\Phi}_q(\boldsymbol{q}_n,t_n)\boldsymbol{v} - \upsilon(\boldsymbol{q}_n,t_n) = \boldsymbol{0} \end{cases} \quad (3-99)$$

引入未知因子 $\boldsymbol{\tau}_2 \in \mathbf{R}^m$，采用与推导式（3-98）相同的方法，将上式改写为扩展的等价式：

$$V_n(\boldsymbol{v},\boldsymbol{\tau}_2) \equiv \begin{pmatrix} M(\boldsymbol{q}_n,t_n)(\boldsymbol{v}-\hat{\boldsymbol{v}}_n) + \boldsymbol{\Phi}_q(\boldsymbol{q}_n,t_n)^T \boldsymbol{\tau}_2 \\ \boldsymbol{\Phi}_q(\boldsymbol{q}_n,t_n)\boldsymbol{v} - \upsilon(\boldsymbol{q}_n,t_n) \end{pmatrix} = \boldsymbol{0} \quad (3-100)$$

由上式计算出 $\boldsymbol{v}_n$ 后，组建方程组：

$$A_n(\boldsymbol{a},\boldsymbol{\lambda}) \equiv \begin{pmatrix} M(\boldsymbol{q}_n,t_n)\boldsymbol{a} + \boldsymbol{\Phi}_q(\boldsymbol{q}_n,t_n)^T \boldsymbol{\lambda} - f(\boldsymbol{q}_n,\boldsymbol{v}_n,t_n) \\ \boldsymbol{\Phi}_q(\boldsymbol{q}_n,t_n)\boldsymbol{a} - \eta(\boldsymbol{q}_n,\boldsymbol{v}_n,t_n) \end{pmatrix} = \boldsymbol{0} \quad (3-101)$$

可计算出加速度 $\boldsymbol{a}_n$ 和拉格朗日乘子 $\boldsymbol{\lambda}_n$。

由于式（3-98）是非线性方程，由求解 $\boldsymbol{q}_n$ 时，可应用 Newton-Raphson 方法，即

$$\hat{J}_n(\hat{\boldsymbol{q}}_n,t_n)\Delta\begin{bmatrix} \boldsymbol{v}_n^k \\ \boldsymbol{\tau}_{2n}^k \end{bmatrix} = -V_n(\boldsymbol{v}_n^k,\boldsymbol{\tau}_{2n}^k), \quad k = 0,1,\cdots \quad (3-102)$$

式中：

$$\hat{J}_n(\hat{q}_n,t_n) \equiv \begin{bmatrix} M(\hat{q}_n,t_n) & \Phi_q(\hat{q}_n,t_n)^{\mathrm{T}} \\ \Phi_q(\hat{q}_n,t_n) & \mathbf{0} \end{bmatrix}, \quad \Delta\begin{bmatrix} q_n^k \\ \tau_{1n}^k \end{bmatrix} \equiv \begin{bmatrix} q_n^{k+1} \\ \tau_{1n}^{k+1} \end{bmatrix} - \begin{bmatrix} q_n^k \\ \tau_{1n}^k \end{bmatrix}$$

迭代初始值 $q_n^0 = \hat{q}_n$，$\tau_{1n}^0 = \mathbf{0}$，应用上式进行迭代，如果收敛则可计算出 v_n。

由式（3-100）计算 v_n 时，同样应用 Newton-Raphson 方法，即

$$\hat{J}_n(\hat{q}_n,t_n)\Delta\begin{bmatrix} v_n^k \\ \tau_{2n}^k \end{bmatrix} = -V_n(v_n^k,\tau_{2n}^k), \quad k=0,1,\cdots \tag{3-103}$$

式中：

$$\hat{J}_n(\hat{q}_n,t_n) \equiv \begin{bmatrix} M(\hat{q}_n,t_n) & \Phi_q(\hat{q}_n,t_n)^{\mathrm{T}} \\ \Phi_q(\hat{q}_n,t_n) & \mathbf{0} \end{bmatrix}, \quad \Delta\begin{bmatrix} v_n^k \\ \tau_{2n}^k \end{bmatrix} \equiv \begin{bmatrix} v_n^{k+1} \\ \tau_{2n}^{k+1} \end{bmatrix} - \begin{bmatrix} v_n^k \\ \tau_{2n}^k \end{bmatrix}$$

迭代初始值 $v_n^0 = \tilde{v}_n$，$\tau_{2n}^0 = \mathbf{0}$，应用上式进行迭代，如果收敛则可计算出 v_n。

由式（3-101）计算 a_n 和 λ_n 时，应用 Newton-Raphson 方法，即

$$\hat{J}_n(\hat{q}_n,t_n)\Delta\begin{bmatrix} a_n^k \\ \lambda_n^k \end{bmatrix} = -A_n(a_n^k,\lambda_n^k), \quad k=0,1,\cdots \tag{3-104}$$

式中：

$$\hat{J}_n(\hat{q}_n,t_n) \equiv \begin{bmatrix} M(\hat{q}_n,t_n) & \Phi_q(\hat{q}_n,t_n)^{\mathrm{T}} \\ \Phi_q(\hat{q}_n,t_n) & \mathbf{0} \end{bmatrix}, \quad \Delta\begin{bmatrix} a_n^k \\ \lambda_n^k \end{bmatrix} \equiv \begin{bmatrix} a_n^{k+1} \\ \lambda_n^{k+1} \end{bmatrix} - \begin{bmatrix} a_n^k \\ \lambda_n^k \end{bmatrix}$$

迭代初始值 $a_n^0 = a_{n-1}$，$\lambda_n^0 = \lambda_{n-1}$，应用上式进行迭代，如果收敛则可计算出 a_n。

基于 ODAEs 的显式算法为：先设定 $t = t_0(n=0)$，给定相容初始位置 q_0 和初始速度 v_0，计算初始加速度 a_0 和初始拉格朗日乘子 λ_0；再进入时间步 $t_n(n=1)$；依次计算 $\hat{q}_n$ 和 $\hat{v}_n$、q_n 和 v_n、a_n、λ_n，之后如到终止时间步，则结束；否则进行下一时间步 $t_n = t_{n+1}$，再次计算各参数。

3.2.2.4 基于 ODAEs 的隐式预估-校正方法

采用隐式预估-校正方法时，式（3-95）中 $\beta_0 \neq 0$。取 A_1^{T} 和 A_2^{T} 为 $A_1^{\mathrm{T}} = A_2^{\mathrm{T}} = K(q_n,t_n)^{\mathrm{T}}M(q_n,t_n)$，则系统运动方程式（3-96）可改写为扩展的等价式：

$$H(x,\tau_1,\tau_2,t_n) = \begin{bmatrix} M(q,t_n)a + \Phi_q(q,t_n)^{\mathrm{T}}\lambda - f(q,v,t_n) \\ \Phi_q(q,t_n)a - \eta(q,v,t_n) \\ \Phi_q(q,t_n)v - \upsilon(q,t_n) \\ \Phi(q,t_n) \\ M(q_n,t_n)(v - h\beta_0 a - \hat{v}_n) + \Phi_q(q_n,t_n)^{\mathrm{T}}\tau_2 \\ M(q_n,t_n)(q - h\beta_0 v - \hat{q}_n) + \Phi_q(q_n,t_n)^{\mathrm{T}}\tau_1 \end{bmatrix} = 0 \tag{3-105}$$

式中，τ_1 和 $\tau_2 \in \mathbf{R}^m$ 为新引入的未知因子。当且仅当有唯一确定的 $\tau_{1n},\tau_{2n} \in \mathbf{R}^m$ 使 $(q_n,v_n,a_n,\lambda_n,\tau_{1n},\tau_{2n})$ 是上式的解时，(q_n,v_n,a_n,λ_n) 为式（3-96）的解。

上式为隐式方程组，可采用预估-校正方法求解。引入预估式：

$$\begin{cases} \bar{q}_n = \sum_{i=1}^{r} \bar{\alpha}_i q_{n-i} + h \sum_{i=1}^{r} \bar{\beta}_i v_{n-i} \\ \bar{v}_n = \sum_{i=1}^{r} \bar{\alpha}_i v_{n-i} + h \sum_{i=1}^{r} \bar{\beta}_i a_{n-i} \end{cases} \quad (3-106)$$

利用预估式估计 A_1^T 和 A_2^T,则有:$A_1^T = A_2^T = K(\bar{q}_n,t_n)^T M(\bar{q}_n,t_n)$。

类似式(3-98)、式(3-100)及式(3-101)的系统位置、速度和加速度方程则相应地为

$$\begin{cases} \bar{P}_n(q,v,\tau_1) \equiv \begin{pmatrix} M(\bar{q}_n,t_n)(q - h\beta_0 v - \hat{q}_n) + \Phi_q(\bar{q}_n,t_n)^T \tau_1 \\ \Phi(q,t_n) \end{pmatrix} = \mathbf{0} \\ \bar{V}_n(v,a,\tau_2) \equiv \begin{pmatrix} M(\bar{q}_n,t_n)(v - h\beta_0 a - \hat{v}_n) + \Phi_q(\bar{q}_n,t_n)^T \tau_2 \\ \Phi_q(q_n,t_n)v - \upsilon(q_n,t_n) \end{pmatrix} = \mathbf{0} \\ A_n(q,v,a,\lambda) \equiv \begin{pmatrix} M(q,t_n)a + \Phi_q(q,t_n)^T \lambda - f(q,v,t_n) \\ \Phi_q(q,t_n)a - \eta(q,v,t_n) \end{pmatrix} = \mathbf{0} \end{cases} \quad (3-107)$$

设 $q_n^0 = \bar{q}_n$, $v_n^0 = \bar{v}_n$, $\tau_{1n}^0 = 0$, $\tau_{2n}^0 = 0$, $a_n^0 = a_{n-1}$, $\lambda_n^0 = \lambda_{n-1}$,对于 $k = 0,1,\cdots$,可以计算:

$$\begin{cases} \bar{J}_n \left(\begin{bmatrix} q_n^{k+1} \\ \tau_{1n}^{k+1} \end{bmatrix} - \begin{bmatrix} q_n^k \\ \tau_{1n}^k \end{bmatrix} \right) = -\bar{P}_n(q_n^k,v_n^k,\tau_{1n}^k) \\ \bar{J}_n \left(\begin{bmatrix} v_n^{k+1} \\ \tau_{2n}^{k+1} \end{bmatrix} - \begin{bmatrix} v_n^k \\ \tau_{2n}^k \end{bmatrix} \right) = -\bar{V}_n(q_n^{k+1},v_n^k,a_n^k,\tau_{2n}^k), \quad \bar{J}_n = J(\bar{q}_n,t_n) = \begin{bmatrix} M(\bar{q}_n,t_n) & \Phi_q(\bar{q}_n,t_n)^T \\ \Phi_q(\bar{q}_n,t_n) & \mathbf{0} \end{bmatrix} \\ \bar{J}_n \left(\begin{bmatrix} a_n^{k+1} \\ \lambda_n^{k+1} \end{bmatrix} - \begin{bmatrix} a_n^k \\ \lambda_n^k \end{bmatrix} \right) = -A_n(q_n^{k+1},v_n^{k+1},a_n^k,\lambda_n^k) \end{cases}$$

$$(3-108)$$

基于ODAEs的隐式算法为:先设定 $t = t_0 (n = 0)$,给定相容初始位置 q_0 和初始速度 v_0,计算初始加速度 a_0 和初始拉格朗日乘子 λ_0;再进入时间步 $t_n (n = 1)$;依次计算 $\hat{q}_n$ 和 $\hat{v}_n$、$\bar{q}_n$ 和 $\bar{v}_n$、$\bar{P}_n$、$\bar{V}_n$、A_n;之后如到终止时间步,则结束;否则进行下一时间步 $t_n = t_{n+1}$,再次计算各参数。

3.2.3 刚性(Stiff)问题

刚性问题存在于多刚体系统动力学的某些情形,更普遍地存在于多柔体系统动力学中,是多体系统动力学的一个重要问题。刚性首先是在常微分方程求解理论中提出,并形成了完整的定义和求解理论。常微分方程刚性理论是多体系统动力学中刚性问题的理论基础,接下来,先介绍常微分方程刚性问题,再讨论多体系统动力学刚性问题。

3.2.3.1 微分方程刚性问题

微分方程的刚性问题是微分方程的一个重要问题,微分-代数方程(DAE)中同样存在刚性问题。微分-代数方程早期的数值求解中,并没有考虑到这个问题,采用的大多是

显式方法，到 20 世纪 80 年代，发现一些隐式方法不仅具有更好的适应性，而且可用于求解刚性问题。

（1）刚性方程与刚性稳定性

对于线性系统：

$$\frac{\mathrm{d}y}{\mathrm{d}t} = Ay(t) + \varphi(t), \quad t \in [a,b] \qquad (3-109)$$

式中，$y(t) = [y_1(t), y_2(t), \cdots, y_m(t)]^T \in \mathbf{R}^m$ 为解向量函数，$\varphi(t) = [\varphi_1(t), \varphi_2(t), \cdots, \varphi_m(t)]^T \in \mathbf{R}^m$ 为已知向量函数，$A \in \mathbf{R}^{m \times m}$ 为常系数矩阵，设其特征值为 $\lambda_j = \alpha_j + \mathrm{i}\beta_j, j = 1, 2, \cdots, m$，相应的特征向量为 ξ_j。如果矩阵 A 的特征值 $\lambda_j(j = 1, 2, \cdots, m)$ 满足 $\mathrm{Re}(\lambda_j) < 0, j = 1, 2, \cdots, m$ 且 $s = \max\limits_{1 \leq j \leq m} |\mathrm{Re}(\lambda_j)| / \min\limits_{1 \leq j \leq m} |\mathrm{Re}(\lambda_j)| \gg 1$，则上式为刚性方程，比值 s 称为刚性比。

对于非线性系统：

$$\frac{\mathrm{d}y}{\mathrm{d}t} = f(t, y) \qquad (3-110)$$

令 $\bar{y}(t)$ 为上式满足初始条件 $y(a) = y_0$ 的精确解，在解 $\bar{y}(t)$ 的邻域内对上式作线性逼近，即

$$\frac{\mathrm{d}y}{\mathrm{d}t} = J(t)[y - \bar{y}(t)] + f(t, \bar{y}(t)) \quad \text{或} \quad \frac{\mathrm{d}y}{\mathrm{d}t} = J(t)y + F(t) \qquad (3-111)$$

式中，$J(t)$ 是在点 $(t, \bar{y}(t))$ 处 $f(t,y)$ 的雅可比（Jacobi）矩阵 $\partial f(t,y)/\partial y$ 的值，如果矩阵 $J(t)$ 的特征值 $\lambda_j = \lambda_j(t)(j = 1, 2, \cdots, m)$ 满足 $\mathrm{Re}(\lambda_j) < 0$，$j = 1, 2, \cdots, m$，且 $s = \max\limits_{1 \leq j \leq m} |\mathrm{Re}(\lambda_j)| / \min\limits_{1 \leq j \leq m} |\mathrm{Re}(\lambda_j)| \gg 1$，则上式为刚性方程，$s(t)$ 称为在 t 处的局部刚性比。

在刚性方程中，若刚性比 $s \gg 1$，矩阵 A 或 $J(t)$ 为病态，刚性方程也称为病态方程或坏条件方程。刚性方程数值积分过程中存在快变分量 $\max|\mathrm{Re}(\lambda_j)|$ 和慢变分量 $\min|\mathrm{Re}(\lambda_j)|$ 的差别，快变分量要求积分步长很小，而慢变分量则使得在该步长条件下计算步数很多，舍入误差较大，是求取刚性方程数值解的难点。考虑到实际中可能会出现单个方程情形，或矩阵 A 的特征值有实部为零或实部为很小正数的情形，可给出与实际问题更为接近的刚性方程定义。即：

若线性系统满足矩阵 A 的所有特征值实部小于不大的正数、A 至少有一个特征值的实部是很大的负数且对应于具有最大负实部的特征值的解分量变化是缓慢的，则是刚性方程。

对于刚性方程数值稳定性的讨论，一般是针对试验方程进行的，试验方程为

$$\frac{\mathrm{d}y}{\mathrm{d}t} = \lambda y, \quad y(0) = y_0 \qquad (3-112)$$

采用一个数值方法以定步长 h 解试验方程，得到线性差分方程的解 y_n，当 $n \to \infty$ 时，若 $y_n \to 0$，则称该方法对步长 h 是绝对稳定的。

采用一个数值方法，如果 A 的绝对稳定域包含整个左半平面 $\mathrm{Re}(h\lambda) < 0$，则 A 是稳定的。

任何显式线性多步法（包括显式 RK 方法）不可能是 A 稳定的，A 稳定的隐式线性多步法的阶不超过 2，具有最小误差常数的 2 阶 AA 稳定隐式线性多步法是梯形法。

A 稳定的条件过于苛刻,满足条件的数值方法太少,为了突破这个限制,可以放宽稳定性条件,给出 $A(\alpha)$ 稳定的定义。再从刚性问题特点出发,给出微分方程的刚性稳定性定义。

采用一个数值方法,如果 $A(\alpha)$ 的绝对稳定域包含 $W_\alpha = \{h\lambda \mid -\alpha < \pi - \arg(h\lambda) < \alpha\}$, $\alpha \in (0, \pi/2)$ 定义的无限楔形区域,则 $A(\alpha)$ 是稳定的。

采用一个数值方法,如果微分方程的解是收敛的,并存在正常数 D, α, θ 使其在区域 $R_1 = \{h\lambda \mid \mathrm{Re}(h\lambda) \leqslant -D\}$ 是绝对稳定的,而在区域 $R_2 = \{h\lambda \mid -D < \mathrm{Re}(h\lambda) < \alpha, \mid \mathrm{Im}(h\lambda) \mid < \theta\}$ 上具有高精度且是绝对稳定或相对稳定的,则微分方程是刚性稳定的。刚性稳定性的定义是,考虑到线性系统与非线性系统微分方程的解中具有较大时间常数的项时对微分方程的解有重大影响。

(2)刚性微分方程的数值方法

①初值问题。

对于刚性常微分方程组:

$$\begin{cases} \mathbf{y}' = f(t, \mathbf{y}), t \in [a, b] \\ \mathbf{y}(a) = \mathbf{y}_0 \end{cases} \quad (3-113)$$

式中 $\mathbf{y} = [y_1, y_2, \cdots, y_m]^\mathrm{T} \in \mathbf{R}^m$ 为解向量, $\mathbf{f} = [f_1, f_2, \cdots, f_m]^\mathrm{T} \in \mathbf{R}^m$ 为已知向量函数,$\mathbf{y}_0 \in \mathbf{R}^m$ 为已知初始向量。

对常微分方程组初值问题,常用的方法有线性多步法、预估校正法和龙格-库塔法三种。

线性多步法(LMM)为

$$\mathbf{y}_n = \sum_{i=1}^{k} \alpha_i \mathbf{y}_{n-i} + h \sum_{i=0}^{k} \beta_i f(t_{n-i}, \mathbf{y}_{n-i}) \quad (3-114)$$

$\beta_0 = 0$,为显式;$\beta_0 \neq 0$,为隐式。当 $k = 1$ 时称为单步法,当 $k > 1$ 时称为多步法。

预估校正法(PECE)为

$$\begin{cases} \bar{\mathbf{y}}_n = \sum_{i=1}^{k} \bar{\alpha}_i \mathbf{y}_{n-i} + h \sum_{i=1}^{k} \bar{\beta}_i f(t_{n-i}, \mathbf{y}_{n-i}) & \text{显式预估公式} \\ \mathbf{y}_n = \sum_{i=1}^{k} \alpha_i \mathbf{y}_{n-i} + \beta_0 h f(t_n, \bar{\mathbf{y}}_n) + h \sum_{i=1}^{k} \beta_i f(t_{n-i}, \mathbf{y}_{n-i}) & \text{隐式校正公式} \end{cases} \quad (3-115)$$

龙格-库塔法(RKM)为

$$\begin{cases} \mathbf{y}_n = \mathbf{y}_{n-1} + h \sum_{i=1}^{s} b_i \mathbf{k}_i \\ \mathbf{k}_i = f(t_{n-1} + c_i h, \mathbf{y}_{n-1} + h \sum_{j=1}^{s} a_{ij} \mathbf{k}_j), i = 1, 2, \cdots, s \end{cases} \quad (3-116)$$

当 $j \geqslant i$ 时 $a_{ij} = 0$,上式是显式 RK 方法。当 $j > i$ 时 $a_{ij} = 0$,若对角元素 a_{ii} 不全为 0,上式称为半隐式 RK 方法,若此时 a_{ii} 均相等,则称为对角隐式 RK 方法,简称为 DIRK 方法。

②求解刚性常微分方程。

求解刚性常微分方程的方法在求解初值问题数值方法的基础上产生。有以 BDF 方法为代表的线性多步法和隐式龙格-库塔方法。BDF 方法是一类特殊的隐式线性多步法。一般的隐式龙格-库塔方法计算量较大,此处给出一类特殊的隐式龙格-库塔方法:对角隐式 RK 方法。

向后差分公式(BDF)为

$$y_n = \sum_{i=1}^{k} \alpha_i y_{n-i} + h\beta_0 f(t_n, y_n) \tag{3-117}$$

BDF 方法是隐式线性多步法,是 k 步 k 阶方法。当 $k = 1,2$ 时,BDF 方法是 A 稳定的;当 $k = 3 \sim 6$ 时,BDF 方法是 $A(\alpha)$ 稳定和刚性稳定的。实用的 BDF 方法只能取 $k = 1 \sim 6$。

对角隐式龙格-库塔方法(DIRK)为

$$\begin{cases} y_n = y_{n-1} + h\sum_{i=1}^{s} b_i k_i \\ k_i = f(t_{n-1} + c_i h, y_{n-1} + h\sum_{j=1}^{i-1} a_{ij} k_j + h a_{ii} k_i), i = 1,2,\cdots,s \end{cases}, \quad a_{11} = a_{22} = \cdots = a_{ss} \tag{3-118}$$

对角隐式龙格-库塔方法常用的有 2 级 3 阶和 3 级 4 阶两个公式,都是 A 稳定的,此外还有 A 稳定的 4 级 4 阶公式,但给不出 A 稳定的更高阶 DIRK 公式。

DIRK 方法解高频振荡的问题比 Gear 方法(即 BDF 方法)好,但对高精度问题不如 Gear 方法,且计算量比 Gear 方法大。

3.2.3.2 多体系统动力学中的 Stiff 问题

在多刚体系统运动过程中,可能会由于系统中构件之间过大的差异,如不同物体特性参数的差异、力元(如弹簧、阻尼器)参数的差异等,致使系统中构件运动速度差别很大,从而使描述系统运动的微分代数方程呈现出刚性特性。在多柔体(或刚-柔混合)系统动力学中,由于柔性体空间大范围运动和其本身小幅值弹性变形的耦合,更容易出现刚性问题。

弹簧-质量混合系统如图 3-5 所示。

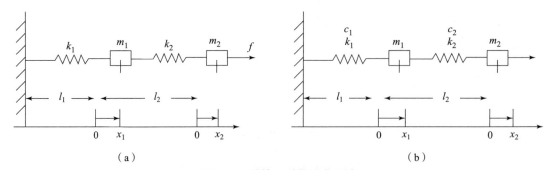

图 3-5 弹簧-质量混合系统
(a)无阻尼;(b)有阻尼

图 3-5 中,$k_1 = 10$ N/mm,$k_2 = 1\,000\,000$ N/mm,$m_1 = 1$ kg,$m_2 = 1$ kg,计算可知系统的第一阶频率为 11.25 Hz,第二阶频率为 7 117.6 Hz,为典型的物理刚性系统。加入阻

尼 $C_1 = 0.1$ N/(mm/s)，$C_2 = 100\ 000$ N/(mm/s)，系统变为典型的数值刚性系统。物理刚性系统一定存在大刚度弹簧，系统具有高频；数值刚性系统除在刚度方面存在较大差异外，还有一个很重要的特征是对应高频的阻尼较大，使较高频率被基本阻尼衰减掉，而低频则处于无阻尼状态。数值刚性系统用非刚性数值算法会出现数值困难，这时需采用专用于求解刚性问题的数值方法。

3.2.4　小结

微分-代数方程的求解，无论是缩并法还是增广法，问题还都是归结为常微分方程初值问题的数值求解，只是求解常微分方程的公式或是用于微分-代数方程转化为常微分方程之后，或是用于转化过程中。为了使求解的数值方法具有普遍性，既可用于求解良性问题，也可用于求解刚性问题，微分-代数方程所用的常微分方程数值方法一般采用的都是上节所述的求解刚性微分方程的方法。除了最常用的 BDF 方法，隐式 RK 方法也被考虑用于求解微分-代数方程问题，此外，预估-校正方法也广泛地用于求解微分-代数方程问题之中，它们都可求解存在刚性问题的微分-代数方程。

4 多体动力学仿真软件 ADAMS

4.1 ADAMS 概述

ADAMS 是目前应用广泛的多体动力学仿真软件,下面简要介绍 ADAMS 的发展简史及其动力学建模与求解过程。

4.1.1 ADAMS 发展简史

4.1.1.1 ADAMS 时间线

ADAMS 是 Automatic Dynamics Analysis of Mechanical System 的缩写,为原 MDI 公司开发的著名虚拟样机软件。1973 年 Mr. Michael E. Korybalski 取得密西根大学安娜堡分校 (University of Michigan, Ann Arbor) 机械工程硕士学历后,受雇于福特汽车担任产品工程师,四年后(1977 年)与其他人于美国密执安州爱娜堡镇创立 MDI 公司 (Mechanical Dynamics Inc.)。密西根大学与 ADAMS 发展具有密不可分的关系,在 ADAMS 未成熟前,MDI 与密西根大学研究学者开发出 2D 机构分析软件 DRAMS,直到 1980 年第一套 3D 机构运动分析系统商品化软件问世,称为 ADAMS。2002 年,MSC.Software 公司并购 MDI 公司,ADAMS 并入 MSC 产品线,成为 MSC.ADAMS。2017 年,MSC.Software 公司加入瑞典 Hexagon(海克斯康)集团。

4.1.1.2 ADAMS 架构

ADMAS 软件由若干模块组成,分为核心模块、功能扩展模块、专业模块、接口模块、工具箱 5 类,其中核心模块为 ADAMS/View(用户界面模块)、ADAMS/Solver(解算器)和 ADAMS/Postprocessor(专用后处理模块)。

ADAMS/View 是以用户为中心的交互式图形环境,采用 PARASOLID 作为实体建模的内核,给用户提供了丰富的零件几何图形库,并且支持布尔运算。同时模块还提供了完整的约束库和力/力矩库,建模工作快速。函数编辑器支持 FORTRAN/77、FORTRAN/90 中所有函数及 ADAMS 独有的 240 余种各类函数。使用 ADAMS/View 能方便地编辑模型数据,并将模型参数化;用户能方便地进行灵敏度分析和优化设计。ADAMS/View 有自己的高级编程语言,具有强大的二次开发功能,用户可实现操作界面的定制。

ADMAS/Solver 是 ADAMS 产品系列中处于心脏地位的仿真"发动机",能自动形成机械系统模型的动力学方程,提供静力学、运动学和动力学的解算结果。ADMAS/Solver 有各种建模和求解选项,可有效解决各种工程应用问题,可对由刚体和柔性体组成的柔性机械系统进行各种仿真分析。用户除输出软件定义的位移、速度、加速度和约束反力外,还可输出自己定义的数据。ADMAS/Solver 具有强大的碰撞求解功能,具有强大的二次开发功能,可按用户需求定制解算器,极大满足用户的不同需要。

ADAMS/Postprocessor 模块主要用来输出高性能的动画和各种数据曲线,使用户可以方便而快捷地观察、研究 ADAMS 的仿真结果。该模块既可以在 ADAMS/View 环境中运行，也可以脱离 ADAMS/View 环境独立运行。

ADAMS 是世界上应用广泛且最具有权威性的机械系统动力学仿真分析软件，其全球市场占有率一直保持在 50% 以上。工程师、设计人员利用 ADAMS 软件能够建立和测试虚拟样机，实现在计算机上仿真分析复杂机械系统的运动学和动力学性能。

利用 ADAMS 软件，用户可以快速、方便地创建完全参数化的机械系统几何模型。既可以是在 ADMAS 软件中直接建造的几何模型，也可以是从其他 CAD 软件中传过来的造型逼真的几何模型。然后，在几何模型上施加力、力矩和运动激励。最后执行一组与实际状况十分接近的运动仿真测试，所得的测试结果就是机械系统工作过程的实际运动情况。过去需要几星期，甚至几个月才能完成的建造和测试物理样机的工作，现在利用 ADAMS 软件仅需几个小时就可以完成，并能在物理样机建造前就可以知道各种设计方案的样机是如何工作的。

4.1.2　ADAMS 动力学建模与求解

三维多体系统广义坐标与二维相似，也是由位置坐标和方位（或称为姿态）坐标组成的，位置坐标表示较为固定，都是由连体坐标系基点坐标确定的，方位坐标则具有多种形式，如方向余弦矩阵、欧拉参数、欧拉角、卡尔丹角、有限转动四元数等。

欧拉角：设定 xy 平面与 XY 平面的相交线为 N，α 是 x 轴与 N 线的夹角（偏航），β 是 z 轴与 Z 轴的夹角（侧倾），γ 是 N 线与 X 轴的夹角（俯仰）。即：任何一个旋转可以表示为依次绕着三个旋转轴旋三个角度的组合。

欧拉角的优点：表示方便，只需三个值（x、y、z 轴的旋转角度）。

欧拉角的缺点：会造成"Gimbal Lock"现象，无法实现球面平滑插值。

欧拉参数（单位四元数）：设全局坐标系 $Oxyz$ 绕单位轴矢量 u 转动 χ 角与连体坐标系 $Ox'y'z'$ 重合，可由 u 和 χ 定义一个有 4 个分量（θ、x、y、z）的欧拉参数组。其中（x、y、z）表示旋转轴，θ 表示旋转角。即：三维空间的任意旋转，都可用绕三维空间的某个轴旋转某个角度来表示。

四元数（quaternion）的优点：避免"Gimbal Lock"现象，可提供平滑插值。

四元数（quaternion）的缺点：表示不直观，需要 4 个值（θ、x、y、z）。

4.1.2.1　ADAMS 的建模方法

Chace（切斯）采用 3 个直角坐标和 3 个欧拉角为广义坐标，编制了 ADAMS 程序。
Haug（豪格）采用 3 个直角坐标和 4 个欧拉参数为广义坐标，编制了 DADS 程序。
ADAMS 建模将列出的方程：

①刚体运动方程，包括：6 个一阶动力学方程（力和加速度）、6 个一阶运动学方程（位置和速度）、3 个转动动量方程。

②约束代数方程。

③外力的定义方程（重力除外）。

④自定义的代数 - 微分方程。

4.1.2.2　ADAMS 的求解方案

ADAMS 对运动学、静力学分析采用修正牛顿迭代法求解，采用变系数 BDF（Backwards Differentiation Formula）刚性积分程序求解刚性系统，采用坐标分配法和 ABAM

(Adams – Bashfirth – Adams – Moulton) 方法求解高频系统。

刚性积分程序 GSTIFF、DSTIFF、WSTIFF 用于模拟刚性机械系统，其中，WSTIFF 稳定性最好，但计算效率不高；GSTIFF 计算效率最高，但稳定性最差；DSTIFF 的稳定性和计算效率介于前两者之间。ADAMS 默认的积分程序是 GSTIFF，以提高计算效率，但容易出现数值发散的情况。ABAM 积分程序适用于模拟经历突变的系统或高频系统。

ADAMS 提供了三种积分格式：I3、SI2 和 SI1。I3 求解速度快，但精度差；SI2 可以避免雅可比矩阵的病态，且考虑了约束方程，虽求解时间变长，但求解精度高；SI1 的求解精度更高，但计算量更大。

ADAMS 的求解过程示意图如图 4-1 所示。

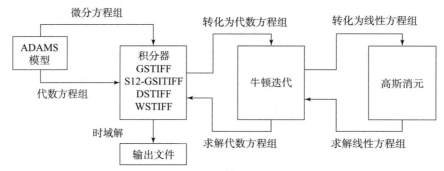

图 4-1　ADAMS 的求解过程示意图

4.1.2.3　ADAMS 模块介绍

ADAMS 软件由基本模块、扩展模块、接口模块、专业领域模块及工具箱 5 类模块组成。用户不仅可以采用通用模块对一般的机械系统进行仿真，而且可以采用专用模块针对特定工业应用领域的问题进行快速有效的建模与仿真分析。

ADAMS 软件包含的模块和工具箱主要分为基本模块、扩展模块和专用模块三部分以及接口模块和软件工具箱。

(1) 基本模块

基本模块包括：用户界面模块 ADAMS/View、解算器模块 ADAMS/Solver 和后处理模块 ADAMS/PostProcessor。

(2) 扩展模块

扩展模块主要包括：液压系统模块 ADAMS/Hydraulics、振动分析模块 ADAMS/Vibration、线性化分析模块 ADAMS/Linear、动画模块 ADAMS/Animation、试验设计与分析模块 ADAMS/Insight、耐久性分析模块 ADAMS/Durability，等等。

(3) 专用模块

专用模块主要包括：轿车模块 ADAMS/Car（包含 ADAMS/Car Ride、ADAMS/Car Truck）、驾驶员模块 ADAMS/Driver、动力传动系统模块 ADAMS/Driveline、轮胎模块 ADAMS/Tire、发动机设计模块 ADAMS/Engine、铁路车辆模块 ADAMS/Rail、FORD 汽车公司专用汽车模块 ADAMS/Chassis，等等。

(4) 接口模块

接口模块主要包括：柔性分析模块 ADAMS/Flex、控制模块 ADAMS/Controls、图形接口模块 ADAMS/Exchange、CATIA 专业接口模块 CAT/ADAMS、Pro/E 接口模块 Mechanical/Pro。

（5）软件工具箱

软件工具箱主要包括：软件开发工具包 ADAMS/SDK、虚拟试验工具箱 Virtual Test Lab、虚拟试验模态分析工具箱 Virtual Experiment Modal Analysis、钢板弹簧工具箱 Leafspring Toolkit、飞机起落架工具箱 ADAMS/Landing Gear、履带/轮胎式车辆工具箱 Tracked/Wheeled Vehicle、齿轮传动工具箱 ADAMS/Gear Tool。

ADAMS 软件的主要组成模块如图 4-2 所示。

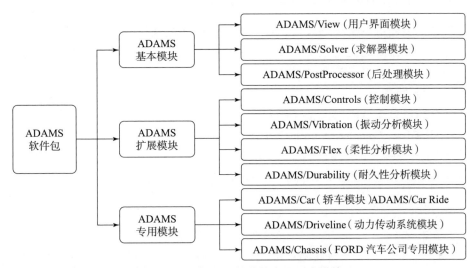

图 4-2　ADAMS 软件的主要组成模块

轿车模块 ADAMS/Car 是 MDI 公司与 Audi、BMW、Renault、Volvo 等公司合作开发的整车设计软件包，集成了他们在汽车设计、开发方面的专家经验，能够帮助工程师快速建造高精度的整车虚拟样机，其中包括车身、悬架、传动系统、发动机、转向机构、制动系统等。工程师可以通过高速动画直观地再现在各种试验工况下（如天气、道路状况、驾驶员经验）整车的动力学响应，并输出关于操纵稳定性、制动性、乘坐舒适性和安全性的特征参数，从而减少对物理样机的依赖，而仿真时间只是进行物理样机试验的几分之一。

ADAMS/Car 采用的用户化界面是根据汽车工程师的习惯而专门设计的。工程师不必经过任何专业培训，就可以应用该软件开展卓有成效的开发工作。ADAMS/Car 中包括整车动力学模块（Vehicle Dynamics），还有悬架设计模块（Suspension Design）。其仿真工况包括转向盘角阶跃、斜坡和脉冲输入、蛇行穿越试验、漂移试验、加速试验、制动试验、稳态转向试验等，同时还可以设定试验过程中的节气门开度、变速器挡位等条件。

4.1.2.4　ADAMS 虚拟样机流程

虚拟样机技术是缩短车辆研发周期、降低开发成本、提高产品设计和制造质量的重要途径。为了降低产品开发风险，在样车制造出来之前，利用数字化样机对车辆的动力学性能进行计算机仿真，并优化其参数就显得十分必要了。

ADAMS 虚拟样机研究流程包括：

①建立包含部件、载荷、接触、碰撞、约束、驱动等信息的虚拟样机模型。

②定义试验工况并测试虚拟样机模型，得到仿真结果动画和数据曲线。
③输入实测数据，将仿真数据与之比较，验证虚拟样机模型。
④细化虚拟样机模型，包括摩擦、函数、部件弹性、控制系统等细节内容。
⑤参数化模型，确定设计变量，确定评价指标，对设计参数进行迭代计算，研究虚拟样机性能。
⑥设计实验并进行仿真实验，确定优化目标，完成优化设计。
⑦设计个性化菜单、定制宏、个性化对话窗构建自动化设计过程。

4.1.3 实验1：ADAMS动力学建模与求解

通过改进某包裹盖章机构的设计，达到理解虚拟样机流程的目的。模型为在沿着传送皮带移动的包裹上盖章的机构系统。在工作循环内，发现盖章不能盖到由皮带支撑的包裹上。为解决此问题，需要修改主动部件曲柄的长度。

4.1.3.1 开始练习

打开已有的包裹盖章机构模型样例文件（实验1至实验4的样例文件均来源于ADAMS官网教程《ADM701：Complete Multibody Dynamics Analysis with Adams》的下载文件包）。

启动Adams View，ADAMS/View显示Welcome to Adams对话窗。从对话窗中选择Existing Model选项，出现Open Existing Model的对话窗，如图4-3所示。

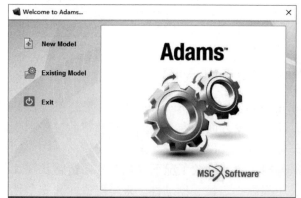

图4-3　从Welcome to Adams对话窗打开Open Existing Model对话窗

在File name中选择文件aview.cmd（在exercise_dir/mod_01_stamper中）。
勾选Use File Directory as Working Directory，按下【OK】按钮，打开文件。
出现包裹盖章机构模型，选择Setting→Interface Style→Classic，可切换至ADAMS传统界面；选择View→Render Mode→Shaded，渲染模型，如图4-4所示。

4.1.3.2 模型修改

修改模型中主动部件曲柄的长度。
在Stamper菜单中选择Setting Up Model，打开Stamper_Setup对话窗，如图4-5所示。
可以使用左、右箭头按钮修改主动部件曲柄的长度。箭头按钮可以使得主动部件曲柄的顶部每次向上或向下移动3 mm。调整曲柄的长度时，其他与曲柄相连接的部件由于已经参数化，所以会自动地跟随运动到相应合适的位置。

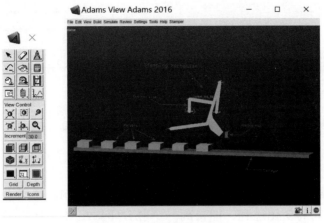

图 4-4　贴盖章机构模型

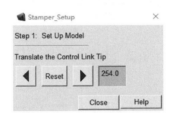

图 4-5　在 Stamper_Setup 对话窗修改模型

左键单击左、右箭头按钮，注意观察模型的改变情况。

可通过单击【Reset】按钮使主动部件曲柄的长度回到初始状态。

保持 Stamper_Setup 盖章设置对话窗处于打开状态以备下一步继续使用。

4.1.3.3　仿真模型

在 Stamper 菜单下选择 Simulate，打开 Stamper_Simulate 对话窗，如图 4-6 所示。

选中【Single】单选按钮，仅仿真当前的设计模型。

在 Output Step Size 栏可以设置仿真输出步长为 Large 或 Small，如 Model Update 栏选项从 At Every 改为 Never，屏幕不再刷新模型显示，但仿真速度会加快。

单击【Apply】按钮，开始仿真，可以在屏幕观察机构的运动情况。

图 4-6　在 Stamper_Simulate 对话窗执行单次仿真实验

当仿真结束后，ADAMS/View 会提示仿真过程中压入量是多少，如果压入量为正值表明有压入，如图 4-7 所示。

单击【OK】按钮，继续进行下一步骤。保持 Stamper_Setup 对话窗打开。

4.1.3.4　仿真结果调研

（1）观察动画

在 Stamper 菜单选择 Investigate Results 选项，会显示 Stamper_Investigate 的对话窗。

单击【Animate Results】按钮可以观察上一次仿真的动画，如图 4-8 所示。

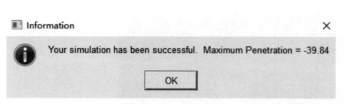
图 4-7 仿真结束后，Information 窗口显示压入量

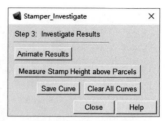
图 4-8 在 Stamper_Investigate 对话窗查看仿真动画

(2) 绘制曲线并保存

单击【Measure Stamp Height above Parcels】按钮可以绘制出仿真中印章相对于包裹上表面垂向位移随时间的变化过程，即得到一个包含印章相对于包裹高度的曲线图。单击【Save Curve】按钮存储曲线，以便于与下一次的仿真曲线进行比较，通常该曲线会变成蓝色，图例中会变成"Saved1:"，如图 4-9 所示。

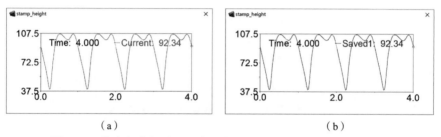

(a)　　　　　　　　　　　　(b)

图 4-9 仿真印章相对于包裹上表面垂向位移随时间变化的曲线
(a) 保存前；(b) 保存后

(3) 人工优化模型

由于当前模型不能使印章接触包裹，因此接下来需要通过人工改变模型以找到曲柄合适的长度，使得盖章与包裹之间达到接触。

在 Stamper_Setup 盖章设置对话窗，使用 3 mm 的增量改变曲柄长度并随即进行仿真，直到 stamp_height >0，即印章与包裹之间能够接触，此时曲柄的长度应为 269 mm，压入量应为 8.6 mm，如图 4-10 所示。

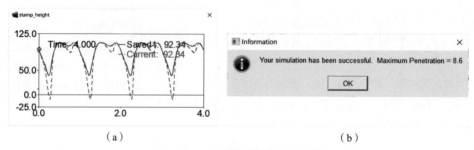

(a)　　　　　　　　　　　　(b)

图 4-10 人工优化模型仿真结果
(a) 曲线对比；(b) 压入量

4.1.3.5 进行设计研究

现在将完成一次设计研究的过程。设计研究使用指定的曲柄长度的上限和下限，对模

型进行自动分析，进行分析或迭代的次数由缺省值确定，也可以修改。

在 Stamper_Simulate 对话窗中，选中【Design Study】单选按钮。

设置 Lower Limit 为 239.0，Upper Limit 为 269.0，Runs 为 5，Model Update 为 Never。

单击【Apply】按钮，进行设计研究，ADAMS/View 自动对模型进行 5 次迭代仿真并生成曲柄长度与印章高度的关系曲线和显示信息窗口，如图 4-11 所示。

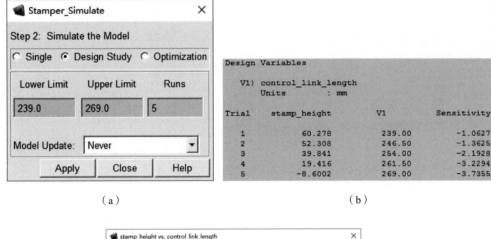

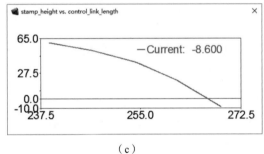

图 4-11　在 Stamper_Simulate 对话窗执行设计研究及仿真结果
（a）Stamper_Simulate 对话窗；（b）信息窗口显示；（c）曲柄长度与印章高度的关系曲线

可以看出，仿真结果显示了曲柄长度与印章压入深度的关系。下一步关闭信息窗口。

4.1.3.6　进行优化研究

在优化研究过程中，ADAMS/View 将按照一定的优化策略改变曲柄的长度并运行一系列仿真过程，直到指定的优化目标即盖章与包裹之间的压入深度到了设定的误差范围以内。

在 Stamper_Simulate 对话窗中，选中【Optimization】单选按钮。

设置 Desired Penetration 为 4 mm，设置 Model Update 为 Never。

单击【Apply】按钮进行优化研究后，信息窗口出现，显示满足最大 4 mm 压入深度对应的曲柄长度为 267.87 mm，并生成曲柄长度与印章高度的关系曲线，如图 4-12 所示。

单击【OK】按钮，关闭信息窗。

单击【Close】按钮，关闭 Stamper_Simulate 的对话窗。

在 File 菜单，选择 Exit 选项，并单击【Exit, don't save】按钮，退出 ADAMS/View，完成实验。

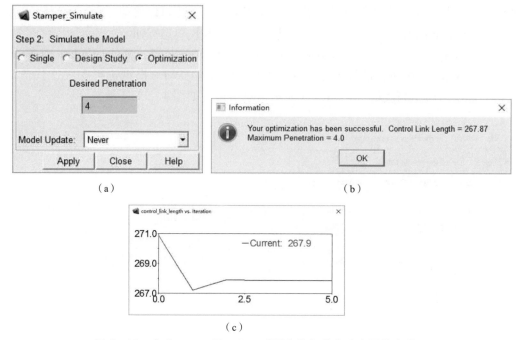

图 4-12 在 Stamper_Simulate 对话窗执行优化研究及仿真结果

(a) Stamper_Simulate 对话窗;(b) 信息窗口显示;(c) 曲柄长度与印章高度的关系曲线

4.2 ADAMS 界面

4.2.1 ADAMS/View 界面

简要介绍 ADAMS/View 中对象的谱系关系与命名规则、ADAMS/View 主界面、仿真与动画工具窗口、存储模型、输入输出文件类型。

4.2.1.1 模型对象的谱系关系与命名规则

ADAMS/View 的模型谱系命名对象如图 4-13 所示。

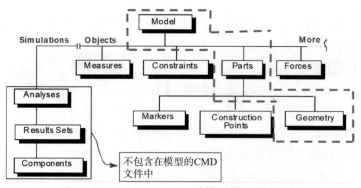

图 4-13 ADAMS/View 的模型谱系命名对象

例如:ADAMS/View 对某个几何外形命名为 .model_name.part_name.geometry_name。要改变一个对象的上层对象的名字,可以对此对象改名。

ADAMS/View 的对象命名规则如图 4-14 所示。

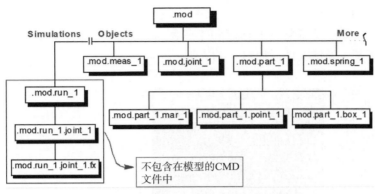

图 4-14 ADAMS/View 的对象命名规则

对象名称修改后，模型的拓扑关系中的名称自动改变，如图 4-15 所示。

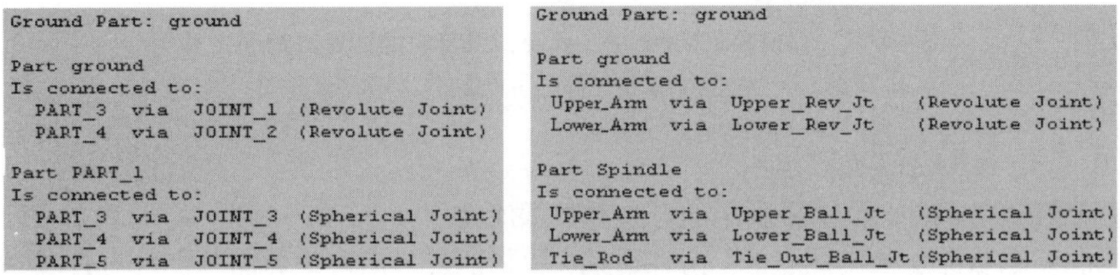

图 4-15 模型的拓扑关系中的名称变化
(a) 改名前；(b) 改名后

4.2.1.2 ADAMS/View 主界面

启动 ADAMS 2016，并在欢迎对话窗中选择 New Model，出现新建文件的对话窗。单击【OK】按钮，进入 ADAMS/View 界面。

在 Setting 菜单中，选择 Interface Style→Default/Classic，可切换 ADAMS/View 建模界面，如图 4-16 所示。

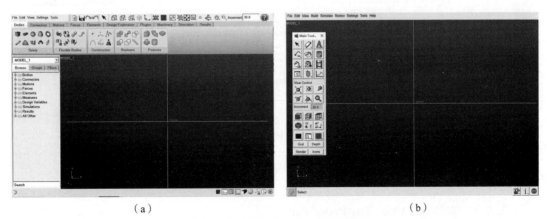

图 4-16 ADAMS/View 建模界面
(a) 默认界面；(b) 经典界面

4.2.1.3 主工具窗口

ADAMS/View 默认界面中有工具栏和工具图标。经典界面有主工具窗口用于存放建模、仿真、动画及后处理工具，如图 4-17 所示。

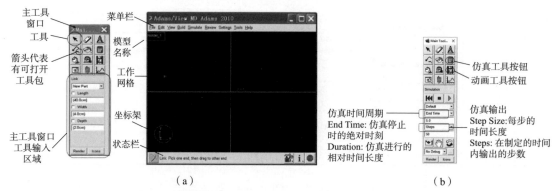

图 4-17 ADAMS/View 主工具窗口及其中的仿真与动画工具
(a) 经典界面及主工具；(b) 仿真与动画工具

4.2.1.4 ADAMS 文档组织

存储 ADAMS/View 模型最常用的方式有数据库文件（.bin）和命令文件（.cmd）两种。

（.bin）数据库文件包含模型、仿真结果、输出曲线、用户化界面等。（.bin）数据库文件通常文件比较大，与仿真平台相关，即不同的操作系统所存储的文件不能互相读取。

（.cmd）命令文件只包含模型对象及其特征，相对来说比较小，是可以编辑的文本格式文件，且与仿真平台无关。

ADAMS 可以输入输出的多种文件格式有：ADAMS/Solver 的模型文件（.adm）、几何外形文件（STEP，IGES，DXF，DWG，Wavefront，Stereolithography）、试验数据和表格数据文件、仿真结果文件（.msg，.req，.out，.gra，.res）等，如图 4-18 所示。

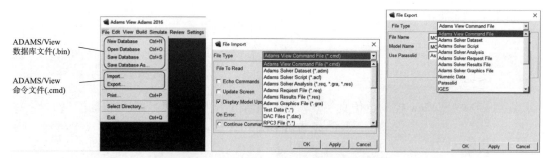

图 4-18 ADAMS/View 文档存储和输入输出

4.2.2 ADAMS/PostProcessor 界面

4.2.2.1 启动 ADAMS/PostProcessor

ADAMS/PostProcessor 可单独运行，也可从其他模块（如 ADAMS/View，ADAMS/Car，ADAMS/Engine 等）中启动。在 Windows 操作系统中，单击 Windows 开始菜单，依次指向

"程序→ADAMS→PostProcessor"，然后单击"ADAMS/PostProcessor"，就可直接启动进入 ADAMS/PostProcessor 窗口。可在 ADAMS/View 的主工具箱中选择 ADAMS/PostProcessor 工具或直接按【F8】键启动 ADAMS/PostProcessor。

ADAMS/PostProcessor 常用的模式有：Animation（动画回放）、Plotting（绘制曲线）、Report（生成报告），界面如图 4-19 所示。

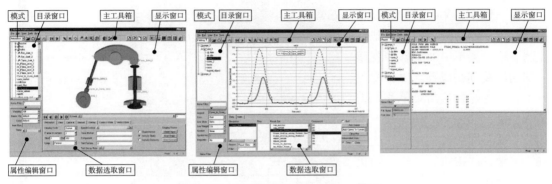

图 4-19 ADAMS/PostProcessor 界面

4.2.2.2 ADAMS/PostProcessor 用途

在 ADAMS/PostProcessor 中，可选择最佳的观察视角来观察模型的运动，也可向前、向后播放动画，从而有助于对模型进行调试。也可从模型中分离出单独的柔性部件，以确定模型的变形。如需验证模型的有效性，可输入测试数据并以坐标曲线图的形式表达出来，然后将其与 ADAMS 仿真结果绘于同一坐标曲线图中进行对比，并可在曲线图上进行数学操作和统计分析。在 ADAMS/PostProcessor 中，可在图表上比较两种以上的仿真结果，从中选择出合理的设计方案。也可进行干涉检验，并生成一份关于每帧动画中构件之间最短距离的报告，帮助改进设计。ADAMS/PostProcessor 可显示运用 ADMAS 进行仿真计算和分析研究的结果。可改变坐标曲线图的表达方式和增加标题和附注以增强结果图形的可读性。可将 CAD 几何模型输入动画中，得到与曲线图同步的三维几何仿真动画，并将动画制作成视频文件。

4.2.3 实验 2：ADAMS/View 仿真与后处理

使用 ADAMS/View 控制、仿真、观察并细化某配气机构模型。配气机构模型的凸轮在给定的速度下转动。气门顶杆相对凸轮直线移动。摇臂相对于发动机壳体上的销轴转动。气门弹簧处于受压状态，以保证气门顶杆与凸轮接触。当摇杆转动时，气门垂向运动。做此练习时，要注意鼠标右键的使用、鼠标左键单击和双击的不同功能，以及在状态栏中显示的信息。

4.2.3.1 开始练习

（1）读入模型命令文件

启动 ADAMS/View 并通过 Existing Model 方式读入模型命令文件 valve.cmd（文件在目录 exercise_dir/mod_02_aview_interface 下）。如已进入 ADAMS/View，可在 File 菜单选择 Import，打开 File Import 对话框，在 File To Read 栏内按鼠标右键，在弹出的小窗中选择

Browse…，打开 Select File 对话框，找到文件 valve.cmd 并打开。

（2）使用观察控制功能

使用观察控制功能可从不同的角度观察模型，如放大、缩小、移动、旋转等。

在 ADAMS/View 窗口的空白处单击鼠标右键，即出现观察控制菜单，菜单中列出各种观察控制功能及其快捷键。要关闭此菜单，可将光标移出菜单并单击鼠标左键，如图 4-20 所示。

尝试不同的观察控制功能及其快捷键，并按照状态栏内的提示进行操作。

（3）修改摇臂的部件名

现在修改摇臂的部件名，使部件的名称与问题描述中的相匹配。

图 4-20 打开配气机构模型尝试鼠标右键激活观察控制功能

将光标移至摇臂上并单击鼠标的右键，出现选择列表；移动鼠标至 Part：PART_1，出现下一级选择列表，左键选择 Rename，打开修改对象名字的对话窗。在 New Name 文本栏内输入 .valve..rocker 后再单击【OK】按钮。（也可以再对其他部件进行名字修改。）

在 ADAMS 中，单击鼠标右键总是会显示一个选择列表，单击鼠标左键则选择一个对象。

（4）检查模型

使用鼠标右键单击右下部的 Information 工具包 。在状态栏的右侧选择 Model topology by constraints 工具，即可以显示信息窗口，如图 4-21 所示。

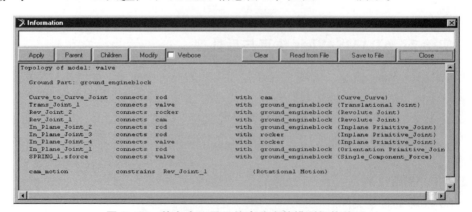

图 4-21 信息窗口显示约束确定的模型拓扑关系

可以观察模型中以约束为顶点的拓扑结构关系。确认约束的数量和类型。单击【Close】按钮，关闭信息窗口。

（5）校验模型

再次使用鼠标右击 Information 工具包 ![i], 并选择 Verify 工具 ![✓]。显示的信息窗口如图 4-22 所示。

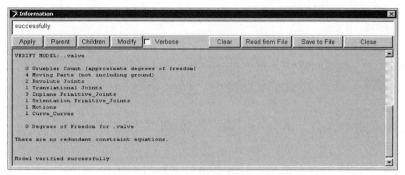

图 4-22　信息窗口显示模型校验成功

在信息窗口显示的信息表明模型校验成功，确认模型正确。单击【Close】按钮，关闭信息窗口。

4.2.3.2　仿真模型并保存仿真结果

（1）仿真模型

在主工具箱中单击 Simulation 工具按钮。

在主工具窗口下半部分 Simulation 区中，选择 Default；选择 End Time，然后在 End Time 下面的文本窗口内输入 2.0；在 Steps 下面的文本窗口内输入 100；

单击【Play】按钮▶，进行一次 2 秒 100 步的仿真。

当仿真完成后，单击【Reset】按钮。

（2）保存仿真结果

从 Simulate 菜单选择 Interactive Controls 进行交互式仿真，出现仿真控制窗口，如图 4-23（a）所示。

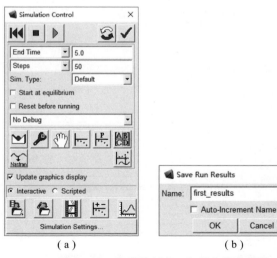

(a)　　　　　　　　　(b)

图 4-23　仿真控制窗口与保存仿真结果

(a) 仿真控制窗口；(b) 存储仿真结果对话窗口

要以一个新的名字将上一次仿真的结果存储在数据库里，选择 Save Simulation 工具 ，则出现存储仿真结果对话窗口，如图 4-23（b）所示。

在 Name 栏可以输入仿真结果的名字，如 first_results，单击【OK】按钮。

4.2.3.3 回放动画并存储模型

（1）动画回放

动画回放既可以在 ADAMS/View 中进行，也可以在 ADAMS/PostProcessor 中进行。在 ADAMS/View 中进行动画回放时，可以使用动画回放控制对话窗进行动画回放。

在 Review 菜单，选择 Animation Controls，打开动画回放控制对话窗口。单击【Play】按钮 。

当仿真动画回放完成后，单击【Reset】按钮 。

（2）存储模型

在 File 菜单下选择 Export 选项，打开 Export File 对话窗。

设置 File Type 为 ADAMS/View Command File。存储的 .cmd 文件只包含部分模型。

在 File Name 内输入 valve1，在 Model Name 内输入 valve。单击【OK】按钮，完成模型存储。

4.2.3.4 仿真结果后处理

接下来，使用 ADAMS/PostProcessor 对仿真结果进行处理。研究 valve_displacement 气门位移和 force_in_spring 气门弹簧力随时间的变化特性。

按【F8】键，或在 Review 菜单中选择 PostProcessor…，启动 ADAMS/PostProcessor。确认 PostProcessor 处于 Plotting（绘制曲线）模式；在窗口下部的数据选取窗口中，从 Simulation 列选择 Last_Run（最后一次仿真）。

设置 Source 为 Measures，在 Measure 列选择 Valve_Displacement。

在窗口右下侧，单击【Add Curves】按钮，生成气门位移与时间关系曲线，如图 4-24 所示。

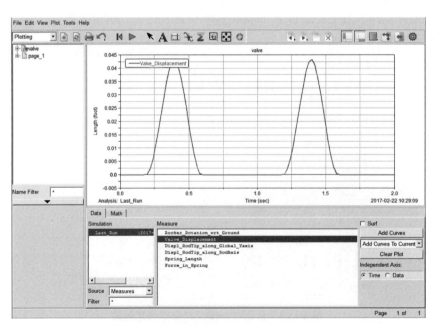

图 4-24 气门弹簧力与时间关系曲线

在顶部工具栏选择 Create a New Page 工具。在 ADAMS/PostProcessor 窗口的目录树内创建两个 page。从 Measure 列选择 Force_in_Spring，再单击【Add Curves】按钮，绘制出弹簧力曲线。

4.2.3.5　修改弹簧的刚度系数并对比仿真结果

（1）修改弹簧的刚度系数

直接按【F8】键返回到 ADAMS/View。

在弹簧上单击鼠标的右键，再移至 Spring：SPRING_1 并选择 Info，则会显示信息窗口。查看弹簧的刚度系数，可以看到弹簧的刚度系数为 100 lbf/foot。单击【Close】按钮关闭信息窗口。

将鼠标移至弹簧并单击鼠标右键，再移至 Spring：SPRING_1 并选择 Modify，显示修改弹簧阻尼力的对话窗口，如图 4-25 所示。

在 Stiffness Coefficient 文本窗口内输入 200（lbf/foot）。因为输入的是组合单位，在输入时一定要包含括号内的文字。单击【OK】按钮，完成修改。

（2）再次仿真

再运行一次 2 秒 100 步的仿真并存储仿真的结果（名为：third_results）。

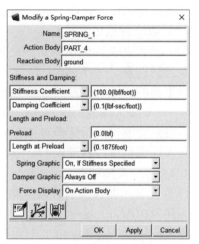

图 4-25　修改弹簧阻尼力的对话窗口

将两次仿真结果的弹簧力叠加在一起，以观察两次仿真得到弹簧力的差别。

进入 ADAMS/PostProcessor。在 Simulation 列，选择新做的仿真，设置 Source 为 Measures，从 Measure 列选择 Force_in_Spring。在 Independent Axis 项下确认 Time 被选，单击【Add Curves】按钮，绘制出修改弹簧刚度系数后的弹簧力曲线，如图 4-26 所示。

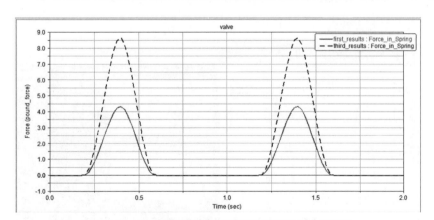

图 4-26　修改弹簧的刚度系数前后弹簧力曲线对比

选择 Displaying Plot Statistics 工具，弹出曲线统计数据处理工具栏，如图 4-27 所示。

图 4-27　曲线统计数据处理工具栏

4.2.3.6 完善曲线图

现在将修改曲线图,增加图上信息的可读性。

(1) 给曲线图附加一个标题

在目录树窗口,单击 page_2 上的"+"将其展开。

再展开 plot_2,选择 title。在目录树窗口下面的属性编辑窗口中,清除当前的标题 valve,并输入标题 Spring Force vs. Time,然后按【Enter】键。

在目录树窗口,选择 vaxis。在属性编辑窗口中选择 Labels,将标题改为 Spring Force (lbf)。给纵坐标轴加上标题。

(2) 修改相关图例中的文字及其位置

在目录树窗口选择 curve_1。

在下面的属性编辑窗口中将 Legend 文本内容更改为 k = 100 (lbf/foot)。

将 curve_2 下图例的内容修改为 k = 200 (lbf/foot)。

在目录树窗口内,选择对象 legend_object。

在属性编辑窗口内设置 Placement 为右上角 (Top Right)。

4.2.3.7 添加动画

(1) 在显示曲线的同时显示动画

在目录树窗口,选择 page_2。

将鼠标移至 Page Layout 工具包 上并单击鼠标右键打开此工具包,选择将页面分为左、右两个窗口的工具 Split Screen,即可将页面分为左、右两个窗口。通过将鼠标移至新开窗口内并单击鼠标右键,从弹出窗口中选择 Load Animation,这样可以将此窗口设为动画窗口。

在数据导航器 Database Navigator 内选择一个想要显示动画的仿真结果的名称,单击【OK】按钮。

既可以使用视窗上的主工具栏里的工具改变观察模型的角度,如旋转、放大/缩小和移动等,也可以使用数据选取窗口中的工具对模型的仿真结果进行动画显示,如图 4-28 所示。

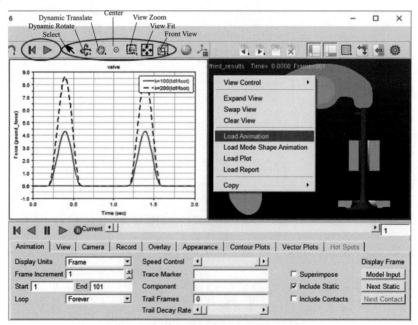

图 4-28 在显示曲线的同时显示动画

(2) 修改动画图形显示设置

在数据选取窗口 dashboard 中选择 View 项。

试试各种可以使用的选项，修改动画图形显示设置。

(3) 改变凸轮的颜色

在目录树窗口 treeview 内，通过单击"+"显示模型对象下面的内容。

选择 cam（凸轮），在属性编辑窗口中设置 Color 为 Coral，改变凸轮的颜色。

(4) 放大动画显示过程中表示力的几何外形

在菜单 Edit 下选择 Preferences，则出现 PPT Preferences 对话窗口。

在 Force Scale 文本窗口内输入大于 50 的数值然后单击【Save】按钮，并单击【Close】按钮。

在主工具箱内，选择 Wireframe/shaded 选项，将视图从渲染模式改为线框模式。

进行动画回放，注意观察反作用力的位置和方向。

(5) 录制动画

在数据选取窗口 dashboard 中选择 Record 项，试一下各种可以使用的选项。

录制视频时先按下红色【R】键 ⓡ，再按下绿色播放键 ▶ 开始录制。

录制完后视频保存在工作目录下。

录制视频时，View 界面应该退出 Simulation 状态，否则就只能录下一帧图像。

退回到 ADAMS/View。储存模型并退出 ADAMS/View。

4.3 ADAMS 建模与仿真

4.3.1 坐标系与部件

本节介绍坐标系、部件坐标系、标记点、部件和几何外形之间的关系、ADAMS/View 中的部件类型、部件的质量和转动惯量、测量（Measure）等内容。

4.3.1.1 坐标系

坐标系是定义运动学和动力学分析量必要的测量对象。

坐标系的类型包括全局坐标系（Global Coordinate System，GCS）和局部坐标系（Local Coordinate Systems，LCS）。

全局坐标系属于大地部件，定义整个模型的绝对参考点（0，0，0）和坐标轴的方向，用来生成其他的局部坐标系。

局部坐标系包括部件坐标系（Part Coordinate Systems，PCS）和标记点（Markers）。

4.3.1.2 部件坐标系

部件坐标系在生成可动部件时自动定义。每个部件只有一个部件坐标系，部件坐标系的位置和方向通过相对于全局坐标系的位置和方向来定义。初始生成时，每个可动部件的部件坐标系与全局坐标系的位置和方向相同。

4.3.1.3 标记点（Marker）

标记点属于一个可动部件并随部件运动。一个可动部件上可以包含若干个标记点，其位置和方向可以相对于全局坐标系或部件坐标系的位置和方向角度来定义。

标记点可以用来标记如部件质心位置、几何外形的定位点等位置，也可以用来标记如可动部件的转动惯量的相对坐标轴的方向、约束的方向、施加载荷的方向等方向。

在 ADAMS/View 默认方式下，所有标记点的位置和方向都是相对于全局坐标系来定义的。

4.3.1.4 部件和几何外形之间的关系

部件是可以相对于其他物体运动的可动物体（刚性体或弹性体），包含质量、转动惯量、初始的位置和方向（PCS）、初始的速度等特性。

可动部件为了可视化的效果可添加上几何外形参数，如长度、半径、宽度，几何外形通过部件上的坐标系标记点定义。但对于大多数仿真分析来说，几何外形是不需要的。

4.3.1.5 ADAMS/View 中的部件类型

ADAMS/View 中的部件类型包括：

- 刚性体（Rigid body）：可以运动，具有 6 个自由度，具有质量和转动惯量等力学性质，不能变形。
- 弹性体（Flexible body）：可以运动，具有质量和转动惯量等力学性质，受到外力时会产生变形。
- 点质量（Point mass）：可以运动，只有三个自由度，具有质量，无几何外形。
- 大地（Ground part）：在每个模型中必须存在，且在进入 ADAMS/View 后系统会自动生成，定义全局坐标系（GCS）及坐标原点，并且在仿真过程中始终静止不动，在计算速度和加速度时起着惯性参考坐标系的作用。

4.3.1.6 部件的质量和转动惯量

ADAMS/View 只对三维的刚性体自动地计算其质量和转动惯量。ADAMS/View 依据该部件的几何体积和密度或材料计算该部件的总质量和转动惯量。可手工改变部件的这些性质。

ADAMS/View 相对于一个部件的质心标记点来定义部件的质量和转动惯量，该标记点的三个坐标轴代表该部件转动惯量的三个主惯性轴，因此定义转动惯量 I_{xx}、I_{yy}、I_{zz}。该坐标系的位置和方向可以修改。

4.3.2 几何外形和精确定位

本节介绍建立几何外形、构造几何外形基本元素、实体几何外形、通过移动（Move）实现几何外形的精确定位。

4.3.2.1 建立几何外形

几何外形的属性特点是：几何外形只能从属于一个部件并且随该部件一起运动。通常情况下添加几何外形只是为了加强部件的可视化效果，但部件的质量等力学特性可能与几何外形相关联，除了需要在模型中定义体 – 体（Solid – to – Solid）的碰撞时，几何外形不是进行仿真必需的。几何外形的位置和方向不是由部件直接定义，而是由一个或多个定位标记点（Anchor Marker）来确定。如果移动定位标记点，所有与之相关的几何外形都将移动；反过来，如果移动了几何外形，那么与之相关的定位标记点也将移动。二者是相互关联的。

ADAMS/View 中几何外形的种类包括：几何外形基本构造元素和实体几何外形。

4.3.2.2 几何外形基本构造元素

几何外形基本构造元素包含一些没有质量的对象,包括坐标系标记点(Marker)、设计点(Point)、多义线(Polyline)、样条线(Spline)、圆弧(Arc)等。常用于定义其他的几何外形。ADAMS/View 几何外形基本构造元素类型如表 4-1 所示。

表 4-1　ADAMS/View 几何外形基本构造元素类型

名称	图标	解释	操作说明
定义点		a:点加到地基上还是另一个构件上 b:是否要将附近的对象同点关联	按鼠标右键,可以弹出鼠标附近所有对象的列表,供选择关联
定义标记坐标		a:标记加到地基上或另一个构件上 b:标记坐标的方向	—
绘制直线和多义线		a:产生新构件还是添加到构件或地基上 b:线型:直线、开口多义线、封闭多义线 c:线段的长度	用鼠标单击上一步定义的端点,可以删除最后一步绘制的线段
绘制圆弧和圆		a:产生新构件还是添加到构件或地基上 b:圆或圆弧的半径 c:选择圆,或圆弧夹角	—
绘制光滑曲线		a:产生新构件还是添加到构件或地基上 b:是开口曲线还是封闭曲线	用鼠标单击上一步定义的曲线位置可以后退一步

4.3.2.3 实体几何外形

实体几何外形可以用来自动地计算部件的质量等力学特性。实体几何外形包含一些具有质量的对象,如长方体(Box)、圆柱体(Cylinder)、球体(Sphere)、圆台(Frustum)、圆环(Torus)、连杆(Link)、圆角多边板(Plate)、拉伸体(Extrusion)、回转体(Revolution)等,可以基于几何基本构造元素构建,如表 4-2 所示。

4.3.2.4 精确定位

在 ADAMS/View 中要移动(平移和转动)对象,可以通过精确移动工具完成。精确移动对话框如图 4-29 所示。

4.3.3 初始条件、运动点轨迹和测量

4.3.3.1 部件(Part)运动的初始条件(位置、方向)

模型中所有部件的初始位置和方向由其部件坐标系确定,即部件的设计位置定义了其初始的位置和方向。可以使一个部件的位置和方向固定在大地上,在装配分析过程中其位置和方向保持不变。

表 4-2 ADAMS/View 实体几何外形类型

名称	图标	图例	解释	操作说明
长方体 Box			长（Length） 高（Height） 深（Depth）/2（长、高）	绘图起始和结束为长方体的两个对角端点。有1个热点，定义长、高和深
圆柱体 Cylinder			长（Length） 半径（Radius）/0.25长	绘图起始点中心点。有2个亮点，可分别用于修改长度和半径
球体 Sphere			半径（Radius）/x, y, z三个方向的半径相等 若/x, y, z三个方向半径不相等，生成椭球	绘图起始点中心点。有3个亮点，可分别用于修改x、y、z方向的半径
圆台 Frustum			长（Length） 底半径（Bottom Radius）/0.125长 顶半径（Top Radius）/0.5底半径	绘图起始点为底圆中心标记。有3个亮点，分别控制长、底半径、顶半径
圆环 Torus			圆环半径（Inner Radius） 圆管半径（Outer Radius）/0.125圆环半径	绘图起始点为中心标记。有2个热点，分别控制圆环中心线和圆管半径
连杆 Link			长（Length） 宽（Width）/0.1长 深（Depth）/0.05长	绘图起始点为I标记。有2个亮点，一个控制连杆长度，另一个控制连杆的宽度和深度
圆角多边形板 Plate			半径（Radius）/1.0 厚度（Thickness）/1.0	通过确定圆角位置定义多边形板，至少定义3个圆角。有1个热点控制板厚
拉伸体 Extrusion			拔出端面（Profile） 长（Length）或拔出路径 拔出实体或薄壳（Closed/Open） 拔出方向：向前、对中、向后	拔出端面的顶点均为热点，修改这些热点的位置，可以改变端面形状。另有一个热点定义长度
回转体 Revolution			回转面（Profile） 回转轴 回转实体或薄壳（Closed/Open）	回转面的顶点均为热点，可以通过修改这些热点，改变回转面以及回转体形状。回转面不能同回转轴相交

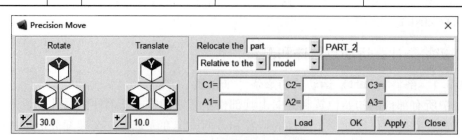

图 4-29 精确移动对话框

4.3.3.2 初始速度

在 ADAMS 中,确定一个部件的初速度有一个流程(图 4-30):首先判断初速度是否被定义;如果未被定义,则判断是否有约束施加在部件上;如果无约束施加,ADAMS 将此部件的初速度设置为零;如果有约束施加,ADAMS 将计算此部件的初速度,其数值可能不为零;如果该部件的初速度已被定义,则判断是否有驱动或约束施加在部件上;如果无驱动或约束施加,ADAMS 将使用已定义的初速度;如果有驱动或约束施加,ADAMS 将在驱动或约束条件下使用已定义的初速度。

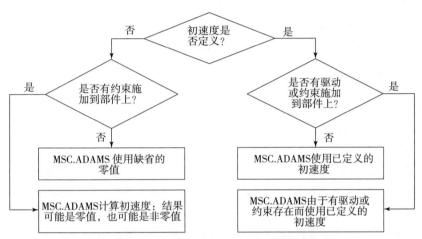

图 4-30　ADAMS 确定一个部件的初速度流程

4.3.3.3 运动点轨迹

运动点轨迹可以在动画回放过程追踪一个标记点位置,如车轮中心在跳动时的轨迹,能够用来直观地显示运动过程中两个部件之间是否有干涉发生。

4.3.3.4 测量

可以将在仿真过程中关注的一些量定义为测量(Measure),例如,某部件上一点的位移、速度、加速度、部件上的约束反力、两个物体之间的夹角,以及其他使用用户函数定义的数据结果,以便在仿真过程中捕捉不同时刻点的测量值数据。

对于模型中的部件、载荷和约束,可以直接建立一些测量,如部件的质心位置、质心速度、动能、弹簧变形量、弹簧力、铰链相对速度、铰链受到的力和力矩,等等。

4.3.4　施加约束与驱动

4.3.4.1　运动约束

(1)约束概念

在理论力学中,约束按限制条件可分为几何约束和运动约束;按是否随时间变化可分为定常约束(稳定约束)和非定常约束(非稳定约束);按能否解除可分为固执约束(不可解约束、双侧约束、双面约束)和非固执约束(可解约束、单侧约束、单面约束);按约束方程的微分项是否可积分可分为完整约束和非完整约束。

约束定义了构件(刚体、柔性体和点质量)间的连接方式和相对运动方式,表示了理想化的连接关系,以移除自由度的方式限制部件之间的相对运动。

（2）ADAMS/View 约束类型

ADAMS/View 主要包括以下 4 种类型的约束：
- 理想约束（Joints）：包括转动副、移动副和圆柱副等。
- 虚约束（Joint Primitives）：也称原始约束或基本约束，限制构件某个运动方向，例如约束一个构件始终平行于另一个构件运动。
- 运动产生器（Motion Generator）：驱动构件以某种方式运动。
- 高副约束（High Pair Constraints）：即接触约束，定义两接触构件的运动限制约束。

ADAMS/View 在创建约束时，根据约束的类型和当前模型中这类约束的数量，自动为约束生成一个名字。对于理想约束以"JOINT"加下划线"_"加约束号命名（例如，JOINT_1）；对于虚约束以 Primitive 的缩写"PRIM"加下划线"_"加约束号命名（例如，PRIM_1）。

在 ADAMS/Solver 中约束表示为代数方程。这些代数方程描述了两个标记点之间的关系。约束参数，是指两个标记点，分别为 I 和 J 标记点（I 标记点固定在第一个部件上，J 标记点固定在第二个部件上），定义位置、方向和连接的部件。

（3）自由度与约束

部件独立运动的数目称为自由度。一个在三维空间完全自由浮动的刚性体有 6 个自由度（3 个转动自由度和 3 个移动自由度）。每个自由度至少对应一个运动学意义上的方程。当在两个零件间施加约束后，约束消除了零件的某些自由度。无论零件受力如何和如何运动，一个零件始终和另一个零件保持一定的位置关系。例如，一个转动副消除了两个零件间的 3 个移动自由度和 2 个转动自由度。模型的总自由度数等于所有活动构件的自由度之和与所有运动副引入约束数目之和的差。当进行模型仿真分析时，ADAMS/Solver 计算模型的总自由度，并确定求解模型的代数方程。用户也可以在仿真前通过模型分析工具计算模型自由度。

4.3.4.2 ADAMS/View 约束工具

（1）启动 ADAMS/View 约束工具

ADAMS/View 中启动约束工具可以在主工具箱中，右键选择 Joint 工具集图标，再选择约束工具，或者在 Build 菜单中，选择"Joints"项，显示约束浮动窗口，然后选择约束工具。

（2）理想约束工具

ADAMS/View 提供 12 个理想约束工具。

固定副 Fixed 🔒：构件 1 与构件 2 固定，约束 3 个旋转和 3 个平移自由度。

转动副 Revolute ：保留 1 个旋转自由度，约束 2 个旋转和 3 个平移自由度。

平移副 Translational ：保留 1 个平移自由度，约束 3 个旋转和 2 个平移自由度。

圆柱副 Cylindrical ：保留 1 个旋转和 1 个平移自由度，约束 2 个旋转和 2 个平移自由度。

球铰副 Spherical ：保留 3 个旋转自由度，约束 3 个平移自由度。

平面副 Planar ：保留 1 个旋转和 2 个平移自由度，约束 2 个旋转和 1 个平移自由度。

恒速副 Constant Velocity：构件 1 相对于构件 2 恒速转动，约束 1 个旋转和 3 个平移自由度。

虎克铰副 Hooke/万向副 Universal：保留 2 个旋转自由度，约束 1 个旋转和 3 个平移自由度，（单击选择虎克铰副约束，定义十字轴轴线；双击选择万向副，定义输入输出轴线）。

螺旋副 Screw：构件 1 相对于构件 2 每旋转一周的同时将上升或下降一个螺矩，提供一个相对运动自由度。

齿轮副 Gear：构件 1 相对于构件 2 定速比啮合转动，提供定比传动关系。

耦合副 Coupler：提供构件 1 和构件 2 相对旋转或平移运动，两构件的旋转轴或平移轴可不共面。

（3）虚约束/基本约束工具

ADAMS/View 提供 5 个虚约束工具：平行约束（PARALLEL_AXES）、垂直约束（PERPENDICULAR）、方向约束（ORIENTATION）、点面约束（INPLANE）、点线约束（INLINE）。

ADAMS/View 中提供的原始约束类型及其功能如表 4-3 所示。

表 4-3 ADAMS/View 中提供的原始约束类型及其功能

图标	名称	图例	解释	约束自由度
	平行约束（Parallel Axis）		约束构件 1 的 Z 轴始终与构件 2 的 Z 轴平行，且构件 1 只能绕构件 2 的 Z 轴转动	2 个旋转自由度 0 个移动自由度
	垂直约束（Perpendicular）		约束构件 1 的 Z 轴始终与构件 2 的 Z 轴垂直，且构件 1 只能绕构件 2 的两轴转动	1 个旋转自由度 0 个移动自由度
	方向约束（Orientation）		约束两个构件的坐标方向始终保持一致	3 个旋转自由度 0 个移动自由度
	点面约束（Inplane）		约束构件 1 上的一点始终在构件 2 的 XY 平面上	0 个旋转自由度 1 个移动自由度
	点线约束（Inline）		约束构件 1 上的一点始终在构件 2 的一条直线上	0 个旋转自由度 2 个移动自由度

（4）高副约束工具

按照运动副的接触形式分类，面和面接触的运动副在接触部分的压强较低，被称为低副，而点或线接触的运动副称为高副。ADAMS/View 提供两个高副工具：曲线-曲线约束（Curve-Curve）、点-曲线约束（Point-Curve）。

4.3.4.3 约束摩擦

约束摩擦能够加在移动副、回转副、圆柱副、虎克铰/万向节、球铰等运动副上。定义摩擦力与两个部件之间的接触面积无关。方向与两个部件之间相对运动速度方向相反。与正压力成正比，比例系数为摩擦系数。

摩擦力定义为三个阶段：黏着摩擦（Stiction）、过渡摩擦（Transition）、动摩擦（Dynamic）。理想状态下，两个部件相对速度为零时是黏着摩擦即静摩擦，此时摩擦系数最大；随着两个部件相对速度的逐渐增加，摩擦系数逐渐下降，此时为过渡摩擦；当两个部件相对速度增加至某一数值后，摩擦系数不再下降，此时为动摩擦。

ADMAS 对摩擦力的处理更加接近实际情况：摩擦系数先是随着两个部件相对速度的逐渐增加而迅速增加并达到峰值，此阶段是黏着摩擦；随后摩擦系数随着两个部件相对速度的逐渐增加逐渐下降，直至1.5倍摩擦系数峰值对应相对速度，此阶段是过渡摩擦；此后摩擦系数不再随两个部件相对速度增加而下降，此时为动摩擦。摩擦系数随两个部件相对速度变化特性如图4-31所示。

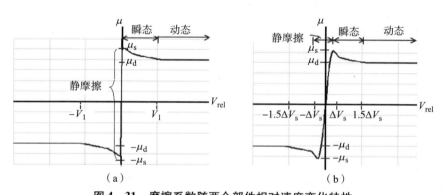

图4-31 摩擦系数随两个部件相对速度变化特性
（a）理想状态摩擦力；（b）ADAMS/Solver 的处理方式

4.3.4.4 添加驱动

机构都是以一定的运动规律运动的，通过定义机构的运动规律，一方面可以约束机构的某些自由度，另一方面也决定了是否需要施加力来维持所定义的运动。

ADAMS/View 为用户提供了两种类型的驱动（Motion），即约束驱动和点驱动。

（1）约束驱动（Joint Motion）

约束驱动定义了移动副、转动副或圆柱副中的移动或转动运动，每一个运动副运动去除一个自由度。约束驱动有移动（Translational）和转动（Rotational）两种类型。移动约束驱动适用于移动副或圆柱副，移去1个移动自由度，工具图标为 ；转动约束驱动适用于转动副或圆柱副，移去1个转动自由度，工具图标为 。

定义约束驱动时，需要先指定一个要添加驱动的约束，MSC. ADAMS 自动使用该约束的 I 和 J 标记点及其所属的部件和一个自由度来定义驱动。约束驱动中 I 和 J 标记点在初始时刻（$\theta_1 = 0$）重合；在仿真过程中两个标记点的 Z 轴始终重合。

可以使用函数来定义驱动的量值。驱动的量可以定义为：位移的时间函数、速度的时间函数、加速度的时间函数。

（2）点驱动（Point Motion）

点驱动定义两个零件之间的运动规律。定义点运动规律时，要指明运动的方向。点运动可以应用于任何典型的运动副，如圆柱副、球副等。通过定义点的运动可以在不增加额外约束和构件的情况下，构造复杂的运动。

点驱动有单点驱动（移去 1 个自由度）和一般点驱动（移去 1~6 个自由度）两种类型。

需要定义驱动对应的 I 和 J 标记点、驱动约束的自由度和驱动的运动函数。

4.3.4.5 装配模型

可以装配若干个子系统模型。装配子系统模型将生成一个新的模型。所有被装配的模型（model1，model2）将与新模型（model3）一起都存在同一数据库（database）下。

装配模型中的部件保持原来绝对坐标系下的位置和方向不变，除非用户指定了其他相关的设置。如果在不同的子系统模型中有相同名称的部件，ADAMS/View 或者将其合并为一个部件，或者将其改名，存储在合并后的模型中。

4.3.5 实验 3：悬架转向系统仿真

所给定的模型为一个采用简单几何外形表示的长短臂结构（SLA）的悬架系统和一个齿轮齿条（rack – and – pinion）转向子系统模型。研究悬架当车轮在垂直方向跳动 ±80mm 时车轮前束角的变化情况，以及转向盘转角转动 –45°、0°、45° 时悬架前束角的变化情况。

4.3.5.1 开始练习

启动 ADAMS/View。

从目录 exercise_dir/mod_11_suspension_1 下输入模型文件 suspension_parts_start.cmd。此文件中包含建立一个名为 suspension 的模型和下列带有几何外形的部件，如图 4 – 32 所示。

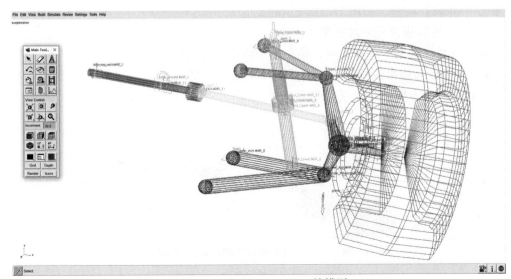

图 4 – 32 打开 suspension 的模型

(1) 观察模型，注意模型运动的情况和拓扑结构关系

转向齿条（steering_rack）和车身部件（body_ground）的约束关系为：转向齿条和车身部件之间的约束为移动副，车身部件和大地之间的约束为固定副。

下控制臂（lower_arm）和下支柱（lower_strut）的约束关系为：下控制臂和下支柱之间的约束为球铰，下控制臂和车身部件之间的约束为回转副。

上控制臂（upper_arm）和上支柱（upper_strut）的约束关系为：上臂和车身部件之间的约束为回转副，上支柱和车身部件之间的约束为一个虎克铰。

suspension 如图 4-33 所示。

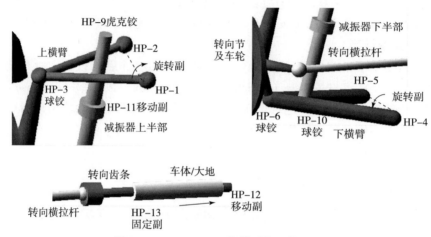

图 4-33 suspension 的模型的拓扑结构

(2) 使用工具 Database Navigator 图形化检查前束拉杆（tie_rod）的拓扑结构关系

从菜单 Tools 中选择 Database Navigator。设置 Database Navigator 上顶部的下拉菜单为 Graphical Topology。双击 suspension 然后再选择 tie_rod。可以看到部件前束拉杆（tie_rod）的两端与部件 steering_rack 和 spindle_wheel 没有连接。

单击【Close】按钮，关闭 Database Navigator。

4.3.5.2　给前束拉杆添加约束

在悬架子系统模型中添加约束，建立部件前束拉杆（tie_rod）的约束时，先在转向节（Spindle_Wheel）与前束拉杆的连接点 HP-8 处创建一个球铰，再在前束拉杆与转向齿条（steering_rack）的连接点 HP-7 处创建一个虎克铰，如图 4-34 所示。

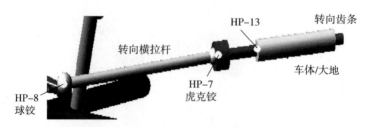

图 4-34　转向节与前束拉杆的球铰接点 HP-8

（1）使用创建球铰（Spherical joint）工具创建一个球铰

Construction 选项为 2 Bod - 1 Loc 和 Normal to Grid；First body 选择部件 Spindle_Wheel；Second body 选择部件 tie_rod；约束位置选择 HP - 8。

（2）使用创建虎克铰（Hooke joint）工具创建一个虎克铰：

Construction 选项为 2 Bod - 1 Loc 和 Pick Feature；First body 选择部件 tie_rod；Second body 选择部件 steering_rack；约束位置选择 HP - 7。

设置第一个方向为从硬点 HP - 7 指向硬点 HP - 8（在 HP - 8 上按鼠标左键）；设置第二个方向为从硬点 HP - 7 指向硬点 HP - 13（在 HP - 13 上按鼠标左键）。

在设置方向时，向硬点方向移动鼠标光标直至硬点的名字出现，再轻点鼠标左键。

再次使用工具 Database Navigator 图形化检查 tie rod 的拓扑结构关系，可以看到 tie rod 与部件 steering_rack 和 spindle_wheel 的连接关系。

HP - 8 和 HP - 7 是属于大地的硬点，在生成约束时参照其位置确定约束标记点 I 和 J 的位置。

4.3.5.3　添加使车轮跳动的驱动并仿真

（1）添加使车轮上下跳动 ±80mm 的驱动

使用创建单点驱动工具创建一个单点驱动：

Construction 选项为 1 Location 和 Pick Feature，选择标记点 Spindle_Wheel.Center（车轮中心）为单点驱动的位置，设置此标记点 Y 方向为单点驱动的方向。

修改此单点驱动，设置 Function（time）为 80 * sin（360d * time），确认 Type 为 Displacement。

（2）固定转向齿条

将转向齿条（steering_rack）和车身部件（body_ground）之间的约束 rck_body_joint 从移动副（Translational）修改为固定副（Fixed），使转向齿条（steering_rack）在仿真过程中固定。

（3）运行仿真

运行一次 1 秒钟 50 步的仿真，观察车轮上下跳动的运动情况。

（4）修改上臂外球头销硬点的位置

从菜单 Tools 中选择 Table Editor。从出现的对话窗口 Table Editor 内下部的可选按钮选择 Points。将硬点 HP - 3 的 Loc Y 项的值从 351.05 改为 400。观察上控制臂部件与转向节的连接位置有明显升高。

4.3.5.4　创建车轮在垂直方向的相对位移测量

从菜单 Build 中选择 Measure 再选择 Point - to - Point 然后选择 New…，打开创建点对点（point - to - point）测量窗口。

修改测量名为 .suspension.Wheel_Height；To Point 选择标记点 Spindle_Wheel.Center；From Point 选择标记点 ground.WH _ ref；Characteristic 选择 Translational displacement；component 选择 Y，Cartesian（笛卡儿坐标）。

单击【OK】按钮，完成 Wheel_Height 测量的创建。

Wheel_Height 测量窗口打开，显示车轮在绝对坐标系 Y 方向的相对位移。

运行一个 1 秒钟 50 步的仿真，Wheel_Height 测量窗口将显示一条一个周期的正弦曲线。

4.3.5.5 创建前束角测试

使用标记点 Spindle_Wheel.Center 和 Spindle_Wheel.TA_ref，通过 ADAMS/Solver 函数生成前束角 toe angle 测量，如图 4-35 所示。

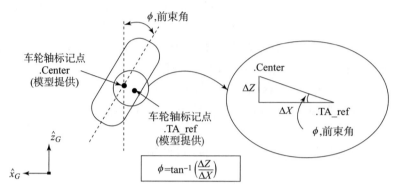

图 4-35 创建前束角 toe angle 测量的标记点

从菜单 Build 下选择 Measure，再选择 Function，然后选择 New…，打开函数构建器 Function Builder 窗口。

输入 ATAN(DZ(Center,TA_ref)/DX(Center,TA_ref))，并验证（Verify）函数语法是否正确。

单击【OK】按钮，完成 toe angle 测量的创建。toe angle 测量窗口打开。

再运行一次仿真，观察前束角 toe angle 测量的曲线。

4.3.5.6 绘制前束角对于车轮跳动的曲线

启动 ADAMS/PostProcessor，确认 PostProcessor 处于 Plotting（绘制曲线）模式；在窗口下部的数据选取窗口中，从 Simulation 列选择 Last_Run（最后一次仿真）。

设置 Source 为 Measures；设置 Independent Axis 为 Data，打开 Independent Axis Browser 窗口，从 Measure 列选择 Wheel Height，单击【OK】按钮，关闭 Independent Axis Browser 窗口；从 Measure 列选择 Toe_Angle。

选择 Add Curves，绘制车轮垂直跳动 ±80 mm 时前束角的变化曲线，如图 4-36 所示。

4.3.5.7 输入转向节和车轮的几何外形

输入转向节和车轮的几何外形文件，使模型更为逼真。转向节和车轮的两个几何外形文件为 render 格式，文件名分别为：knuckle.slp 和 wheel.slp。

（1）输入几何外形文件

退回 ADAMS/View。从菜单 File 下选择 Import。打开 File Import 窗口。

设置 File Type 为 Render（*.slp）；File To Read 选择 knuckle.slp；Part Name 选择 Spindle_Wheel；选择 Apply，输入转向节文件后保持 File Import 窗口，可以继续输入；File To Read 选择 wheel.slp；

单击【OK】按钮，关闭 File Import 窗口。

（2）关闭 ADAMS/View 部件原有几何外形的显示，只保留输入的几何外形显示

4 多体动力学仿真软件 ADAMS

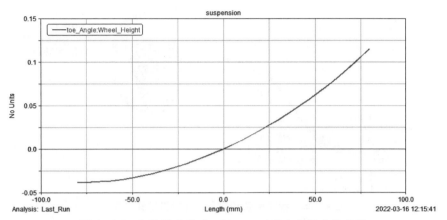

图 4-36 车轮垂直跳动 ±80 mm 时前束角的变化曲线

从菜单 Edit 选择 Appearance，打开工具 Database Navigator。

勾选 Filter 选项，选择 Geometry，打开 Spindle_Wheel，可以看到输入的两个几何外形名为 suspensn 和 suspensn_2。

将 Spindle_Wheel 中，除 suspensn 和 suspensn_2 外所有几何外形选中，单击【OK】按钮，打开 Edit Appearance 对话框。

设置 Visibility 项为 Off。单击【OK】按钮。

从菜单 View 中选择 Render Mode 再选择 Shaded，渲染显示模型如图 4-37 所示。

图 4-37 输入转向节和车轮的几何外形的悬架模型

从菜单 File 中选择 Export，存储模型为 suspension_parts.cmd。

4.3.5.8 打开转向子系统模型

导入 ADAMS/View 的模型文件 steering_parts_start.cmd，打开转向子系统模型，模型名为 rack_and_pinion_steering。齿轮齿条转向子系统模型的拓扑关系如图 4-38 所示。

4.3.5.9 在转向子系统模型中添加约束驱动并仿真

①使用创建转动驱动（Rotational Joint Motion）工具创建一个转动驱动，此转动驱动添加在回转副 strwheel_body_rev 上。

修改此转动驱动，设置 Function（time）为 45d * sin（360d * time），确认 Type 为 Displacement。

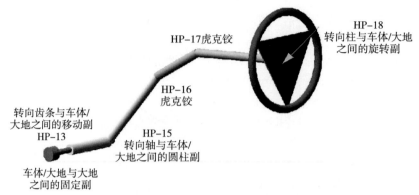

图4-38 齿轮齿条转向子系统模型的拓扑关系

②使用耦合副（Coupler）工具 选择驱动约束为strshft_body_cyl，再选择耦合约束为rck_body_trans；将部件转向轴（steering_shaft）的转动运动（strshft_body_cyl）与部件转向齿条（steering_rack）的移动运动（rck_body_trans）耦合起来。

修改耦合副传动特性：在耦合副上，单击鼠标右键再选择Coupler：COUPLER_1再选择Modify，打开Modify Coupler对话框。

选择Two Joint Coupler，By Displacements；选择Driver栏的Freedom Type列为Rotation，在Displacements列输入7.0；在Coupled栏的Displacements列输入1mm，使得每转7°，转向齿条移动1mm。

(3) 仿真模型

运行一个1s 50步的仿真。可以看到转向轴转动，带动转向齿条移动。

4.3.5.10 装配悬架子系统模型和转向子系统模型

将转向子系统模型rack_and_pinion_steering和悬架子系统模型suspension装配在一起。

(1) 创建装配模型

从菜单Tools下选择Command Navigator，打开Command Navigator窗口。

双击model，再双击assemble，打开Model Assemble对话框。

将新模型命名为：steering_suspension。

在Model Names一栏内单击鼠标右键并选择Guesses，然后选择*，选择包含在Guesses条目下的所有对象（即：.suspension和.rack_and_pinion_steering）。

单击【OK】按钮，关闭Model Assemble窗口。

(2) 显示装配模型

从菜单View下选择Model。双击steering_suspension，显示装配模型，如图4-39所示。

(3) 校验模型

校验模型以保证模型中没有冗余约束。要保证模型中没有冗余约束，即找出重复约束。

从菜单Tools下选择Database Navigator。将Database Navigator中顶部的下拉式菜单选

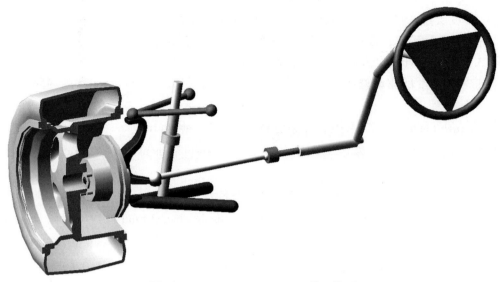

图 4-39　steering_suspension 装配模型

择为 Graphical Topology。

双击新模型的名字 steering_suspension，然后再选择 body_ground。

可以看出 body_ground 和部件 ground 之间以及 body_ground 和部件 steering_rack 之间都存在两个约束，应当删除不想要的约束。而部件 body_ground 和部件 steering_wheel_column 之间的回转副和转动驱动都是需要的，应保留，如图 4-40 所示。

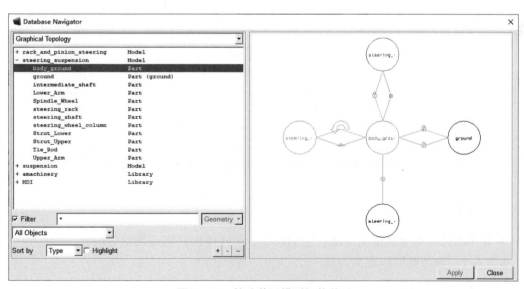

图 4-40　校验装配模型拓扑关系

通过单击右键选择 Delete 的方法，删除部件 body_ground 和部件 ground 之间的固定副约束；删除部件 body_ground 和部件 steering_rack 之间的固定副约束。

单击【Close】按钮，关闭 Command Navigator 窗口。

（4）显示车轮相对位移和前束角测量曲线

从 Build 菜单选择 Measure→Display，选择 Wheel_Height 和 Toe_Angle 两个测试。

单击【OK】按钮，显示车轮相对位移和前束角测量曲线。

4.3.5.11 运行三次仿真并比较三次仿真的结果

①将转向盘上的驱动修改为恒定的45°转角，即（Displacement(time) = 45d），仿真模型。

使用 Save Simulation 工具, 存储仿真结果名为 right_turn。

②将转向盘上的驱动修改为恒定的0°，即（Displacement(time) = 0d），再次仿真模型。

使用 Save Simulation 工具, 存储仿真结果名为 straight。

③将转向盘上的驱动修改为恒定的 -45°（Displacement(time) = -45d），再次仿真模型。

使用 Save Simulation 工具, 存储仿真结果名为 left_turn。

启动 ADAMS/PostProcessor，在同一页面上绘制前束角相对于车轮跳动的变化曲线，如图4-41所示。

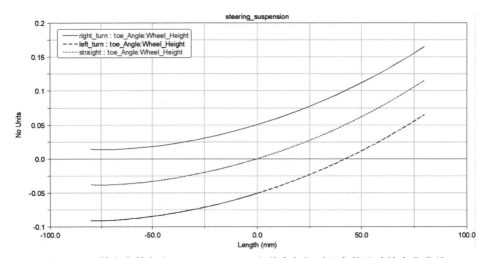

图4-41 转向盘转角为45°、0°、-45°上前束角相对于车轮跳动的变化曲线

4.3.6 施加载荷

本节介绍载荷类型和定义方法、施加载荷、柔性连接、创建接触等内容。

4.3.6.1 载荷类型和定义方法

（1）基本载荷类型

载荷并不完全阻止或描述运动，因此并不会使系统自由度增加或减少。一些载荷阻止运动的进行，如弹簧阻尼器，还有一些载荷促进运动的进行。

ADAMS/View 主要提供作用力、柔性连接、特殊力和接触力等4种类型的载荷。

- 作用力：作用力可以直接改变系统的运动状态。

- 柔性连接：柔性连接阻碍运动的进行，用户只需提供产生柔性连接力的常系数，因此柔性连接比作用力更简单易用。柔性连接包括梁、转轴衬套、拉压弹簧阻尼器和扭转弹簧阻尼器。
- 特殊力：特殊力是经常会遇到的，如轮胎力和重力等。
- 接触力：接触定义了运动模型中相互接触部件间的相互作用关系。

（2）定义载荷的值

定义载荷的值时，可以定义沿某方向的矢量值，也可以定义力在 3 个坐标轴方向的分量。ADAMS/View 允许采取以下三种方式定义载荷的值：

①输入阻尼和刚度系数 ADAMS/View 会自动根据两点之间的距离和速度确定力的值。

②利用 ADAMS/View 的函数库，可以为各类型的力输入函数表达式。如：

- 位移、速度和加速度函数：使力与点或部件的运动相关。
- 力函数：取决于系统中其他的力，如库仑力的大小和两部件间的法向力成正比。
- 数学函数：包括正弦函数、余弦函数、级数、多项式和 step 函数。
- 样条函数：借助样条函数，可以由数据表插值的方法获得力值。
- 冲击函数：类似弹簧力，当部件相互接触时函数起作用，当部件分开时函数失效。

③输入用户自定义的传递参数给用户自定义子程序。

（3）定义载荷的方向

定义载荷的方向时，可以沿坐标标记的坐标轴定义力方向或沿两点连线的方向定义力。

4.3.6.2 施加载荷

在 ADAMS/View 中施加的作用力，可以是单方向的作用力、3 个方向的力和力矩分量或 6 个方向的分量（3 个力的分量，3 个力矩的分量）。单方向的作用力可使用施加单作用力的工具来定义；而多个方向的力和力矩分量可使用组合作用力工具来定义。

定义力时需要指明力或力矩、力或力矩作用的部件和作用点、力或力矩的大小和方向。

可以指定力作用在一对部件上，构成作用力和反作用力，也可以定义一个力作用在部件和大地之间，此时反作用力作用在大地上。

在施加作用力时，先选择力的作用部件，再选力的反作用部件。ADAMS/View 在两个部件上分别建立一个作用力标记点，力的作用部件上的标记点称为 I 标记点，反作用部件上的标记点称为 J 标记点。J 标记点是浮动的，始终随 I 标记点一起运动。

ADAMS/View 同时还创建第三个参考标记点用于指定力的方向。在施加作用力时，可以指定参考标记点的方向。

（1）施加单向力

在定义单向力或力矩时的步骤如下：

①选择单向力工具图标 ↗ 或选择单向力矩工具图标 ↻，打开设置栏。

②在 Run–time Direction 设置栏，选择力的作用方式，可选项有：

- Space Fixed（参照地面坐标）。此时力的方向不随部件的运动而变化，力的反作用力作用在地面框架上，在分析时将不考虑和输出反作用力。
- Body Moving（参照部件参考坐标）。此时力的方向随部件的运动而变化，但是相对于指定的部件参考坐标不变化。如果反作用力作用在地面框架上，分析时将不考虑。

- Two Bodies（参照两部件的运动）。此时 ADAMS/View 沿两个部件的力作用点分别作用两个大小相同、方向相反的力。

③如果在 Run-time Direction 设置栏选择了采用 Space Fixed 或 Body Moving 方式，还需要在 Construction 栏选择力方向的定义方式，可选项有：

- Normal to Grid（定义力垂直于栅格平面，如果工作栅格没有打开，则垂直于屏幕）。
- Pick Feature（利用方向矢量定义力的方向）。

④在 Characteristic 栏，选择定义力值的方法，可选项有：

- Constant。输入力或力矩数值。
- Custom。自定义函数或自定义子程序定义力。

⑤根据状态栏的提示，首先选择力或力矩作用的部件，然后选择力或力矩的作用点。

⑥如选择"Pick Feature"方法定义力的方向，还需定义方向矢量：先选择力或力矩作用的部件，然后选择力或力矩作用的作用点，再环绕力作用点移动鼠标，此时可见一个方向矢量随鼠标移动而改变方向，选择合适的方向然后按鼠标左键完成施加力。如选择"Two Bodies"方法定义的力作用方式，力从首先选择的部件是产生作用力的部件指向其次选择的部件。

⑦如果选择了使用 Custom 自定义函数或自定义子程序定义力，此时将显示 Modify Torque（修改力）对话框，可以利用修改力对话框，输入自定义函数或自定义子程序的传递参数。

（2）施加分量作用力

任何力都可用沿着 x、y、z 轴方向的3个力分量来表示，任何扭矩也都可用绕 x、y、z 轴方向的3个扭矩分量来表示。ADAMS/View 允许施加3个力分量、3个力矩分量和6个分量（3个力分量和3个扭矩分量）三种分量作用力载荷。

施加分量作用力的方法如下：

①如施加3个分力，选择3分力工具图标；如施加3个分力矩，选择3分力矩工具图标，如施加3个分力和3个分力矩，选择3分力加3分力矩工具图标。打开设置栏。

②在 Construction 栏选择力的定义方式：

- 1Loc-Bodies Implied：只需选一个力的作用点，ADAMS/View 自动选择距力作用点最近的两个部件为力作用的部件，如在力作用点附近只有一个部件，此力作用于该部件和大地之间。此种方法只适合相距很近的两部件，且力作用的部件和反力作用的部件顺序不重要的情况。
- 2Bodies-1Location：需先后选择两个部件和力在两部件上的公共作用点。选择的第一个部件为力作用的部件，第二个为反力作用的部件。
- 2Bodies-2Locations：允许先后选择两个部件和不同的两个力作用点。如果两个力作用点的坐标标记不重合，在仿真开始时可能会出现力不为零的现象。

③选择力方向的定义方法：

- Normal to Grid：力或力矩矢量的分量方向垂直于工作栅格或屏幕。
- Pick Feature：使力或力矩矢量的分量方向沿着某一方向。

④选择力值的定义方法：
- Constant：直接输入恒定的力值。选中 Force Value，在后面的文本框中输入力值。
- Bushing – Like：输入刚度系数 K 和阻尼系数 C。
- Custom：自定义。ADAMS/View 不设置任何值，力创建后，可以通过输入函数表达式或传递给用户自定义子程序的参数来修改力。

⑤根据状态栏的提示：选择作用力和反作用力作用的部件、力的作用点和力的方向。

⑥如果希望用函数表达式或自定义子程序定义力，可利用修改力对话框，输入函数表达式或自定义子程序传递参数。

⑦通过修改力对话框，可改变力作用的部件、参考标记点、力的各分量值和力是否显示。

4.3.6.3 柔性连接

（1）拉压弹簧阻尼器

拉压弹簧阻尼器可以在具有一定距离的两部件之间施加一对带有阻力的弹簧力。力的大小线性地取决于弹簧阻尼器两端点间的相对位移和相对速度。

作用力的数学表达式为：

$$force = -C(dr/dt) - K(r - r_0) + f_0$$

式中，r 为弹簧两端的相对位移量；r_0 为弹簧两端的初始相对位移；dr/dt 为弹簧两端的相对速度；C 为阻尼系数；K 为弹簧刚度系数；f_0 为弹簧的预作用力。

施加弹簧阻尼器需在两部件上指定弹簧阻尼器两端点的位置，作用力作用在先指定的位置上，ADAMS/Solver 自动在后指定的位置施加一个与作用力大小相等、方向相反的反作用力。

施加弹簧阻尼器的方法如下：

①在作用力工具集中选择拉压弹簧阻尼器工具图标 ≋，系统打开设置对话框。

②在设置栏输入弹簧刚度系数 K 的值和黏滞阻尼系数 C 的值。当 $C=0$ 时，弹簧阻尼器变为一个没有阻尼的纯弹簧器；当 $K=0$ 时，弹簧阻尼器变为一个纯阻尼器。

③根据状态栏的提示，选择弹簧阻尼器的第一个端点和第二个端点，完成创建。

④如果弹簧阻尼器有初始作用力，可以通过修改弹簧阻尼器来施加初始作用力。选择设置好的弹簧阻尼器对象，单击鼠标右键打开弹出式菜单，选择其中的 Modify，打开"修改弹簧阻尼器"对话框修改弹簧阻尼器。可以修改的参数包括：

- Name：修改拉压弹簧阻尼器的名称。
- Action Body：作用力作用的部件。
- Reaction Body：反作用力作用的部件。
- Stiffness and Damping：选择和定义弹簧刚度和阻尼特性。

选择 No Stiffness 和 No Damping 分别表示无弹簧力和阻尼力；选择 Stiffness Coefficient 和 Damping Coefficient 分别表示需要输入弹簧刚度系数和阻尼系数；选择 Spline：F = f(defo) 和 Spline：F = f(velo) 分别表示需要输入弹簧力与变形关系的函数和阻尼力与速度关系的函数。

- Preload 栏：输入拉压弹簧阻尼器的预作用力。
- 初始长度：定义方式有 Default Length 和 Length at Preload 两种。Default Length 是采用创建弹簧阻尼器时的长度；Length at Preload 是采用弹簧在预载荷下的长度。
- Spring Graphic：弹簧力图的显示方式。
- Damper Graphic：阻尼力图的显示方式。
- Force Display：力图的显示方式。

（2）扭转弹簧阻尼器

扭转弹簧阻尼器在两部件间施加一个大小相等、方向相反的扭矩，根据右手定则确定扭矩的正方向。ADAMS/View 在每个位置创建一个标记点，分别为 I 标记点和 J 标记点，I 标记点和 J 标记点的 z 轴始终保持一致。

计算扭矩数学表达式为：

$$torque = -C_T(d\alpha/dt) - K_T(\alpha - \alpha_0) + t_0$$

式中，C_T 和 K_T 为扭转阻尼系数和弹簧扭转刚度；α 为 I 标记点 z 轴和 J 标记点 z 轴的夹角；α_0 为初始扭转角；t_0 为初始扭矩。ADAMS/Solver 自动计算 $d\alpha/dt$ 和 α。

施加扭转弹簧阻尼器的流程如下：

①在作用力工具集中选择扭转弹簧阻尼器工具图标 ⓒ，系统打开设置对话框。

②在设置栏定义如下各项：

- 扭矩定义方式：1Loc – Bod Implied、2Bod – 1Loca 或 2Bod – 2Loc。
- 扭矩方向定义方式：Normal to Grid 或 Pick Feature。
- 输入弹簧扭转阻尼系数 C_T 和扭转刚度系数 K_T。

③根据状态栏的提示，选择扭矩和反作用扭矩的部件、扭矩的作用点和扭矩的方向，完成扭转弹簧阻尼器的施加。

④可以利用修改扭转弹簧阻尼器对话框，修改有关设置。可以修改的内容包括：扭转弹簧阻尼器作用的部件、扭转刚度系数和阻尼系数、扭转弹簧阻尼器的初始扭矩值、是否显示弹簧力和阻尼力图等。

（3）衬套力

衬套力是一种两部件相互作用的弹簧和阻尼力，通过定义 6 个笛卡儿坐标的力和力矩分量（F_x，F_y，F_z，x，y，z）在两部件间施加柔性力，力是移动位移和速度的线性函数；力矩是转动位移和速度的线性函数。

ADAMS/Solver 计算轴套力的公式为：

$$\begin{bmatrix} F_x \\ F_y \\ F_z \\ T_x \\ T_y \\ T_z \end{bmatrix} = -\begin{bmatrix} K_{11} & 0 & 0 & 0 & 0 & 0 \\ 0 & K_{22} & 0 & 0 & 0 & 0 \\ 0 & 0 & K_{33} & 0 & 0 & 0 \\ 0 & 0 & 0 & K_{44} & 0 & 0 \\ 0 & 0 & 0 & 0 & K_{55} & 0 \\ 0 & 0 & 0 & 0 & 0 & K_{66} \end{bmatrix} \begin{bmatrix} x \\ y \\ z \\ a \\ b \\ c \end{bmatrix} - \begin{bmatrix} C_{11} & 0 & 0 & 0 & 0 & 0 \\ 0 & C_{22} & 0 & 0 & 0 & 0 \\ 0 & 0 & C_{33} & 0 & 0 & 0 \\ 0 & 0 & 0 & C_{44} & 0 & 0 \\ 0 & 0 & 0 & 0 & C_{55} & 0 \\ 0 & 0 & 0 & 0 & 0 & C_{66} \end{bmatrix} \begin{bmatrix} V_x \\ V_y \\ V_z \\ \omega_x \\ \omega_y \\ \omega_z \end{bmatrix} + \begin{bmatrix} F_1 \\ F_2 \\ F_3 \\ T_1 \\ T_2 \\ T_3 \end{bmatrix}$$

式中：F_x、F_y、F_z 为 x、y、z 轴方向的力分量值；T_x、T_y、T_z 为 x、y、z 轴方向的力矩分量值；K 和 C 为刚度系数和阻尼系数；x、y、z 为 I 标记点相对 J 标记点在 x、y、z 轴方向的位移分

量值；a、b、c 为 I 标记点相对 J 标记点在 x、y、z 轴方向的转动角度分量值；V_x、V_y、V_z 为 I 标记点相对 J 标记点在 x、y、z 轴方向的移动速度分量值；ω_x、ω_y、ω_z 为 I 标记点相对 J 标记点在 x、y、z 轴方向的转动速度分量值；F_1、F_2、F_3 为 x、y、z 轴方向初始力分量值；T_1、T_2、T_3 为 x、y、z 轴方向初始力矩分量值。

轴套力的反作用力和力矩的计算式分别为：

$$F_j = -F_i, \quad T_j = -T_i - \delta F_i$$

式中：δ 为 J 标记点相对 I 标记点的瞬时变形矢量。

当 J 标记点处的力与 I 标记点处的力大小相等、方向相反时，因轴套单元的变形导致 J 标记点处的力臂与 I 标记点处力臂不等，故 J 标记点处的力矩通常并不等于 I 标记点处的力矩。

应该注意的是，ADAMS/View 要求 3 个转动位移分量 a、b、c 中至少有两个是比较小的。即：在 3 个相对转动位移中，至少有两个的值应该小于 10°。此外，如 a 大于 90°，b 将无法确定；如 b 大于 90°，a 将无法确定。即只有 c 可大于 90°，而且不会引起收敛问题。因此在定义轴套力时，应该保证 a 和 b 取小值。

施加轴套力时，ADAMS/View 在两部件上用户所选位置创建两个标记点，先选择部件上的标记点为 I 标记点，后选择部件上的标记点为 J 标记点。

施加轴套力的方法如下：

① 在作用力工具集中选择轴套力工具图标 ，系统打开设置对话框。

② 在设置栏定义如下各项：
- 轴套力定义方式：lLoc – Bod Implied、2Bod – lLoca 或 2Bod – 2Loca。
- 轴套力方向定义方式：Normal to Grid 或 Pick Feature。
- 输入拉压刚度系数 K 和阻尼系数 C 的值。
- 输入扭转刚度系数和 K_T 和阻尼系数 C_T。

③ 根据状态栏的提示，选择轴套力作用和反作用的部件、轴套力的作用点和轴套力的方向，完成轴套力的施加。

④ 可以利用轴套力修改对话框，修改轴套力的设置。

4.3.6.4 创建接触

（1）接触的类型

接触定义了仿真过程中，自由运动物体间发生碰撞时物体间的相互作用。接触分为两种类型：平面接触和三维接触。ADAMS/View 允许发生平面接触的几何体有：圆弧、圆、曲线、作用点、平面。ADAMS/View 允许发生三维接触的几何体有：球体、圆柱体、圆锥体、矩形块、一般三维实体（包括拉伸实体和旋转实体）、壳体（具有封闭体积）。

ADAMS/Solver 采用回归法和 IMPACT 函数法两种方法计算法向接触力。

回归法要定义两个参数——惩罚参数和回归系数，惩罚参数起加强接触中单边约束的作用，回归系数起控制接触过程中能量消耗的作用。在 ADAMS/Solver 采用的 IMPACT 函数法中，接触力实际上相当于一个弹簧阻尼器产生的力。

ADAMS/View 为用户提供了 10 种类型的接触情况，即：
- 内球与球，椭圆体与椭圆体接触，应用于具有偏心和摩擦的球铰。
- 外球与球，椭圆体与椭圆体接触，应用于三维点 – 点接触。

- 球与平面，椭圆体与标记点（z 轴）接触，应用于壳体的凸点与平面接触。
- 圆与平面，圆与标记点（z 轴）接触，应用于圆锥或圆柱与平面接触。
- 内圆与圆，圆与圆接触，应用于具有偏心和摩擦的转动副接触。
- 外圆与圆，圆与圆接触，应用于二维点 – 点接触。
- 点与曲线，点与曲线接触，应用于尖点从动机构的接触。
- 圆与曲线，圆与曲线接触，应用于凸轮机构的接触。
- 平面与曲线，平面与曲线接触，应用于凸轮机构的接触。
- 曲线与曲线，曲线与曲线接触，应用于凸轮机构的接触。

可以通过这些基本接触的不同组合仿真复杂的接触情况。

施加接触的方法如下：

①在作用力工具集中选择接触工具图标，打开对话框。

②在 Contact Type 选择栏选择接触的类型包括：Solid to Solid、Curve to Curve、Point to Curve、Point to Plane、Curve to Plane、Sphere to Plane、Sphere to Sphere、Cylinder to Cylinder、Flex Body to Solid、Flex Body to Flex Body、Flex Edge to Curve、Flex Edge to Flex Edge、Flex Edge to Plane 等。

③在 Contact Type 选择栏下方，根据对话框提示分别输入第一个几何体 I 和第二个几何体 J 的名称；可以通过弹出菜单来选择相互接触的几何体，方法为：在文本输入框中单击右键，选择接触体命令下的 Pick 命令，然后用鼠标在屏幕上选择已经创建好的接触几何体；也可以用 Browse 命令，显示数据库浏览器，从中选择几何体；还可以用 Guesses 命令直接选择相互接触的力和体的名称。

④设置是否在仿真过程中显示接触力，选中 Force Display 则显示接触力，否则不显示。

⑤选择接触力（法向力）计算方法：Impact 或 Restitution。

当选择 Impact 时，要输入：刚度系数（Stiffness）、力的非线性指数（Force Exponent）、最大阻尼系数（Damping）、最大阻尼时部件变形深度（Penetration Depth）。

当选择 Restitution 时，要输入：惩罚参数（Penalty）和回归系数（Restitution Coefficient）。

⑥设置摩擦力选择：None、Coulomb（库仑）或 User Defined。

⑦单击【OK】按钮，完成接触的创建。

施加接触之后，可以利用 Modify Contact（修改接触）对话框修改接触。

Modify Contact 对话框和施加接触对话框相似，各设置参数和施加时的参数相同。

（2）接触参数的物理意义

刚度 stiffness，即受力与变形量的比值。

指数 exponent，用来计算接触力，即 $F = kx^n$，表征了材料的非线性特性。

最大阻尼 max damping，用于表征接触能量损失。

最大侵入深度 penetration distance，表征最大阻尼时的侵入深度，当刚接触时，没有阻尼力，随着侵入深度增大，阻尼力加大，直到最大阻尼力。

stiffness 推荐参数为：100 000 N/mm。

exponent 推荐参数为：对于橡胶，$n = 2 \sim 3$，对于金属 $n = 1.3 \sim 1.5$。

damping 推荐参数为：刚度的 0.01% ~ 0.1%。

penetration 推荐参数为：0.1 mm。

4.3.7 解算器、脚本式仿真与传感器

本节介绍脚本式仿真和传感器内容。

4.3.7.1 解算器介绍

ADAMS/Solver 解算器是 ADAMS 的核心模块，自动形成机械系统模型的动力学方程，提供静力学、运动学和动力学的解算结果。ADAMS/Solver 有各种建模和求解选项，以便精确有效地解决各种工程应用问题。ADAMS/Solver 可以对刚体和弹性体进行仿真研究，不仅可以输出位移、速度、加速度和力，还可以输出用户自己定义的数据，以便进行有限元分析和控制系统研究。

ADAMS/Solver 解算器的积分器具有鲁棒性强，解算复杂系统速度快、精度高等特点，可根据模型的复杂程度自动调整参数，能够同时求解运动方程组的位移和速度。ADAMS/Solver 读取 ADAMS/Solver 模型文件（.adm）并接受交互式的解算器命令或按照 ADAMS/Solver 命令文件（.acf）执行求解，输出到 ADAMS/View 的有 .out、.gra、.req、.res 等分析结果文件。同时输出信息文件（.msg）。

4.3.7.2 求解计算过程

ADAMS/Solver 可以独立运行完成仿真。仿真方式有非脚本方式和脚本方式。非脚本方式是陆续输入命令；脚本方式要使用 ADAMS/Solver 的命令文件（.acf）。使用 ADAMS/Solver 的命令文件（.acf）可以在后台运行多项任务，即执行批处理任务，也可以在 ADAMS/View 内运行外部的 ADAMS/Solver 进行仿真。ADAMS/Solver 的命令文件必须是以要分析的模型名称开头并以一个 STOP 命令结束。

求解微分代数方程组 $G(y,y',t) = 0$, $y(0) = y_0$，需预测器（Predictor）和校正器（Corrector）。

①预测一个初始解。使用显式方法预测一个初始值，预测过程只是简单地根据以前的解猜测下一个时刻的解，此值不能保证满足方程 $G(y,y',t) = 0$。只是为后续步骤提供好的起点。

②校正预测的初始解。估算方程 G 的值，使用 Newton – Raphson method 校正预测解。求出 Δy 并更新 y。重复迭代直至 $\|\Delta y\| <$ corrector error tolerance（校正器误差容限）。如 G 的值接近 0，校正结束，进入③。

③评估一下解的质量（决定是否接受该解）。评估解的质量，估计局部截断误差，判断局部截断误差是否小于 ε_L，如果是，则接受该结果，并进入④；如果否，则放弃该结果，改变步长，并回到①和②。

④为下一步做准备。更新进行下一步预测的阶数，更新进行下一步预测的步长，回到①。

4.3.7.3 脚本式仿真

ADAMS/View 提供交互式（Interactive）和脚本式（Scripted）两种仿真。

脚本式仿真的功能包括：提交仿真之前编辑仿真的过程，使用同样的仿真参数快速重复一个仿真过程，进行更为复杂的仿真过程。进行设计研究、试验设计和优化分析可能需

要使用此种仿真方式。仿真脚本为一个模型的子对象,故可存储在 MSC. ADAMS/View 的命令文件（.cmd）中。

脚本式仿真的种类有简单运行（Simple run）、ADAMS/View 命令（ADAMS/View commands）和 ADAMS/Solver 命令（ADAMS/Solver commands）。

创建 ADAMS/Solver 命令脚本时可以添加：初始条件（Initial Conditions）、瞬态仿真（Transient Simulation）、运动学仿真（Kinematic Simulation）、动力学仿真（Dynamic Simulation）、准静态仿真（Quasi – static Simulation）、静平衡计算（Static Calculation）、输出（Nastran）文件（Nastran Export）、激活（Activate）、失效（Deactivate）、输出文件分离器（Output File Separator）、重新加载（Reload）、保存（Save）、计算特征解（Eigen Solution Calculation）、一般状态矩阵数据（General State Matrix）、输入外部 ACF 文件（Import ADAMS Command file）等命令。

基于 ADAMS/Solver 命令的脚本式仿真可进行复杂的仿真,如：在仿真过程中改变模型的拓扑结构关系、在不同的仿真间隔内使用不同的输出步长或使用不同的仿真参数（如收敛误差等）。

4.3.7.4 传感器

传感器可以监视模型在仿真过程中任何感兴趣的量,当其值达到或超出某个临界值时,可控制 ADAMS/Solver 执行指定的操作。一个传感器基本上表示一个 If/Then 的条件判断。

传感器可控制 ADAMS/Solver 完全停止仿真。如果使用脚本式仿真,传感器可以终止当前的仿真步骤并继续执行后续仿真脚本或 ADAMS/Solver 的命令文件（.acf）。

使用传感器在某一需要的条件被满足时,可使用 ADAMS/Solver 的函数 SENVAL 对另一个表达式进行估值。

在脚本式仿真中使用传感器可监视约束反力,一旦超过某个指定的值,将约束失效,也可监视两个部件之间的距离,在其发生接触之前,减小仿真步长以避免产生求解发散问题。

4.3.8 设计研究与参数化

4.3.8.1 设计研究

（1）设计变量

设计变量定义一些独立参数,其他定义对象可以与之关联,将模型中一些关键的设计参数列表,这样很容易进行修改和观察。例如可生成一个名为 cylinder_length 的设计变量,以同时控制三个圆柱的长度。在参数化分析过程中 ADAMS 可以自动改变设计变量。

（2）迭代概念

传统的分析过程和误差方法是手工迭代,ADAMS 的设计研究（Design study）方法是自动迭代,如图 4 – 42 所示。

设计研究在一定范围内自动改变单个设计变量的值,在每个设计变量值上运行一次仿真,对每次仿真的性能测量结果汇总。从分析的结果可确定在仿真的变量取值系列中的最佳值以及设计变量的近似敏感程度（性能测量仿真结果 O 相对于设计变量 V 的比例）。

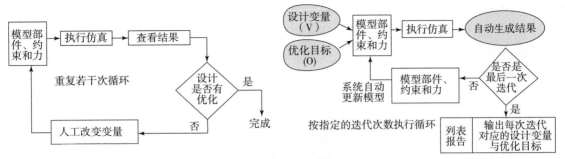

图 4-42 手工迭代与设计研究的自动迭代过程

敏感程度（Sensitivity）S 在第 i 次迭代的计算公式为：

$$S_i = \frac{1}{2}\left(\frac{O_{i+1} - O_i}{V_{i+1} - V_i} + \frac{O_i - O_{i-1}}{V_i - V_{i-1}}\right)$$

4.3.8.2 参数化分析

(1) ADAMS 参数化建模

ADAMS 提供了强大的参数化建模功能，在建模时，可以根据分析需要确定相关的关键变量，并将这些关键变量设置为可以改变的设计变量。在分析时，只需要改变这些设计变量值的大小，虚拟样机模型自动得到更新。

如果需要仿真根据事先确定好的参数进行，可以由程序预先设置好一系列可变的参数，ADAMS 自动进行系列仿真，以便于观察不同参数值下样机性能的变化。

ADAMS/View 提供了 4 种参数化的方法：

①参数化点坐标：在建模过程中，点坐标用于几何形体、约束点位置和驱动的位置。点坐标参数化时，修改点坐标值，与参数化点相关联的对象都得以自动修改。

②使用设计变量：通过使用设计变量，可以方便地修改模型中已被设置为设计变量的对象。如可以将连杆的长度或弹簧的刚度设置为设计变量，当设计变量的参数值发生改变时，与设计变量相关联的对象的属性也得到更新。

③参数化运动方式：通过参数化运动方式，可以方便地指定模型的运动方式和轨迹。

④使用参数表达式：使用参数表达式是模型参数化最基本的一种参数化途径。当以上 3 种方法不能表达对象间的复杂关系时，可以通过参数表达式进行参数化。

参数化的模型可以使用户方便地修改模型而不用考虑模型内部之间的关联变动，而且可以达到对模型优化的目的。参数化机制是 ADAMS 中重要的机制。

(2) ADAMS 参数化分析

参数化分析有利于了解各设计变量对样机性能的影响。在参数化分析过程中，根据参数化建模时建立的设计变量，采用不同的参数值进行一系列仿真，根据返回的分析结果进行参数化分析，得出一个或多个参数变化对样机性能的影响，然后进一步对各种参数进行优化分析，得出最优化的样机。

ADAMS/View 提供的参数化分析方法包括：设计研究、试验设计和优化分析。

①设计研究（Design Study）。

建立好参数化模型，在仿真过程中，当取不同的设计变量或当设计变量值的大小发生改变时，样机的性能将会发生变化。而样机的性能怎样变化，这是设计研究主要考虑的内容。在设计研究过程中，设计变量按照一定规则在一定范围内取值，根据设计变量值的不同，进行一系列仿真分析。在完成设计研究后，输出各次仿真分析的结果。通过各次分析结果的研究，可以得到设计变量的变化对样机性能的影响、设计变量的最佳取值、设计变量的灵敏度（样机有关性能对设计变量值变化的敏感程度）。

②试验设计（Design of Experiments，DOE）。

试验设计（DOE）考虑在多个设计变量同时发生变化时，各设计变量对样机性能的影响。试验设计包括设计矩阵的建立和试验结果的统计分析等。传统上的 DOE 是费时费力的，使用 ADAMS 的 DOE 可以增加获得结果的可信度，并且在得到结果的速度上比试错法试验或者一次测试一个因子的试验更快，同时更有助于用户更好地理解和优化机械系统的性能。

重复、随机化以及区组化是试验设计的三个基本原则。

重复是指基本试验的重复进行。重复允许试验者得到试验误差的一个估计量，如使用样本均值作为试验中一个因素的效应的估计量，则重复允许试验者得到更为精确的估计量。

随机化是指随机确定试验材料的分配和试验的各个试验进行的次序。统计方法要求观察值（或误差）是独立分布的随机变量。随机化通常能使这一假定有效。把试验进行适当的随机化亦有助于"均匀"可能出现的外来因素的效应。

区组化用来提高试验的精确度。一个区组就是试验材料的一个部分，相比于全体试验材料，一个区组本身的性质应该更为类似。

进行试验设计，首先应确定试验目的。例如想确定哪个变量对系统影响最大，先为系统选择想考察的因素集，并设计某种方法来测量系统的响应；然后确定每个因素的值，在试验中将因素改变以考察对试验的影响；接下来进行试验，并将每次运行的系统性能记录下来；最后分析在总的性能改变时，哪些因素对系统的影响最大。

③优化分析（Optimization）。

ADAMS 环境提供了参数化建模与系统优化功能。在建立模型时，根据分析需要确定相关的关键变量，并将这些关键变量设置为可变的设计变量。

优化是指在系统变量满足约束条件下使目标函数取最大值或者最小值。目标函数是用数学方程来表示模型的质量、效率、成本、稳定性等。使用精确数学模型时，最优的函数值对应着最佳的设计。目标函数中的设计变量对需要解决的问题来说应该是未知量，并且设计变量的改变将会引起目标函数的变化。在优化分析过程中，可以设定设计变量的变化范围，施加一定的限制以保证最优化设计处于合理的取值范围。

一般来说，优化分析问题可以归结为：在满足各种设计条件和在指定的变量变化范围内，通过自动地选择设计变量，由分析程序求取目标函数的最大值或最小值。

4.3.8.3 ADAMS/Insight 简介

（1）ADAMS/Insight 的功能

试验设计可在 ADAMS/View 中进行，也可采用试验设计与分析专用模块 ADAMS/Insight 进行。ADAMS/Insight 是基于网页技术的新模块，利用该模块，工程师可方便地将仿真试验结果置于网页上。ADAMS/Insight 的主要功能是：更深入地了解产品的性能；更快地修改和优化产品的设计。ADAMS/Insight 可单独运行，此时设计因素（factor）和响应

（response）需要用户手动创建或从外部导入。ADAMS/Insight 也可和 ADAMS 的其他模块一起工作。

（2）ADAMS/Insight 的优势

ADAMS/Insight 采用的试验设计方法包括全参数法、部分参数法、对角线法、Box - Behnkn 法、Placket - Bruman 法和 D - Optimal 法等。当采用其他软件设计机械系统时，工程师可以直接输入或通过文件输入系统矩阵对设计方案进行试验设计；通过扫描识别影响系统性能的灵敏参数或参数组合；采用响应面法（Response Surface Methods）对试验数据进行数学回归分析，以更好地理解产品的性能和系统内部各个零部件之间的相互作用；试验结果采用工程单位制，可以方便地输入其他试验结果进行工程分析；通过网页技术可以将仿真试验结果通过网页进行交流，便于企业各个部门评价和调整机械系统的性能。

ADAMS/Insight 帮助工程师更好地了解产品的性能，包括：有效地区分关键参数和非关键参数；根据客户的不同要求提出各种设计方案，工程师可以清晰地观察到不同方案对产品性能的影响；在产品制造之前，可综合考虑各种制造因素的影响（如公差、装配误差、加工精度等），大大提高产品的实用性；加深对产品技术要求的理解，强化在企业各个部门之间的合作。

ADAMS/Insight 有助于产品成功设计，最佳试验方案的规模取决于试验参数数量、参数变化水平、参数特性、预期的产品性能或工作过程和试验的总体目标。借助 ADAMS/Insight，工程师可以将全部的设计要求有机地集成为一体，提出最佳设计方案，并保证试验分析结果具有足够的工程精度。

在实际使用 ADAMS/Insight 时，基本问题是如何把感兴趣的设计参数定义为设计因素，以及如何把感兴趣的问题定义为响应，也就是所谓的模型参数化问题。

进行试验设计所基于的模型是一个稳健（Robust）的模型，当模型中的变量在一定范围内变化时，好的模型都应该是稳健的。所谓稳健，是指模型在整个设计空间（Design Space）内都有确定性的解。这就需要所有方案在物理上都是可行的，而且 ADAMS/Solver 在求解时不会发散。试验设计方法会在工作点附近对模型参数进行调整，用户需要保证工作点在稳健的设计空间之内。

在 ADAMS/View 中结构点（Construction point）和设计变量（Design variables）可定义为设计因素。结构点在 ADAMS 中是参数化的，当它们改变时，模型随之自动更新。设计变量在 ADAMS 中是用来参数化模型的，即它一旦改变，与之相关联的模型特征都会自动更新。

在 ADAMS/View 中可以定义为响应的参数有：测量特性（Measure characteristics）、请求特性（Request characteristics）、结果特性（Result set characteristics）、ADAMS/View 的函数（Run - time）、ADAMS/View 的函数（Design - time）和变量。

（3）ADAMS/Insight 参数化过程

ADAMS/Insight 参数化过程包括：

①扫描研究。扫描研究是 ADAMS/Insight 提供的工具，利用它可以在 DOE 的开始阶段，通过对设计因素的线性扫描来理解设计变量对模型的影响，从而合理地确定因素的边界。

②设计因素的创建。有两类变量会被 ADAMS/Insight 自动创建为预备的设计因素

(Potential Factor)，即结构点（Construction Point）和设计变量（Design Variables）。其他如几何属性和 Marker 点的位置不会认为是参数化的，也不是默认的设计因素，如果用户需要，则要自己创建。

③响应的创建。ADAMS/Insight 会自动在 ADAMS/View 模型中搜索设计目标（Design Objective），并把它自动添加为潜在的响应（Candidate Response）。用户可以通过 Modify Design Objective 查看模型中已有的 Design Objective。

4.3.9 实验 4：汽车后备厢盖打开机构仿真

某轿车模型的后备厢盖打开机构装配设有上限位装置。在后备厢盖关闭状态，在每个气弹簧上有预载荷，可以使后备厢盖弹起。人工关闭后备厢盖时需要在后备厢盖尾部施加一个垂直于后备厢盖的单向力。优化气弹簧设计参数，保证后备厢盖在 4 s 内完全弹开，且使用不超过 210 N 的力就可以在 3 s 内完全关闭后备厢盖。

曲线汽车后备厢盖打开机构模型及其部件的约束关系如图 4 - 43 所示。

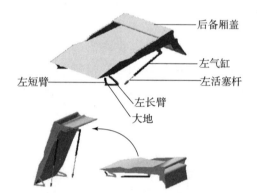

位置	部件	类型
POINT_1	左短臂和大地	旋转副
POINT_4	左长臂和大地	旋转副
POINT_2	左短臂和后备厢盖	球铰
POINT_6	左气缸和后备厢盖	球铰
POINT_8	右气缸和后备厢盖	球铰
POINT_3	左长臂和后备厢盖	虎克铰
POINT_5	大地和左活塞杆	虎克铰
POINT_7	大地和右活塞杆	虎克铰
POINT_56	左活塞杆和左气缸	移动副
POINT_78	右活塞杆和右气缸	移动副

图 4 - 43 曲线汽车后备厢盖打开机构模型及其部件的约束关系

4.3.9.1 开始练习

运行 ADAMS/View。从目录 exercise_dir/mod_17_hatchback_1 下输入模型命令文件 hatchback_start.cmd。

由于模型为对称结构，模型中左侧的约束关系已经满足此多刚体系统要求，故无须对模型中右侧的可动部件进行约束，可将其失效。在该部件上单击鼠标右键并选择 De（activate），在出现的对话窗口内不勾选 Object Active，可将部件失效。

将部件 right_shortarm 和 right_longarm 失效。

4.3.9.2 创建载荷

（1）创建左侧气弹簧弹性力

在部件 left_piston 上的 POINT_5（气弹簧车身安装点）位置处创建一个名为 lpiston_ref 的标记点（Marker）。

使用创建标记点工具 ，在 Marker 栏选择 Add to Part，在主窗口选择 left_piston（在气弹簧模型上按鼠标右键并选择）；再选择 POINT_5，完成标记点创建；再将此标记点改名（Rename）为 lpiston_ref。

在部件 left_cylinder 上的 POINT_6（气弹簧后备厢盖安装点）位置处创建一个名为

lcyl_ref 的标记点（Marker）。

使用创建标记点工具 ![icon]，在 Marker 栏选择 Add to Part，在主窗口选择 left cylinder；再选择 POINT_6，完成标记点创建；再将此标记点改名（Rename）为 lcyl_ref。

在 left_piston（第一个部件）和 left_cylinder（第二个部件）之间的两个标记点 lpiston_ref（第一个位置）和 lcyl_ref（第二个位置）上创建一个弹簧阻尼器。

使用创建弹簧阻尼器工具 ![icon]，在主窗口先在气弹簧车身安装点按鼠标右键并选择标记点 lpiston_ref，再在气弹簧后备厢盖安装点按鼠标右键并选择标记点 lcyl_ref，生成弹簧阻尼器。

修改弹簧阻尼器参数，在创建的弹簧阻尼器模型上按鼠标右键，选择 Spring：SPRING_1，再选择 Modify，打开 Modify a Spring – Damping Force 对话框。

修改为 Stiffness：0.21578（N/mm）；Damping：2.0（N – sec/mm）；Preload：550 N。

（2）创建右侧气弹簧弹性力

在部件 right_piston 上 POINT_7 的位置处创建一个名为 rpiston_ref 的标记点。

在部件 right_cylinder 上 POINT_8 的位置处创建一个名为 rcyl_ref 的标记点。

在 right_piston 的标记点 rpiston_ref 和 right_cylinder 的标记点 rcyl_ref 之间创建弹簧阻尼器，修改其参数为 Stiffness：0.21578（N/mm）；Damping：2.0（N – sec/mm）；Preload：550 N。

4.3.9.3 创建限位装置

（1）创建左侧限位装置

在左侧气弹簧的 piston 和 cylinder 两个部件之间创建一个单向力，用一个冲击函数描述使后备厢盖停止运动的限位装置。

使用创建单向力工具 ![icon]，在 Run – time Direction 栏选择 Two Bodies（需设置两个部件和两个位置），在主窗口先选择 left_piston 作为 active body（作用部件），再选择 left_cylinder 作为 reactive body（反作用部件），然后选择标记点 left_piston.pis_impact 作为 active point（作用点），再选择 left_cylinder.cyl_impact 作为 reactive point（反作用点）。

选择作用点应属于作用部件，选择反作用点也应属于反作用部件。

修改单向力参数，在弹簧阻尼器模型上按鼠标右键，选择 Force：SFORCE_1，再选择 Modify，打开 Modify Force 对话框。

在 Function 栏的右侧，单击 按钮启动函数生成器（Function Builder）。

输入一个单边冲击函数（One – sided Impact）：

```
IMPACT(DM(left_piston.pis_impact,left_cylinder.cyl_impact),VR
(left_piston.pis_impact,left_cylinder.cyl_impact),25.0,100000,1.01,
100,1.0E-03)。
```

也可选择 Contact Function 类型，选择 One – sided Impact，再使用辅助工具 Assist... 键，打开 One – sided Impact 对话框，辅助编写单边冲击函数并导入。

此单边冲击函数的变量及参数如下：

```
Displacement Variable: DM(left_piston.pis_impact,left_
cylinder.cyl_impact);
```

（使用 DM 函数定义 left_piston. pis_impact 至 left_cylinder. cyl_impact 的距离。）

```
Velocity Variable:VR(left_piston.pis_impact,left_cylinder.cyl_
impact);
```

使用 VR 函数定义 left_piston. pis_impact 与 left_cylinder. cyl_impact 的相对速度。

```
Stiffness Coefficient:1e5(N/mm);
Stiffness Force Exponent:1.01;
Damping Coefficient:100(N-sec/mm);
Trigger for Displacement Variable:25(mm);
Damping Ramp-up Distance:1e-3(mm)。
```

按 Verify 键，校验函数是否语法正确。单击【OK】按钮，关闭 Modify Force 对话框。

（2）创建右侧限位装置

在右侧气弹簧的 piston 和 cylinder 两个部件之间创建一个单向力，用一个冲击函数描述使后备厢盖停止运动的限位装置。

使用创建单向力工具 ↗，在 Run-time Direction 栏选择 Two Bodies（需设置两个部件和两个位置），在主窗口先选择 right_piston 作为 active body（作用部件），再选择 right_cylinder 作为 reactive body（反作用部件），然后选择标记点 right_piston. pis_impact 作为 active point（作用点），再选择 right_cylinder. cyl_impact 作为 reactive point（反作用点）。

选择作用点应属于作用部件，选择反作用点也应属于反作用部件。

修改单向力参数，在弹簧阻尼器模型上按鼠标右键，选择 Force：SFORCE_2，再选择 Modify，打开 Modify Force 对话框。

在 Function 栏的右侧，单击 ... 按钮启动函数生成器（Function Builder）。

输入一个单边冲击函数（One-sided Impact）：

```
IMPACT(DM(right_piston.pis_impact,right_cylinder.cyl_impact),VR
(right_piston.pis_impact,right_cylinder.cyl_impact),25.0,100000,
1.01,100,1.0E-03)。
```

也可选择 Contact Function 类型，选择 One-sided Impact，再使用辅助工具 Assist... 键，打开 One-sided Impact 对话框，辅助编写单边冲击函数并导入。

此单边冲击函数的变量及参数如下：

```
Displacement Variable:DM(right_piston.pis_impact,right_
cylinder.cyl_impact);
```

（使用 DM 函数定义 right_piston. pis_impact 至 right_cylinder. cyl_impact 的距离。）

```
Velocity Variable:VR(right_piston.pis_impact,right_cylinder.cyl_
impact);
```

（使用 VR 函数定义 right_piston. pis_impact 与 right_cylinder. cyl_impact 的相对速度。）

```
Stiffness Coefficient:1e5(N/mm)
Stiffness Force Exponent:1.01
Damping Coefficient:100(N-sec/mm)
Trigger for Displacement Variable:25(mm)
Damping Ramp-up Distance:1e-3(mm)
```

按 Verify 键，校验函数是否语法正确。单击【OK】按钮，关闭 Modify Force 对话框。

4.3.9.4 仿真模型

（1）创建后备厢盖短连杆转角测量

在回转副 l_shortarm_rev 上单击鼠标右键并选择 Measure，打开 Joint Measure 对话框：

```
修改 Measure Name 为 shortarm_rotation;
确认 Joint 为 l_shortarm_rev;
选择 Characteristic 为 Ax/Ay/Az Projected Rotation;
点选 Component 为 Z;
点选 From/At 为 .ground.MAR_7;
```

单击【OK】按钮，完成后备厢盖短连杆转角的测量创建。

（2）仿真模型

进行一次 5 s 500 步的仿真。观察仿真动画和后备厢盖短连杆转角测量，可以看出后备厢盖短连杆在气弹簧的弹性力作用下打开并停在接近垂直的角度上，shortarm_rotation 变化曲线图显示后备厢盖短连杆转角的稳态转动角度为 96.07°，进入稳态用时 2.5 s。

4.3.9.5 创建关闭后备厢盖的驱动

由于弹簧的预载荷和限位装置的存在，后备厢盖打开并停下来。接下来创建一个在 3 s 内关闭后备厢盖的转动驱动。

使用创建转动驱动工具 ![icon]，选择回转副 l_shortarm_rev，创建驱动。

将驱动改名（Rename）为 closing_motion。

使用一个阶跃函数 STEP 修改驱动，使其回到初始位置。

在新建的转动驱动上按鼠标右键，选择 Motion：closing_motion，再选择 Modify，打开 Joint Motion 对话框。

修改 Function（time）为：STEP（time，4.0，96.07d，7.0，0.0d）。即：使用阶跃函数 STEP 驱动 left_shortarm 的转角在 4 s 时开始由 96.07° 逐渐下降，到 7 s 时降为 0°。

单击【OK】按钮，关闭 Joint Motion 对话框。

4.3.9.6 进行一次脚本式仿真

创建一个仿真过程的脚本，脚本中包含将驱动失效的 ADAMS/Solver 命令并运行仿真再将驱动生效再运行 1 s 的仿真。

（1）创建仿真脚本

从菜单 Simulate 下选择 Simulation Script，再选择 New，打开 Create Simulation Script… 对话框。

修改仿真脚本名称为 script_1。

选择 Script Type 为 ADAMS/Solver Commands。

在 ADAMS/Solver Commands：栏输入：

```
DEACTIVATE/MOTION,ID=1
SIMULATE/DYNAMIC,END=4,STEPS=40
ACTIVATE/MOTION,ID=1
SIMULATE/KINEMATIC,END=7,STEPS=30
```

可以看出，仿真脚本 script_1 使驱动在仿真的前 4 s 失效，在 4~7 s 生效。

单击【OK】按钮，关闭 Create Simulation Script…对话框。

（2）执行脚本式仿真

从菜单 Simulate 下选择 Scripted Controls，打开 Simulation Control 对话框。

输入创建的仿真脚本的名字 script_1。

按下 ▶ 按钮执行脚本式仿真。

可以看到后备厢盖先是在气弹簧的弹性力作用下打开，随后又在驱动的作用下关闭。

（3）创建后备厢盖关闭力矩测量

创建一个测量以显示关闭后备厢盖所需要的力矩。

在驱动 closing_motion 模型上单击鼠标右键选择 Motion：closing_motion，并选择 Measure，打开 Motion Measure 对话框。

```
修改 Motion Name 为 closing_torque_measure;
确认 MOTION 为 closing_motion;
选择 Characteristic 为 Torque;
点选 Component:Z。
点选 From/At 为 .left_shortarm.MAR3;
```

单击【OK】按钮，完成后备厢盖关闭力矩测量的创建。

（4）绘制后备厢盖关闭力特性曲线

启动在 ADAMS/PostProcessor。

绘制后备厢盖关闭力矩（closing_torque_measure – Time）特性曲线。

人力关闭后备厢盖的力将施加在后备厢盖尾部，认为作用力至回转副 l_shortarm_rev 的力臂为 700 mm。可将后备厢盖关闭力矩除以力臂 700 mm，计算得到关闭后备厢盖所需的力。

从菜单 View 下选择 Toolbars 再选择 Curve Edit Toolbars，出现新的曲线编辑工具栏。

选择 Scale a Curve 工具 ∿，设置比例系数 Scale 为 1/700，如图 4-44 所示。

图 4-44　在曲线编辑工具栏设置缩放曲线的比例系数

选择后备厢盖关闭力矩曲线，生成后备厢盖关闭力曲线。

在驱动力矩曲线单击鼠标右键，选择 Delete，删除驱动力矩曲线，只保留后备厢盖关闭力的曲线。修改图名（title）为 hatchback closing force，修改图例名（legend）为 closing_force-Time，修改垂直轴单位为 N，如图 4-45 所示。

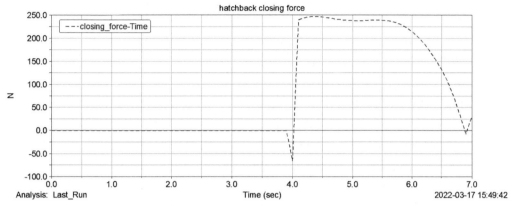

图 4-45　后备厢盖关闭力的曲线

可以看出，后备厢盖关闭力最大约为 250N，不满足小于 210 N 的设计要求。

4.3.9.7　输出一个 Solver 的模型文件（.adm）

在 ADAMS/View 主窗口，从菜单 File 下选择 Export，打开 File Export 对话框。

在 File Type 栏选择 ADAMS/Solver DataSet，在 File Name 栏填入 hatchback.adm，并单击【OK】按钮，ADAMS/View 输出 hatchback.adm 文件到当前的工作目录中。

4.3.9.8　创建一个 ADAMS/Solver 的命令文件（.acf）

使用文本编辑器创建一个文件，输入：

```
hatchback.adm(the.adm extension is optional)
hatchback_test1
OUTPUT/NOSEPARATOR
DEACTIVATE/MOTION,id=1
SIMULATE/DYNAMIC,END=4,STEPS=40
ACTIVATE/MOTION,id=1
SIMULATE/KINEMATIC,END=7,STEPS=30
STOP
```

将文件存储在当前的工作目录，保存文件名为 hatchback.acf。

4.3.9.9　创建后备厢盖关闭力

如果模拟人力关闭后备厢盖，应采用一个垂向载荷施加到后备厢盖上。

（1）将驱动 closing_motion 失效

先使作用在回转副 l_shortarm_rev 上的驱动 closing_motion 失效，在驱动 closing_motion 上单击鼠标右键，选择 Motion：closing_motion，再选择（De）activate，打开 Activate/Deactivate 对话框，清除勾选，单击【OK】按钮，使驱动失效。

（2）在后备厢盖的尾部标记点上创建一个单向力

使用创建单向力工具，在 Run-time Direction 栏选择 Body Moving（反作用力作用于大地），在主窗口先选择后备厢盖（lid）作为 Action body（活动部件），再选择标记点 lid. sforce_ref 作为 Application Point（作用点），然后选择标记点 lid. sforce_ref 的 y 方向作为单向力方向。

将创建的单向力改名（rename）为 closing_force。

修改单向力 closing_force 的力值函数（Function）为 STEP（time, 4, 0, 4.2, -247）。

阶跃函数中的 247 N 是关闭后备厢盖所需要在后备厢盖尾部施加的近似力，是基于由前面计算提出的。

（3）仿真验证单向力

运行一个 7 s 100 步的简单交互式仿真以验证该单向力能否将后备厢盖关闭。

可以看到，后备厢盖在转到半关闭的位置时停了下来，可知此力不足以将后备厢盖关闭。

修改单向力 closing_force 的力值函数（Function）为 STEP（time, 4, 0, 4.2, -300），将最大的关闭力提高到 300 N。

再运行一次仿真，可以看到，在 300 N 单向力的作用下，后备厢盖超过了关闭位置。因此需要使用一个传感器，控制仿真在后备厢盖短连杆转角等于或小于零时停止。

4.3.9.10 使用传感器

使用基于后备厢盖短连杆转角（shortarm_rotation）测量创建的传感器，后备厢盖在转到关闭位置时停止仿真。

（1）创建传感器

从菜单 Simulate 下选择 Sensor 然后再选择 New，打开 Create Sensor 对话框。

Event Definition：选择 Run – Time Expression；在 Expression 栏输入 shortarm_rotation；点选 Angular Values；选择 less than or equal；在 Value 栏输入 0；确认 Error Tolerance 栏为 1.0E – 03；在 Standard Action 栏，勾选 Terminate current simulation step and…；点选 Stop；选择 Apply。

（2）仿真验证传感器

运行一个 7 s 100 步的简单交互式仿真以验证传感器是否如预期的那样起作用。

可以看到，传感器停止仿真时，后备厢盖似乎处于未完全关闭状态。

回到 Create Sensor 对话框，在 Standard Action 栏勾选 Generate Additional Output Step at Event，在触发传感器后再生成额外的一步输出数据。

再运行一次仿真，可以看到后备厢盖已经完全关闭状态，如图 4 – 46 所示。

（a）　　　　　　　　　　　　（b）

图 4 – 46　选项 Generate Additional Output Steps at Event 对传感器控制的影响

（a）勾选前；（b）勾选后

4.3.9.11 修改弹簧的预载荷和刚度系数

（1）修改弹簧的预载荷

因为要将后备厢盖关闭所需的力比设计要求的要大，可以尝试减小弹簧的预载荷。

将每根弹簧的预载荷修改为 400 N。

运行一个 7 s 100 步的简单交互式仿真。

可以看到，信息窗弹出，报告传感器在 3.5×10^{-3} s 时就触发了。这是因为弹簧的预载荷太小，不足以打开后备厢盖，因此后备厢盖没有被弹开就被自重压到关闭位置的下方了。

将每根弹簧的预载荷再次修改为 470 N。

将单向力 closing_force 的函数修改为：STEP（time，4，0，4.2，-210），使其最大值为 210 N。

运行一个 7 s 100 步的简单交互式仿真。

可以看到，后备厢盖可以正常弹开，但只能压下一多半，不能被关闭。

（2）修改弹簧的刚度系数

为减小弹簧力还可以考虑减小弹簧刚度。

将每根弹簧的刚度系数修改为 0.1 N/mm。

运行一个 7 s 100 步的简单交互式仿真。

可以看到，后备厢盖可以正常弹开，但只能压下一多半，不能被关闭。

4.3.9.12 使用设计变量

使用设计变量可以同时修改两个弹簧的参数。

（1）创建 Preload、Stiffness 和 Damping 三个设计变量

从菜单 Build 下选择 Design Variable 再选择 New…，打开 Create Design Variable 对话框。

Name：preload；Type 选择 Real；Unit 选择 force；Standard Value 栏输入 460；Value Range by 选择 Absolute Min and Max Value；Min. Value 栏输入 300；Max. Value 栏输入 600；

单击【Apply】按钮，继续创建。

Name：stiffness；Type 选择 Real；Unit 选择 stiffness；Standard Value 栏输入 0.215 78；Value Range by 选择 Absolute Min and Max Value；Min. Value 栏输入 0.1；Max. Value 栏输入 0.5；

单击【Apply】按钮，继续创建。

Name：damping；Type 选择 Real；Unit 选择 damping；Standard Value 栏输入 2；Value Range by 选择 Absolute Min and Max Value；Min. Value 栏输入 0.5；Max. Value 栏输入 4；

单击【OK】按钮，完成创建。

（2）使弹簧参数与其设计变量关联

使左侧弹簧与设计变量关联，如图 4-47 所示。

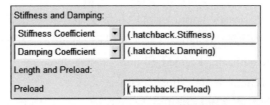

图 4-47　修改弹簧参数以使其与设计变量关联

在 Modify a Spring – Damping Force 对话框，在 Stiffnes Coefficient 栏右侧数值区单击鼠标右键，选择 Parameterize，再选择 Reference Design Variable，然后在 Database Navigator 窗口双击相应的设计变量 Stiffnes。

在 Damping Coefficient 栏右侧数值区单击鼠标右键，选择 Parameterize，再选择 Reference Design Variable，然后在 Database Navigator 窗口双击相应的设计变量 Damping。

在 Preload 栏右侧数值区单击鼠标右键，选择 Parameterize，再选择 Reference Design Variable，然后在 Database Navigator 窗口双击相应的设计变量 Preload。

重复上述步骤，使左侧弹簧与设计变量关联。

完成关联后，修改设计变量的标准值（standard value），可以同时修改左、右侧弹簧的参数。

从 Build 菜单选择 Design Variables，再选择 Modify，打开 Database Navigator 对话框，依次修改：弹簧的预载荷值为 460；刚度系数值为 0.115 78；阻尼系数值为 1.0。

再运行一次仿真，可以看到，后备厢盖既可以正常弹起也可以完全关闭，满足设计要求。

4.3.9.13 优化设计

（1）导入一个用户化的宏文件

从 File 菜单选择 import，导入文件 ../misc/optimization_optional_task.cmd。

此宏文件完成的定制创建了：后备厢关闭力测量（closing_force_measurement）；最小后备厢关闭力设计变量（min_closing_force）；优化仿真脚本（Optimization_script）；进行优化所需要的约束条件（opening_fully_Constraint、closing_fully_Constraint）。

其中，优化仿真脚本（Optimization_script）的内容为：

```
DEACTIVATE/SENSOR,ID = 1
SIMULATE/TRANSIENT,END = 1.0,STEPS = 20
ACTIVATE/SENSOR,ID = 1
SIMULATE/TRANSIENT,END = 7.0,STEPS = 100
```

可以看出，优化仿真脚本使传感器在仿真的前 1 s 失效，在 1 s 后生效，以避免传感器在后厢箱盖短连杆转角为零的初始时刻停止仿真。

（2）设置优化

从菜单 Simulate 下选择 Design Evaluation，打开 Design Evaluation Tools 对话框。

确认 Model：.hatchback；Simulation Script：.hatchback.Optimization_script。

在 Study a：栏选择 Maximum of；点选 Measure，在其下文本框中单击鼠标右键，选择 Measure，再选择 Browse...，打开 Database Navigator 窗口并选择 closing_force_measurement。

选择 Optimization；在 Design Variables：栏右侧文本框中单击鼠标右键，选择 Variable，再选择 Browse ...，打开 Database Navigator 窗口，选择 .hatchback.Stiffness、.hatchback.Damping、.hatchback.Preload 和 min_closing_force。

在 Gaol：栏，选择 Minimize Des. Meas./Objectives；

勾选 Constraints，在右侧文本框中单击鼠标右键，选择 Optimization_Constraints，再选择 Browse...，打开 Database Navigator 窗口，选 opening_fully_Constraint 和 closing_fully_

Constraint。

选择 Optimizer...打开 Solver Settings 对话框，设置 Algorithm 为 OPTDES：SQP。完成 Design Evaluation Tools 对话框及 Solver Settings 对话框如图 4-48 所示。

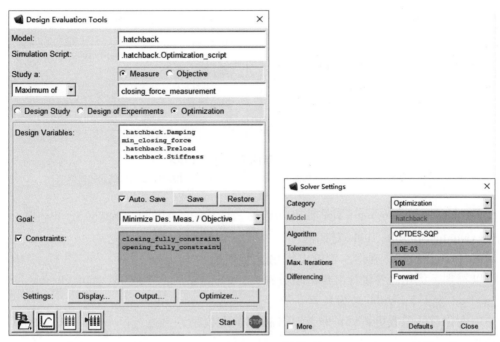

图 4-48 完成 Design Evaluation Tools 对话框及 Solver Settings 对话框

（3）执行优化并评估

按下【Start】按钮，开始仿真迭代。

可以看到，后备厢盖模型并未在仿真迭代过程中打开，说明优化设计并不成功。

在 Design Evaluation Tools 对话框下部选择工具 Create tabular report of results，打开 Design Evaluation Results Table 对话框。

单击【OK】按钮，在信息窗输出优化过程数据。

可以看到，各设计变量的初始值分别为：damping 为 1.2；min_closing_force 为 210；preload 为 460；stiffness 为 0.21578。由于优化时设计变量的初始值对仿真结果非常敏感，设置不当就有可能导致仿真失败。

修改设计变量的初始值，从 Build 菜单选择 Design Variables，再选择 Modify，打开 Database Navigator 对话框，依次修改：

阻尼系数（damping）值为 1.0，Min. value 为 0.1，Max. Value 为 1.5；

最小后备厢关闭力（min_closing_force）值为 210，Min. value 为 160，Max. Value 为 210；

弹簧的预载荷（preload）值为 460，Min. value 为 455，Max. Value 为 465；

刚度系数（stiffness）值为 0.11578，Min. value 为 0.1，Max. Value 为 0.5。

修改设计变量完成后，单击【Start】按钮，开始仿真迭代。

可以看到，后备厢盖模型可以在仿真迭代过程中打开。

迭代完成后，后备厢关闭力（closing_force_measurement）随时间变化和最大后备厢关闭力随迭代次数变化的特性曲线如图 4-49 所示。

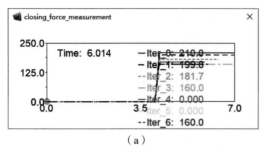
（a）

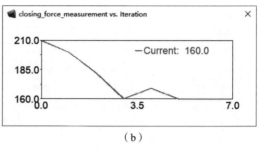
（b）

图 4-49　后备厢关闭力优化结果

（a）后备厢关闭力随时间变化曲线；（b）最大后备厢关闭力随迭代次数变化曲线

在 Design Evaluation Tools 对话框下部选择工具 Create tabular report of results，打开 Design Evaluation Results Table 对话框。

单击【OK】按钮，在信息窗输出优化过程数据。

可以看到，优化后各设计变量的值分别为：damping 为 0.106 03；min_closing_force 为 160；preload 为 455；stiffness 为 0.261 72。

使用优化后的参数更新后备厢盖打开机构装配模型，再运行一个 7 s 100 步的简单交互式仿真。

可以看到，后备厢盖既可以正常弹起，也可以完全关闭。此时后备厢盖关闭力是 160 N，优于设计要求。

退出 ADAMS/View，完成实验。

5 ADAMS 的车辆多体动力学仿真

5.1 ADAMS/Car 模块概述

ADAMS/Car 模块是 MSC 公司与汽车工业界合作开发的专业轿车设计模块，集成了汽车企业在汽车设计、开发方面的专家经验。该模块能够基于模板快速建立包括车身、悬架、传动系统、发动机、转向机构、制动系统等子系统在内的精确的参数化数字汽车模型。可通过动画直观地再现各种工况下的车辆运动学/动力学响应，并输出操纵稳定性、制动性、加速性、乘坐舒适性和安全性等性能指标参数，从而减少对物理样机的依赖。

5.1.1 ADAMS/Car 简介

5.1.1.1 ADAMS/Car 的发展

ADAMS 本身是一个通用的多体分析程序，直接用于建立 ADAMS 构造汽车的整车模型则十分繁复，针对这种情况，MDI 公司先后开发了 ADAMS/Vehicle 和 ADAMS/Car 以满足汽车工业需求。ADAMS/Vehicle 是一个悬架仿真程序，不能完成整车的动力学仿真。ADAMS/Car 是针对整车仿真开发的一个平台，借助这个平台可以更容易地二次开发各具特点的整车仿真程序。世界上主要的汽车公司均是与 MDI 公司合作，在 ADAMS/Car 的基础上开发各具自身特点的专用整车仿真系统。经过 20 多年的发展，ADAMS/Car 模块不断丰富内容。目前包括汽车动力学（Vehicle Dynamics）基本模块和汽车平顺性（Car Ride）、动力传动系统（Driveline）、卡车（Truck）、智能驾驶员（Smart Driver）、三维道路（3D Road）、柔性环轮胎（FTire）等子模块。

(1) 汽车动力学（Vehicle Dynamics）

使用 ADAMS/Car，可以执行各种汽车试验工况分析并查看不同的子系统是如何影响整个车辆动力学的，也可检查包括弹簧、减振器、衬套和防侧倾杆等部件的参数变化对车辆动力学的影响。此模块包括一些标准测试程序，如转弯、路线、转向、准静态和直线分析。

(2) 汽车平顺性（Car Ride）

平顺性子模块允许在车辆设计中前期开展虚拟的乘坐舒适性工程设计，包括所需的元素、模型和事件定义内部的构建、测试和在频域后处理，可将同一车型的操纵稳定性数据用于乘坐舒适性工程。

(3) 动力传动系统（Driveline）

动力传动系统子模块为工程师和分析人员提供了专用工具，用于建模和仿真传动系统部件，并研究整个传动系统在不同工作条件下的动态行为。还可用于探索动力传动系统和如悬架、转向系统、制动器和车身等底盘部件之间的相互作用。

(4) 卡车（Truck）

卡车模块专为重型卡车和公交车工程师提供部件、悬架和整车模板。数据库中包括可转向实心轴悬架、双轮胎和安全气囊等元素。可以通过完整成套的 ADAMS/Car 悬架测试项目，以及通过智能驾驶员对重型车辆进行的特殊转向的整车操纵性强化试验。

（5）智能驾驶员（Smart Driver）

智能驾驶员模块通常用于赛车仿真，是一款高级驾驶员模拟器，允许将车辆模型推至其性能极限或用户指定的目标，例如最大纵向加速度的百分比。以最少的设置进行提高车辆操控性、耐久性和行驶平顺性性能的研究。

（6）三维道路（3D Road）

三维道路模块可用于模拟多种类型的三维平滑道路，如高速公路、赛道、测试跑道和停车场结构。可研究平滑道路（如倾斜角度和坡度）对车辆动力学的各种影响，可以模拟特定的道路，如自建的封闭测试道路。

（7）柔性环轮胎（FTire）

柔性环轮胎模块采用弹性环模型描述轮胎的弹性并采用复杂的非线性模型表述轮胎橡胶的阻尼特性，兼顾了仿真精度和仿真速度，可用于模拟诸如制动、转向、加速、自由滚动或打滑等工况。可以模拟轮胎在道路或不规则地形上移动时所受的力和扭矩，可用于车辆操控性、乘坐舒适性和车辆耐久性分析时的轮胎建模。

5.1.1.2 ADAMS/Car 的用户模式

ADAMS/Car 可以通过共享模型和数据在各部门及产品供应商间提供桥梁，使不同部门可在统一的数据库下工作，最大限度地减少数据损失；可方便地进行子系统迅速更换，而不需要改变车辆模型中的其他部件；基于模板方式建模可将一个子系统模板用于多个车辆模型。

ADAMS/Car 可以指定的用户模式有：标准用户模式（Standard）和专家用户模式（Expert）。

（1）标准用户模式

标准用户模式提供 ADAMS/Car 标准界面（Standard Interface），适合设计人员和试验工程师使用，使用 ADAMS/Car 中的数据库，很容易生成车辆子系统和装配，按照汽车试验标准提供仿真环境。

（2）专家用户模式

专家用户模式提供 ADAMS/Car 标准界面（Standard Interface）和模板构建器（Template Builder），适合于有 ADAMS 建模经验的用户，可以通过 Template Builder 建立 ADAMS/Car 模板。专家用户模式允许使用 MSC.ADAMS 所有的建模实体。

5.1.1.3 ADAMS/Car 的配置文件

ADAMS/Car 使用两个配置文件（acar.cfg 和 .acar.cfg）指定用户模式。

（1）共享配置文件（acar.cfg）

ADAMS/Car 在启动时首先读入共享配置文件，用以设置缺省参数。共享配置文件在 <ADAMS_install>/acar 目录下（<ADAMS_install> 为 ADAMS 的安装目录）。

（2）个人配置文件（.acar.cfg）

个人配置文件同样用来设置参数，因为 ADAMS/Car 先读入共享配置文件后读入个人配置文件，故个人配置文件优先于共享配置文件。个人配置文件在个人目录 HOME 下

（HOME 为系统的环境变量）。

使用两个配置文件，用户可以按照缺省的参数使用软件，并且利用个人配置文件 .acar.cfg 实现其机器上的个性化设置。

配置文件包含一些 ADAMS/Car 在启动过程中要正确初始化所需读入的必要信息，包括：用户模式（expert/standard）、个人数据库及列表、缺省的属性文件、缺省的可写数据库、数据库检索规则、全局参考结构框的方向，以及其他优先项。

5.1.1.4 ADAMS/Car 的文件存储

ADAMS/Car 将悬架或车辆模型分成若干子系统，以便能够更方便地管理这些数据。ADAMS/Car 将这些构造部分存储在一个数据库下。最终目标是生成 .adm 文件并得到分析结果，这些文件存储在工作目录下。工作目录设置方法为：File→Select Directory。

ADAMS/Car 的模型存储数据库包含一系列目录。最顶层目录的目录名称有扩展名 .cdb，存储若干个目录，每个目录为存储模型相应信息的地方。可以通过 Tools 菜单下的数据库管理工具（Database Management）设置存储模型构造部分数据库。

数据库有三种类型：

- 共享型（Shared），由 MSC.Software 公司提供的一些例子，对所有用户开放。
- 个人型（Private），缺省用户工作空间（是由 ADAMS/Car 在用户的 ＄HOME 目录下自动生成的数据库）。
- 用户型（User），由 User/site 进行指定。

数据库由个人目录下的 .acar.cfg 或公共目录下的 acar.cfg 定义；数据库的数量没有限制；（通常情况下）每个项目应该分别设定一个单独的数据库；每次只能向一个数据库存储文件。

5.1.2 基于模板建模的 ADAMS/Car

5.1.2.1 模板综述

ADAMS/Car 含有丰富的子系统标准模板以及大量用于建立子系统模板的预定制部件和一些特殊工具。通过模板的共享和组合，快速建立子系统到装配的模型，然后进行各种预定义或自定义的虚拟仿真试验。

ADAMS/Car 模板为参数化的模型，可以利用模板定义车辆各组成之间的拓扑关系。建立一个模板，意味着要定义部件，部件之间的连接关系以及与其他模板和试验台之间需要哪些通信器。一个模板可能代表一个元件或一组元件。

在模板建模阶段，准确地定义部件的质量特性或载荷特性并不是特别重要，因为这些数据能够在子系统阶段重新设置。然而，正确地定义部件之间的连接关系以及要与其他模板之间需要交换哪些信息则是非常重要的，因为在子系统阶段不能再做修改。

当建立模板时，要注意整个系统的装配过程，确认所建立的模板能够与其他模板和指定的试验台之间正确地进行信息交换。不同的子系统之间通过通信器交换信息。

在 ADAMS/Car 中，意味着生成一系列的元件拓扑关系，包括硬点、部件、连接方式和定义子系统的参数。首先要生成硬点和结构框。硬点和结构框为 ADAMS/Car 中的模型元件，主要用于定义模型中一些关键的位置和方向。硬点只需要定义其位置，结构框则需要定义其位置和方向。定义硬点和结构框之后，可以利用它们生成部件。最后需要生成连接，如约束、衬套和参数，主要用来告诉ADAMS/Car模型中的部件之间是如何相互作用的。可以对不同的分析类型定义不同的连接方式。柔顺性分析可以使用衬套，而运动学分析则使用约束。

在开始定义的模板之前，必须确定模型中使用什么元件来定义模型最合适。同时需要确定什么样的几何外形似乎更合适作为模型下部件或不选任何几何外形。一旦确定，就可以生成模板以及模板下基本的拓扑关系了。

5.1.2.2 试验台

ADAMS/Car中的试验台为装配模型的组成部分，主要提供车辆试验过程中的各种强制运动。根据不同的模型和仿真工况，需使用不同的试验台。试验台是一个特殊的子系统，与其他所有子系统相连接组成的模型构成一个装配模型。

要生成一个正确的悬架装配，最少需要一个悬架子系统和ADAMS/Car的悬架试验台；要生成一个正确的车辆装配，最少需要一个前悬架子系统，一个后悬架子系统，前、后车轮子系统，一个车身子系统和一个转向子系统加上一个ADAMS/CAR车辆试验台。

5.1.2.3 主要角色与次要角色

ADAMS/Car使用主要和次要角色生成一个正确的装配。主要角色与次要角色用来定义一个子系统在装配中的位置。

任何模板以及由模板衍生而来的子系统都需要有一个主要角色，如suspension、steering、body、anti-roll bar、wheel等。

当生成一个子系统时，标准用户需要赋予子系统一个次要角色，如front、rear、trailer或any。这样做的目的就是可以使用同一模板分别定义或前或后的悬架子系统。

要增加更多的主要角色与次要角色，可使用一个在工作目录下的acarBS.cmd文件，文件中可以包含下面的命令。

```
Major roles
!---Add a new major role----
variable modify variable =.ACAR.variables.major_roles
string_value =(eval(.ACAR.variables.major_roles)),"subframe"
Minor roles
!---Add a new minor role----
variable modify variable =.ACAR.variables.minor_roles
string_value =(eval(.ACAR.variables.minor_roles)),"rear2"
```

ADAMS/Car中有几个重要的配置文件，如acar.cmd，acarBS.cmd，acarAS.cmd，分别在ADAMS/Car启动时、启动前、启动后自动读入。

5.1.2.4 数据的谱系关系与命名规则

（1）数据的谱系关系

建立一个车辆装配模型或悬架装配模型需要有模板、子系统和装配等三个层次。

模板（Template）定义车辆子装配的拓扑结构，即部件和约束是怎样组合在一起成为一个模型的，需要与其他子系统交换哪些信息，等等。

子系统（Subsystem）是参考模板建立的一个机械系统模型，通过提供参数以调整模板(例如,定义部件尺寸的位置和弹簧刚度等)。例如,前悬架、转向系统或车身等子系统可以看作是用户给对应的模板定义了新的硬点位置和特性文件等。

装配(Assembly)是由一系列子系统和一个试验台组装在一起构成一个车辆或悬架的模型。模型中,试验台提供必要的激励,以便进行各种分析。

子系统基于模板生成,模板中保留了缺省的几何和拓扑关系。子系统是模板的一个特例,其中定义新的模型参数,如硬点位置、特性文件和质量性质等。

从 Tools 菜单选择 Show→File,可以看到一个装配模型的谱系关系。

(2) 命名规则

ADAMS/Car 中所有对象的命名规则是:对象类型代号和几何对称性代号_对象名称。

对象类型代号由前两个字母表示,如 ge(General Part)为普通零件,hp(Hard Point)为硬点,bk(Bushing Kinematic)为衬套,ns(Non-linear Spring)为非线性弹簧,pv(Parameter Variable)为参数变量。

几何对称性代号由第三个字母表示,如 l(left)为左,r(right)为右,s(single)为单体。

5.2 ADAMS/Car 建模

5.2.1 模板

参数化一个模板可建立模型中的关联关系,改变模型中的一个对象,ADAMS/Car 可自动对模型中的其他相关对象进行更新,由此建立完整的参数化车辆模型。该模型只取决于少量关键参数,如关键硬点和变量。使用这样的模型,在修改设计时可节省很多时间和工作量。

5.2.1.1 ADAMS/Car 中的参数化

可以参数化的对象包括:位置和方向表达式、几何外形、组的激活、函数,等等。

(1) 生成与修改硬点(Hardpoint)

硬点定义模型中所有的关键点。硬点为参数化建模最常用的元素,用于对象的位置参数化,如结构框、部件和联结点等。

硬点类似 ADAMS/View 中的 Point,硬点按照缺省方式是建在大地上的。

①生成硬点。在模板建模方式下,从 Build→Hardpoint→New,在对话窗中,指定硬点的名字、对称性以及位置。当指定生成硬点是对称的时,ADAMS/Car 会自动生成另外一侧的硬点。

②修改硬点。可以通过在硬点上单击鼠标右键的方式修改硬点。也可以通过 Build→Hardpoint 修改硬点,有 Table 和 Modify 两种方式可以选择。使用 Table,将列表显示模型中所有硬点,可以输入每个硬点的新位置;使用 Modify,一次只能修改一个硬点的位置。

(2) 结构框(Construction Frame)

结构框是一类建模元素,用于一个高层次的对象参数化时,不仅要指定位置还要指定方向。结构框(Construction Frame)类似于 ADAMS/View 中的坐标系标记点(Marker)。

①生成结构框。可以从 Build→Construction Frame→New，打开创建结构框对话框。在创建结构框对话框时，需指定其名字和对称性，并定义其位置和方向。

在 Location Dependency 栏，有多种选择：
- 相对一个局部坐标系的位置（Delta location from coordinate）；
- 坐标系的中间位置（Centered between coordinates）；
- 在两个坐标系的中间连线上（Located on a line）；
- 通过通信器输入的位置（Location input communicator）；
- 在弹性体的节点上（Located at flexible body node）；
- 沿着一个坐标系的某一轴上（Located along an axis）。

在 Orientation Dependency 栏，有多种选择：
- 相对一个局部坐标系的方向角（Delta orientation from coordinate）；
- 平行于某个轴（Parallel to axis）；
- 在某平面内（Oriented in plane）；
- 指向由 zpoint－xpoint 确定（Orient to zpoint－xpoint）；
- 方向沿着一条直线（Orient axis along line）；
- 指向轴到点（Orient axis to point）；
- 用户输入欧拉角数值（User－defined values）；
- 方向输入通信器（Orientation input communicator）；
- 以车轮前束角/外倾角定义（Toe/camber）；
- 指向相对轴（Orient about axis）。

②修改结构框。

可以通过在结构框上单击鼠标右键的方式修改结构框。也可以通过在 Build 菜单选择 Construction Frame→Modify，并在对话窗中选择要修改结构框的名字，然后修改其位置和方向。

5.2.1.2　部件与几何外形

（1）部件

部件包括刚性体/弹性体和安装座。

①刚性体（Parts）。

刚性体部件的代称为 ge[lrs]（ge 是一般部件，[lrs] 为左、右或单个）。这些部件可以相对于其他部件运动并具有的属性包括质量、转动惯量、初始位置、方向和初始速度。

要生成新刚性体，可以从 Build 菜单选择 Parts→General Part，然后有两种选择：

New（创建）：指定物体局部参考坐标系（LBRF）的位置和方向，同时指定该部件的质量特性。此操作不生成任何部件的几何外形。

Wizard（向导）：选择两个或三个硬点或结构框作为生成部件的参数化依据。这种方法将在生成部件的同时生成几何外形。

②安装座（Mount Part）。

安装座是附着在其他部件上的无质量部件。默认情况下，安装座固定在大地上。安装部件代表车身或副车架，并作为位置保持器。

创建一个安装座时，ADAMS/Car 自动安装座创建一个输入通信器，输入通信器的名称取自与安装座连接的部件。

如果 ADAMS/Car 在装配过程中找到匹配的通信器，则用输出通信器指示的部件替换安装座。此替换部件来自另一个子系统。

如果 ADAMS/Car 找不到匹配的输出通信器，则用大地部件替换安装座。

（2）几何外形

几何外形的主要作用在于加强部件的可视化效果，使用 Length、Radius、Width、Thickness 等一些特性来代表。相对于部件的分析而言，几何外形不是必需的，因此，可以有一个没有几何外形的部件，但不可以有一个没有部件的几何外形。

有时 ADAMS/Car 在生成部件时自动生成几何外形，例如使用 Wizard 选项。但使用 New 选项生成部件就不生成任何几何外形，只能随后基于输入生成或增加几何外形。

基于几何外形计算的质量特性不是参数化的。即在部件的几何外形发生改变时，其质量特性并不自动地改变。如果想刷新一下改变几何外形的部件的质量特性，可以使用 Calculate Mass 的工具 重新计算。

5.2.1.3 约束和衬套

在 ADAMS/Car 中，连接方式包括约束和衬套连接，描述模型中各个部件之间是如何相互作用的。对于不同的分析类型，可以定义不同的连接方式，如柔顺性分析和运动学分析模式。柔顺性分析模式使用衬套连接，而运动学分析模式使用约束连接。

衬套连接（Bushings）提供部件之间三维的力和力矩连接，大小依刚度而定。需要指定刚度、预载荷以及偏置量等参数来定义衬套。

与 ADAMS/View 中的 Bushing 力不同，在 View 中，Bushing 使用的刚度和阻尼系数为常数。而 Car 中 Bushing 类似于 View 中的 FIELD（力场）。

约束连接（Joints）提供部件之间运动学的约束关系，需指定要在模型中添加的约束类型。

可以在一个模型中的两个部件之间既定义约束又定义衬套连接，允许在两种连接之间进行切换，即在激活一个的同时失效另外一个，这样就可以分别进行运动学和柔顺性的分析。

5.2.1.4 弹簧和减振器

与 ADAMS/View 的弹簧减振器不同，ADAMS/Car 中的弹簧和减振器需要分别设定。

（1）弹簧（Spring）

当生成一个弹簧时，需要两个坐标以定义弹簧的两个端点位置。坐标既可以是硬点，又可以是结构框。然后，需要指定以下参数定义弹簧：弹簧力作用的两个物体以及两个参考坐标系（弹簧在两个物体上连接点的位置）；弹簧的安装长度，被用来计算弹簧上预载荷的大小；特性文件，包含弹簧的自由长度信息及载荷/变形关系。

ADAMS/Car 使用以下方程式计算弹簧力 $Force$：

$$Force = -k(C - DM(i,j)), \quad C = FL - IL + DM'(i,j)$$

式中，k 为弹簧刚度；FL 为弹簧自由高；IL 为弹簧安装高度；$DM'(i,j)$ 为仿真初始时刻，弹簧力作用点的相对位移量；$DM(i,j)$ 为仿真过程中，弹簧力作用点的相对位移变化量。

（2）减振器（Damper）

在生成减振器时，需要指定两个端点的位置和减振器的特性文件。与弹簧不同，减振器不需要预载荷。ADAMS/Car 同样生成减振器的几何形状。

5.2.1.5 限位块

限位块定义两个部件之间力-位移的关系曲线。限位块力作用在两个部件上的用户指定的坐标系处，大小遵从所指定的特性文件中力-位移的关系曲线。当两个坐标系标记点之间的距离超过一个给定的数值时限位块力起作用，限位块力起作用距离的定义有 Clearance（间隙）和 Impact length（碰撞长度）两种方式。

Clearance 方式定义部件 I 向部件 J 运动多少距离时起作用。

Impact length 方式定义部件 I 和部件 J 之间距离为多少时起作用。

5.2.1.6 悬架参数与可调载荷

（1）悬架参数

悬架参数包括前束角（Toe）和外倾角（Camber）以及悬架参数数组（Suspension Parameters）。

①前束角和外倾角。

可以通过 Build→Suspension Parameters→Toe/Camber→Set 设置悬架的前束角和外倾角。

在车辆的设计位置，悬架的前束角和外倾角可能不是 0。因此需将这些参数从悬架子系统传递到车轮子系统。设置设计位置的前束角和外倾角的数值后，ADAMS/Car 自动地生成参数变量（parameter variables）和输出通信器，可以用来定向车轮或其他对象。定义前束角和外倾角的这些变量是悬架分析常用的参数，ADAMS/Car 将一次性地生成这些参数。

②悬架参数数组。

悬架参数数组用来计算定义转向轴。

可以通过 Build→Suspension Parameters→Characteristic Array→Set 打开定义悬架参数数组对话窗口，需要设置的转向轴计算方式有 Geometric（几何）和 Instant-axis（瞬轴）两种选择，需要设置的悬架类型有 independent（独立）和 dependent（非独立）两种选择。

（2）可调载荷

可调载荷是特殊的模板建模用户定义的元素（UDE）。可以使用可调载荷来适应各种条件，以满足模型中静力学参数的要求。例如，如果想要设置一根杆的长度在静力学分析时为一个特定的数值，则可调载荷将会自动改变，直至满足所需要的条件。

可以通过 Build→Adjustable Force→New 定义可调载荷。

可调载荷作用在两个部件之间并在静力学分析过程中不断调整，以使当前计算得到的前束角和外倾角与要求的前束角和外倾角一致。

5.2.1.7 通信器（**Communicators**）

在 ADAMS/Car 中，通信器主要用来控制装配过程以及子系统之间的信息交换。通信器是 ADAMS/Car 中的关键元件，使得不同的子系统（包括试验台）之间在装配时可以相互交换信息。通信器是 ADAMS/View 中的变量，包含：对象（如一个部件、变量、坐标系标记点或约束）、实数值（如 x、y、z 的位置）和字符串。

（1）通信器的种类

一个装配需要在其子系统之间双向地传递一些数据，要实现这种双向的数据传递，ADAMS/Car 提供输入和输出两种类型的通信器：输入通信器（Input communicators）需要来自其他子系统或试验台的信息。输出通信器（Output communicators）向其他子系统或试验台提供信息。

可以将输入通信器看作一个电插头，而输出通信器则可以看作是一个电源插座。电插头需要从电源插座取电。例如，齿轮齿条转向模板中，一个装配通信器输出了齿条的名称，所以悬架模板的转向拉杆就可安装到齿条上。转向模板中另一个装配输入信息交流器决定了转向管柱和车身的安装位置。

（2）通信器的分类

通信器的分类表示它所交换的信息类型。例如，一个硬点类型的通信器将通过硬点的名字和部件的名字传递位置。通信器的分类包括：装配部件、位置、坐标系标记点、约束、带驱动的约束、衬套、数组、样条数据、微分方程、Solver 变量、驱动、部件、方向、实参数、整参数、载荷等。

（3）通信器的几何对称性

通信器可以是单个的，也可以是左右成对的。但一些类别的通信器，如数组、微分方程、驱动、参数变量、Solver 变量和样条数据等则为非几何对称的，因此为单体的。

在生成装配部件时，自动生成的输入装配部件通信器自动地继承所参考的坐标系标记点的几何对称性决定其几何对称性。

（4）通信器的角色

每个通信器都需要有一个次要角色。次要角色定义通信器在装配中的位置。ADAMS/Car 提供缺省的次要角色有 front、rear、trailer、inherit、any，共 5 种。

例如，选择 inherit，表明通信器的次要角色将继承使用该模板的子系统的次要角色。

通信器的次要角色可以在生成时定义。例如，如果想从其他指定角色的子系统提供输入或输出，那么可以在生成通信器时设置次要角色。但推荐不设置通信器的次要角色，而由子系统自行决定其次要角色。例如，一个悬架的模板可能既用于定义前悬架子系统，也用于定义后悬架子系统，通过子系统自行决定其次要角色，装配过程会将转向系统与前悬架系统相连，而不会与后悬架系统相连。

（5）通信器的命名

生成一个通信器后，ADAMS/Car 会在其名字的前面分配一个前缀。例如，前缀 cil_，其中，ci 代表输入通信器，co 代表输出通信器。l 代表其为一对称通信器中左侧的那个。如果是右侧，ADAMS/Car 将使用 r，即前缀为 cir_；如果是单个，则为 s，即前缀为 cis_。

如果生成一个装配部件，ADAMS/Car 将自动生成类别为 mount 的输入通信器，并使用装配部件的名字并加上前缀 ci[lrs]_。例如，生成一个装配部件的名称为 mtl_rack_mount，ADAMS/Car 将生成名称为 cil_rack_mount 的输入通信器，其中，l 表示其为左侧的。

装配输入通信器不需要创建。ADAMS/Car 创建装配部件时会自动生成对应的通信器。

命名通信器时，应保证任何需要进行信息交换的输入输出通信器的名字是匹配的。例如，装配过程需要交换部件名称的通信器的名字应为 ci[lrs]_strut_mount 和 co[lrs]_strut_mount。

（6）在装配过程中通信器的匹配

对在装配过程中需要交换信息的一对通信器而言，其名称需具有：一致的匹配的名字、完全相反的类型（一个为输入，另一个则为输出）、相同的几何对称性（左、右或单个）、相同的类别（交换的信息类别相同）、同样的次要角色或被赋予 any 的次要角色。

如果一个输入通信器没有对应的输出通信器，ADAMS/Car 将返回一条警告信息，因为输入通信器没有所需要对应的信息，因此，装配可能不能提供其正确工作所需要的所有信息。

如果没有对应的输出通信器，输入通信器的类别为 mount，ADAMS/Car 将分配该部件装配到大地上。

如果一个输出通信器没有链接到一个或多个输入通信器上，在装配过程中将不会得到警告信息，因为输出通信器只是简单地发布一些信息，不会影响到装配过程。

即使模型中有通信器不匹配，仍可进行仿真分析，这在仅分析一个子系统时非常实用。

一个输入通信器只能跟一个输出通信器匹配，而一个输出通信器可以跟多个输入通信器匹配。这是因为输入通信器需要来自输出通信器的全部信息，而如果有多个输出通信器，输入通信器则无从判断并选择哪一个。输出通信器只是发布一些信息，任何需要这些信息的输入通信器都可以使用。

在装配过程中，需要检查是否有警告信息提示，尤其是 mount 类别的输入通信器，如果没有分配输出通信器，它们将与大地相连接。

(7) 与试验台之间通信器的匹配

生成模板时，为保证新的模板能够正常工作，模板应能与其他模板和试验台兼容，模板中需提供正确的输出通信器；如是一个悬架的模板，则该模板中需包含悬架参数数组。悬架参数数组在悬架分析中表示如何计算主销轴线以及悬架类型是独立还是非独立等信息。

例如，要与悬架试验台匹配，悬架模板必须包含的输出通信器有：

- co[lr]_suspension_mount 输出通信器发布悬架安装座的信息；
- co[lr]_suspension_upright 输出通信器发布转向节的信息；
- co[lr]_wheel_center output 输出通信器发布车轮的中心位置给试验台，使试验台能够确定其相对于悬架的位置。
- toe 和 camber 输出通信器向试验台发布悬架上的前束角和外倾角参数，使试验台能够正确地对车轮定向。

5.2.1.8 测量请求（Request）

测量请求为 ADAMS/Car 中最主要的输出数据方式，需要在模板模式下创建或修改。

(1) 创建新的测量请求

在 ADAMS/Car 模板模式下，从 Build 菜单，选择 Request→New，创建测量请求。

定义测量请求的方式有：

- Define Using Type And Markers（使用类型和标记点）；
- Define Using Subroutine（使用子程序）；
- Define Using Function Expression（使用函数表达式）。

(2) 测量请求的类型

以 Define Using Type And Markers 方式定义测量请求，下拉 Output Type 选项栏，可以看到测量请求的类型包括：displacement、velocity、acceleration、force。

（3）测量请求激活的切换

在子系统或装配中可切换测量请求的激活性。在 ADAMS/Car 标准模式下，单击 Tools→Request→Request Activity。可以进行激活/失效操作的测量请求类型包括 actuators、bushings、springs、dampers、bumpstops、reboundstops、all 等。

因为此项设置并不存储在子系统文件 .sub 中，故任何激活性的改变都将只影响到当前进程中的模型。要存储测量请求的激活性，可以建立一个包含参数变量的组，该变量是存储在子系统文件中的。

要在模板建模状态下存储测量请求的激活性，可以先创建一个存储测量请求激活性的参数化变量（如 pvs_request_activity），1 为激活，0 为失效；再使用命令 Tools→Command Navigator，选择 group→create，生成一个组；然后在组中添加测量请求；最后给组中的参数 expr_active（1 = active，0 = inactive）填入前面所生成的变量（如 pvs_request_activity）。

5.2.2　实验 5：创建麦弗逊式悬架模板

通过创建一个麦弗逊式悬架的模板，理解 ADAMS/Car 模板参数化的特点。某轿车麦弗逊式前悬架结构和创建的 ADAMS/Car 麦弗逊式悬架的模板如图 5-1 所示。

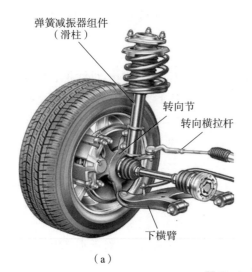
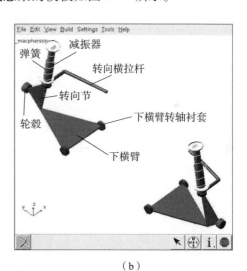

（a）　　　　　　　　　　　　　　　　（b）

图 5-1　麦弗逊式悬架结构
（a）某轿车麦弗逊式前悬架；（b）ADAMS/Car 麦弗逊式悬架模板

在开始构建模板之前，需确定模型的元素以及零件的几何外形，创建一个模板应依次完成创建模板文件、建立悬架部件、创建力、创建和定义约束、衬套和参数，设置通信器等任务。

5.2.2.1　创建模板文件

生成悬架零件需要创建模板。因为主要角色定义了模板为车辆提供的功能，应该分配一个主要角色给悬架模板。

以模板模式启动 ADAMS/Car，从 View 菜单选择 Pre-Set→Front ISO，把背景换成白色。

从 File 菜单选择 New，打开 Template Name 文本框。

在 Template Name 文本框输入 mac_pherson，确认 Major Role 的设定为 suspension。

单击【OK】按钮。

5.2.2.2 建立部件（Part）

创建部件需要先定义零件的关键点，再创建实际零件并为新零件添加几何外形。

构成悬架模板的所有零件包括：控制臂（control arm）、转向节（wheel carrier）、滑柱（strut）、转向横拉杆（tie rod）、前束和外倾角（toe & camber）及轮毂（hub）。

（1）创建控制臂

首先要建立用于定义控制臂的关键点，然后创建控制臂零件（包括坐标系位置和质量特性），最后为其创建几何外形。

①创建硬点（Hardpoint）。

从 Build 菜单选择 Hardpoint→New，打开 Hardpoint Name 文本框；在 Hardpoint Name 文本框输入 arm_outer；确认 Type 设置为 left，在 Location 文本框输入 0，-700，0；单击【Apply】按钮。

在 Hardpoint Name 文本框输入 arm_front；在 Location 文本框输入 -150，-350，0，单击【Apply】按钮。

在 Hardpoint Name 文本框输入 arm_rear；在 Location 文本框输入 150，-350，0，单击【OK】按钮。

②创建控制臂零件（Part）。

从 Build 菜单选择 Part→General Part→New，打开 Create General Part 对话框；General Part 填入 control arm；Type 点选 left，Location Dependency 选择 User – entered location；Location Values 填入 0，-700，0；Orientation Dependency 选择 User – entered values；Orient using 点选 Euler Angles；Euler Angles 填入 0，0，0；Mass、Ixx、Iyy、Izz 都填入 1；单击【OK】按钮。

ADAMS/Car 在指定位置创建部件坐标系，也称为局部部件参考系（LPRF，也称为体坐标系（BCS）），但不创建几何图形。

③创建控制臂几何外形（Geometry）。

从 Build 菜单选择 Geometry→Arm→New，打开 Create Arm Geometry 对话框，并填写：

```
Arm Name:control arm;General Part:mac_pherson.gel_control_arm;
Coordinate Reference #1:mac_pherson.ground.hpl_arm_outer;
Coordinate Reference #2:mac_pherson.ground.hpl_arm_front;
Coordinate Reference #3:mac_pherson.ground.hpl_arm_rear;
Thickness:10;
```

单击【OK】按钮，以渲染模式显示模型，如图5-2所示。

（2）创建转向节

首先需创建三个定义转向节的硬点，然后使用这些硬点位置建立转向节零件，最后将几何图形添加到转向节。

①创建硬点（Hardpoint）。

从 Build 菜单选择 Hardpoint→New；在 Hardpoint Name 文本框输入 wheel_center；确认

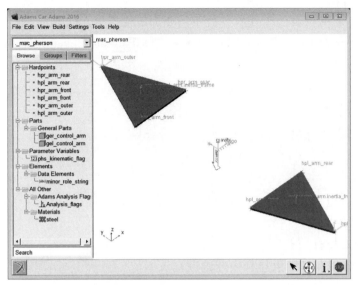

图 5-2 创建控制臂的几何外形（geometry）后

Type 设置为 left，在 Location 文本框输入 0，-800，100。单击【Apply】按钮。

在 Hardpoint Name 文本框输入 strut_lower（滑柱下安装位置点）；在 Location 文本框输入 0，-650，250，单击【Apply】按钮。

在 Hardpoint Name 文本框输入 tierod_outer（侧横拉杆外球销点）；在 Location 文本框输入 150，-650，250，单击【OK】按钮。

②创建转向节零件（Part）。

从 Build 菜单选择 Part→General Part→Wizard，打开 Create General Part Wizard 对话框，并填写及选择：

```
General Part Name:wheel carrier;Type:left;Geometry Type:Arm;
Coordinate Reference #1:mac_pherson.ground.hpl wheel center;
Coordinate Reference #2:mac_pherson.ground.hpl arm outer;
Coordinate Reference #3:mac_pherson.ground.hpl_strut_lower;
Thickness:10;
```

单击【OK】按钮，创建 wheel_carrier。

③添加转向节臂几何外形。从 Build 菜单选择 Geometry→Link→New，打开 Create Link Geometry 对话框，并填写：

```
Link Name:carrier link;General Part:mac_pherson.gel_wheel_carrier;
Coordinate Reference #1:mac_pherson.ground.hpl_strut_lower;
Coordinate Reference #2:mac_pherson.ground.hpl_tierod_outer;
Radius:10;
```

单击【OK】按钮，创建转向节臂几何外形。

（3）创建滑柱（Part）

与创建控制臂相同,创建滑柱(Part)需输入滑柱的位置、方向和质量特性。由于滑柱(Part)实际上是减振器的工作缸,故不需要为滑柱提供几何图形。

从 Build 菜单选择 Part→General Part→New,打开 Create General Part 对话框,并填写:

> General Part 填入 strut;
> Type 点选 left,Location Dependency 选择 User-entered location;
> Location Values 填入 0,-600,600;
> Orientation Dependency 选择 User-entered values;Orient using 点选 Euler Angles;
> Euler Angles 填入 0,0,0;
> Mass、Ixx、Iyy、Izz 都填入 1,

单击【OK】按钮。

(4) 创建前束拉杆

需先创建一个硬点(前束拉杆内球销点)。

① 创建硬点(Hardpoint)。

从 Build 菜单选择 Hardpoint→New;创建名为 tierod_inner,Type 为 left,Location 为 200,-350,250 的硬点。

② 创建前束拉杆(Part)。

从 Build 菜单选择 Part→General Part→Wizard,打开 General Part Wizard 对话框,并填写及选择:

> General Part Name:tierod;Type:left;Geometry Type:Link;
> Coordinate Reference #1:mac_pherson.ground.hpl_tierod_outer;
> Coordinate Reference #2:mac_pherson.ground.hpl_tierod_inner;
> Radius:10;

单击【OK】按钮,完成转向横拉杆(tie rod)的创建。

(5) 创建车轮前束角和外倾角(Variable)

由于前束角和外倾角常用于悬架分析变量,ADAMS/Car 一步即可创建这两个变量。

从 Build 菜单选择 Part→Suspension Parameters→Toe/Camber Values,打开 Set Toe/Camber Values 对话框。

将 Toe Angle 设置为 0.1;Camber Angle 设置为 -1.0;单击【OK】按钮。

ADAMS/Car 创建前束和外倾角值时,会创建同名的输出通信器。

(6) 创建车轮轮毂(Part)

轮毂是以转向节轮轴为轴的旋转部件,几何外形为圆柱体,故轮毂(Part)需要结构框(Construction Frame)定义位置和方向。先在车轮中心位置创建一个结构框,再创建轮毂,然后添加轮毂的几何外形。

① 创建结构框(Construction Frame)。

从 Build 菜单选择 Construction Frame→New,打开 Create Construction Frame 对话框,并填写及选择:

```
Construction Frame:hub bearing;Type:left;
Location Dependency:Delta location from coordinate;
Coordinate Reference:mac_pherson. ground. hpl_wheel_center;
Location:0,0,0;Location in:local;
Orientation Dependency:Toe/Camber;
Variable Type:Parameter Variables;
Toe Parameter Variable:mac_pherson. pul toe_angle;
Camber Parameter Variable:mac_pherson. pvl_camber_angle;
```

此处轮毂转轴方向是基于车轮前束角和外倾角 Toe/Camber 且由悬架参数变量 Parameter Variables 确定的。

单击【OK】按钮。

②创建轮毂（Part）。

从 Build 菜单选择 Part→General Part→New，打开 Create General Part 对话框并填写：

```
General Part 填入 hub;
Type 点选 left, Location Dependency 选择 Delte location from coordinate;
Coordinate Reference 填入 mac_pherson. ground. cfl_hub_bearing;
Location 填入 0,0,0;
Location in 点选 local;
Orientation Dependency 选择 Delta orientation from coordinate;
Construction Frame 填入 mac_pherson. ground. cfl_hub_bearing
Orientation 填入 0,0,0;
Mass、Ixx、Iyy、Izz 都填入 1;
```

单击【OK】按钮。

③添加轮毂几何外形（Geometry）。

从 Build 菜单选择 Geometry→Cylinder→New，打开 Create Cylinder Geometry 对话框并填写：

```
Cylinder Name:hub;General Part:mac_pherson. gel_hub;
Construction Frame:mac_pherson. ground. cfl_hub_bearing;
Radius:30;Length In Positive Z:30;Length In Negative Z:0;
```

单击【OK】按钮。

创建轮毂后，悬架模板如图 5-3 所示。

5.2.2.3 创建力（Force）

（1）创建减振器

首先创建一个硬点（减振器的上安装点）并基于此硬点创建减振器，然后使用提供的属性文件定义此减振器。此属性特性定义了减振器的力–速度曲线。

①创建硬点（Hardpoint）。

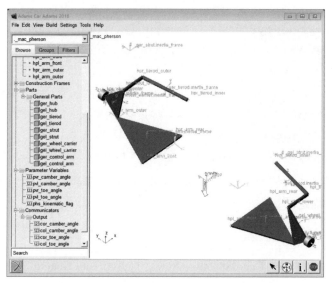

图 5-3　完成悬架部件建立后的悬架模板

从 Build 菜单选择 Hardpoint→New；在 Hardpoint Name 文本框输入 strut_upper（滑柱上安装位置点）；确认 Type 设置为 left，在 Location 文本框输入 0，-600，600；单击【OK】按钮。

②创建减振器（Force）。

从 Build 菜单选择 Forces→Damper→New；在 Damper Name 文本框输入 damper；在 I Part 文本框输入 gel_wheel_carrier；在 J Part 文本框输入 gel_strut；选择 I Coordinate Reference 为 hpl_strut_lower；选择 I Coordinate Reference 为 hpl_strut_upper；单击【OK】按钮。

（2）创建弹簧

定义弹簧需要首先创建一个硬点（弹簧的下安装座中心点），并基于此硬点创建弹簧。定义弹簧时应指定：弹簧力作用的两个物体、弹簧力作用的特定位置（作用点）、弹簧的安装长度及弹簧预载荷、弹簧属性文件等内容。

①创建弹簧下安装座位置硬点（Hardpoint）。

从 Build 菜单选择 Hardpoint→New；在 Hardpoint Name 文本框输入 spring_lower（弹簧下安装位置点）；确认 Type 设置为 left，在 Location 文本框输入 0，-650，300；单击【OK】按钮。

②创建弹簧（Force）。

从 Build 菜单选择 Forces→Spring→New，打开 Create Spring 对话框并填写：

```
Spring Name:mainspring;
I Part:._mac_pherson.gel_wheel_carrier;
J Part:._mac_pherson.gel_strut;
I Coordinate Reference:._mac_pherS0n.gr0und.hpl_spring_lower;
J Coordinate Reference:._mac_pherS0n.gr0und.hpl_strut_upper;
Property File:mdids/lacar_shared/springs.tbl/mdi_0001.spr;
```

单击 Installed Length 栏右侧的【DM（iCoord，jCoord）】按钮，出现信息窗报告 Current Displacement = 304.1381265149；单击 Fill Field 按钮，填入计算安装长度数值；单击【OK】按钮，完成弹簧创建。

5.2.2.4 创建和定义约束、衬套和参数

创建模板所需的所有零件、弹簧、减振器后，需要定义必要的零件连接和悬架参数，包括：定义移动副约束、定义控制臂连接、定义滑柱连接、定义转向节连接、定义轮毂连接、定义悬架参数。

（1）定义移动副约束

在麦弗逊悬架中，滑柱结构相当于移动副，约束转向节与减振器的相对运动。滑柱移动副的运动方向是滑柱上下结构硬点的连线方向。

从 Build 菜单选择 Attachments→Joint→New，打开 Create Joint Attachments 对话框，并填写及选择：

```
Joint Name:strut_joint;
I Part:._mac_pherson.gel_wheel_carrier;
J Part:._mac_pherson.gel_strut;
Joint Type:translational;
Coordinate Reference:._mac_pherson.ground.hpl_strut_upper;
Orientation Dependency:Orient axis along line;
Coordinate Reference #1:._mac_pherson.ground.hpl_strut_lower;
Coordinate Reference #2:._mac_pherson.ground.hpl_strut_upper;
```

单击【OK】按钮。

（2）定义控制臂连接

在麦弗逊悬架中，控制臂与副车架和转向节相连接。使用衬套（Bushing）可以模拟控制臂转轴与副车架的实际连接情况，但在运动学模式下，应使用转动副（Revolute）约束替代衬套（Bushing）约束。定义控制臂约束前，需先创建固定于大地且无质量的安装座（Mount）零件。在建立装配模型时安装座可以被另外一个子系统的零件替换。

创建安装座（Mount）零件时，ADAMS/Car 会自动为其创建安装座类型的输入通信器，输入通信器可设定安装座应连接到的部件名称。在创建装配模型过程中，如果此输入通信器找到匹配的输出通信器，就用输出通信器指示的零件替换安装座。如果没有发现匹配的输出通信器，就用大地替换安装座。

创建安装座（Mount）零件后，为控制臂创建衬套（Bushing）。再创建控制臂转动副约束，然后，创建控制臂球销的球铰副约束。

①创建安装座（Mount）零件。

从 Build 菜单选择 Parts→Mount→New；在 Mount Name 文本框填写 subframe_to_body；在 Coordinate Reference 文本框选择 hpl_arm_front；确认 From Minor Role 的设定为 inherit；单击【OK】按钮。

②创建衬套（Bushing）。

在硬点 arm_front 位置创建一个连接控制臂 control arm 和安装座 subframe to body 的衬

套,此衬套将在运动学模式下失效。

从 Build 菜单选择 Attachments→Bushing→New,打开 Create Bushing Attachment 对话框,并填写及选择:

```
Bushing Name:arm_front;
I Part:mac_pherson.gel_control_arm;
J Part:mac_pherson.mtl_subframe to body;
Type:left;Active:kinematic mode;
Preload:0,0,0;Tpreload:0,0,0;Offset:0,0,0;Roffset:0,0,0;
Geometry Length:20;Geometry Radius:30;
Property File:mdids://acar_shared/bushngs.tbl/mdi_0001.bus;
Location Dependency:Delta location from coordinate;
Coordinate Reference:._mac_pherson.ground.hpl_arm_front;
Location:0,0,0;Location in:local;
Orientation Dependency:Orient axis along line;
Coordinate Reference#1:mac_pherson_ground.hpl_arm_front;
Coordinate Reference#2:mac_pherson_ground.hpl_arm_rear;
Axis:Z;
```

单击【Apply】按钮。

在硬点 arm_rear 位置创建另一个控制臂衬套,修改 Create Bushing Attachment 对话框:

```
Bushing Name:arm_rear;
Coordinate Reference:._mac_pherson.ground.hpl_arm_rear;
```

单击【OK】按钮。

③创建转动副(Joint)。

在硬点 arm_front 位置创建一个连接控制臂 control arm 和安装座 subframe to body 的转动副,此转动副只在运动学模式下生效。

从 Build 菜单选择 Attachments→Joint→New,打开 Create Joint Attachments 对话框,并填写及选择:

```
Joint Name:arm_front;
I Par:._mac_pherson.gel_control_arm;
J Part:._mac_pherson.mtl_subframe_to_body;
Joint Type:revolute;Active:kinematic mode;
Coordinate Reference:._mac_pherson.ground.hpl_arm_front;
Orientation Dependency:Orient axis along line;
Coordinate Reference #1:._mac_pherson.ground.hpl_arm_front;
Coordinate Reference #2:._mac_pherson.ground.hpl_arm_rear;
```

单击【Apply】按钮。

④创建球铰副(Joint)。

在硬点 arm_outer 位置创建一个连接控制臂 control arm 和转向节 wheel carrier 的球铰副。

修改 Create Joint Attachments 对话框：

> Joint Name:arm_outer;
> I Part:._mac_pherson.gel_wheel_carrier;
> J Part:._mac_pherson.gel_control_arm;
> Joint Type:spherical;Active:always;
> Coordinate Reference:._mac_pherson.ground.hpl_arm_outer;

单击【OK】按钮。

（3）定义滑柱（上支点）连接

在定义滑柱约束前，同样需先创建安装座（mount）零件，用于滑柱上支点与车身（body）的连接。创建安装座（mount）零件后，为滑柱上支点创建一个在运动学模式下失效的衬套，再创建一个在运动学模式下生效球铰副约束。

① 创建滑柱上安装座（Mount）。

从 Build 菜单选择 Parts→Mount→New，打开 Create Mount Part 对话框并填写：

> Mount Name:strut_to_body;
> Coordinate Reference:._mac_pherson.ground.hpl_strut_upper;
> From Minor Role:inherit;

单击【OK】按钮。

② 创建衬套（Bushing）。

在硬点 strut_upper 位置创建一个连接滑柱 strut 和滑柱上支点安装座 strut to body 的衬套，此衬套将在运动学模式下失效。

从 Build 菜单选择 Attachments→Bushing→New，打开 Create Bushing Attachment 对话框，并填写及选择：

> Bushing Name:strut_upper;
> I Part:mac_pherson.gel_strut;
> J Part:mac_pherson.mtl_strut to body;
> Type:left;Active:kinematic mode;
> Preload:0,0,0;Tpreload:0,0,0;Offset:0;0;0;Roffset:0;0;0;
> Geometry Length:20;Geometry Radius:30;
> Property File:mdids://acar_shared/bushngs tbl/mdi 0001 bus;
> Location Dependency:Delta location from coordinate;
> Coordinate Reference:._mac_pherson.ground.hpl_strut_upper;
> Location:0,0,0;Location in:local;
> Orientation Dependency:User entered values;
> Orient using:Eular Angles;
> Eular Angles:0;0;0;

单击【OK】按钮。

③创建球铰副（Joint）。

在硬点 strut_upper 位置创建一个连接滑柱 strut 和滑柱上支点安装座 strut to body 的球铰副，此球铰副只在运动学模式下生效。

从 Build 菜单选择 Attachments→Joint→New，打开 Create Joint Attachments 对话框，并填写及选择：

> Joint Name:strut_upper;
> I Part:._mac_pherson.gel_strut;
> J Part:._mac_pherson.mtl_strut_to_body;
> Joint Type:spherical;
> Active:kinematic mode;
> Coordinate Reference:._mac_pherson.ground.hpl_strut_upper;

单击【OK】按钮。

(4) 定义转向节连接

转向节连接包括转向节和侧横拉杆之间的球铰副连接及定义侧横拉杆与转向齿条连接的安装座（mount），并在横拉杆和转向齿条之间创建一个虎克铰（hooke joint）。

①创建连接转向节和前束拉杆的球铰副。

在硬点 tierod_outer 位置创建一个连接转向节 wheel_carrier 和横拉杆 tierod 的球铰副。

从 Build 菜单选择 Attachments→Joint→New，打开 Create Joint Attachments 对话框，并填写及选择：

> Joint Name:tierod_outer;
> I Part:._mac_pherson.gel_wheel_carrier;
> J Part:._mac_pherson.gel_tierod;
> Joint Type:spherical;
> Active:always;
> Coordinate Reference:._mac_pherson.ground.hpl_tierod_outer;

单击【OK】按钮。

②创建前束拉杆安装座（Mount）。

从 Build 菜单选择 Parts→Mount→New，打开 Create Mount Part 对话框并填写：

> Mount Name:tierod_to_steering;
> Coordinate Reference:._mac_pherson.ground.hpl_tierod_inner;
> From Minor Role:inherit;

单击【OK】按钮。

③创建连接前束拉杆与其安装座的虎克铰副（Joint）。

把一个在前束拉杆 tierod 和前束拉杆安装座 tierod to steering 之间且总是生效的虎克铰副 tierod_inner 设置在硬点 tierod_inner 的位置，虎克铰副的轴向为前束拉杆的轴向。

从 Build 菜单选择 Attachments→Joint→New，打开 Create Joint Attachments 对话框，并

填写及选择：

> Joint Name:tierod_inner;
> I Part:._mac_pherson.gel_tierod;
> J Part:._mac_pherson.mtl_tierod_to_steering;
> Joint Type:hooke;Active:always;
> Coordinate Reference:._mac_pherson.ground.hpl_tierod_inner;
> I-Part Axis:._mac_pherson.ground.hpl_tierod_outer;
> J-Part Axis:._mac_pherson.ground.hpr_tierod_inner;

单击【OK】按钮。

(5) 定义轮毂连接

轮毂通过轮毂轴承安装到转向节的轮轴部分，需在轮毂与转向节之间设定转动副约束。在硬点 wheel_center 位置，创建一个连接转向节 wheel carrier 和轮毂 hub 的转动副，转动副的方向使用结构框 hub_bearing 定义。

从 Build 菜单选择 Attachments→Joint→New，打开 Create Joint Attachments 对话框，并填写及选择：

> Joint Name:hub_bearing;
> I Part:._mac_pherson.gel_wheel_carrier;
> J Part:._mac_pherson.gel_hub;
> Joint Type:revolute;Active:always;
> Coordinate Reference:._mac_pherson.ground.hpl_wheel_center;
> Orientation Dependency:Delta orientation from coordinate;
> Construction Frame:._mac_pherson.ground.cfl_hub_bearing;

单击【OK】按钮。

(6) 定义悬架参数

计算主销轴线（steer axis）的方法有几何（Geometric）和瞬时轴（Instant Axis）两种，使用几何（Geometric）方法时需要两个零件和不重合的硬点。

创建主销轴线：从 Build 菜单选择 Suspension Parameters→Characteristic Array→Set，打开 Suspension Parameters Array 对话框并填写：

> Steer Axis Calculation:Geometric;
> Sus pensron Type:Independent;
> I Part:mac_pherson.gel_strut;
> J Part:mac_pherson.gel_wheel carryer;
> Coordinate Reference:._mac_pherson.ground.hpl_strut_upper
> Coordinate Reference:._mac_pherson.ground.hpl_arm_outer。

单击【OK】按钮。

定义连接和参数后，悬架模板如图 5-4 所示。

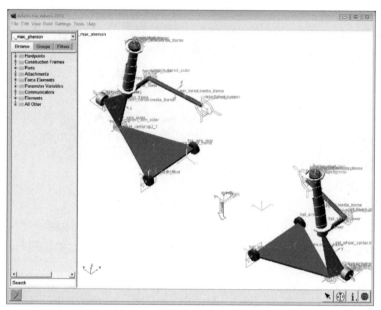

图 5-4 完成连接和参数定义后的悬架模板

5.2.2.5 设置通信器

在模板建模的过程中，ADAMS/Car 会自动创建一些输入通信器（如创建安装座 mount）和输出通信器（如创建悬架参数 suspension parameters）。如有需要可以创建新的通信器或修改已有通信器的定义，并测试多个模型通信器之间的匹配情况。匹配的输入/输出通信器必须具有完全相同的名称。

（1）定义通信器

为了定义新建的麦弗逊悬架模板如何连接到悬架试验台（_MDI_suspension_TESTRIG），需要定义将轮毂连接到悬架试验台的通信器。

①显示悬架试验台的通信器。

从 Build 菜单选择 Communicator→Info，打开 Communicator Info 对话框；在 Model Name 栏填入 .__MDI_SUSPENSION_TESTRIG；在 Type 栏点选 All；在 Entity 栏点选 Many，勾选 array、location、mount；单击【OK】按钮，在信息窗口显示出悬架试验台的通信器。

②创建通信器。

需要创建的输出通信器包括：定义轮毂安装到悬架试验台的 suspension_mount 输出通信器、定义转向节安装到悬架试验台的 suspension_upright 输出通信器和定义车轮中心位置的 wheel_center 输出通信器。

从 Build 菜单选择 Communicator→Output→Create，打开 Create Output Communicator 对话框并填写：

> Output Communicator Name:suspension_mount;
> Entity:mount;To Minor Role:inherit;
> Part Name:._mac_pherson.gel_hub;

单击【Apply】按钮，完成在轮毂 hub 上的 suspension_mount 安装输出通信器的创建。

修改 Create Output Communicator 对话框：

```
Output Communicator Name:enter suspension_upright;
Part Name:._mac_pherson.gel_wheel_carrier;
```

单击【Apply】按钮。完成在转向节 wheel_carrier 上的 suspension_upright 安装输出通信器的创建。

修改 Create Output Communicator 对话框：

```
Output Communicator Name:enter wheel_center;
Entity:location;To Minor Role:inherit;
Coordinate Reference Name:._mac_pherson.ground.hpl_wheel_center;
```

单击【OK】按钮，完成在 wheel_center 位置输出通信器的创建。

（2）测试通信器

在模板中测试通信器，可以验证输入和输出通信器是否被正确定义或是否应该添加或修改通信器，以确保悬架模板与悬架测试台能够正确装配。

从 Build 菜单选择 Communicator→Test，打开 Test Communicators 对话框。

```
先在 Model Names 栏填入._MDI_SUSPENSION_TESTRIG,Minor Roles 栏填入 any;
再在 Model Names 栏填入._mac_pherson,Minor Roles 栏填入 front;
```

单击【OK】按钮，出现信息窗口。

可以看到，信息窗口列出正确匹配的输入和输出通信器，信息窗口也列出了未正确匹配的输入和输出通信器。这些通信器需要匹配其他模板。

保存模板并退出模板模式，完成本次试验。

5.2.3 子系统

子系统只能在标准界面下创建和修改。

5.2.3.1 创建子系统

要创建一个新的子系统，必须先有模板。

在 ADAMS/Car 标准界面，从菜单 File 下选择 New→Subsystem。

在 New Subsystem 对话窗口内，需要填写 Subsystem Name、Minor Role、Template Name、Translation values（可选参数，可在上、下、左、右方向移动模板的位置）等内容。

5.2.3.2 修改子系统

修改子系统可以调整硬点、参数变量、质量特性、弹簧和阻尼器，完成实体（Instance）定义的替换，以及对子系统其他可用的调整。

（1）硬点

硬点通常用来定义模型中所有的关键点。创建子系统时，模板已经给出硬点位置的缺省数值，可以调整硬点，使其位置变为子系统模型需要的位置。

调整硬点可以通过菜单 Adjust→Hardpoint，有 Modify、Table 和 Info 三个选项可选。

选择 Modify 可打开一个对话框，再选择一个硬点进行修改；选择 Table 可列表显示所有硬点，再修改表中任意一个硬点；选择 Info 可打开一个对话框，以选择实体类型和子系统。默认的是经过预选为 Hardpoint 类型和当前子系统，结果将给出子系统下所有硬点的信息。

调整硬点也可以直接在硬点对象上单击鼠标右键，从中选择各种操作。

（2）参数变量

在子系统中，可以改变模板中所定义的参数变量的值。一个参数变量，就是一个原来存储关键参数信息的变量。例如，在悬架模板中，前束角和外倾角或车轴的轴线方向通常使用参数变量。参数变量也可以用来存储文字。ADAMS/Car 自动定义一些参数变量，汽车性能分析中会普遍用到这些参数变量，用户也可以创建新的参数变量。

在模板建模模式下，还可以创建一些隐藏参数变量，这些参数变量对于标准用户是隐藏的，即标准用户不能修改这些参数变量。隐藏参数变量的命名规则是：

```
ph[lrs]_(name):ParameterVariable_Hidden_[Left,Right,Single]
```

如果不希望标准用户修改某些参数变量的值，可以使用隐藏参数变量。

调整参数变量可以通过菜单 Adjust→Parameter Variable，可以选择 Modify 修改一个参数变量的数值；或选择 Table 以列表方式显示所有参数变量，可修改表中任何参数变量。

（3）质量特性

在生成模板时，每个部件都被赋予一个缺省的质量特性，这些数值可在子系统中修改。

调整质量特性可以通过菜单 Adjust→General Part→Modify 完成，也可以通过在部件上单击鼠标右键再选择所出现的 Modify，打开 Modify General Part 对话框来完成。

在修改普通部件对话框中先选择一个要修改的部件，再指定其质量、转动惯量等。对话框中的 Calculate Mass 工具 ▦ 可以基于部件的几何外形和密度来计算其质量和转动惯量。

如果在标准界面下部件的几何外形与缺省发生了变化，相应的质量特性并不自动刷新。若要刷新，则简单地再次计算一下质量特性即可。如果几何外形是从 CAD 软件中导入的，并且非常复杂，可能需要手工输入质量特性。

（4）弹簧和阻尼器

在要调整的弹簧和阻尼器上单击鼠标右键并选择 Modify，打开对话框。

在 property file 文本栏指定描述弹簧特性文件的路径。（如单击鼠标右键，ADAMS/Car 会自动转到所选数据库下的 spring.tbl 目录，可以选择需要的特性文件。）

弹簧和阻尼器是在模板建模模式下定义的，并且参考位于所选择的数据库下的特性文件。在标准用户界面下，可以将弹簧和阻尼器的特性文件重新定位或直接重新生成新的特性文件。

5.2.3.3 曲线编辑器和特性文件编辑器

（1）特性文件格式

ADAMS/Car 使用的特性文件格式有 TeimOrbit 和 XML 两种。

曲线编辑器（Curve Manager）用于创建和编辑 TeimOrbit 格式的特性文件，特性文件编辑器（Preproty file Editor）用于创建和编辑 XML 格式的特性文件。

TeimOrbit 格式是一种结构化文件格式，通过一些简单规则将数据组织成块、子块、表和参数。XML（可扩展标记语言）是由万维网联盟创建的标记语言，自推出后得到广泛应用。

ADAMS 的早期版本只使用 TeimOrbit 文件，目前 ADAMS/Car 可将单个文件或者整个数据库从 TeimOrbit 格式转换到 XML 格式。

要转换文件格式时，从 Tools 菜单选择 Database Management→Version Upgrade，选择 Convert TeimOrbit to XML Property File。在转换整个数据库时，软件读入所有需要转换的文件后再使用默认设置进行转换，然后存储到目标数据库。

特性文件使用 ASCII（美国信息交换标准代码），包含描述元件的数据，如阀门弹簧、凸轮或衬套等。因为特性文件都是文本文件，能够使用任何文本编辑器修改。

使用特性文件，可在一个模板或子系统内使用多个具有相同特性或参数的元件。例如，一个悬架中可能包含很多同样的衬套，这种情况下，所有的衬套可以用同一个特性文件描述。使用特性文件，也可以使不同的模板或子系统共享同样的元件。

所有的特性文件类型在配置文件（acar.cfg）中指定。修改完特性文件，可以使用现在的名字存储，也可以使用新的名字存储。特性文件按照类型分别存储在相应的数据库子目录下。

例如衬套和阻尼器被分别存储在数据库子目录 bushings.tbl 和 dampers.tbl 下。

（2）特性文件种类

曲线编辑器支持的特性文件种类包括：衬套（Bushing）、上限位块（Bumpstop）、下限位块（Reboundstop）、弹簧（Spring）、阻尼器（Damper）、车轮包络空间（Wheel envelope）。曲线编辑器的功能随着所编辑的曲线类型不同而改变。

①衬套：需编辑定义三个方向移动和转动的刚度曲线，与 ADAMS/Solver 中的 Bushing 的不同之处在于，这些曲线可以是非线性的，也可以包括阻尼系数在内。

②上/下限位块：需编辑刚度曲线（力－变形量）。

③弹簧：需编辑刚度曲线（力－变形量）和自由长度。

④阻尼器：需编辑阻尼系数曲线（时间－速度）。

⑤车轮包络空间：需输入边界条件，包括转向输入（长度或角度）、车轮内部点和边界、转向内部点和边界。

（3）创建特性文件

创建特性文件可以在标准模式或模板模式下进行，在 Tools 菜单下选择 Curve Manager，即可打开曲线编辑器。

曲线编辑器有绘图（Plotting）和数表（Table）两种编辑曲线模式。在绘图模式下，可以指定曲线的函数来生成曲线；在数表模式下，可以指定数据表中每个点的值。

曲线编辑器的功能包括：全屏显示曲线、显示曲线的局部、曲线的数学运算功能包、垂直方向的热点、记忆曲线的切换、生成特性文件，等等。

其中曲线的数学运算功能包中包括：

- 斜线（Slope）：指定斜率、限界和数据点数或段数（等于数据点数 –1）。
- 函数（Function）：指定一个函数、边界和数据点数或段数，将得到所指定函数的曲线。

- 阶跃（Step）：指定起始点和结束点的 X 值以及对应起始点和结束点的 Y 值。
- 斜坡（Ramp）：指定起始点和结束点的 X 值以及对应起始点和结束点的 Y 值。
- 正弦（Sine）：起始点和结束点的 X 和 Y 值，何时开始起振，最小、最大幅值，频率，数据点数或段数。
- 偏置（Offset）：按照给定距离偏置曲线。
- 插值（Interpolate）：使用一种差值方法，并生成所指定数据点数。
- 缩放（Scale）：按照所给比例缩放曲线。
- 扩展（Expand）：指定 X 的起始点和结束点的值。
- 取反（Negate）：逆转曲线。
- 零起点（Zero）：偏置曲线，使其起点为 0。
- 取绝对值（Absolute value）：无参数，取曲线的绝对值。
- Y 数据镜像（Y mirror）：相对于 Y 轴镜像。
- XY 数据镜像（XY mirror）：镜像 X 和 Y 数据。
- 拷贝 X→Y（Copy X→Y）：使曲线的 Y 值与 X 值相同。

对于车轮包络空间，数学运算无效。

（4）特性文件编辑器（Property File Editor）

特性文件编辑器允许编辑特性文件数据并以 XML 格式存储。

打开特性文件编辑器需要在 ADAMS/Car 中先 Modify 一个含有 XML 格式特性文件的对象，打开修改对象对话框，再在修改对象对话框下部选择工具图标，打开 Property File Editor（特性文件编辑器）窗口。

（5）修改现有的特性文件

可以使用曲线编辑器（Curve Manager）打开一个现有的特性文件修改并使之生效，也可以在 Modify 对话框中使用修改特性文件工具，打开 Curve Manager 或 Property File Editor。

（6）绘图与数表的模式切换

要在绘图和数表之间切换模式，可在曲线编辑器下的主菜单下选择 View 命令并选择 Plot 或 Table。只能从绘图模式下关闭曲线编辑器，退回到标准模式或模板建模模式。如果是在数表模式，需先进入绘图模式再选择 File→Close。

当完成特性文件的编辑后，可以存储该文件。ADAMS/Car 将其存储到默认数据库的对应子目录下。例如，ADAMS/Car 存储一个弹簧的特性文件到数据库的子目录 spring.tbl 下。

在曲线编辑器下，要改变表示数据点的符号，可以从菜单 Settings→Appearance 进行操作。

（7）实例定义（Instance Definition）替换

修改元件的另一种途径是实例定义替换。ADAMS/Car 支持实例定义替换的元件包括弹簧（spring）、衬套（bushing）、减振器（damper）、上限位（Bumpstop）等一些专用元件。

在标准界面下，在可进行实例定义替换的某个元件上单击鼠标右键，指向其名字，然后选择 Replace，打开 Replace Instance Definition 对话框。

例如对一个弹簧，打开 Replace Instance Definition 对话框后：

Definition 可选：Airspring（空气弹簧）、Linear_sping（线性弹簧）、spring（弹簧）；

Replace 可选：Only the specified instance（仅特殊实体）、All instances of same name（所有同名实体）、All instances of same type（所有同类实体）。

（8）对子系统其他可用的调整

①悬架子系统（Suspensions）。
- 是否考虑传动（Toggle driveline activity on/off）；
- 悬架参数数组（Suspension parameter array）；
- 前束角/外倾角（Toe/camber values）。

②转向子系统（Steering）。
- 传动比（Gear ratios）；
- 转向辅助特性文件（Steering assist property file）。

③动力总成子系统（Powertrain）。
- 发动机特性文件（Powertrain map property file）；
- 差速器特性文件（Differential property file）。

（9）将刚性体替换为弹性体

可以将刚性体替换为弹性体或将弹性体替换为新的弹性体，并且可以帮助选择正确的外接连接点的节点号。目前版本中，模拟弹性成了 MSC.ADAMS 部件的属性，因此，引入弹性体成为标准界面下的操作，并且反映到子系统的文件中。

在标准界面下直接引入弹性体的好处有：避免多个模板，避免使用多余的哑物体（没有质量的中间部件）来保证与模型中其他部件的正确连接，原来已有约束的自动替换，而且使用一些高级工具可以帮助从刚性体到弹性体替换时连接点的探测和替换。

要使用这一功能，使用在部件修改对话框内的【Make Flexible】按钮。

5.2.4 悬架装配

一个悬架装配包含一个悬架试验台和一个或多个子系统（试验台可以理解为就是一个特殊的子系统）。因为仿真过程是由试验台所激励的，要进行仿真，必须使用装配模型。

5.2.4.1 悬架装配建模

在 ADAMS/Car 标准界面下，从 File 菜单选择 New→Suspension Assembly。在对话框中，需要指定装配中所有的子系统以及试验台。一个包含前悬架子系统、转向子系统和试验台的悬架装配如图 5-5 所示。

如果使用由新的模板所生成的子系统，需要确认通信器的匹配关系。通信器为在模板建模模式下定义的特殊变量，以使子系统之间或与试验台之间相互传递一些有关装配的信息，保证使其能够正确地装配在一起。在模板建模模式下，可以测试通信器是否能与其他模板匹配。在生成装配时，ADAMS/Car 将在信息窗口内显示不匹配的通信器，供参考调试模型。

当生成一个装配时，有时会看到一些警告信息。例如，在生成一个没有转向子系统或车身子系统的前麦弗逊式悬架装配时，因为转向和车身部件没有在试验台或其他子系统中

图 5-5　一个包含前悬架子系统、转向子系统和试验台的悬架装配
(a) 典型悬架装配模型；(b) 典型悬架装配组成

被指定，某些通信器将连接到大地上，或根本就不连接到任何对象上。

在汽车模块下共享数据库中的模型都包含所有可能被其他子系统所调用的通信器，并且在很多情况下并不是所有的通信器都需要被使用。缺省情况下，如果 ADAMS/Car 不能进行通信器匹配，通信器将连接到大地上。一定要检查哪些通信器没有被连接使用，并看看是否对装配模型有影响。如果看到警告提示 "a communicator that should be used, but isn't."，即：一个应该被使用的通信器没有被使用，这时就必须检查模板了。

5.2.4.2　悬架性能分析内容

悬架的性能是汽车动力学特性的重要基础，悬架的 K&C（Kinematics and Compliance）分析已经越来越受到重视。通过悬架 K&C 性能的分析改进，可为整车性能的提升提供支持。

Kinematics 研究悬架和转向系统的几何空间位置运动特性，不考虑质量或力的影响；Compliance 是由于力的作用而引起的变形，如弹簧、稳定杆、衬套和部件的受力变形。

①悬架运动学分析的目的是调整悬架的几何尺寸以得到满意的运动学特性。如果出现了运动学方面的问题，可以提出设计的修改建议，改变悬架连接点的位置、控制臂（control arms）的长度和其他影响悬架运动学特性的一些几何参数。

悬架弹簧的特性也同样可以得到检查，以保证车辆总体上性能的要求，包括悬架在车轮跳动和扭转过程（ride and roll）中对弹簧弹性的要求。使用附加的悬架组件，如抗扭转杆，也可以得到检查，包括抗扭转杆的几何尺寸等。

②分析悬架的几何设计并得到良好的运动学性能后，可以检查一下悬架的柔顺性能。虚拟的悬架模型将置于悬架试验台上并进行一系列柔顺性能分析（如静载荷分析）。

悬架柔顺性分析的目的是调整悬架衬套以得到合适的悬架柔顺性能。注意实际连接铰链的刚度并非无限的，而且它们确实对悬架的性能有一定的影响。因此，在模型中考虑使用衬套代替理想的铰链连接应该是很好的主意。

③悬架性能的下一步分析就是在 ADAMS/Car 中在车轮上施加静载工况并检查传递到悬架元件处的载荷（悬架衬套、悬架弹簧等）。这有助于更好地了解悬架的耐久性能。

典型情况下，进行静载分析是使一系列悬架承受最恶劣工况。这些载荷条件（或工况）采取多少个重力加速度的载荷形式表示。例如，悬架需要承受 $3g$ 的垂向载荷、$2g$ 的纵向载荷和 $1g$ 的横向载荷，这样的载荷条件通常称为 "$3-2-1g$" 载荷工况。

静载耐久性分析的目的是给设计人员和有限元强度分析人员一个报告，报告中给出作用在悬架各部件（控制臂、衬套、弹簧等）上所受到的最恶劣载荷情况。这些数据随后可以传入各部件的有限元模型（Nastran、ANSYS、ABAQUS 等）中进行强度方面的分析。

设计工程师很少能够在项目早期阶段取得这些数据，因此静载耐久性分析可以提供一个在真实世界中初步了解部件载荷条件的方法。在设计和分析的早期阶段，获取这些数据是相当有价值的。

④静载耐久性分析完成后，就可以更为直接地研究橡胶悬挂部件的性能。在此阶段，需要为悬架假定一个路面的截面形状（例如，一个凹坑路面或测试得到的路面白噪声随机信号输入）并利用 ADAMS/Car 中虚拟的四立柱试验台振动分析工具，得到的动态载荷时间历程将被输入有限元分析软件中进行最后的结构强度分析。

5.2.5 整车装配

5.2.5.1 整车装配建模

（1）创建整车装配

在 ADAMS/Car 标准界面下，从菜单 File 下选择 New→Full Vehicle Assembly。在对话窗口内，需要指定一系列子系统，包括车身子系统、前悬架子系统、后悬架子系统、前轮胎子系统、后轮胎子系统、转向子系统和试验台。

要在整车装配中包含其他子系统，可以选择 Other Subsystem。这些子系统在装配中的位置和连接关系取决于子系统和通信器是如何定义以及模板是否进行位置调整等。

要完成整车装配的开环、闭环或准静态分析试验工况的仿真，在装配整车模型时，必须选择 .__MDI_SDI_TESTRIG 作为车辆试验台（Vehicle Test Rig）。__MDI_SDI_TESTRIG 车辆试验台基于驾驶机器执行整车装配的仿真分析。

（2）调整装配

①移动子系统的位置。

完成整车装配后，如需移动各子系统（几何外形）的装配位置，可以从菜单 Adjust 下选择 Shift。使用 Shift Subsystem 将子系统前/后或上/下移动。前/后移动为将子系统沿绝对坐标系的 X 轴移动。上/下移动为将子系统沿绝对坐标系的 Z 轴移动。

②更新子系统和装配。

在装配中更新子系统，子系统文件应存储在装配文件的数据库下。

可以从菜单 File 下选择 Manage Subsystems→Update。这样操作不用关闭装配就可以查看子系统的改变。更新子系统不会影响装配的拓扑结构。

与更新子系统类似，装配也可以更新。从菜单 File 下选择 Manage Assembly→Update。

③同步子系统。

要同步子系统，可以从菜单 File 下选择 Manage Subsystems→Synchronize。

ADAMS/Car 允许将同一进程中的同一子系统自动保持同步。用户能够选择一个主子系统（源）的动态更新列表，以及选定进程中其他子系统（目标）的动态更新列表。

目标子系统将继承主子系统所有的设置（只有子系统模式被保留），这样有助于在同一进程的多个装配中引入同样的子系统时，减少在某些子系统一致性方面的考虑。

例如，假定打开了一个悬架装配和一个整车装配，两个装配中都使用同一个转向子系统。如果在悬架装配中修改了转向盘的位置，此功能可使其在整车装配中保持同步，而不需要再次在整车装配中修改。

④增加/减少和激活/失效子系统。

在 ADAMS/Car 中，装配为激活的实体，即使在一个装配被打开后也可以修改其下属的子系统，因此可以对装配进行增加/减少和激活/失效子系统等操作。

从菜单 File 下选择 Manage Assemblies，可以：

- 选择 Add Subsystem 增加一个新的子系统给装配；
- 选择 Replace Subsystem 在装配中以新的子系统替换原来的子系统；
- 选择 Remove Subsystem 从装配中删去一个子系统；
- 选择 Toggle Subsystem Activity 在一个装配中失效/激活一个子系统。

在增加/减少和激活/失效子系统过程中，装配首先被解开装配关系，包括不分配通信器。然后或在现有装配下打开新子系统，或从装配中删除原子系统，或从装配中忽略一个子系统使其失效，或从装配中激活一个子系统。最后，再行组装整个装配系统，包括再分配通信器。

⑤调整车辆的质量特性。

可以从 Simulate 菜单下选择 Full – Vehicle Analysis→Vehicle Setup→Adjust Mass。

一个装配模型的质量特性主要包括：质量、转动惯量和质心位置等。ADAMS/Car 可以调整部件的质量特性，以使整个装配与实际车辆的质量特性匹配。质心的位置必须是相对于一个在模板中建立的 Marker 点定义的。

要得到模型中部分或所有部件的质量之和，可以从菜单 Tools 下选择 Aggregate Mass 进行计算。如果不使用 Relative to 指定特殊位置，使用 Aggregate Mass 所得的车辆质心和转动惯量值是相对于大地坐标系的原点（0，0，0）处的。

5.2.5.2 整车性能分析内容

汽车操纵稳定性是指在驾驶者不感到过分紧张、疲劳的条件下，汽车能遵循驾驶者操作通过汽车转向系统及转向车轮给定的方向行驶，且当遭遇外界干扰时，汽车能抵抗干扰而保持稳定行驶的能力，是汽车动力学的一个重要分支。操纵稳定性好的车辆：应该容易控制；在出现扰动时，不应使驾驶员感到突然和意外；操纵性能的行驶极限应能清楚地辨别。汽车的操纵稳定性是影响汽车主动安全性的重要性能之一。

车辆的操纵稳定性包括相互联系的两个部分，分别是操纵性和稳定性。操纵性反映的是汽车能够遵循驾驶者操作通过转向系统及转向车轮给定的方向行驶的能力；稳定性反映的是汽车在遭遇到外界干扰情况下产生抵抗外界干扰而保持稳定行驶的能力。因此，对于汽车操纵稳定性的研究应该包括对这两个部分的评价。

评价操纵稳定性的指标有多个方面，如稳态转向特性、瞬态响应特性、回正性、转向轻便性、典型行驶工况性能和极限行驶能力等。仿真时测量变量包括汽车横摆角速度、车身侧倾角、汽车侧向加速度等。

5.3 ADAMS/Car 仿真分析

5.3.1 悬架 K&C 切换

ADAMS/Car 仿真分析有 Kinematic（运动学）和 Compliant（顺从）两种方式。

切换悬架 K&C 仿真模式，应从 Adjust 菜单选择 Kinematic Toggle，打开 Toggle Kinematic mode 对话框，选择仿真模式是 Compliant 或 Kinematic。

5.3.2 悬架性能仿真

5.3.2.1 悬架仿真设置

ADAMS/Car 提供 4 种 Mode of Simulation（仿真模式）：
- interactive 使用外部 ADAMS Solver，在信息窗口显示信息，仿真时界面锁定；
- graphical 使用内部 ADAMS Solver，动画显示仿真过程；
- Background 在后台运行（可以同时进行其他工作）；
- files_only 只输出分析文件（.adm 和 .acf）。

Vertical Setup Mode（垂直设置模式）规定试验台给车轮激励的作用位置，有 Wheel Center（车轮中心）和 Contact Patch（轮胎接地面）2 种。

Travel Relative To（运动参照对象）有 Wheel Center 和 Contact Patch 2 种。

试验台的 Control Mode（控制模式）有 Absolute（绝对位移）和 Relative（相对位移）2 种。

Steering Input（转向输入）模式有 Angle（转向盘转角）和 Length（转向齿条位移）2 种。

Coordinate System（坐标系）有 Vehicle（左、右激振台面平行于地面，可不在同一平面）和 ISO（左、右激振台面保持在同一平面，可相对地面倾斜）2 种。

5.3.2.2 悬架仿真分析

在 ADAMS/Car 中，从菜单 Simulate 下选择 Suspension Analysis，可选项包括悬架运动学仿真、悬架动力学仿真和仿真输入设置三个类型。

（1）悬架运动学仿真工况

包括：
- Parallel wheel travel（两侧车轮同向跳动）；
- Opposite wheel travel（两侧车轮反向跳动）；
- Roll and vertical force（垂向加载情况下侧倾）；
- Single wheel travel（单个车轮跳动，另一个车轮固定）；
- Steering（在转向盘上或转向拉杆上施加运动驱动）；
- Static load（在车轮中心或轮胎接地面施加载荷或位移，可考虑或不考虑转向）；
- External files（可用 Loadcase 或 Wheel Envelope 两种类型外部文件控制车轮运动）。

（2）悬架动力学（Dynamic）仿真

ADAMS/Car 允许用户自行设定驱动试验台作动器的方式和数据实现动力学分析。

激励悬架装配的悬架试验台垂向作动器（Jack）输入可以是 arbitrary function（任意函数）或者 RPCⅢ file（美国 MTS 公司的实验数据文件），也可以是位移、速度、加速度或者力。

仿真分析时可以选择计算或不计算柔度矩阵。

（3）仿真输入设置

①设置悬架参数（Set Suspension Parameters）。

一些仿真输出所需的悬架参数（Suspension Parameters）并未包含在模型中，故需在仿真前提供。ADAMS/Car 以数组的形式存储这些输入参数，包括：Tire Model、Tire UnLoaded radius、Tire Stiffness（用户输入或来自特性文件）、Wheel Mass、Sprung Mass、CG Height、Wheelbase、Drive Ratio、Brake Ratio 等。ADAMS/Car 使用相关参数计算：Percent anti-dive、Dive、Percent anti-lift、Lift、Percent anti-squat、Roll center height、Suspension rates、Total roll rate。

②创建载荷工况（Create Loadcase）文件。

载荷工况文件为 ASCII 格式文件，包含运行仿真所有必需的信息。基本上是进行脚本式的悬架分析方式，载荷工况类型包含：Wheel travel（车轮跳动）、Steering（转向）、Static load（静载）、Roll and vertical force（在垂向载荷下侧倾）。

5.3.2.3 悬架仿真分析输出结果

（1）悬架性能指标

- Aligning Torque-Steer and Camber Compliance（转向和车轮外倾产生的回正特性）
- Camber Angle（车轮外倾角）；
- Caster Angle（主销后倾角）；
- Dive Braking/Lift Braking（1g 制动减速度下悬架俯仰变形量）；
- Fore-Aft Wheel Center Stiffness（悬架车轮中心位置纵向刚度）；
- Front-View Swing Arm Length and Angle（等效横臂长度和角度）；
- Kingpin Inclination Angle（主销内倾角）；
- Kingpin Location（主销位置）；
- Lateral Force-Deflection, Steer, and Camber Compliance（侧移、转向和车轮外倾产生的侧向力特性）；
- Lift/Squat Acceleration（1g 驱动加速度下悬架俯仰变形量）；
- Percent Anti-Dive Braking/Percent Anti-Lift Braking（抗制动俯仰百分率）；
- Percent Anti-Lift Acceleration/Percent Anti-Squat Acceleration（抗加速俯仰百分率）；
- Ride Rate（悬架总刚度，悬架刚度与轮胎刚度串联）；
- Ride Steer（车轮跳动引起的干涉转向特性）；
- Roll Camber Coefficient（车轮外倾角车身侧倾系数）；
- Roll Caster Coefficient（主销后倾角车身侧倾系数）；
- Roll Center Location（侧倾中心位置）；
- Roll Steer（车身侧倾引起的干涉转向特性）；
- Side-View Angle（转向节俯仰角）；
- Side-View Swing Arm Length and Angle（等效纵臂长度和角度）；
- Suspension Roll Rate（悬架倾角刚度）；
- Toe Angle（前束角）；
- Total Roll Rate（总侧倾角刚度）；
- Wheel Rate（悬架刚度）。

（2）转向性能指标

- Ackerman（阿克曼值，左、右车轮偏转角之差）；
- Ackerman Angle（阿克曼角，轴距比车辆转弯半径的反正切）；
- Ackerman Error（阿克曼误差，车轮实际偏转角与理论偏转角之差）；
- Caster Moment Arm（Mechanical Trail）（主销纵向偏移距）；
- Ideal Steer Angle（给定转弯半径下的左右车轮偏转角）；
- Outside Turn Diameter（外侧车轮转弯半径）；
- Percent Ackerman（阿克曼百分率）；
- Scrub Radius（主销侧向偏移距）；
- Steer Angle（左、右车轮偏转角）；
- Steer Axis Offset（转向轴偏移距，转向轴到车轮中心的最短距离）；
- Turn Radius（转弯半径，车辆中心线到转弯中心的距离）。

5.3.2.4 分析所对应的结果文件

ADAMS/Car 是 ADAMS/Solver 的前、后处理，会生成 .adm 文件（ADAMS/Solver 数据文件，模型文件）和 .acf 文件（ADAMS/Solver 命令）。这些文件存放在工作目录下。ADAMS/Car 还可以生成：信息文件 .msg、测量文件 .req、结果文件 .res、图像文件 .gra、输出文件 .out、驾驶员控制文件 .dcf 和驾驶员控制数据文件 .dcd。

如模型包含弹性体，ADAMS/Car 将自动存储结果文件 .res，因为 ADAMS/PostProcessor 需要该结果文件 .res 以绘制弹性体变形颜色等。

在导入分析测量文件 .req 到 ADAMS/PostProcessor 时，ADAMS/Car 同时要产生一个特殊的名字文件 .nam，其中包含在界面中与每个测量请求相关联的名字。

可以在 ADAMS/Car 界面外将 .adm、.acf 和 .xml 文件直接提交给 ADAMS/Solver 解算。

5.3.2.5 绘图配置文件

绘图配置文件用于定制 ADAMS/PostProcessor 的配置，调用绘图配置文件可定义和设置：生成曲线、曲线图的垂直和水平坐标轴、标题、标签、坐标轴的间距、比例、图例等。

绘图配置文件定制的曲线图可以包含多个坐标轴，每页只能有一个绘图。

可以使用同一个绘图配置文件对应多次仿真结果。

可以生成当前在 ADAMS/PostProcessor 中所有的绘图页或部分绘图页的绘图配置文件。绘图配置文件是 TeimOrbit 格式文件，存储在缺省可写数据库下的 plot_configs.tbl 目录。

生成绘图配置文件时，需从后处理 File 菜单选择 Export→Plot Configuration File，打开 Export Plot Configuration File 对话框。在 Configuration File Name 文本栏内输入生成绘图配置文件的名字，选择想包括的绘图和曲线，单击【OK】按钮，完成绘图配置文件生成。

利用绘图配置文件生成绘图时，可以从 File 菜单选择 Import→Plot Configuration File，出现 Import Plot Configuration File 对话框。在 File Import 对话框，可以在所有的绘图页面上添加标题，并在一个绘图页面上通过交叉绘图选项绘制多次分析结果的曲线。

在运行一次仿真后，可看到由绘图配置文件所定义的绘图。如绘图配置文件包含用户化的命令关键字以生成绘图和曲线，可以激活包含命令关键字的宏。要改变绘图页面的外观，如字体及大小，可使用预先定义的可执行的用户化宏。

5.3.3 实验6：双横臂前悬架性能分析

以汽车的双横臂（Double Wishbone）前悬架为例，实践在 ADAMS/Car 建立车辆前悬架模型和进行悬架 K&C 分析及转向分析的过程。

5.3.3.1 创建双横臂式悬架子系统

启动 ADAMS/Car，选择标准用户模式 Standard Interface，进入标准用户模式。

基于 ADAMS/Car 共享数据库中悬架模板 Double Wishbone 创建双横臂式悬架子系统。

从 File 菜单选择 New→Subsystem，打开 New Subsystem 对话框，并填入及选择：

```
Subsystem Name:my_double_wishbone;
Minor Role:front;
Template Name: mdids://acar_shared/templates.tbl/_double_wishbone.tpl
```

单击【OK】按钮，完成双横臂式悬架子系统的创建。

5.3.3.2 创建采用齿轮齿条转向器的转向子系统

基于 ADAMS/Car 共享数据库中转向模板 rack_pinion_steering 创建转向子系统。

从 File 菜单选择 New→Subsystem，打开 New Subsystem 对话框，并填入及选择：

```
Subsystem Name:my_rack_pinion_steering;
Minor Role:front;
Template Name: mdids://acar_shared/templates.tbl/_rack_pinion_steering.tpl
```

单击【OK】按钮，完成采用齿轮齿条转向器的转向子系统的创建。

5.3.3.3 创建前悬架装配

基于新创建的双横臂式悬架子系统和转向子系统，创建前悬架装配模型。

在 File 菜单选择 New→Suspension Assembly，打开 New Suspension Assembly 对话框，并填入：

```
Assembly Name:my_front_suspension;
```

Suspension Subsystem：按下 ![] 使其变成 ![]，文本栏自动填入 my_double_wishbone；

勾选 Steering Subsystem，按下其右侧的 ![] 使其变成 ![]，文本栏自动填入 my_rack_pinion；

确认 Suspension Test Rig：__MDI_SUSPENSION_TESTRIG；

单击【OK】按钮，完成双横臂式前悬架装配的创建。

5.3.3.4 车轮跳动仿真分析

（1）进行车轮跳动 Compliant 仿真分析

从 Simulate 菜单选择 Suspension Analysis→Parallel Wheel Travel Analysis，打开对话框。

确认 Assembly Name 选择为 my_suspension，填入及选择：

```
Output Prefix:aaa;Number of Step:50;Mode of Simulation:interactive;
```

```
Vertical Setup Mode:Wheel Center;Bump Travel:80;Rebound Travel:
-80;
    Travel Relative To:Contact Patch;Control Mode:Absolute;
    Fixed Steering Position:0;Steering input:Angle。
```

单击【Apply】按钮，进行车轮平行跳动±80 mm、转向盘不转动的悬架装配仿真分析。

（2）进行车轮跳动 Kinematic 仿真分析

从 Adjust 菜单选择 Kinematic Toggle，打开 Toggle Kinematic mode 对话框，将选择从 Compliant 更改为 Kinematic，单击【OK】按钮。

在 Suspension Analysis：Parallel Travel 对话框，将 Output Prefix 栏改为 bbb；单击【OK】按钮，再次进行车轮平行跳动±80mm、转向盘不转动的悬架装配仿真分析。

（3）后处理仿真分析结果

将界面背景改为白色，从 Review 菜单选择 Postprocessing Window 或直接按【F8】键，进入后处理窗口，在工具栏选择【分屏显示工具】按钮。

在左侧窗口加载动画，在右侧窗口分别绘制对比 Compliant 与 Kinematic 两次仿真得到的右轮毂上的垂向力（right_hub_force.normal）和转动力矩（right_hub_force.rotational_torque）随时间变化的曲线，如图 5-6 所示。

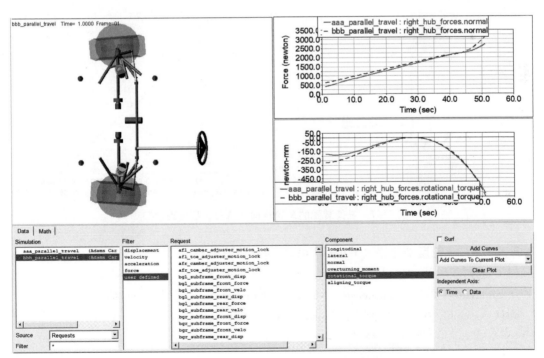

图 5-6　悬架装配的车轮平行跳动仿真分析后处理窗口

系统默认的曲线横坐标是时间（Time），也可选择其他物理量为横坐标，例如以轮心跳动量（Wheel Travel）为横坐标。

5.3.3.5 转向仿真分析

(1) 进行转向仿真分析

从 Simulate 菜单选择 Suspension Analysis→Steer...，打开对话框。

确认 Assembly Name 选择为 my_suspension，填入及选择：

```
Output Prefix:ccc;Number of Step:50;
Mode of Simulation:interactive;Vertical Setup Mode:Wheel Center;
Upper Steering Limit:360;Lower Steering Limit: -360;
Left Wheel Fixed Height:0;Right Wheel Fixed Height:0;
Travel Relative To:Contact Patch;Control Mode:Absolute;Steering
input:Angle。
```

单击【Apply】按钮，进行转向盘转动 ±360°、车轮不跳动的悬架装配仿真分析。

(2) 后处理仿真分析结果

转入后处理窗口，在工具栏选择【分屏显示工具】按钮，在左侧窗口加载动画。

在右侧窗口绘制并对比横轴为转向盘输入角（steering_wheel_input）的左轮理想偏转角（left_ideal_steer_angle）和实际偏转角（left_steer_angle）随时间变化的曲线，如图 5-7 所示。

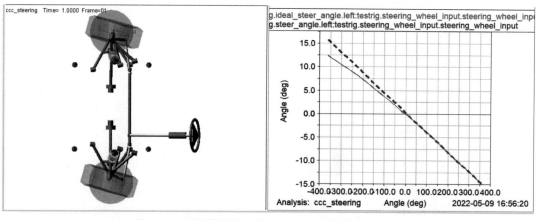

图 5-7 悬架装配的车轮转向仿真分析后处理窗口

5.3.3.6 车轮运动包络（Wheel Envelope）仿真分析

(1) 进行车轮运动包络仿真分析

从 Simulate 菜单选择 Suspension Analysis→External files...，打开对话框。

确认 Assembly Name 选择为 my_suspension，并填入：

```
Output Prefix:ddd;Mode of Simulation:interactive;
```

选择 Wheel Envelope Files，并填入：

```
mdids://acar_shared/wheel_envelopes.tbl/mdi_0001.wen;
```

单击【Apply】按钮，进行外部文件驱动的车轮运动包络悬架装配仿真分析。

（2）观察仿真动画

从 Review 菜单选择 Animation Controls…，打开 Animation Controls 对话框。

在 Trace Marker 栏填入：. my_front_suspension. my_double_wishbone. gel_spindle. cm；

按【动画回放】按钮 ▶，观察仿真动画，注意车轮轴质心的运动轨迹线，如图 5 - 8 所示。

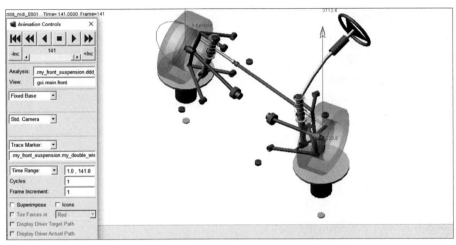

图 5 - 8　车轮运动包络仿真分析动画及车轮轴质心的运动轨迹

5.3.4　整车操纵稳定性仿真

根据整车装配采用的试验台不同，整车装配可以完成的仿真内容也不相同。整车装配采用的试验台有三种：SDI_TESTRIG（标准驾驶员界面试验场）、TILT_TABLE_TESTRIG（侧倾试验台）和 SPMM_TESTRIG（悬架参数测量机）。

5.3.4.1　整车仿真分析

在 ADAMS/Car 中，从菜单 Simulate 下选择 Full - Vehicle Analysis，可选项包括：操纵稳定性仿真工况、静态或准静态（仿真工况）、K&C、车辆设置和工况设置工具 5 个类型。

（1）操纵稳定性仿真工况

包括：
- Open - Loop Steering Events（开环转向工况）；
- Cornering Evens（转弯工况）；
- Straight - Line Events（直线行驶工况）；
- Course Events（车道工况）；
- Roll Stability Events（侧倾稳定性工况）；
- File - Driven Events（文件驱动工况）。

（2）静态或准静态仿真工况

包括：
- Static and Quasi - Static Maneuvers（静态和准静态操纵）；
- Adams Smart Driver（Adams 智能驾驶员）。

(3) Kinematics and Compliance (K&C)

进行 K&C 特性分析需使用悬架参数测量机（Suspension Parameter Measurement Machine, SPMM），可对车辆底盘执行 Vertical Motion（垂直运动）、Roll Motion（侧倾运动）、Steer Motion（转向运动）、Compliance（顺从）、Aligning Torque（回正力矩）等子工况。

(4) 车辆设置（Vehicle Set-Up）

包括：

- Set Road for Individual Tires...（为个体轮胎设置路面）；
- Delete Road Geometry...（删除路面几何外形）；
- Adjust Mass（调整质量）；
- Set Powertrain Parameters...（设置动力传动系统参数）；
- Set Full Vehicle Parameters...（设置整车参数）；
- Set SDI Request Activity...（设置标准驾驶员界面请求激活状态）；
- Static Vehicle Set-Up...（静态车辆设置）。

(5) 工况设置工具

包括：

- Event Builder...（工况建模器）；
- Road Builder...（路面建模器）；
- Road Conversion...（路面转换）；
- Path Optimization...（路径优化）。

5.3.4.2 Open-Loop Steering Events（开环转向工况）

具体工况包括：

(1) Drift（漂移）

Drift 工况仿真时间应 >10 s。仿真在前 10 s 达到一种稳态状况，即车辆达到期望的转向盘转角、初始节气门开度、初始速度值。其中，1—5 s 时间段，转向盘转角由初始值按类斜坡函数变化达到期望值；5—10 s 时间段，节气门开度由 0 按指定的斜率 Throttle Ramp 变化达到初始节气门开度值；10 s—仿真结束时间段，节气门开度仍然按 Throttle Ramp 变化。

(2) Fish-Hook（鱼钩）

Fish-Hook 工况包括两个 mini-maneuvers（微操作阶段）：

第一阶段为准静态阶段，设置车辆达到所需的初始条件，即汽车以恒速直线行驶。

在第二阶段，离合器分离，设置转向信号为一个函数的组合，即先向一个方向快速转动转向盘到预定角度，再反向快速转动转向盘到另一个预定角度。

美国高速交通安全管理局（National Highway Traffic Safety Administration, NHTSA）规定的 Fish-Hook 工况是：车辆初始条件为 35~50 英里[①]，先向左快速转动转向盘 270°，再反向快速转动转向盘 540°。

(3) Impulse Steer（脉冲输入转向）

Impulse Steer 工况用以研究车辆频域瞬态响应特性，转向输入为正弦单脉冲信号。

(4) Ramp-Steer（斜坡输入转向）

---

① 1 英里 = 1.609 344 千米。

Ramp – Steer 工况用以研究车辆频域瞬态响应特性，转向输入为 Ramp 斜坡信号。

（5）Single Lane Change（单移线）

Single Lane Change 工况是驱动汽车在规定的时间内通过一个 S 形道路，模拟汽车变换一次车道的动作，用以研究车辆频域瞬态响应特性。转向系统输入信号为一个完整正弦变化。

（6）Step Steer（阶跃输入转向）

Step Steer 工况用以研究车辆频域瞬态响应特性。转向输入为阶跃信号，达到终值后保持。

（7）Swept – Sine Steer（正弦扫频输入转向）

Swept – Sine Steer 工况用以研究车辆的频率响应特性，为评估车辆的瞬态特性、幅频及相频特性提供依据。转向系统输入为正弦扫频信号。

在 Impulse Steer、Ramp – Steer、Single Lane Change、Step Steer、Swept – Sine Steer 等工况中，转向输入信号的类型可以是力、力矩、角度或位移。其中，角度、力矩是加在转向盘上的，力和位移均是加在齿条上的。

5.3.4.3 Cornering Events（转弯工况）

具体工况包括：

（1）Braking – In – Turn（制动时转弯）

Braking – In – Turn 工况用以模拟转弯过程有制动时车辆的时域响应。

Steering Input 选项有属于开环控制的 Lock steering while braking（在制动过程中转向盘固定）和属于闭环控制的 Maintain radius while braking（在制动过程中保持转弯半径不变）。

（2）Constant – Radius Cornering（定半径转弯）

Constant – Radius Cornering 工况也称稳态回转试验，用以评定整车的稳态转向特性。仿真过程是车辆在定半径圆周试验路径行驶，并逐渐增大速度或增加侧向加速度。

（3）Cornering w/Steer Release（转向盘撒手转弯）

Cornering w/Steer Release 工况也称转向回正试验。车辆首先完成一个动态定半径转弯，以达到指定条件（半径与纵向速度，或纵向速度与侧向加速度）。经历这个稳态的预先阶段后，解除转向盘闭环控制信号，执行转向盘撒手试验仿真。

（4）Lift – Off Turn – In（松油门增加转向）

Lift – Off Turn – In 工况用以仿真转弯过程中突然松开油门并额外施加一个斜坡转向输入的情况。车辆将经历转弯预先阶段和松油门转弯阶段。

转弯预先阶段：车辆按给定转弯半径行驶并达到期望的侧向加速度。

松油门转弯阶段：节气门开度信号设为 0，转向输入以指定的转向变化率从上一阶段的最终值开始改变；离合器可设为接合、分离状态。

（5）Power – Off Cornering（关闭节气门转弯）

Power – Off Cornering 工况用以仿真关闭节气门对车辆稳态圆周运动的影响。

在车辆按给定转弯半径行驶并达到期望的侧向加速度后，用一个阶跃信号关闭节气门。

Steering Input 选项有属于开环控制的 Lock steering during Power – Off（关闭节气门转向盘固定）和属于闭环控制的 Maintain radius during Power – Off（关闭节气门保持转弯半径不

变)。

可以选择在节气门关闭过程中是否断开离合器,若勾选了 Disengage Clutch during Power – Off 项,还要相应地指定离合器动作的延迟时间及踩下离合器踏板所需的时间。

5.3.4.4 Straight – Line Events(直线行驶工况)

直线行驶工况用以辅助分析车辆的俯仰运动特性。

(1) Acceleration(加速)

Acceleration 工况中,转向输入选项有 free(自由)、locked(锁止)和 straight – line (保持直线行驶),默认为 straight – line。对于开环模式,驱动装置按输入的速率从零开始改变节气门开度;对于闭环模式,可指定一具体的纵向加速度值。

(2) Braking(制动试验)

Braking 工况中,转向输入选项有 free、locked 和 straight – line,默认为 straight – line。对于开环控制,按输入的速率从零开始改变制动输入;对于闭环控制,可指定车辆纵向减速度。

(3) Braking on split μ(在对开路面制动)

对开路面是指车辆左、右车轮接触路面的摩擦系数有明显差异的路面,车辆在对开路面制动时,路面可给左、右车轮提供的地面附着力会有较大差异。

Braking on split μ 工况可用于研究主动制动、减振器控制和牵引力控制系统的效果。

Braking on split μ 工况中,转向输入选项有 free 和 locked。可设定触发仿真试验结束的条件,触发参数有:duration(持续时间)、velocity(速度大小)、engine speed(发动机转速)、side slip angle(侧向滑移角)、yaw rate(横摆角速度)等。

(4) Maintain(保持)

Maintain 工况可用于研究车辆模型的驾驶控制器对车辆直线行驶状态的影响,可以控制油门信号以保持车辆纵向速度恒定,或保持节气门开度恒定。

Maintain 工况中,转向输入选项有 free、locked 和 straight – line,默认为 straight – line。

(5) Power – Off Straight Line(关闭节气门直线行驶)

Power – Off Straight Line 工况用以分析直线行驶过程中突然关闭节气门对车辆操纵稳定性的影响。车辆先经历准静态调整阶段,达到设定的直线行驶初速;然后在关闭节气门阶段,采用一个阶跃的节气门开度信号,使节气门开度降到 0。

可以选择在节气门关闭过程中是否断开离合器,若勾选了 Disengage Clutch during Power – Off 项,还要相应地指定离合器动作的延迟时间及踩下离合器踏板所需的时间。

5.3.4.5 Course Events(车道工况)

车道工况包括:ISO Lane Change(ISO 变线)和 3D Road(三维路面)两类。

(1) ISO Lane Change

ISO Lane Change 工况中,纵向控制器保持车辆行驶速度,侧向控制器控制转向系统使车辆保持沿期望的 ISO 指定路线行驶。ADAMS/Car 使用一个外部文件 iso_lane_change.dcd 定义 ISO 3888 描述的行驶路径。ISO 3888 的变线行驶(Lane Change)路径如图 5 – 9 所示。

(2) 3D Road

3D Road 工况中,车辆穿越一段带有障碍或包含某些典型特征的三维路面。路面谱文

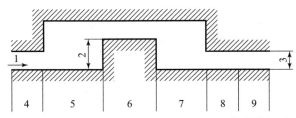

Lane	Length	Lane offset	Width
4	15	—	1.1×vehicle width+0.25
5	30	—	—
6	25	3.5	1.2×vehicle width+0.25
7	25	—	—
8	15	—	1.3×vehicle width+0.25
9	15	—	1.3×vehicle width+0.25

图 5-9 ISO 3888 的变线行驶（Lane Change）路径

件.rdf 被轮胎子系统用来计算地面接触力/力矩，纵向控制器保持车辆行驶速度，侧向控制器调用.rdf 文件，使车辆沿文件指定路线行驶。

5.3.4.6 Roll Stability Events（侧倾稳定性工况）

Roll Stability Events 包括：Embankment（路基）和 Ramp（corkscrew）（坡道翻转）两种在 SDI_TESTRIG（标准驾驶员界面试验场）进行的工况，以及 Tilt Table Analysis（侧倾台分析）和 Sand Bed（lateral）（侧向沙床）两种在 TILT_TABLE_TESTRIG（侧倾试验台）进行的工况。

（1）Embankment

Embankment 工况中，路面谱文件.rdf 被轮胎子系统用来计算地面接触力/力矩。纵向控制器保持车辆行驶速度。侧向控制器调用.rdf 文件，使车辆保持沿文件指定路线行驶。

车辆先驶过一段小斜坡，然后冲下路基。仿真道路可选择带或不带护栏。护栏的位置和高度可以更改。路基的类型可为硬质或土壤。护栏始终是刚性的。

在仿真中，可以有转向信号输入。

仿真在达到结束时间或达到最大滚动角度（89°）时结束。

（2）Ramp（corkscrew）

Ramp（corkscrew）工况中，路面谱文件.rdf 被轮胎子系统用来计算地面接触力/力矩。

仿真分为斜坡、腾空和地面滑动三个阶段。

仿真在达到结束时间或达到最大的滚动角度时结束。

（3）Tilt Table Analysis...

侧倾台分析用于估计车辆的总重心高度和侧翻点。Tilt Table Analysis 工况中，车辆围绕侧倾轴进行动态倾斜或准静态倾斜，直到轮胎力达到设定阈值。

（4）Sand Bed（lateral）...

侧向沙床用于研究车辆横向下滑和翻滚时的反应。

Sand Bed（lateral）工况中，仿真开始后 1 s 内，工作台以准静态方式调整至设定的倾斜角度。之后施加横向初始速度，继续仿真至 2.5 s 或在车辆侧倾角大于 89°时结束。

5.3.4.7 File-Driven Events（文件驱动工况）

文件驱动工况采用现有的事件文件（.xml）驱动仿真过程。通过直接访问事件文件，可以对整车总成执行非标准的仿真分析。

5.3.4.8 Static and Quasi-Static Maneuvers（静态和准静态操纵仿真）

静态和准静态分析采用力-力矩方法来平衡每一步长时间的静态力，由于不包括车辆的瞬态响应，故解算速度非常快。

准静态工况包括：Constant Radius Cornering（定半径转弯）、Constant Velocity Cornering（定车速转弯）、Force – Moment Method（力 – 力矩方法）和 Straight – Line Acceleration（直线加速）。

静态工况包括：Static Equilibrium（静平衡）和 Static Vehicle Characteristics（静态车特性）。

（1）Constant Radius Cornering

准静态定半径转弯工况中，保持车辆转弯半径恒定，增加纵向速度，以增加侧向加速度。

Desired Long Acc(G's)：期望的车辆纵向加速度范围是 $0.20g \sim 0.5g$。

Final Lateral Accel(G's)：期望的车辆侧向加速度范围是 $0.40g \sim 1.0g$。

（2）Constant Velocity Cornering

准静态定车速转弯工况中，保持车辆纵向速度恒定，减小转弯半径，以增加侧向加速度。

（3）Force – Moment Method

力 – 力矩方法工况中，车辆的纵向速度保持不变，侧滑角和转向盘转角可变。通过图表的形式可以呈现准静态力 – 力矩的分析结果，同时可以描述车辆对特定行驶工况的操纵潜能。

（4）Straight – Line Acceleration

直线加速工况中，采用静态解算器来执行若干多个静态分析，每相邻两个静态分析之间相差一个时间步长，随着时间步长的增大，直线行驶加速度/减速度也相应地增大。

（5）Static Equilibrium

静平衡分析工况中，使用静态解算器在几种可能的车辆状态之一执行单个静态分析。Static Setup（静态设置）有 None、Normal、Settle、Straight 和 Skidpad 等选项。

（6）Static Vehicle Characteristics

静态车辆特性分析工况中，计算前、后悬架的特性以及一般车辆特性，如地面反力和质量特性。由于车辆悬架本质上是非线性的，故计算得到的数值仅在车辆静态下是准确的。

5.3.4.9 Adams SmartDriver（Adams 智能驾驶员）

Adams 智能驾驶员根据已有的事件文件.xml 驾驶车辆，可以在仿真过程中达到实车试验难以实现的极限工况。ADAMS/Car 提供了 SmartDriver 模板文件 smartdriver.xml 以便设定生成事件文件时的默认值。

5.3.4.10 Suspension Parameter Measurement Machine（悬架参数测量机）

Suspension Parameter Measurement Machine（SPMM）用于测量由于悬架和转向系统几何结构以及悬架弹簧、防侧倾杆、弹性衬套和部件变形而产生的车辆 K&C 特性。

进行 SPMM 分析的整车装配需使用__MDI_SPMM_TESTRIG 试验台。

SPMM 通过应用已知的位移、力和扭矩输入，测量准静态悬架特性。

在 jounce（颠簸）、rebound（回弹）和（roll）侧倾等子工况下，__MDI_SPMM_TESTRIG 试验台驱动底盘部件运动。

在 Steering（转向）、Compliance（顺从）和 Aligning torque（回正力矩）等子工况下，试验台将底盘部件固定在静态配置。

在 Compliance 和 Aligning torque 子工况中，使用一般力作为施加在轮胎接触面或车轮中心的力和力矩。

在 Steering 子工况中，使用旋转运动驱动转向盘。

在执行 SPMM 分析之前，需指定车辆悬架和转向子系统的相关参数，包括转向比、驱动形式以及制动比。

5.3.4.11 Static Vehicle Set – Up...（静态车辆设置）

静态车辆设置允许进行悬架定位、整车质量调整和底盘行驶高度调整。

（1）悬架定位（Alignment）

"可调力"用于在初始静态平衡期间促使自动悬架定位。这些调节器控制两点之间的线性距离，测量产生的对准角度，并与指定的目标进行比较。

默认情况下，前束、外倾角或后倾角调节器的定位处于非活动状态。调节器的运动或力用于锁定零件以保持零件之间的距离。

通过使用工况定位或静态车辆设置对话框中的切换按钮，可以激活前束、外倾角或后倾角调节器定位活动。

（2）整车质量调整（Mass Adjustment）

为了获得所需的质量平衡，先通过修改预定义的配平质量来调整总质量。也需要移动质心，以获得正确的前/后和左/右总质量。该调整工作循环进行，直到质量平衡误差的平均变化小于公差乘以质量比，或达到指定的迭代次数。

第一个循环完成后，可以调整弹簧预载以实现对角线质量偏差。此调整工作循环进行，直到质量平衡误差之和小于公差，或达到指定的迭代次数。

（3）底盘行驶高度调整（Ride – Height Adjustment）

为了达到所需的底盘行驶高度，需预先定义底盘 4 个角的标记点，用于测量底盘相对于地面的行驶高度。

输入这些标记点的所需高度，并通过修改弹簧预载循环执行调整，直到底盘行驶高度误差之和小于底盘 4 个角高度公差。

由于 4 个弹簧预载中只有 3 个需要改变，以达到适当的行驶高度，可以选择指定忽略哪个弹簧（或平均哪两个弹簧）。

如果同时选择了质量和底盘行驶高度调整，则弹簧预载将在单个循环中进行调整，直到转角质量误差之和小于质量公差，且底盘高度误差之和小于高度公差。

5.3.5 驾驶机器（Driving Machine）

ADAMS/Car 的驾驶机器根据仿真工况要求驱动虚拟车辆。

5.3.5.1 标准驾驶员界面（Standard Driver Interface，SDI）

ADAMS/Car 通过 SDI，根据输入参数和车辆的状态控制转向、节气门、离合器、挡位和制动 5 个操作，实现对虚拟样车的驾驶。SDI 也被称为 Driving Machine（驾驶机器）。

使用驾驶机器可以再现任何物理样机的试验过程或从测试数据中复现实际的驾驶事件。

驾驶机器提供开环控制（Open – loop Control）、机器控制（Machine Control）和人工控制（Human Control）3 种车辆控制方法。

开环控制：使用常数或函数表达式来驱动车辆，没有反馈信号返回给控制系统。

机器控制：根据车辆的运动状态控制对车辆进行闭环控制。

人工控制：类似于机器控制，为一种闭环控制，但是这种控制方式有学习的能力。

驾驶机器收集：诸如位置、速度和加速度，以便计算驾驶控制信号。

目前版本的驾驶机器采用 .xml 格式的事件文件控制整车的仿真，原来 TeimOrbit 格式的驾驶控制文件（Driver Control File，DCF）仍可使用。

5.3.5.2　数据流程

驾驶机器数据流程如图 5 – 10 所示。

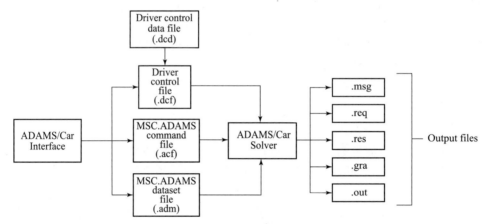

图 5 – 10　驾驶机器数据流程

可以看出，ADAMS/Car 先向 ADAMS/Car Solver 提交模型文件 .adm、命令文件 .acf 和驾驶控制文件 .dcf。驾驶控制文件 .dcf 可引用一个或多个驾驶控制数据文件 .dcd。.dcd 文件包含驾驶机器闭环控制所需车辆路径和速度或开环控制输入所需转向、节气门、制动、挡位和离合器等信号。命令文件 .acf 调用 ADAMS/Car Solver 的 CONSUB 子程序读取并处理 .dcf 文件，以完成 .dcf 文件中事件脚本所描述的操控过程。ADAMS/Car Solver 提供标准的输出文件，包括 .msg、.req、.res、.gra 和 .out 等。

5.3.5.3　使用驾驶机器

使用闭环控制的驾驶机器，可以根据输入的车辆路径 $\{x,y\}$ 以及速度，控制车辆沿着给定的路径或按照给定的速度或二者兼而有之进行运动。使用开环控制的驾驶机器，可以根据输入的各种函数，如正弦扫频及脉冲信号，控制转向、节气门或制动等操作。

使用驾驶机器，可以向模型输入记录的转向、油门、制动、挡位和离合信号；根据是否达到目标的横向加速度、纵向速度或移动的距离，停止仿真、切换控制器和改变输出步长。

驾驶机器的工作流程如图 5 – 11 所示。

5.3.5.4　事件文件

事件文件包含一系列最基本的控制，用脚本的方式描述仿真过程。

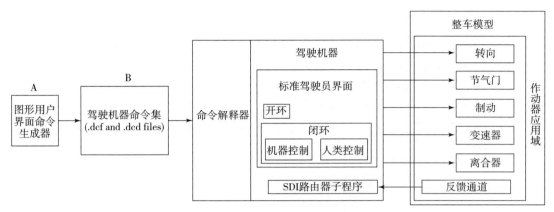

图 5-11 驾驶机器的工作流程

事件文件.xml/驾驶控制文件.dcf 引导驾驶机器驱动车辆完成虚拟试验；事件文件指定驾驶机器应使用的输入信号和控制类型，并指示驾驶机器控制车速变化。

事件文件将复杂的试验过程分成一系列小的简单的基本操控。文件主要包含一个静力学设置方法和一系列在 Experiment 块后面的最基本操控 Mini-maneuver 数据，每一条基本操控数据依次指定驾驶机器如何控制转向、节气门、制动、挡位和离合器等。驾驶机器按照文件中列出的顺序执行操控过程，直到列表操控过程结束或某一个最基本操控过程被终止。

事件文件是.xml 格式的文件。可以在 ADAMS/Car 标准界面使用事件构建器创建事件文件。

5.3.5.5 事件构建器

（1）创建事件文件

在 ADAMS/Car 标准界面，从 Simulate 菜单选择 Full-Vehicle Analysis→Event Builder，打开事件构建器。在事件构建器的 File 菜单中选择 New，为新事件文件命名。

（2）Experiment 数据块设置

Experiment 数据块用于指定 Static Set-up（静力学设置）、Gear Shifting（挡位变换）、Controller（控制器）、Trajectory Planning（轨迹规划）、PID Speed&Path（PID 车速和路径）、PID Steering Output（PID 转向输出）、Filters（筛选器）等试验设置。

在 Experiment 数据块，需提供初始的 Speed 参数和挡位 Gear 的参数。

指定静力学设置，可以消除仿真开始阶段的瞬态影响，也可以减少需要的最小操控步骤。如忽略 Static Set-up 的值，ADAMS/Car 默认为 normal。

（3）Mini-maneuver 子数据块

在 Experiment 数据块的后面必须带有 Mini-maneuver 子数据块。

每个基本操作块必须包含子数据块，其标题为 Steering、Throttle、Braking、Gear、Clutch、Conditions 和 Linear，如图 5-12 所示。

Mini-maneuver 子数据块的修改方式有列表显示（Display Table View）和使用属性编辑器（Property Editor）两种。子数据块必须指定一个基本操作的名字、结束时间和采样周期。一个驾驶控制文件可以包含的基本操作数量没有限制。

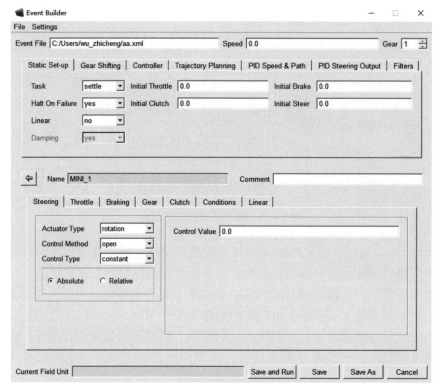

图 5-12　事件构建器界面

（4）指定结束条件

一个基本操控块可以包含一个 END_CONDITIONS 数据块，指定一个结束条件作为触发条件结束该操控步骤，并转到下一个操控步骤。这样的数据块对所有的基本操控步骤都是需要的，这样可以保证所有的基本操控步骤在到结束时间之前都能够被执行。

对每一个基本操控步骤，仿真结束条件可在 END_CONDITIONS 子数据块内指定，典型的 END_CONDITIONS 子数据块可能包括：measure（监测量）、test（测试）、value（阈值）、allowed_error（允许误差）、filter_time（过滤时间窗）、delay_time（时间延迟）和 group（组）。

（5）使用条件传感器扩展结束和退出条件

条件传感器包含一个数据元素数组和一个字符串，参考一个已有的变量类要素（数据要素变量或 Solver 计算的测量），将其关联到一个标签和单位字符串数组下。条件传感器实际上代表一种可测得的 Solver 量（变量类型对象）与字符串标签标识之间的关系，此字符串标签标识在驾驶控制文件 .dcf 中定义 ADAMS/Car 整车分析的结束条件。

在每次车辆分析之前，ADAMS/Car 浏览装配，以找到条件传感器并以得到的数据更新数据要素 end_conditions_array。在仿真开始阶段，SDI 使用在驾驶控制文件 .dcf 中特定的结束条件测试字符串，以标识在模型文件中相关的变量类型对象，并在仿真过程中计算结束条件传感器应该与目标值对比的量。

（6）指定属性

指定属性包括指定激励类型和指定控制方法。

例如在定义一个 Steering 子数据块时，需指定实现转向所需的激励类型。激励类型用于指定驾驶机器如何使车辆转向，是作用在转向盘上还是作用在转向拉杆上，是用力驱动还是用运动驱动。

当定义任何的子数据块时，必须指定控制方法，即 OPEN _ CONTROL 开环控制、MACHINE_CONTROL 机器控制或 HUMAN_CONTROL 人工控制。

开环控制下，驾驶机器输出信号为时间的函数。

当定义任何子数据块的 Control Method 并使用“OPEN”时，必须定义 MODE 为 relative（相对的）或 absolute（绝对的）。对于所有开环操控而言，前一步基本操控的结果将作为下一步基本操控的起点，这与选择 relative 或 absolute 没有关系。

使用机器控制时，应选定相应的控制方式或方法。

在机器控制下，子数据块需要指定车辆要走的路径、速度和其他机器控制基本操控所需要的参数。例如控制车速时，机器控制将自动换挡以使发动机工作在转速范围内。

5.3.5.6 驾驶员控制数据文件

驾驶员控制数据（Driver Control Data）文件包含驾驶机器所使用的数据，驾驶控制文件 . dcf 为指示驾驶机器可以引用 . dcd 文件中的数据。

驾驶控制数据文件为 TeimOrbit 格式，类似于 ADAMS/Car 的属性文件，如图 5 – 13 所示。

```
[MDI_HEADER]
FILE_NAME     = data_driven.dcd
FILE_TYPE     = 'dcd'
FILE_VERSION  = 1.0
FILE_FORMAT   = 'ASCII'
(COMMENTS)
{comment_string}
 'Example .dcd file containing open loop data'
$---------------------------------------------------------------------UNITS
[UNITS]
LENGTH = 'meters'
FORCE  = 'newton'
ANGLE  = 'radians'
MASS   = 'kg'
TIME   = 'sec'
$-----------------------------------------------------------------OPEN_LOOP
[OPEN_LOOP]
ORDINAL = 'time'

(DATA)
 {  time          steering           throttle       brake        gear        clutch }
  -0.1000E-00   1.4533443041E-003   0.3463416330   0.0000E+00   0.3000E+01   0.0000E+00
  -0.9000E-01   1.4514850725E-003   0.3631814658   0.0000E+00   0.3000E+01   0.0000E+00
  -0.8000E-01   1.4502789778E-003   0.3863595344   0.0000E+00   0.3000E+01   0.0000E+00
  -0.7000E-01   1.4502423302E-003   0.4182614518   0.0000E+00   0.3000E+01   0.0000E+00
  -0.6000E-01   1.4520336833E-003   0.4621706990   0.0000E+00   0.3000E+01   0.0000E+00
  -0.5000E-01   1.4564508899E-003   0.5226064781   0.0000E+00   0.3000E+01   0.0000E+00
  -0.4000E-01   1.4644090624E-003   0.6057891435   0.0000E+00   0.3000E+01   0.0000E+00
  -0.3000E-01   1.4768915219E-003   0.7202810016   0.0000E+00   0.3000E+01   0.0000E+00
  -0.2000E-01   1.4948647731E-003   0.8778658574   0.0000E+00   0.3000E+01   0.0000E+00
  -0.1000E-01   1.5191480402E-003   1.0947585206   0.0000E+00   0.3000E+01   0.0000E+00
   0.0000E-01   1.5502282923E-003   1.3932837513   0.0000E+00   0.3000E+01   0.0000E+00
   0.1000E-01   1.5880134489E-003   1.8041934658   0.0000E+00   0.3000E+01   0.0000E+00
   0.2000E-01   1.6315679001E-003   2.3695455918   0.0000E+00   0.3000E+01   0.0000E+00
   0.3000E-01   1.6789860506E-003   3.1452946207   0.0000E+00   0.3000E+01   0.0000E+00
   0.4000E-01   1.7275428596E-003   4.2024837258   0.0000E+00   0.3000E+01   0.0000E+00
   0.5000E-01   1.7740976599E-003   5.6249210013   0.0000E+00   0.3000E+01   0.0000E+00
   0.6000E-01   1.8156653283E-003   7.4971858416   0.0000E+00   0.3000E+01   0.0000E+00
```

```
[MDI_HEADER]
FILE_NAME     = iso_lane_change.dcd
FILE_TYPE     = 'dcd'
FILE_VERSION  = 1.0
FILE_FORMAT   = 'ASCII'
(COMMENTS)
{comment_string}
'Example DCD file of ISO-Lane Change Path'
$---------------------------------------------------------------------UNITS
[UNITS]
LENGTH = 'meters'
FORCE  = 'newton'
ANGLE  = 'radians'
MASS   = 'kg'
TIME   = 'sec'
$---------------------------------------------------------------CLOSED_LOOP
[CLOSED_LOOP]
STEERING_CONTROL = 'path'
SPEED_CONTROL = 'none'

(DATA)
{ X    Y }
   0.0  0.000
   0.1  0.000
   0.2  0.000
   0.3  0.000
  58.7  0.000
  58.8  0.000
  58.9  0.000
  59.0  0.000
  60.0  0.000
  90.0  3.586
  91.0  3.586
  91.1  3.586
  91.2  3.586
  91.3  3.586
 113.7  3.586
```

图 5 – 13 驾驶控制数据 . dcd 文件示例

驾驶控制数据 . dcd 文件需包含 MDI_ HEADER 数据块和 UNITS 数据块。

驾驶控制数据文件可以既包含 OPEN – LOOP 数据块又包含 CLOSED – LOOP 数据块。

OPEN – LOOP 数据块指定车辆的转向角、油门、制动、挡位和离合器等输入信号，不考虑车辆可能的行驶速度和方向。

CLOSED – LOOP 数据块设定车辆行驶的方向和速度，作为控制车辆行驶的输入数据。

驾驶员控制数据 . dcd 文件可以基于实际试验采集的 5 个控制信号数据生成，也可以使用 MSC. Software 提供的驾驶员控制数据 . dcd 文件为样板编辑生成自己的 . dcd 文件。

5.3.6 轮胎与路面

ADAMS/Tire 可以计算在车辆行驶过程中轮胎和路面相互作用的力和力矩。ADAMS/Tire 为 ADAMS/Solver 在解算过程中调用的一系列共享目标文件库,包括 DIFSUB 和 GFOSUB 子程序。使用 ADAMS/Tire 来模拟轮胎能够分析车辆的操纵稳定性能或耐久性。

在 ADAMS/Tire 中,轮胎模块有:ADAMS/Tire Handling Module(操纵性轮胎模块)和 Specific Tire Models(专用轮胎模型);路面模块有:2D Road、3D Shell Road(3D Contact)、3D Spline Road(3D Smooth Road model)和 Specific Road Models。

5.3.6.1 轮胎与路面的接触

ADAMS/Tire 提供 4 种轮胎与路面的接触方式:

- One Point Follower Contact(2D Road、3D Spline Road、OpenCRG Road、RGR Road);
- 3D Equivalent Volume Contact(3D Shell Road);
- 3D Enveloping Contact(所有 ADAMS 道路类型);
- Tire Cross – Section Profile Contact Method(仅 PAC – MC Tire 使用)。

两种轮胎与路面的接触原理示意如图 5 – 14 所示。

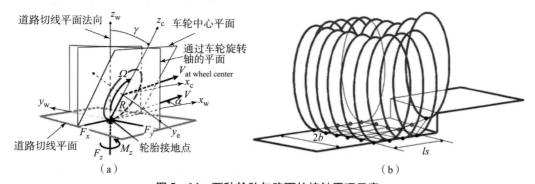

图 5 – 14 两种轮胎与路面的接触原理示意
(a)单点从动器接触;(b)3D 包络接触

5.3.6.2 轮胎模型

ADAMS/Tire 的一系列轮胎模块能够模拟用于轿车、卡车或飞机上的各种常见橡胶轮胎,产生使车辆加速、制动或转向的力,可以结合 ADAMS/View、ADAMS/Solver、ADAMS/Car 和 ADAMS/Chassis 使用。ADAMS/Tire 允许在一个车辆模型中最多有 40 个轮胎。

(1)ADAMS/Tire Handling Module(操纵性轮胎模块)

ADAMS/Tire 的操纵性轮胎模块包含 Pacejka 2002 tire model、Pacejka '89 and Pacejka '94 models、Fiala tire model、UA tire model 和 5.2.1 tire model 等轮胎模型。

Pacejka 系列轮胎模型使用了荷兰 Delft 理工大学教授 H. B. Pacejka 博士公开发表的轮胎魔术(Magic)公式。魔术公式用三角函数的组合公式拟合轮胎试验数据,用一套形式相同的公式就可以完整地表达轮胎的纵向力 F_X、侧向力 F_Y、回正力矩 M_Z、翻转力矩 M_X 和阻力矩 M_Y。魔术公式的一般表达式为:

$$\begin{cases} Y = y + S_V \\ y = D \cdot \sin(C \cdot \arctan(B \cdot x - E(B \cdot x - \arctan(B \cdot x)))) \\ x = X + S_H \end{cases}$$

式中，D 为峰值因子；C 为曲线形状因子；B 为刚度因子；E 为曲线曲率因子；S_V 和 S_H 分别为纵轴和横轴方向的偏移量。

当 Y 表示纵向力时，$S_V = 0$，$D = A_0 \cdot F_Z^2 + A_1 \cdot F_Z$，$F_Z$ 为垂直载荷，$C = A_2$，$B = BCD/(C \cdot D)$，$BCD = (A_3 \cdot F_Z^2 + A_4 \cdot F_Z) \cdot e^{-A_5 \cdot F_Z}$，$E = A_6 \cdot F_Z^2 + A_7 \cdot F_Z + A_8$，$X$ 为轮胎纵向滑移率，$S_H = A_9 \cdot F_Z + A_{10}$，$A_i, i = 0,1,2,\cdots,10$ 为拟合参数。

当 Y 表示侧向力时，$S_V = B_0 \cdot F_Z \cdot \gamma + B_1 \cdot F_Z + B_2$，$\gamma$ 为轮胎外倾角，$D = B_3 \cdot F_Z^2 + B_4 \cdot F_Z$，$C = B_5$，$B = BCD/(C \cdot D)$，$BCD = B_6 \cdot \sin(2 \cdot \arctan(F_Z/B_7)) \cdot (1 - B_8 \cdot |\gamma|)$，$E = B_9 \cdot F_Z + B_{10}$，$X$ 为轮胎侧偏角，$S_H = B_{11} \cdot F_Z + B_{12} + B_{13} \cdot \gamma$，$B_j, j = 0,1,2,\cdots,13$ 为拟合参数。

当 Y 表示回正力矩时，$S_V = (C_0 \cdot F_Z^2 + C_1 \cdot F_Z) \cdot \gamma + C_2 \cdot F_Z + C_3$，$D = C_4 \cdot F_Z^2 + C_5 \cdot F_Z$，$C = C_6$，$B = BCD/(C \cdot D)$，$BCD = (C_7 \cdot F_Z^2 + C_8 \cdot F_Z) \cdot (1 - C_9 \cdot |\gamma| \cdot e^{-C_{10} \cdot F_Z})$，$E = (C_{11} \cdot F_Z^2 + C_{12} \cdot F_Z + C_{13}) \cdot (1 - C_{14} \cdot |\gamma|)$，$X$ 为轮胎侧偏角，$S_H = C_{15} \cdot \gamma + C_{16} \cdot F_Z + C_{17}$，$C_k, k = 0,1,2,\cdots,17$ 为拟合参数。

魔术公式在侧向加速度 $\leq 0.4g$，轮胎侧偏角 $\leq 5°$ 的工况下对常规轮胎的拟合精度很高，且在极限值外的工况也具有较好的置信度。目前，魔术公式正在成为工业标准，即轮胎制造商向整车厂直接提供魔术公式系数表示的轮胎数据。基于魔术公式的轮胎模型还有较好的健壮性，如果没有某一轮胎的试验数据，使用同类轮胎数据作为替代仍可取得很好的效果。

（2）Pacejka 2002 tire model

Pacejka 系列轮胎模型最新的版本是 Pacejka 2002（PAC2002）。一般来说，魔术公式轮胎模型描述了频率上限为 8 Hz 的平坦道路（道路障碍物波长大于轮胎半径）的轮胎行为，这使得轮胎模型适用于仿真所有普通车辆的操纵稳定性试验工况。基本的 PAC2002 轮胎模型采用线性瞬态模型的有效频率约为 8 Hz，若采用（非线性）高级瞬态模式（使用模式 21 – 25），轮胎模型的有效性可以提高到 15 Hz。

PAC2002 轮胎模型通过使用轮胎带束层动力学模型，提高了其对短波长道路障碍物（使用 3D 包络接触）和更高上限频率（70～80 Hz）的有效性。轮胎带束层动力学模型是假设带束层是与轮辋通过具有刚度和阻尼的 6 自由度衬套连接的刚性环。

PAC2002 模型可用于车轮外倾角不超过 15° 的汽车、卡车和飞机轮胎。

（3）Specific Tire Models（专用轮胎模型）

ADAMS/Tire 提供的专用轮胎模型有：Pacejka Motorcycle Tire Model、ADAMS/Tire FTire Module（Flexible Ring Tire Model）、Soft – Soil Tire Model 和 Aircraft Enhanced Tire Model，等，如图 5 – 15 所示。

5.3.6.3 路面模型

（1）2D 路面类型

ADAMS/Tire 提供的 2D（二维）路面类型有：

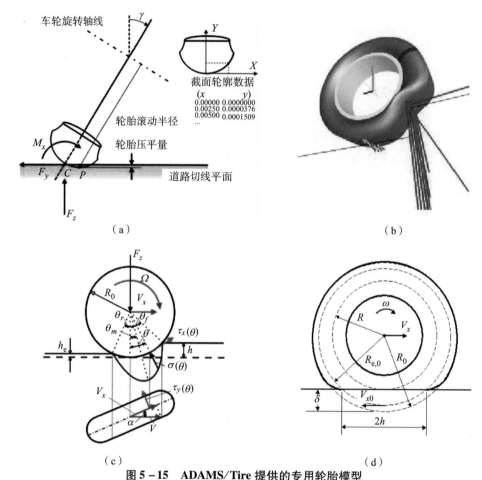

图 5 – 15　ADAMS/Tire 提供的专用轮胎模型

(a) Pacejka Motorcycle (Pacejka 摩托车); (b) Flexible Ring (柔性环);
(c) Soft – Soil (松软土壤); (d) Aircraft Enhanced (飞机增强型)

- DRUM，轮胎试验转鼓（需要轮胎模型具有"零速度"能力）；
- FLAT，平坦路面；
- PLANK，单滑板，垂直或相对于 x 轴倾斜，有或没有斜边；
- POLY_LINE，多义线，道路纵断面的分段线性描述（左右轨迹的轮廓是独立的）；
- POT_HOLE，矩形凹坑；
- RAMP，单个坡道（上坡或下坡）；
- ROOF，单个凸岭（障碍纵断面是三角形）；
- SINE，固定波长的正弦波；
- SINE_SWEEP，逐渐减小波长的正弦波；
- STOCHASTIC_UNEVEN，随机不均匀路面（左右轨迹的轮廓独立，或可能有相关性）。

2D 路面文件保存在 ADAMS/Car 的共享数据库及其他相关模块的 roads.tbl 目录中。

(2) 3D Shell Road (3D 轮廓路面)

3D Shell Road 也称 3D 等效体积路面，路面模型是用一系列节点构建一系列三角形片来表示三维表面，而轮胎则用一系列圆柱表示。3D Shell Road 利用三维轮胎-道路接触模型（3D 等效体积接触）计算道路与轮胎之间的相交体积，再根据相交体积计算等效平面的道路法向、侵入量、轮胎与道路的接触点和有效道路摩擦力。

定义 3D Shell Road 时需要首先指定每个节点在路面的参考坐标系下的坐标，然后再按照顺序指定由 3 个节点构成 1 个三角形单元。例如，6 个节点可构成 4 个三角形的路面单元。与有限元中网格的定义习惯相似，每个三角形单元的单位法向矢量是向外的。对每个单元可以指定不同的摩擦系数。与 3D Shell Road 接触的轮胎胎体横断面形状使用最大 10 个等距插值点定义，如图 5-16 所示。

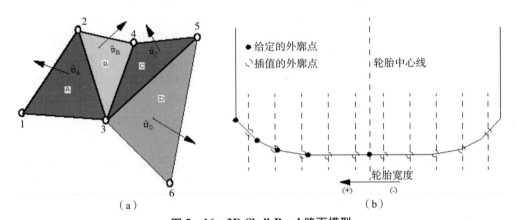

图 5-16 3D Shell Road 路面模型
(a) 6 个节点构成 4 个三角形路面单元；(b) 10 个等距插值点定义胎体横断面

3D Shell Road 路面特性文件包含数据块：Header、Units、Model、Nodes 和 Elements。

3D Shell Road 模块可以使用 Pacejka 2002、Pacejka 89、Pacejka 94 或 Fiala 轮胎模型。

当车轮超过路面边界时，车轮会下落，故应设置环境变量，使解算器在此时中止仿真。

(3) 3D Spline Road（3D 样条路面）

3D Spline Road 模块允许定义任意的三维光滑道路表面。3D 样条路面允许模拟很多类型的光滑路面，如停车场、比赛道路等。光滑路面是指路面曲率小于轮胎曲率。3D Spline Road 路面模型包含道路的中心线、宽度、倾斜角度以及左、右摩擦系数等信息。

使用 3D Spline Road 模块可以设置一些三维障碍，如 CROWN（拱形）、CURB（路肩）、PLANK（单板）、POLYLINE（多义线）、POTHOLE（凹坑）、RAMP（斜坡）、ROOF（三角形凸岭）、ROUGHNESS（粗糙度）、SINE（正弦）、SWEEP（正弦扫频）、GRID（栅格）等。

可使用 Road Builder（路面构建器）创建 XML 格式的 3D Spline Road 模型并显示路面的几何外形，如图 5-17 所示。

在使用驾驶机器 Driving Machine 进行仿真时，可以使用路面数据文件代替驾驶员控制数据文件（.dcd），此时，驾驶机器将沿着路面中线来驾驶车辆。

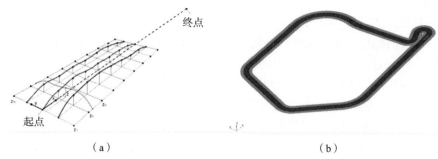

图 5-17 3D Spline Road 路面模型
(a) 使用 GRID 定义的路面；(b) 文件 3d_road_smooth_track.xml 描述的路径

在使用智能驾驶员 Adams SmartDriver 进行仿真时，可以用路面数据文件代替驾驶员路面文件（.drd），此时，车辆会用路面中线的 X、Y、Z 坐标来确定行驶路径。

3D Spline Road 模块可使用 ADAMS/Tire 中的任何轮胎模型。使用 3D 光滑路面和任何操纵性轮胎模块或其他更高级的 FTire 或 SWIFT-Tyre 轮胎模块可以处理路面障碍以进行平顺性、舒适性和耐久性的分析。

（4）其他特殊的路面模块

除 3D 路面模块之外，ADAMS/Tire 还提供 Soft Soil Road Model、RGR Road Model 和 OpenCRG Road Model 等其他特殊的路面模块。

Soft Soil Road Model（软土壤路面）用于描述任何轮胎在弹性/塑性地面（如沙子、黏土、壤土和雪）上的轮胎-土壤相互作用力，路面文件需要定义土壤特性。

RGR（Regular Grid Road）是采用在 X 和 Y 方向的等间距数据点的高程定义路面。由于栅格是规则的，路面文件无须存储每个节点的 X 和 Y 值，只需存储 Δx、Δy、栅格原点坐标、栅格旋转角度和节点高程，故在相同节点的情况下 RGR 路面文件较小。

OpenCRG（Open Curved Regular Grid）通过弯曲的网格状分割，实现对道路的高精度描述，并降低内存占用和计算时间，广泛应用于轮胎和地面接触的摩擦相关问题。OpenCRG 将允许在仿真软件中对道路路面进行真实 3D 渲染，并包括路面的摩擦系数和灰度等信息。

5.3.6.4 轮胎类型及其适应性

每个轮胎模块都有其适用的特定领域，超出这一领域可能会出现不真实的分析结果。操纵性轮胎模型可以描述轮胎的一阶响应，但不能考虑轮胎本身的固有频率，因此，操纵性轮胎模型的有效频率约 8 Hz。PAC2002 轮胎模型可以使用更先进的瞬态方法，将有效范围扩展至 15 Hz。在该频率范围之外，应使用包含轮胎带束动力学的轮胎模型。PAC2002 还可以提供带束动力学（刚性环部件）的基本方法，将有效性提高到 70~80 Hz。FTire 使用更复杂的方法，包括更细致的接触片和柔性环方法，这使得仿真可以应用到更高的频率和更广泛的应用范围。

不同类型轮胎的适用领域如图 5-18 所示。

ADAMS/Tire 的操纵性轮胎模块只适用于"光滑"路面。如障碍的波长小于轮胎的周长，应使用 SWIFT-Tyre 或 FTire 轮胎模型以考虑轮胎非线性的影响。

SWIFT 模型是基于刚性环的半经验模型，通过等效路面替代真实路面输入，可适用于

MD Adams	工况/操作	ADAMS/操纵性轮胎模型							特殊轮胎模型	
		PAC2002[1]	PAC-TIME[1]	PAC89[1]	PAC94[1]	FIALA[1]	5.2.1.[1]	UA Tire[1]	PAC-MC[1]	FTire
操纵性	停驻和起步	+	o/+	o/+	o/+	o/+	o/+	o/+	-	+
	车轮原地转向	+	-	-	-	-	-	-	-	+
	在侧倾试验台上停驻	+	+	+	+	+	+	+	+	+
	稳态转向	+	+	o/+	o/+	o	o	o	+	o/+
	换道行驶	+	+	o/+	+	o	o	o	+	o/+
	ABS 制动距离	+	o/+	o/+	o/+	o	o	o/+	o/+	+
	转向时制动/熄火	+	+	o	o	o	o	o	o	+
	车辆侧翻	+	o	+	+	+	+	+	o	+
	在线标定轮胎性能	+	-	-	-	-	-	-	-	o
平顺性	在不平路面上转向行驶 *	o/+	o	o	o	o	o	o	o	o/+
	在不平路面上制动 *	o/+	o	o	o	o	o	o	o	o/+
	越障行驶	-	-	-	-	-	-	-	-	+
	在不平路面上行驶	-	-	-	-	-	-	-	-	+
	四柱试验台（ACar Ride）	+	o/+	o/+	o/+	o/+	o/+	o/+	o/+	o/+
底盘控制	ABS 制动控制	o/+	o	o	o	o	o	o	o	+
	摆振[2]	o/+	o	o	o	o	o	o	o	+
	转向系统振动	o/+	o	o	o	o	o	o	o	+
	实时	+	-	-	-	-	-	-	-	-
	底盘控制系统响应 > 8 Hz	o/+	-	-	-	-	-	-	-	+
	底盘平顺性控制	-	-	-	-	-	-	-	-	+
耐久性	驶过路缘石	-	-	-	-	-	o	o	-	o/+
	驶过路缘石带有轮辋冲击	o	-	-	-	-	o	o	-	o/+
	通过凹坑	-	-	-	-	-	o	o	-	o/+
	载荷工况	-	-	-	-	-	o	o	-	o/+

-	不适用/不真实
o	适用
o/+	较好
+	首选

* 道路障碍波长大于轮胎直径
[1] 用于瞬态和复合滑移模式
[2] 由于悬架系统柔性和轮胎动态响应造成的车轮横向振动

图 5-18　不同类型轮胎的适用领域

不平路面的平顺性和耐久性计算。FTire 是基于柔性环假设的 3D 非线性面内和面外轮胎仿真分析模型，能够进行车辆平顺性仿真，同时也可用于操纵稳定性分析研究。

5.3.6.5　使用 Adams 轮胎模块的步骤

①定义轮胎，系统会创建一个 ADAMS 数据集（.adm），包含轮胎力的定义及其他元素。

②调用轮胎特性文件，ADAMS 和轮胎制造商或测试公司提供了一些轮胎特性文件，也可创建简单的轮胎特性文件（如 Fiala 模型），或使用 Adams Tire Data and Fitting Tool（TDFT）基于轮胎试验数据计算 PAC2002 参数并创建轮胎特性文件。

③调用路面特性文件。

④对模型进行仿真。

⑤在后处理器中查看仿真结果。

5.3.7　实验7：整车操纵稳定性分析

本实验以整车操纵稳定性分析工况中的定半径转弯试验为例，实践 ADAMS 中进行整车操纵稳定性性能分析的方法和流程。在定半径转弯仿真试验中，车辆沿一个固定半径轨迹做圆周运动，车辆尽量均匀加速至设定值，观察汽车的稳态响应、转向盘转角变化和车身侧倾角变化等。

5.3.7.1　创建整车装配模型

（1）进入 ADAMS/Car 标准界面

启动 ADAMS/Car，选择 Standard Interface 进入 ADAMS/Car 标准界面。

（2）创建整车装配

在 File 菜单选择 New→Full – Vehicle Assembly，打开对话框并填写。

```
Assembly Name:My_car
    Front Susp Subsystem:mdids://acar_shared/subsystems.tbl/TR_Front_Suspension.sub
    Rear Susp Subsystem:mdids://acar_shared/subsystems.tbl/TR_Rear_Suspension.sub
    Steering Subsystem: mdids://acar_shared/subsystems.tbl/TR_Steering.sub
    Front Wheel Subsystem:mdids://acar_shared/subsystems.tbl/TR_Front_Tires.sub
    Rear Wheel Subsystem:mdids://acar_shared/subsystems.tbl/TR_Rear_Tires.sub
    Body Subsystem:mdids://acar_shared/subsystems.tbl/TR_Body.sub
    Brake Subsystem: mdids://acar_shared/subsystems.tbl/TR_Brake_System.sub
    Powertrain Subsystem: mdids://acar_shared/subsystems.tbl/TR_Powertrain.sub
    Vehicle Test Rig:__MDI_SDI_TESTRIG
```

单击【OK】按钮，创建整车装配。创建完成的整车装配如图5–19所示。

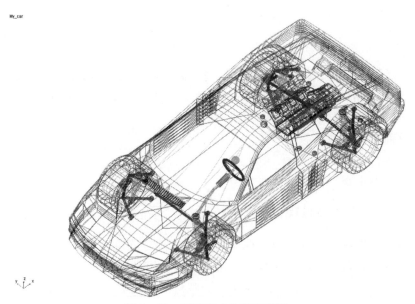

图5–19 创建完成的整车装配

5.3.7.2 稳态回转试验仿真

从 Simulation 菜单选择 Full – Vehicle Analysis → Cornering Events → Constant Radius

Cornering，在对话框中填写并选择。

```
Output Prefix:crc
Simulation Mode:interactive
Road Data File:mdids://acar_shared/roads.tbl/2d_flat.rdf
Output Step Size:0.1;Gear Position:3;Turn Radius:25;Length Units:m;
Turn Direction: left; Control: lateral acceleration; Duration of maneuver:60
Initial Acceleration: 0.1; Final Acceleration: 0.7; Acceleration Units:g
勾选 Quasi - Static Skidpad Setup
```

单击【OK】按钮，执行稳态回转工况分析。

5.3.7.3 仿真结果后处理

启动后处理模块。使用 ▦ 分屏，绘制车辆行驶的轨迹曲线、转向盘转角随侧向加速度变化曲线、车身侧倾角随侧向加速度变化曲线，如图 5 – 20 所示。

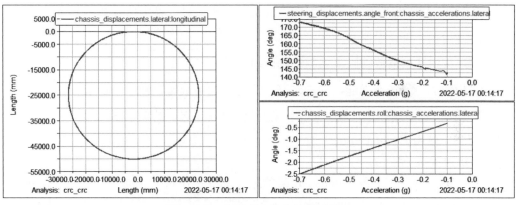

图 5 – 20　定圆试验仿真结果后处理

在后处理界面可以读取其他性能指标，也可根据需要建立 request 读取，并可以对数据结果进行数学运算和统计分析，对分析结果进行编辑，并以报告形式输出。

5.3.7.4　观察仿真动画

（1）回放仿真动画

在 ADAMS/Car 窗口，从 Review 菜单选择 Animation Controls，打开对话框设定动画参数，单击 ▷ 按钮播放动画，如图 5 – 21 所示。

（2）在后处理中回放仿真动画

进入后处理窗口。使用 ▪ 恢复单屏显示，在窗口空白处单击鼠标右键，选择 Load Animation，加载仿真动画。

在下部控制区，单击 ▷ 按钮播放仿真动画，单击 ‖ 按钮暂停播放仿真动画。

单击 ◁ 按钮返回仿真动画的初始状态。

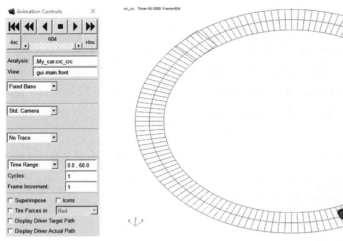

图 5-21　回放定圆试验仿真过程

(3) 录制仿真动画

在 ADAMS/Car 窗口，关闭 Animation Controls 对话框，避免影响后处理录制仿真动画。

在后处理窗口下部控制区，选择 Record 标签，可以设置录制仿真动画参数。

按下 ⓡ 按钮，准备录制动画。

单击 ▶ 按钮开始播放动画，录制动画同时开始。

仿真结束时，ⓡ 按钮弹起，动画录制停止，该动画被保存到工作目录。

如需要在仿真中途停止录制，可单击 ⓡ 按钮使其弹起，结束录制。

5.3.7.5　使用 Event Builder

(1) 新建 XML 格式的事件文件

在 ADAMS/Car 窗口，从 Simulation 菜单选择 Full-Vehicle Analysis→Event Builder…，打开 Event Builder；在 Event Builder 中，从 File 菜单选择 New；在 New File 对话框，输入 My_event；单击【OK】按钮，完成 My_event.xml 创建。

(2) 新建基本操作

在 Event Builder 左侧中部，单击 ⇐ 按钮，退入 MINI_MANEUVER 子数据块的列表显示 (Display table view) 修改模式，可以看到第一个基本操作 MINI_1 已经被定义。

在 Name 栏内输入 MINI_2，并单击【Add】按钮。

在 Name 栏内输入 MINI_3，并单击【Add】按钮。

(3) 定义初始车速、挡位和静平衡

在 Event Builder 上部，在 Speed 栏输入 27.7（单位为 m/s，即初始车速约为 100 km/h）；在 Gear 栏输入 5，设置挡位为 5。

在 EXPERIMENT 数据块，选择 Static Set-up 标签，将 Task 选择为 straight。

(4) 定义第一个基本操作

双击 MINI_1，进入属性编辑器 (Property Editor) 修改模式，定义基本操作 MINI_1。

设置参数使车辆直线行驶并保持恒定的速度。

①Steering 标签。

```
   Actuator Type: rotation; Control Method: machine; Steer Control:
straight;
```

②Throttle 和 Braking 标签。

```
   Control Method: machine; Speed Control: maintain; Velocity Type:
specified;Velocity:27.7;
```

③Gear 标签。

```
   Control Method:open;Control Type:constant;Control Value:5;
```

④Clutch 标签。

```
   Control Method:open;Control Type:constant;Control Value:0.0。
```

(4) 定义第一个基本操作的结束条件

选择 Conditions 标签，单击标签内的 ⇐ 按钮。可以看到，第一个结束条件 END_1 已经被定义。

在 Name 栏内输入 END_2，并单击【Add】按钮。

设置 END_1 参数。

```
   Type:lon_accel;Condition Sensor:lon_accel;Test: ==;Trigger Value:
0.0;Error:0.05;
   Filter Time: 2.0; Delay Time: 0.0; Group Name: MINI _ 1; Condition
Type:end。
```

设置 END_2 参数。

```
   Type:lat_accel;Condition Sensor:lat_accel;Test: ==;Trigger Value:
0.0;Error:0.05;
   Filter Time: 2.0; Delay Time: 0.0; Group Name: MINI _ 1; Condition
Type:end。
```

单击【Save】按钮。

因为 END_1 和 END_2 使用同一个 Group Name 名字，所以需要两个结束条件同时满足才可结束此项基本操作。

(5) 定义第二个基本操作

单击 ⇐ 按钮，退入 MINI_MANEUVER 子数据块的列表显示（Display Table View）修改模式；双击 MINI_2，进入属性编辑器（Property Editor）修改模式，定义基本操作 MINI_2。

设置参数使车辆右转并控制转向半径为 120 m，车速、挡位和离合器不变。

①Steering 标签。

```
   Actuator Type:rotation;Control Method:machine;
   Steer Control: skidpad; Entry Distance: 10.0; Radius: 120; Turn
Direction:Right;
```

②Throttle 和 Braking 标签。

```
   Control Method:machine;Speed Control:maintain;Velocity Type:
specified;Velocity:27.7;
```

③Gear 标签。

```
Control Method:open;Control Type:constant;Control Value:5;
```

④Clutch 标签。

```
Control Method:open;Control Type:constant;Control Value:0.0。
```

(6) 定义第二个基本操作的结束条件

选择 Conditions 标签。

在 Name 栏内输入 END_1，并单击【Add】按钮。

在 Name 栏内输入 END_2，并单击【Add】按钮。

设置 END_1 参数。

```
   Type:lon_accel;Condition Sensor:lon_accel;Test:==;Trigger Value:
0.0;Error:0.05;
   Filter Time:2.0;Delay Time:0.0;Group Name:MINI_2;Condition
Type:end。
```

设置 END_2 参数。

```
   Type:curvatur;Condition Sensor:curvatur;Test:==;Trigger Value:
0.008 33;Error:0.000 05;
   Filter Time:2.0;Delay Time:0.0;Group Name:MINI_2;Condition
Type:end。
```

选择【Save】按钮。

(7) 定义第三个基本操作

单击 ⬅ 按钮，退入 MINI_MANEUVER 子数据块的列表显示（Display Table View）修改模式；双击 MINI_3，进入属性编辑器（Property Editor）修改模式，定义基本操作 MINI_3。

设置参数使车辆保持右转，转向半径为 120 m，制动减速度在 1 s 后为 -3.0 m/s^2，挡位和离合器由驾驶机器控制。

①Steering 标签。

```
   Actuator Type:rotation;Control Method:machine;
   Steer Control:skidpad;Entry Distance:0.0;Radius:120;Turn
Direction:Right;
```

②Throttle 和 Braking 标签。

```
   Control Method:machine;Speed Control:lon_accel;Start Time:1.0;
Long. Acc.:-3.0;
```

③Gear 标签。

```
Control Method:machine;
```

④Clutch 标签。

```
Control Method:machine。
```

(8) 定义第三个基本操作的结束条件

选择 Conditions 标签。

在 Name 栏内输入 END_1，并单击【Add】按钮。

设置 END_1 参数。

```
Type:Velocity;Condition Sensor:Velocity;Test:<<;Trigger Value:
2.27;Error:0.01;
   Filter Time:0.0;Delay Time:0.0;Group Name:MINI_3;Condition
Type:end。
```

单击【Save】按钮。

完成的事件文件包括 3 个操作：先以 100 km/h 车速进行直线定速行驶；再以 120 m 半径进行定半径转弯；然后在转弯的同时制动减速，当车辆的速度低于 10 km/h 时，仿真结束。

5.3.7.6 使用创建的事件文件驱动整车仿真

使用创建的事件文件驱动整车仿真有两种方法。

(1) 通过 ADAMS/Car 标准界面

从 Simulation 菜单选择 Full – Vehicle Analysis→File Driven Events…，打开 Full – Vehicle Analysis：File Driven Events 对话窗，填入或选择。

```
Output Prefix:fde
Simulation Mode:interactive
Road Data File:mdids://acar_shared/roads.tbl/2d_flat.rdf
Driver Control Files:My_event.xml
```

单击【OK】按钮，执行文件驱动工况分析。

(2) 通过 Event Builder 界面

单击位于 Event Builder 下部的【Save and Run】按钮，也可以打开 Full – Vehicle Analysis：File Driven Events 对话框。

可以看到 My_event.xml 已被自动填入 Driver Control Files 栏。

单击【OK】按钮，执行文件驱动工况分析。

5.3.7.7 事件文件驱动仿真结果后处理

启动后处理模块。使用 分屏，绘制车辆行驶的轨迹曲线、车速随时间变化曲线、车身侧倾角随时间变化曲线，如图 5 – 22 所示。

5.3.7.8 修改事件文件再次仿真

回到 Event Builder，单击 ← 按钮，退入 MINI_MANEUVER 子数据块的列表显示

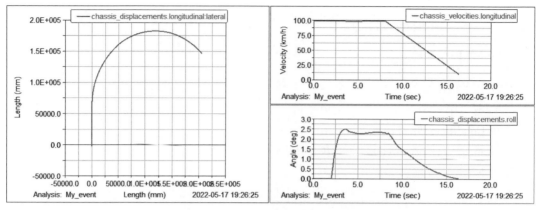

图 5-22 回放定圆试验仿真过程

(Display Table View) 修改模式；双击 MINI_2，修改 Steering 标签：Control Method：open；Control Type：constant；Control Value：65；单击【Save and Run】按钮。再次仿真并查看仿真结果变化。

5.3.7.9 整车仿真建议

整车仿真模型调试需要做很多工作，比悬架 K&C 仿真要有难度。在此给出几点建议：

①做好通信器匹配工作，确认各系统必要的通信器连接畅通，保证整车仿真成功。

②在系统建模时，尽可能输入各部件实际的质量和转动惯量，避免使用过小的数值，否则会导致有部件产生过高的响应频率。

③衬套和弹簧数据尽量准确，如果先期没有准确数值则要尽量将刚度设置得大一些，能用刚性连接的地方尽量用刚性连接，避免系统出现错误动作，例如，转向节固定衬套如果刚度过小则会出现前轮异常扭转；如果控制臂衬套刚度不合适则会出现悬架大的变形走动；如果弹簧刚度过小则会出现整车模型坍塌。

④避免使用固定副。若两个或多个部件能合并成一个部件就不要使用固定副，否则会增加系统不必要的方程数目；在必须使用固定副时，应尽量建在轻质部件的质心处。

⑤避免过大或过小的数字出现在系统中，如 10^{23}，10^{-20}。

⑥不要让积分器越过重要事件，短时事件（如脉冲）可以通过设定最大时间步长 HMAX 小于脉冲宽度来解决；尽量使用 HMAX 来定步长积分。

⑦延伸样条曲线使其超过使用范围。

⑧避免冗余约束。ADAMS 会尝试消除冗余约束，而不去考虑其物理意义。

⑨站在物理的立场来理解机械系统。

⑩尽量引入阻尼（不能过大）到系统，这样可以消除振动。

⑪模型如果要做静平衡，在初始状态所有轮胎应该轻微穿透路面。

⑫在仿真不成功时要查看出错信息，从中发现错误所在。

5.3.8 整车行驶平顺性分析模块 ADAMS/Car Ride

汽车在道路上行驶时，会因路面凹凸不平而产生振动。汽车的平顺性主要是保持汽车在行驶过程中产生的振动和冲击环境对乘员舒适性的影响在一定界限之内，因此平顺性主要根据乘员主观感觉的舒适性来评价。它是现代高速汽车的主要性能之一。它不仅直接影响乘员的乘坐舒适性和车辆行驶安全性，还间接影响到车辆的动力性、经济性及零部件使用寿命等指标，因此如何保证汽车具有良好的平顺性，已经引起设计人员的广泛关注。

在传统的汽车平顺性试验中，都是通过实车道路试验，用专门的仪器测量相应值，输入处理器中得到其评价指标。而通过机械系统动力学软件 ADAMS/Car Ride 可以实现在计算机上建立汽车的三维实体模型，并对整车实体模型进行动力学分析，还可以通过修改不同参数来快速观察车辆的运动状态、动态显示仿真数据结果，从而尽可能降低生产成本，缩短设计周期，更加接近实际的真实情况。

5.3.8.1 ADAMS/Car Ride 简介

ADAMS/Car Ride 是 ADAMS/Car 中即插即用的模块，是 ADAMS 与世界上主要汽车制造商合作用户开发的汽车平顺性虚拟环境。ADAMS/Car Ride 将数字化汽车（Functional Digital Vehicle）仿真从操纵稳定性试验扩展到平顺性试验。

ADAMS/Car Ride 使用虚拟的四立柱试验台（Four – Post Test Rig）建立可进行平顺性仿真试验的整车装配模型，可以完成多种时域分析和频域分析（频域分析需要 ADAMS/Vibration 模块支持）。

使用 ADAMS/Car Ride 必须基于一个已有的整车模型数据库，基于同一个整车模型数据库建立的汽车模型既可以用于操纵稳定性分析，也可以用于平顺性分析。一个整车装配模型至少由前悬架、后悬架、前轮胎、后轮胎、转向系统、车身 6 个子系统以及对应的试验台组成，且子系统是基于模板建立的。

ADAMS/Car Ride 只需设置车速即可通过四立柱试验台仿真汽车行驶在不平路面时的振动响应，包括区分左、右轮辙和后轮滞后，使得路面不平度功率谱密度（PSD）响应研究变得容易；虽然同样用于振动响应分析的 ADAMS/Vibration 也提供了 PSD 输入的交叉相关方法，但要从随机不平路面取得左、右轮辙的相关系数却不容易。

ADAMS/Car Ride 作为 ADAMS/Car 的插件，不能脱离 ADAMS/Car 界面独立运行，并且需要 ADAMS/Tire 模块的支持（不包括 ADAMS/Car 本身所需的支持模块）。

此外，ADAMS/Car Ride 还可以高精度地转换弹性元件（减振器、轴套、液压阻尼胶座、轮胎）的数字属性，作为单独的对象进行分析研究，ADAMS/Car Ride 在弹性元件库提供了基于 MATLAB 定义的 Monroe（蒙诺）公司 GSE（General State Equation）减振器模型、由 Audi 公司提供的液压阻尼胶座模型、按照 Pfeffer 教授提出的 FIELD 单元建立的轴套模型以及 SWIFT 轮胎模型。

5.3.8.2 加载 ADAMS/Car Ride

在 ADAMS/Car 界面加载 ADAMS/Car Ride，在菜单 Tools 下选择 Plugin Manager（插件管理器）；在插件表中找到 aride，选择 Load 选项可以执行加载或选择 Load at Startup 选项可以执行在启动 ADAMS/Car 时自动加载 ADAMS/Car Ride 模块。加载 ADAMS/Car Ride 后，在 ADAMS/Car 菜单栏上增加一个新的 Ride 菜单项。

5.3.8.3 整车行驶平顺性试验台

ADAMS/Car Ride 使用 ARIDE_FOUR_POST_TESTRIG 试验台进行整车行驶平顺性仿真试验。ARIDE_FOUR_POST_TESTRIG（四立柱试验台）的 major role（主要角色）是 analysis（分析）。四立柱试验台包含 4 个顶柱状的垂直激励执行器，激励执行器固定在大地上并根据平顺性仿真试验工况输出垂直方向的位移。

四立柱试验台与车辆模型的连接有 wheel spindles（轴耦合）和 beneath tires（轮耦合）两种方式。

轴耦合方式是激励执行器的顶柱端部中心直接与车轮轴上标记车轮中心位置的标记点 std_tire_ref 连接，通过通信器把激励执行器顶柱端头中心的垂直位置信息传递给车轮轴。

轮耦合方式是激励执行器的顶柱端部与轮胎接地面连接，激励执行器端部转换成车轮托盘形式，轮胎与车轮托盘的接触面由轮胎模型定义。四立柱试验台可以使用 Delft 轮胎模型和适用于平顺性研究的 SWIFT（Short Wave Intermediate Frequency TIRE Model）轮胎模型。

四立柱试验台是路面不平度模拟试验装置的虚拟样机，用于模拟路面不平对车辆产生的垂向激励，是道路模拟试验系统的一种类型。另一类型是转鼓试验装置，用于模拟车辆在道路上受到的纵向行驶阻力。轴耦合和轮耦合两种路面不平度模拟试验装置如图 5-23 所示。

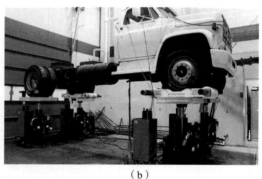

(a)　　　　　　　　　　　　　　(b)

图 5-23　道路垂向激励模拟试验装置

(a) 轴耦合；(b) 轮耦合

ADAMS/Car Ride 的四立柱试验台激励执行器的输出有 displacement（位移）、velocity（速度）、acceleration（加速度）和 force（力）4 种方式。在输出力时，只能采用 wheel spindles 方式连接车辆模型。在输出位移时，可使用 RPC Ⅲ 格式的数据文件描述位移量随时间的变化情况。RPC Ⅲ 格式是美国 MTS 系统公司提出的一种远程参数控制（Remote Parameter Control）数据文件格式。

定义四立柱试验台激励执行器输出量时域变化特性的方式有 arbitrary solver functions（任意解算器函数）、road profiles（路面轮廓）和 swept sine（正弦扫频）三种。

四立柱试验台是最常见的路面不平度模拟试验装置，与实际行驶工况的不同之处是，车轮在试验中并不转动。考虑到汽车行业标准要求汽车在行驶平顺性试验中应保持车速不变，即车轮匀速转动不对车辆俯仰运动产生影响，因而认为试验误差可以被接受。

5.3.8.4　行驶平顺性整车装配建模

加载 ADAMS/Car Ride 之后，建立行驶平顺性整车装配模型有两种方法：

在 File 菜单下选择 New→Full - Vehicle Assembly，打开 New Full - Vehicle Assembly 对话框。给新的整车模型命名并选择装配整车所需的各子系统，在 Vehicle Test Rig（车辆试

验台）选项需要选用 ARIDE_FOUR_POST_TESTRIG 以执行汽车行驶平顺性仿真试验。最后，单击【OK】或【Apply】按钮，完成行驶平顺性整车模型的创建。

在 Ride 菜单下选择 Full - Vehicle Analysis→Four - Post Test Rig，打开 Full - Vehicle Analysis：Four - Post Test Rig 对话框。在 Full - Vehicle Analysis：Four - Post Test Rig 对话框中，在图标 ▣ 上单击鼠标右键，然后在图标 ▯ 上单击鼠标左键，打开 New Full - Vehicle Assembly 对话框。给新的整车模型命名，选择所需各子系统，并在 Vehicle Test Rig 栏选用 ARIDE_FOUR_POST_TESTRIG，单击【OK】或【Apply】按钮，完成行驶平顺性整车模型的创建。

5.3.8.5 整车行驶平顺性仿真工况

整车行驶平顺性仿真工况有 Full - Vehicle Analyses（整车分析）试验、Full - Vehicle Vibration Analyses（整车振动分析）两类。这两类仿真工况都需要设置四立柱试验台的输入参数，但设置的内容有所不同，使用整车振动分析可以在频域中对线性化车辆模型的振动传输频率响应、固有频率、振型和阻尼比进行分析。

整车分析和整车振动分析两类仿真工况还需要设置 ISO Ride Index（国际标准化组织乘坐舒适性指数），其目的是计算全身振动（Whole - Body Vibration，WBV）的值。在国际标准 ISO 2631/1 中，全身振动（WBV）值与人类健康、舒适度和感知相关，取决于人体所承受的振动频率、振动加速度（或量级）、接触点数量和暴露时间。ISO Ride Index 只适用于坐姿的人体，因为振动对站立、倾斜或躺着的人健康的影响尚不清楚。车辆中，座椅底板传输至乘员的振动频率范围为 0.5~80 Hz。沿座椅底板坐标系中三个轴线的振动对乘员健康影响也是不相同的，应计算座椅底板在三个轴线振动的频率加权加速度均方根值。

为仿真车辆实际行驶的道路，四立柱试验台的控制常采用 road profiles（路面轮廓）方式，即使用 RPC Ⅲ 格式的路面轮廓文件定义四立柱试验台的动态垂直位移。RPC Ⅲ 格式的路面轮廓文件可以基于实测的路面不平度数据生成。ADAMS/Car Ride 为方便创建具有随机输入特征的路面轮廓文件提供了路面生成工具 Road - Profile Generation（路面轮廓发生器）。

Road - Profile Generation 使用了 Sayers 提出的一种经验模型，根据许多不同类型道路测量参数并计算了左、右轮辙路面轮廓数据。模型输入包括：Elevation PSD Parameter：Ge（空间功率谱密度）；Velocity PSD Parameter：Gs（速度功率谱密度）；Acceleration PSD Parameter：Ga（加速度功率谱密度）；Profile Length（路面模型长度）；Sample Interval（采样间隔）；Correlation Baselength（道路表面波长关联长度，推荐为 5 m）等参数，模型输入量的单位是 m。模型输出为 RPC Ⅲ 格式文件，包含左、右轮辙路面轮廓高度数据，输出量的单位为 mm。

因为 Sayers 模型产生高斯分布时需要一个随机数，故 Road - Profile Generation 还需要输入一个整数作为随机数发生器的种子。如果输入的种子数为负值，ADAMS/Car Ride 将使用计算机时钟作为种子，这样的结果是：即使同样的设置也会导致建立的路面轮廓文件参数是不同的；如果输入的种子数大于 0，ADAMS/Car Ride 将以实际输入数作为种子数，这样的结果是：同样的设置产生的路面轮廓文件是一致的。

ADAMS/Car Ride 还可使用 TeimOrbit 格式的表格函数文件描述脉冲输入的路面轮廓。如仿真汽车行驶在有一定不平度路面上遇到凸块的情景，就需要同时使用 RPC Ⅲ 文件和表格函数文件，ADAMS/Car Ride 将两者数据之和作为四立柱试验台的控制输入信号。

5.3.9 实验 8：整车行驶平顺性分析

本次实验的任务是：完成创建整车行驶平顺性仿真模型，设置仿真参数，采用随机不平路面激励，执行仿真和后处理等任务。

5.3.9.1 创建整车模型

（1）加载 ADAMS/Car Ride

启动 ADAMS/Car；在 Tools 菜单下选择 Plugin Manager（插件管理器）；在插件表中找到 aride，选择当前加载（Load）或启动 ADAMS/Car 时自动加载（Load at Startup）。载入 ADAMS/Car Ride 后，菜单栏中增加一个新的 Ride 菜单项，如图 5-24 所示。

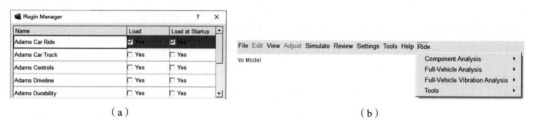

(a)   (b)

图 5-24 加载 ADAMS/Car Ride

（a）在 Plugin Manager 中选择 ADAMS/Car Ride；（b）ADAMS/Car 菜单栏上增加的 Ride 选项

（2）打开整车模型

在 File 菜单选择 Open→Assembly，打开 Open Assembly 对话框。在 Assembly Name 文本框中单击鼠标右键，选择 Search，在 ADAMS/Car Ride 的共享数据库 <aride_shared>/assemblies.tbl 中，找到 Vehicle_full_4post_PAC2002.asy 并双击，单击【OK】按钮。打开模型，如图 5-25 所示。

图 5-25 整车行驶平顺性仿真模型

（3）使用 Populate（迁移）功能

在 File 菜单下选择 New→Full – Vehicle Assembly，打开 New Full – Vehicle Assembly 对话框。在对话框底部选择【Populate】按钮，打开 Selections 窗口。双击 . Vehicle_full_4post_PAC2002 迁移模型，Selections 窗口随即关闭。可以看到，在 New Full – Vehicle Assembly 对话框中，各个系统栏已经自动填入 Vehicle_full_4post_PAC2002 使用的子系统，新的整车模型被默认命名为 . Vehicle_full_4post_PAC2002_1。

（4）添加前横向稳定杆子系统

勾选 Other Subsystems 栏，在 ADAMS/Car 共享数据库 < acar_shared >/subsystems. tbl 目录中，找到了系统文件 front_anti_roll_bar_FE_part. sub 并双击完成填入，单击【OK】按钮，完成新的整车行驶平顺性仿真模型创建。

可以看到，新的整车模型增添了前横向稳定杆子系统，如图 5 – 26 所示。

图 5 – 26　新的整车模型增添了前横向稳定杆子系统

5.3.9.2　设置仿真参数

（1）创建路面轮廓文件

在 Ride 菜单下选择 Tools→Road – Profile Generation…，打开 Road – Profile Generation 对话框并填写路面轮廓发生器的设置参数，在 ADAMS/Car Ride 的共享目录创建 RPC Ⅲ 格式的路面轮廓文件 my_road. rsp（左、右轮辙的通道号分别为 1、2），如图 5 – 27 所示。

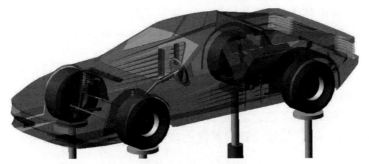

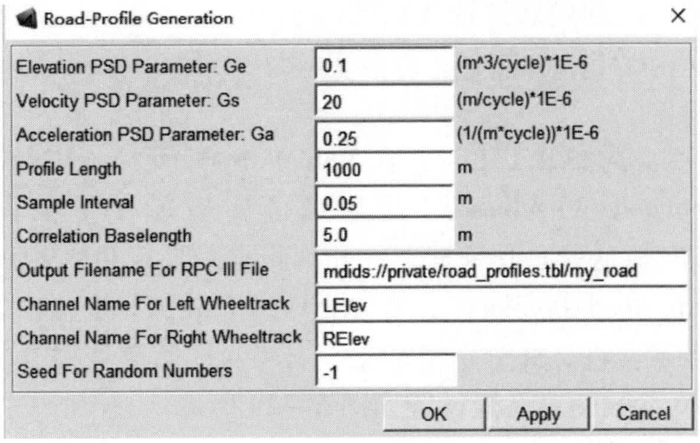

图 5 – 27　路面轮廓生成器参数界面

（2）查看路面文件

启动 ADAMS/Postprocessor，在 File 菜单下选择 Import→RPC file，在 ADAMS/Car Ride 的共享目录找到新生成的文件 my_road. rsp 并导入。绘制左轮辙路谱曲线，如图 5 – 28 所示。

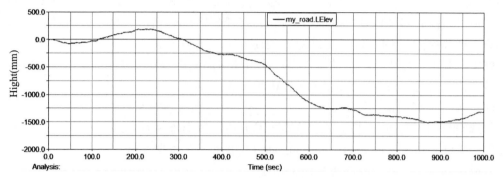

图 5-28 my_road.rsp 路面文件的左轮辙路谱曲线

(3) 设置仿真分析对话框

回到 ADAMS/Car 界面，在 Ride 菜单下选择 Full-Vehicle Analysis→Four-Post Test Rig，打开 Full-Vehicle Analysis：Four-Post Test Rig 对话框。

在 Full-Vehicle Assembly 栏，使用右侧下拉箭头选择填入 Vehicle_full_4post_PAC2002_1；在 Output Prefix 栏，输入 Aride_test 作为输出文件名的前缀；在 End Time 栏，设定仿真时间为 5 s；在 Mode Of Simulation 栏，选择 interactive 模式；在 Basis for Number of Output Steps 栏，选择 output frequency，用输出频率算输出步数；在 Target Value For Basis 栏，输入 50，设定输出频率为 50 Hz。

可以看到，在 Actual Values Used For Simulation（用于仿真的实际值）区，系统根据仿真时间和输出频率自动计算 Number of Output Steps（输出步数）和 Output Interval（输出间隔），并直接填入 Output Frequency（输出频率）。

在 Actuation Type 栏，选择 displacement，设定四立柱试验台为位移输出模式；在 Input Source 栏，选择 road profiles，路面轮廓只支持位移控制方式；在 Input Locations 栏，选择 beneath tires，设定四立柱试验台为轮耦合模式。

可以看到，在 Input Source 栏选择 road profiles 后，Input Locations 栏下方就会相应出现【Set Up Road Profiles】（路面轮廓设置）按钮。

单击【Set Up Road Profiles】按钮，打开 Road-Profile Setup：Four-Post Test Rig 对话框。

在 Profile Source 栏，选择 RPC files；在 Vehicle Speed 栏，设定车速为 100 km/h。

可以看到，Calculated Wheelbase（轴距）是从整车模型中自动读出并填入的，Calculated Time Lag（时间延迟）是根据车速和轴距自动计算并填入的。

在 RPC Files With Road Profile 区，在 ADAMS/Car Ride 的共享目录找到文件 my_road.rsp 作为左、右轮辙文件，并分别指定左、右轮辙的通道号。

四立柱试验台仿真参数的对话框设置如图 5-29 所示。

5.3.9.3 仿真及后处理

(1) 进行仿真

完成路面轮廓设置后，在 Full-Vehicle Analysis：Four-Post Testrig 对话框，单击【Apply】按钮，执行仿真分析。由于计算量较大，仿真时间会较长，需要耐心等待。

(2) 绘制车身质心垂向加速度时域响应曲线

5 ADAMS 的车辆多体动力学仿真

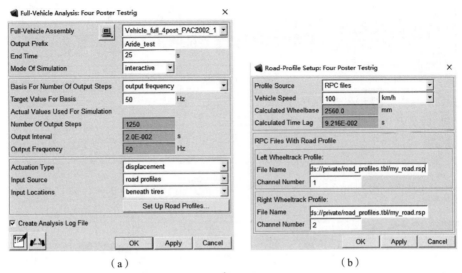

图 5-29 设置四立柱试验台仿真参数

(a) Full-Vehicle Analysis：Four Poster Testrig 对话框；(b) Road-Profile Setup：Four Poster Testrig 对话框

仿真结束后，启动 ADAMS/Postprocessor；进入绘制曲线界面，选择 Data 标签；在 Source 栏，选择 Object；在 Object 栏，找到 TR_Body，并单击 TR_Body 左边的"+"号，展开 TR_Body 并选择 ges_chassis；在 Component 栏，选择 z；单击【Add Curves】按钮，绘制出车身质心垂向加速度的时域响应曲线。

(3) 进行快速傅里叶变换（FFT）

在 Plot 菜单下选择 FFT…，打开 FFT 对话框。

在 Y-Axis 栏，选择 PSD，输出垂向加速度的功率谱密度的频域特性；在 Window Type 栏，选择 Hamming（汉明）窗函数；选择 Point（Power of 2）方式，选择 1 024，选取 1 024 个数据点；选择 Number of Segment 方式，输入 4，设定 4 个片段。

单击【Apply】按钮，执行快速傅里叶变换。数据处理完成后如图 5-30 所示。

5.3.9.4 对比分析新建模型与样例模型

(1) 对样例模型进行仿真

回到 ADAMS/Car Ride 界面的 Full-Vehicle Analysis：Four-Post Testrig 对话框。

在 Full-Vehicle Assembly 栏，使用右侧下拉箭头选择填入 Vehicle_full_4post_PAC2002；在 Output Prefix 栏，输入 Aride_example 作为输出文件名的前缀；单击【OK】按钮，执行仿真分析。

(2) 绘制样例模型的驾驶员座椅处垂向加速度时域响应曲线

仿真结束后，回到 ADAMS/Postprocessor；进入绘制曲线界面，选择 Data 标签；在 Source 栏，选择 Result Sets；在 Simulation 栏，选择 .Vehicle_full_4post_PAC2002.Aride_example_fourpost；在 Result Set 栏，找到 TR_Body，并单击 TR_Body 左边的"+"号，展开 TR_Body 并选择 driver_seat_acceleration；在 Component 栏，选择 vertical。

单击【Add Curves】按钮，绘制出样例模型驾驶员座椅处垂向加速度的时域响应曲线。

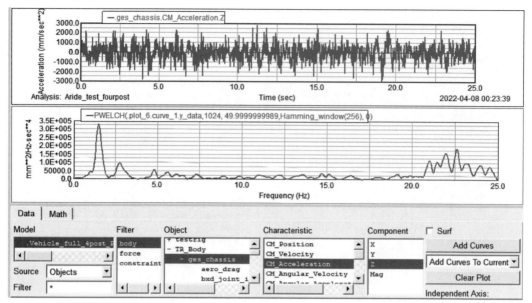

图 5-30 车身质心垂向加速度及加速度功率谱密度曲线

(3) 绘制新建模型的驾驶员座椅处垂向加速度时域响应曲线

在 Simulation 栏,选择 .Vehicle_full_4post_PAC2002_1. Aride_test_fourpost;在 Result Set 栏,找到 TR_Body,并单击 TR_Body 左边的"+"号,展开 TR_Body 并选择 driver_seat_acceleration;在 Component 栏,选择 vertical。

单击【Add Curves】按钮,绘制出新建模型驾驶员座椅处垂向加速度的时域响应曲线。

得到样例模型与新建模型的驾驶员座椅处垂向加速度时域响应曲线对比如图 5-31 所示。

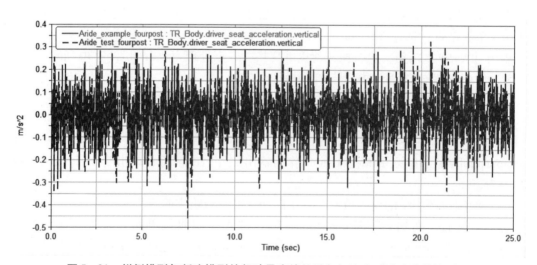

图 5-31 样例模型与新建模型的驾驶员座椅处垂向加速度时域响应曲线对比

(4) 对比分析

可以看出,样例模型的驾驶员座椅处垂向加速度幅值总体比新建模型要小。出现这种情况的主要原因是新建模型增加了横向稳定杆。

汽车设计横向稳定杆的主要目的是增加车辆的侧倾刚度，改善操纵稳定性。只在前悬架设置横向稳定杆时，可以在转弯发生左、右车轮轮荷转移时，增加前轮总的侧偏刚度，增加车辆的不足转向量。

但是，横向稳定杆使左、右车轮的跳动相互影响，从而加剧了车身的垂向振动，对汽车的行驶平顺性产生了不利影响。

所以说，汽车的行驶平顺性与操纵稳定性是一对固有的矛盾，需要通过底盘电子控制系统来解决。

5.4 ADAMS/Car 与 MATLAB/Simulink 联合仿真

5.4.1 ADAMS/Controls 简介

ADAMS/Controls 将控制系统与机械系统集成在一起进行联合仿真，以实现一体化仿真。主要集成方式有两种：一是将 ADAMS 机械系统模型集成到控制系统仿真环境中，组成完整的机 – 电 – 气、液耦合系统模型进行联合仿真；二是将在控制软件中建立的控制系统模型导出到 ADAMS 的模型中，利用 ADAMS 的解算器进行机 – 电 – 气、液耦合系统的仿真分析。

5.4.1.1 控制系统组成

（1）开环控制系统

开环控制系统是指输出只受输入控制的没有反馈回路的系统，系统组成如图 5 – 32 所示。

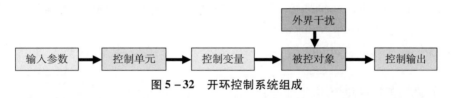

图 5 – 32 开环控制系统组成

（2）闭环控制系统

闭环控制系统是由信号正向通路和反馈通路构成的控制系统，系统组成如图 5 – 33 所示。

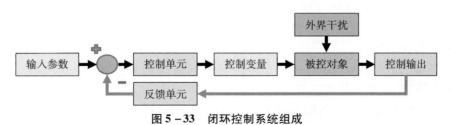

图 5 – 33 闭环控制系统组成

5.4.1.2 定义控制环节

ADAMS/Controls 定义控制环节包括：

①从 ADAMS 输出用于控制仿真软件（Easy5 或 MATLAB/Simulink）的模型文件。
②在控制仿真软件中建立被控对象。
③与 ADAMS 被控对象建立联系并调整仿真参数。
④在控制仿真软件中运行仿真。

5.4.1.3 可视化仿真工具 MATLAB/Simulink

MATLAB/Simulink 是一个模块图环境，用于多域仿真以及基于模型的设计。支持系统设计、仿真、自动代码生成以及嵌入式系统的连续测试和验证。MATLAB/Simulink 具有适应面广、结构和流程清晰及仿真精细、贴近实际、效率高、灵活等优点，已被广泛应用于控制理论和数字信号处理的复杂仿真和设计，同时调用第三方软件和硬件。

5.4.1.4 加载 ADAMS/Controls

在 Tools 菜单下选择 Plugin Manager 打开插件管理器。在 ADAMS Car Ride 栏右侧勾选 Load 可加载 ADAMS/Controls 插件；如勾选 Load at Startup 可在 ADAMS/Car 启动时加载 ADAMS/Controls。加载 ADAMS/Controls，ADAMS/Car 的菜单栏会增加一个 Controls 项。

5.4.2 ADAMS/Car 受控模型

为了输出被控对象的模型，必须定义被控对象的输入输出。

具体的步骤包括：①建立状态变量，这些状态变量就是被控对象的输入输出。
②建立 Plant Inputs 和 Plant Outputs，其中都包含了第一步建立的状态变量。
③输出被控对象文件，在 Plant Export 对话框中输入专门的 Plant Inputs 和 Plant Outputs，即可输出被控对象文件。

5.4.2.1 创建状态变量

（1）ADAMS 中的变量类型

①设计变量（Design Variable），是 ADAMS/View 变量，当生成一个 .adm 文件时，设计变量将被看作是数值而输入 Solver 数据表中。

②状态变量（State Variable），是 ADAMS/Solver 变量，其值在每一步仿真中都要计算。

（2）创建状态变量命令

在 ADAMS/View 界面，从 Build 菜单选择 System Elements→State Variable→New。

在 ADAMS/Car 模板界面，从 Build 菜单选择 System Elements→State Variable→New。

在 Create State Variable（创建状态变量）对话框中，通常设置：

$f(\text{time},\cdots)=0;\text{Guess for } F(t=0)=0$。

如果要进行初始静态仿真，则要设置初始值。

（3）定义状态变量

可以使用 Run – Time Expression（运行时间函数表达式）或 User Written Subroutine（用户编写子程序）定义状态变量。

对于输入状态变量，应使用 VARVAL 函数将定义被控对象的输入状态变量赋值给模型中的激励器，以驱动模型运动。

对于输出状态变量，应建立正确的运行时间表达式，以便向控制系统仿真模型输出。

5.4.2.2 创建信号输出与控制输入

加载 ADAMS/Controls 后，从 Control 菜单选择 Plant Export，打开 Adams Control Plant Export 对话框。

在 Inputs Signal（s）栏和 Output Signal（s）栏中选择一个或多个状态变量作为 ADAMS 模型的 Plant Inputs 和 Plant Outputs，为 ADAMS 受控的机械模型提供输入和输出。

选择控制仿真软件 MATLAB；选择程序语言为 FORTRAN；单击【OK】按钮完成创建。

单击【OK】按钮后，ADAMS 会创建几种特定的文件，这些文件包括：
- .adm 和.cmd 文件，描述机械模型；
- .acf 文件，包含 solver 命令（不是必要使用）；
- .m 文件，用于 MATLAB（.inf 文件用于 EASY5）。

这些文件可供控制系统仿真软件生成机械模型。其中.m 文件用于在 MATLAB/Simulink 中对 Control 模块环境和一些参数进行初始化，需在仿真前执行。

5.4.3 建立 ADAMS/Car – MATLAB/Simulink 联合仿真模型

建立 MATLAB/Simulink 联合仿真模型需要：在 MATLAB/Simulink 中创建被控对象；与 ADAMS 受控模型建立联系；在 MATLAB/Simulink 中设定仿真参数。

ADAMS/Car – MATLAB/Simulink 联合仿真模型示意如图 5 – 34 所示。

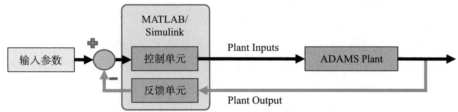

图 5 – 34 ADAMS/Car – MATLAB/Simulink 联合仿真模型示意

5.4.3.1 在 MATLAB/Simulink 中创建被控对象

在 MATLAB/Simulink 中创建被控对象的步骤是：

①启动 MATLAB，在光标后输入 ADAMS/Controls 生成的.m 文件名，读取.m 文件信息。
②在光标后输入 adams_sys，打开 ADAMS 输出的模型。

模型包含：
- S – Function 模块，表示非线性的 ADAMS 机械系统模型；
- State Space 状态空间模块，表示线性的 ADAMS 模型；
- adams_sub 模块，包含 S 函数并创建一些 MATLAB 变量。

如果 ADAMS/Controls 创建的 ADAMS 模型的信号输出是试验台转向盘角度，可以看到 adams_sub 模块的输出是 testrig steering_wheel_angle。

双击 adams_sub 模块，可以观察其内部结构。

如果 ADAMS/Controls 创建的 ADAMS 模型的控制输入是试验台转向盘力矩，可以看到 adams_sub 模块的输入是 testrig steering_wheel_torque。

在 MATLAB/Simulink 中创建被控对象，如图 5 – 35 所示。

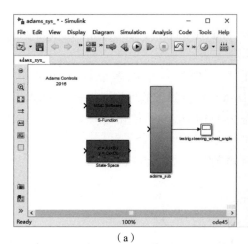
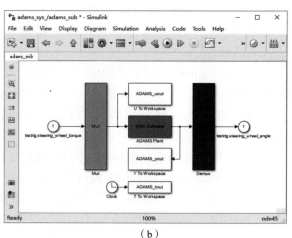

(a) (b)

图 5–35　在 MATLAB/Simulink 中创建被控对象

(a) adams_sys 的 Simulink 模型；(b) adams_sub 模块的内部结构

adams_sys.m 文件在目录 MSC.Software\Adams\2016\controls\matlab 中，adams_sub 模块基于 .m 文件创建，其中输入和输出是自动产生的，与 Workspace 的链接也是自动产生的。

5.4.3.2　与 ADAMS 受控模型建立联系

与 ADAMS 受控模型建立联系的步骤是：

①在 MATLAB/Simulink 中新建一个模型。

②将 adams_sys 模型中的 adams_sub 模块放入新建的 Simulink 模型中。

③为 adams_sub 模块搭建输入模块、控制模块、输出模块和反馈模块（闭环控制）。

④设置 adams_sub 模块。

双击 adams_sub 模块，打开模块后再双击其中的 MSC Software ADAMS Plant 模块，弹出 Function Block Parameters 窗口，在窗口中调整仿真参数，与 ADAMS 受控模型建立联系。

Animation Mode 动画模式可选择 interactive 模式与 batch 模式。

interactive 模式对应 ADAMS/View，vcontrols.exe 将使用 .cmd 文件，可以看到模型更新。

batch 模式对应 ADAMS/Solver，scontrols.exe 使用 .adm 文件，无更新，仿真运行更快。

Simulation Mode 仿真模式可选择 discrete 模式与 continuous 模式。

在 discrete（离散）模式下，控制仿真软件和 ADAMS 的积分器分别平行运行，并按照所指定的输出步长（采样频率）交换数据。即，控制仿真软件使用 ADAMS 的输出计算出机械模型的输入并输出给 ADAMS。ADAMS 根据控制仿真软件的输出计算出机械系统的积分再作为控制系统的输入。离散模式即所谓的"联合仿真"。

在 continuous（连续）模式下，控制仿真软件计算所有的积分，ADAMS 通过提供雅可比行列式扮演函数求值程序的角色。连续模式的优点是对简单系统可以给一个精确的结果，但因必须使用控制系统积分器，这种模式在计算机械系统尤其是高频机械系统时不能很好地协调，故在解决复杂系统时容易失败，因此连续模式不适合用于非线性较强的机械系统。

ADAMS 根据取样频率接收输入信号,取样频率应大于机械系统最高频率的两倍。否则,机械模型中的高频噪声会转化为低频噪声,从而改变系统的响应,产生所谓的混淆现象。

5.4.3.3 设定 MATLAB/Simulink 仿真参数

在 MATLAB/Simulink 界面,从 Simulation 菜单选择 Model Configuration Parameters,打开 Configuration Parameters 窗口。

(1) Simulation time(仿真时间)

一般仿真开始时间设为 0,而结束时间与输出步长和需要执行步数相关。

(2) Solver Options(解算器选项)

①Type(类型)。

仿真类型可供选择的有 Variable – step(变步长)和 Fixed – step(固定步长)两种。

变步长模式可以在仿真的过程中改变步长,仿真时间不超过 15 s 时可采用默认值;仿真时间超过 15 s 时,每秒至少保证 5 个采样点;对于超过 100 s 的,每秒至少保证 3 个采样点。

②Solver(解算器)。

对变步长模式有:ode45,ode23,ode113,ode15s,ode23s,ode23t,ode23tb 和 discrete。

其中,ode45 是默认解算器,采用四/五阶龙格 – 库塔法,适用于大多数连续或离散系统。

对固定步长模式有:ode5,ode4,ode3,ode2,ode1 和 discrete。

其中,ode5 是默认解算器,是 ode45 的固定步长版本,适用于大多数连续或离散系统。

联合仿真模型建立完成后,可以在 Simulink 窗口,单击【仿真】按钮▶,开始联合仿真。

5.4.4 实验 9:ADAMS/Car – MATLAB/Simulink 联合仿真练习

本次实验的任务是:通过 ADAMS/Car – MATLAB/Simulink 联合仿真模型的创建、设置仿真参数并执行仿真和后处理,实践联合仿真的流程。

5.4.4.1 引言

(1) 四轮转向(4WS)汽车模型

四轮转向(4WS)系统的基本原理是对汽车的后轮进行控制以提高整车的操纵稳定性。联合仿真可以用于优化四轮转向控制策略及算法。本次实验需在 ADAMS 提供一个整车装配的基础上建立四轮转向整车装配模型,并建立其控制输入和输出信号;在 MATLAB/Simulink 中建立一个简单的反馈控制联合仿真模型并仿真;然后对比四轮转向汽车和原车的仿真结果。

(2) 注意事项

为顺利进行 ADAMS/Car – MATLAB/Simulink 联合仿真,有两点注意事项:

- 保证 ADAMS/Car 与 MATLAB 的工作目录路径一致;

- 要修改 m 文件使 Car 与 Simulink 仿真使用的文件名一致。

5.4.4.2 创建 ADAMS/Car 受控模型

(1) 加载 Controls

启动 ADAMS/Car，选择标准界面。

从 Tools 菜单选择 Plugin Manger，打开 Plugin Manger 窗口。勾选 ADAMS Controls，加载 Controls 插件。

(2) 打开一个整车装配并执行一次双移线仿真试验

从 File 菜单选择 Open→Assembly…，打开共享数据库中的整车装配 mdi_demo_vehicle。

从 Simulation 菜单选择 Full – Vehicle Analysis→Course Events→ISO Lane Change。

填写并选择：

```
    Output Prefix: lc1; Output Step Size: 0.01; Simulation Mode:
interactive;
    Road Data File:mdids://acar_shared/roads.tbl/2d_flat.rdf;Initial
Velocity:100km/hr;
    Gear Position:5;勾选 Quasi – Static Straight – Line Setup。
```

单击【OK】按钮，执行双移线仿真试验。

(3) 观察车身侧倾角时域响应

从 Review 菜单选择 Postprocessing Window…，打开后处理窗口。

绘制 chassis_displacements.roll（车身侧倾角）随时间变化的特性曲线，如图 5 – 36 所示。

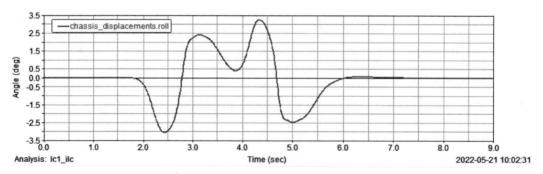

图 5 – 36　原车 chassis_displacements.roll（车身侧倾角）在双移线仿真中的时域响应

(4) 创建后轮转向系统模板

从 Tools 菜单选择 Adams Car Template Builder，进入 Adams Car 模板界面。

从 File 菜单选择 Open…，打开 mdids://acar_shared/templates.tbl/_rack_pinion_steering.tpl。

从 File 菜单选择 Save As…，另存为 rear_rp_steering。

删除 steering_wheel（转向盘）、steering_column（转向柱管）、intermediate_shaft（中间轴）及 steering_column_to_body（转向柱管车身安装座）等部件；

删除 Output Communicators 中 steering_rack_joint；

将 Output Communicators 中 tierod_to_steering 的 To Minor Role 更改成 rear；

从 Build 菜单选择 System Elements→State Variable→New，打开 Create State Variable 对话框，填入：

> Name:._rear_rp_steering.VARIABLE_1;Definition:Run-time Expression;F(time,…):0;

单击【OK】按钮。建立一个状态变量用于后轮转向输入。

从 Build 菜单选择 Actuators→Joint Motion→New…，打开 Create Joint Motion Actuator 对话窗，填入：

> Actuator Name:rear_steering;Joint:._rear_rp_steering.josrev_steering_input_shaft;
> Function:VARVAL(._rear_rp_steering.VARIABLE_1);Excitation Mode:displacement;

单击【OK】按钮，建立一个以状态变量值确定的后轮转向驱动。

从 File 菜单选择 Save，保存后轮转向系统模板 rear_rp_steering。

（5）创建后轮转向子系统

从 Tools 菜单选择 Adams Car Standard interfaces，回到 Adams Car 标准界面。

从 File 菜单选择 New→Subsystem…，打开 New Subsystem 对话窗。填写和选择：

> Subsystem Name:rear_my_steering;Minor Role:rear;Template Name:_rear_rp_steering.tpl（使用刚刚创建的后轮转向系统模板）；
> 勾选 Translate from default position;
> Aft Translation:2830;UpTranslation:50;

单击【OK】按钮，完成后轮转向子系统的创建。

从 File 菜单选择 Save，保存后轮转向子系统。

（6）添加后轮转向子系统

从 File 菜单选择 Manage Assemblies→Add Subsystem…，打开 Add Subsystem 对话框。在 Subsystem（s）栏填入刚刚创建的后轮转向子系统 rear_my_steering.sub。

单击【OK】按钮，完成后轮转向子系统的添加。

在信息窗可以看到后轮转向子系统的前束拉杆通信器与悬架和车体同时相连，应修改。

（7）创建四轮转向车身子系统模板

从 Tools 菜单选择 Adams Car Template Builder，进入 Adams Car 模板界面。

从 File 菜单选择 Open…，打开 mdids://acar_shared/templates.tbl/_rack_rigid_chassis.tpl。

从 File 菜单选择 Save As…，另存为 my_4ws_chassis。

删除 Output Communicators 中 tierod_to_steering。

从 File 菜单选择 Save，保存四轮转向车体模板 my_4ws_chassis。

（8）创建四轮转向车体子系统

从 Tools 菜单选择 Adams Car Standard interfaces，回到 Adams Car 标准界面。

从 File 菜单选择 New→Subsystem...，打开 New Subsystem 对话窗。填写和选择：

```
Subsystem Name:my_4ws_body;Minor Role:any;
Template Name:_my_4ws_chassis.tpl(使用刚刚创建的四轮转向车体模板);
```

单击【OK】按钮，完成四轮转向车体子系统的创建。

从 File 菜单选择 Save，保存四轮转向车体子系统。

（9）替换车体子系统

从 File 菜单选择 Manage Assemblies→Replace Subsystem...，打开 Replace Subsystem（s）对话框。在 Subsystem（s）to remove 栏勾选 TR_Body，在 Subsystem（s）to add 栏填入刚刚创建的四轮转向车体子系统 my_4ws_body.sub。

单击【OK】按钮，完成车体子系统的替换。

从 File 菜单选择 Save as...，另存为 my_4ws_vehicle。

（10）创建输入状态变量和输出状态变量

从 Controls 菜单选择 Plant Export，打开 Plant Export 窗口。填入和选择如图 5-37 所示。

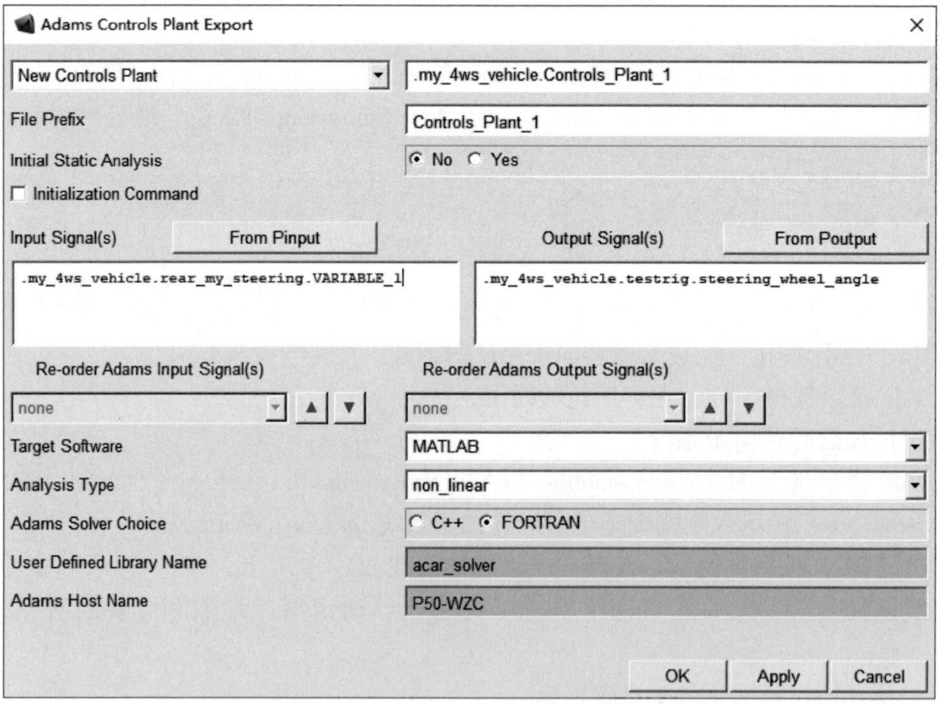

图 5-37　设置输入状态变量和输出状态变量

```
New Controls Plant:.my_4ws_vehicle.Controls_Plant_1;
File Prefix:Controls_Plant_1;Initial Static Analysis:No;不勾选
Initialization Command;
Input Signal(s):.my_4ws_vehicle.rear_my_steering.VARIABLE_1;
Output Signal(s):.my_4ws_vehicle.testrig.steering_wheel_angle;
```

```
    Target Software:MATLAB;Analysis Type:non_linear;Adams Solver
Choice:FORTRAN;
```

单击【OK】按钮，系统会在工作目录产生系列文件 Controls_Plant_1.m。

5.4.4.3 生成受控模型仿真系列文件

从 Simulation 菜单选择 Full – Vehicle Analysis→Course Events→ISO Lane Change。
填写并选择：

```
    Output Prefix:lc2;Output Step Size:0.01;Simulation Mode:files_
only;
    Road Data File:mdids://acar_shared/roads.tbl/2d_flat.rdf;Initial
Velocity:100km/hr;
    Gear Position:5;勾选 Quasi-Static Straight-Line Setup。
```

单击【OK】按钮。仿真试验结束后，系统会在工作目录产生系列文件，如图 5-38 所示。

文件名	日期	类型	大小
lc2_ilc.adm	2022/5/21 23:07	ADM 文件	562 KB
lc2_ilc.log	2022/5/21 23:07	文本文档	11 KB
lc2_ilc.acf	2022/5/21 23:07	Adams Solver Command File	1 KB
lc2_ilc.inf	2022/5/21 23:07	安装信息	2 KB
lc2_ilc.m	2022/5/21 23:07	M 文件	5 KB
lc2_ilc_controls.acf	2022/5/21 23:07	Adams Solver Command File	1 KB
lc2_ilc.xml	2022/5/21 23:07	XML 文档	17 KB
Controls_Plant_1.m	2022/5/21 23:00	M 文件	3 KB

图 5-38 生成的受控模型系列文件

5.4.4.4 修改受控模型文件

（1）修改输入/输出状态变量文件

用文本编辑器打开 Controls_Plant_1.m。

①将 ADAMS_prefix = 'Controls_Plant_1' 修改为：ADAMS_prefix = 'lc2_ilc'。

②将 ADAMS_init = 'file/command = Controls_Plant_1_controls.acf' 修改为 ADAMS_init = 'file/command = lc2_ilc_controls.acf'。

③保存并关闭 Controls_Plant_1.m。

（2）修改模型仿真文件

用文本编辑器打开 lc2_ilc.m。

确认 ADAMS_init = 'file/command = lc2_ilc_controls.acf'。

将 ADAMS_outputs = '…' 修改为 ADAMS_outputs = 'testrig.steering_wheel_angle'。

保存并关闭 lc2_ilc.m。

5.4.4.5 在 MATLAB/Simulink 中创建被控对象

（1）修改 MATLAB 的工作目录

启动 MATLAB，修改 MATLAB 的工作目录与使之 ADAMS 的工作目录相同。

(2) 读入输入/输出状态变量文件

在光标后输入 Controls_Plant_1 并按回车键。

MATLAB 的 Command Window 区出现信息：

```
%%% INFO:ADAMS plant actuators names:
1 rear_my_steering.VARIABLE_1
%%% INFO:ADAMS plant sensors names:
1 testrig.steering_wheel_angle
```

MATLAB 的 Workspace 区出现读取 Controls_Plant_1 的相关信息。

(3) 读入 ADAMS 输出的模型

在光标后输入 adams_sys。

MATLAB 启动 Simulink 界面，打开 adams_sys_* – Simulink 模型窗口。

5.4.4.6 创建控制模型

(1) 提取 adams_sub 模块

新建一个 Simulink 模型；将 adams_sub 模块及其输出 testrig steering_wheel_angle 复制到新建的 Simulink 模型中。

(2) 建立反馈环节

添加一个 Gain（增益）模块，并将其 Gain 设为 0.1。

将 Gain 模块的输出与 adams_sub 模块的输入连接，并将 adams_sub 模块的输出与 Gain 模块的输入连接；完成简单的四轮转向反馈控制模型，如图 5-39 所示。

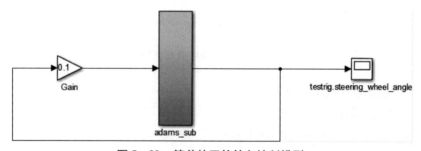

图 5-39　简单的四轮转向控制模型

可以看出，这个四轮转向系统的控制策略比较简单，后轮与前轮同向转向，后轮转向轴转角输入是前轮转向盘转角值的 10%。

(3) 设置 ADAMS Plant

双击 adams_sub，打开 adams_sub 模块；双击 ADAMS Plant，打开 Function Block Parameters 参数设置窗口，设置 ADAMS_sub 的参数，如图 5-40 所示。

```
Adams model file prefix:'lc2_ilc';
output files prefix:'lc2_ilc'。
```

Animation mode 动画模式默认选择 batch 模式，Simulation mode 默认选择 discrete 模式。

单击【OK】按钮，完成设置。

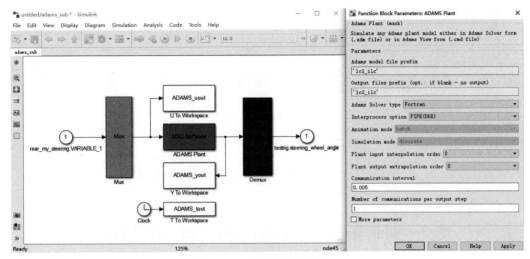

图 5-40　设置 ADAMS Plant

5.4.4.7　联合仿真及后处理

（1）联合仿真

回到 Simulink 窗口，单击【仿真】按钮，开始联合仿真。

Simulink 窗口底部的进度栏会显示仿真计算的进度。仿真成功后，系统会在工作目录产生系列文件，如图 5-41 所示。

lc2_ilc.sdl	2022/5/22 15:24	Service Description Language	4 KB
lc2_ilc.msg	2022/5/22 15:24	Outlook 项目	1,618 KB
lc2_ilc.out	2022/5/22 15:24	OUT 文件	285 KB
lc2_ilc.res	2022/5/22 15:24	RES 文件	145,380 KB
lc2_ilc_bsp.pth	2022/5/22 15:23	PTH 文件	159 KB
lc2_ilc_pth.drd	2022/5/22 15:23	DRD 文件	3 KB
lc2_ilc_raw.pth	2022/5/22 15:23	PTH 文件	5 KB
lc2_ilc_tra.pth	2022/5/22 15:23	PTH 文件	159 KB

图 5-41　联合仿真生成的系列文件

ADAMS 的后处理可以使用其中的 .sdl、.msg、.out、.res 等文件。

（2）后处理

进入 ADAMS/PostProcessor 界面。

在 File 菜单选择 Import→Results File…，打开 File Import 对话窗。

在 File Name（s）栏填入联合仿真生成的结果文件 lc2_ilc.res；单击【OK】按钮，完成联合仿真结果文件的读取。

绘制四轮转向汽车的 chassis_displacements.roll（车身侧倾角）随时间变化的特性曲线与原车对比，如图 5-42 所示。

可以看出，在完成同样的 ISO 双移线试验过程中，四轮转向汽车的车身侧倾角比原车有明显减少，表明四轮转向技术可以有效地改善汽车的操纵稳定性。

退出 ADAMS 和 MATLAB，完成本次实验。

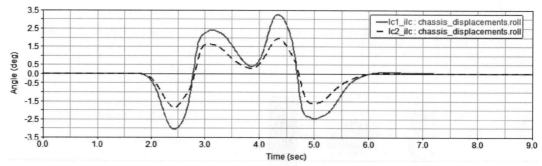

图 5-42　车身侧倾角随时间变化的特性曲线对比

5.5　履带车辆仿真模块 ADAMS/ATV 简介

5.5.1　ATV 加载

履带车辆具有卓越的越野机动性能，在兵器和工程机械行业得到广泛使用。ADAMS/ATV（Adams Tracked Vehicle）模块是分析履带式车辆动力学性能的专用工具，利用履带、车轮及地面模板化，可快速建立履带车辆整车装配。通过改进高效积分算法，可快速得出计算结果，研究履带车辆在各种路面、不同车速和不同工况下的性能，并进行方案优化设计。

ADAMS/ATV 有独立的安装程序，因此需要对应的 license 管理使用权限。

加载 ADAMS/ATV 需从 Tools 菜单选择 Plugin Manager…，打开插件管理器，勾选 Adams Tracked Vehicle Toolkit 的 Load 或 Load at Startup 选项，完成加载。

5.5.2　ATV 建模元素

ATV 建模元素主要包括 Track Wheel（履带轮）、Track Segment（履带板）、车体、各种 Forces（力）与 Actuator（作动器）等。各建模元素的创建需要在模板界面进行。

5.5.2.1　履带轮部件

履带轮的种类包括主动轮、诱导轮、负重轮和托带轮。创建履带轮需要从 ATV 菜单，选择 Track Wheel→New…，打开 Create Track Wheel 对话框。

在对话框的上部，指定 Track Wheel Name（履带轮名字）和 Reference Frame（参考位置），Geometry Setting（几何外形设置）已在 Standard 和 User Geometry 两个选项中选定 Standard。

对话框的中部有 Mass Properties、Geometry 和 Contact 三个标签，如图 5-43 所示。

在 Mass Properties（质量属性）标签中，可以设置 Mass（质量）、Ixx-Iyy-Izz（转动惯量）和 CM Location Relative to Part（质心位置）等参数。

在 Geometry（几何外形）标签中，可以设置 Wheel Radius 和 Wheel Width；如选择 Number of Discs 为 2，则需设置 Disc Distance（轮盘间距）；如设置 Number of Teeth 不为 0，则需设置 Tooth Width、Tooth Height、Tooth Length 和 Flank Angle 等参数，如图 5-44 所示。

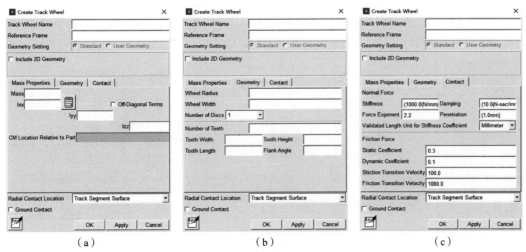

图 5–43　创建履带轮对话框
(a) Mass Properties 标签；(b) Geometry 标签；(c) Contact 标签

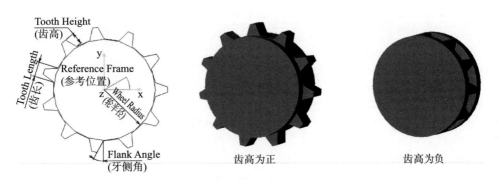

图 5–44　履带轮几何外形尺寸参数

在 Contact（接触）标签中，可设置 Stiffness、Damping、Force Exponent、Penetration、Validated length Unit for Stiffness Coefficient、Static Coefficient、Dynamic Coefficient、Stiction Transition Velocity 和 Friction Transition Velocity 等参数。

在对话框的下部，Radial Contract Location（径向接触位置）可选 Track Segment Pin（履带销）或 Track Segment Surface（履带表面），可选择是否存在 Ground Contact（地面接触）。

5.5.2.2　履带板部件

履带板有单销式、双销式和橡胶履带三个类型。创建履带板需从 ATV 菜单，选择 Track Segment→New…，打开 Create Track Segment 对话框。

在对话框的上部，指定 Track Segment Name（履带轮名字）和 Reference Frame（参考位置），Geometry Setting（几何外形设置）已在 Standard 和 User Geometry 两个选项中选定 Standard。

可选 Track Type 为：Single Pin（单销）、Double Pin（双销）或 Rubber Track（橡胶履带）。

可设定 Track Pitch（履带节距）、Pin Radius（履带销半径）。

中部有 Mass Properties、Geometry、Segment Connection 三个标签，分别如图 5 – 45 (a)、(b) 和 (c) 所示。

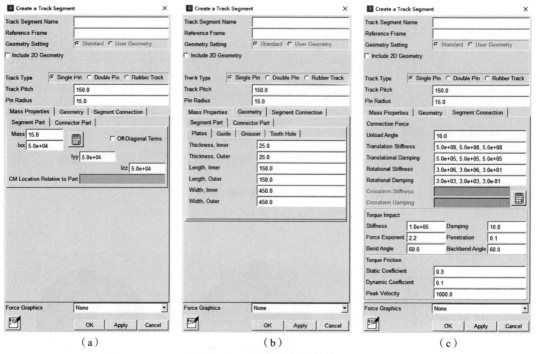

图 5 – 45　创建履带板对话框

在 Mass Properties（质量属性）标签，可以设置 Segment Part（履带板本体）和 Connector Part（履带连接器）的 Mass、Ixx – Iyy – Izz、CM Location Relative to Part 等参数；如 Track Type 是 Single Pin（单销式），仅需要设置 Segment Part 的质量属性参数。

在 Geometry（几何）标签，可以设置 Segment Part 和 Connector Part 的几何外形。

Segment Part 的形状复杂，可再分为 Plates、Guide、Grouser 和 Tooth Hole 等子标签。

在 Plates（板面）子标签需定义：Thickness Inner（内厚）、Thickness Outer（外厚）、Length Inner（内长）、Length Outer（外长）、Width Inner（内宽）、Width Outer（外宽）。

在 Guide（导向块）子标签需定义：Number of Guides（导向块数量）、Guide Width（导向块宽度）、Guide Height（导向块高度）。

在 Grouser（履刺）子标签需定义：Grouser Position（履刺位置）、Grouser Ratio（履刺长度比率）、Grouser Height（履刺高）。

在 Tooth Hole（齿孔）子标签需定义：Number of Discs（轮盘数量）、Tooth Width（齿宽）、Tooth Height（齿高）。

Segment Part（履带板本体）模型几何尺寸参数示意图如图 5 – 46 所示。

Connector Part 的形状简单，如 Track Type 是 Double Pin（双销式），只需设置 Length（长度）和 Radius（半径）参数；如 Track Type 是 Rubber Track（橡胶履带），还需设置 Offset（偏置距）参数。

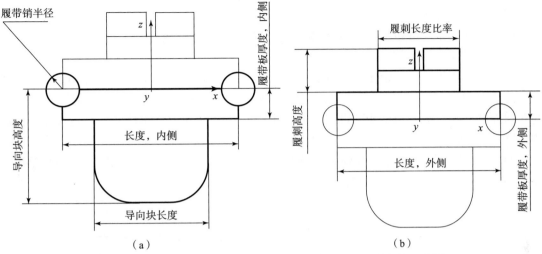

图 5-46　Segment Part（履带板本体）模型几何尺寸参数示意图

(a) 内侧视图；(b) 外侧视图

Connector Part（履带连接器）模型几何尺寸参数示意图如图 5-47 所示。

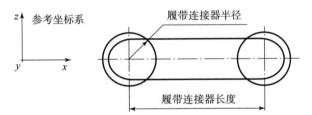

图 5-47　Connector Part（履带连接器）模型几何尺寸参数示意图

在 Segment Connection（履带板连接）标签，分为上下两个区域。

在上部 Connection Force（连接力）区，如 Track Type 是 Single Pin 或 Double Pin，可以设置 Unload Angle（空载角度）、Translation Stiffness（轴向刚度）、Translation Damping（轴向阻尼）、Rotational Stiffness（转动刚度）、Rotational Damping（转动阻尼）等参数；如 Track Type 是 Rubber Track，还需要设置 Crossterm Stiffness（界面刚度）和 Crossterm Damping（界面阻尼）参数。

如 Track Type 是 Single Pin 或 Double Pin，标签的下部是 Torque Impact（扭转冲击）和 Torque Friction（扭转摩擦）两个部分。

在 Torque Impact 部分，可以设置 Stiffness（刚度）、Damping（阻尼）、Force Exponent（力指数）、Penetration（侵入量）、Bend Angle（前弯角）、Backbend Angle（后弯角）等参数。

在 Torque Friction 部分，可以设置 Static Coefficient（静系数）、Dynamic Coefficient（动系数）、Peak Velocity（峰值速度）等参数。

如 Track Type 是 Rubber Track，标签的下部是 Field Attachment Offset（场附着偏距）区，用于定义橡胶履带是如何弯曲的。Enable Offset 的默认选项是 No，如果点选了 Yes，需要设置 Segment Field Attach. Offset 和 Connect Field Attach. Offset 等参数。

5.5.2.3 车体

履带车辆的车体会包括 Hull（车体本体）和 Shelf（挡泥板）两个部件。

（1）Hull（车体本体）

与轮式车辆不同，履带车辆的车体下部可能会与路面发生接触。因此，ADAMS/ATV 模块使用 Hull Property File（车体属性文件）或 User Geometry（用户提供几何）指定车体的几何外形。相应地，ADAMS/ATV 使用 Soil Property File（土壤属性文件）定义车体接触的道路。

ADAMS/ATV 提供的车体几何外形分为上下两个部分，创建车体本体需从 ATV 菜单选择 Hull→New…，打开对话框如图 5-48 所示。

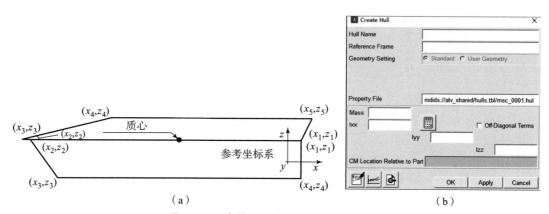

图 5-48 车体几何外形与创建车体本体
(a) 车体几何外形侧视图；(b) Create Hull 对话框

在此对话框的上部，可设定 Hull Name（车体名称）、Reference Frame（参考位置），Geometry Setting（几何外形设置）已在 Standard 和 User Geometry 两个选项中选定 Standard。

在此对话框的下部，可设定 Property File（属性文件）、Mass（车身质量）、Ixx - Iyy - Izz（车身转动惯量）、CM Location Relative to Part（车身质心位置）。

（2）Shelf（挡泥板）

考虑到履带与挡泥板也可能发生接触，创建 Shelf 对话框中也有 Mass Properties、Geometry 和 Contact 三个标签，并通过 Track to Shelf Contact 选项确定履带与挡泥板是否发生接触。

5.5.2.4 履带张紧器

履带张紧器是 ATV 中的一种特殊力元件，通常用于诱导轮，可以调整履带张力。在静态分析中，可以调整张紧器长度。

定义履带张紧器需指定张紧力的作用元件和作用点，并使用含有刚度和阻尼特性的属性文件定义力值。履带张紧器还包括最小/最大长度端部限位块。创建履带张紧器需从 ATV 菜单选择 Forces→Tensioner→New…，打开 Create 对话框，如图 5-49 所示。

创建履带张紧器需设定的参数与设置 Force 力基本相同，包括：Tensioner Name（张紧器名称）、I Part（作用部件）、J Part（反作用部件）、I Reference Coord（作用部件参考坐

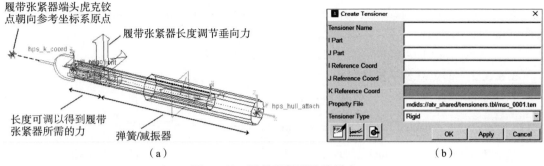

图 5-49 履带张紧器及其创建
(a) 履带张紧器模型；(b) 创建履带张紧器对话框

标系)、J Reference Coord（反作用部件参考坐标系）、K Reference Coord（可选参考坐标系）、Property File（属性文件）、Tensioner Type（张紧器类型）。

5.5.2.5 作动器

ADAMS/ATV 提供三种 Actuators（作动器）：Dyno、Velocity Controller 和 Steering Controller。创建作动器需从 ATV 菜单选择 Actuators→作动器名，打开相应的对话框，如图 5-50 所示。

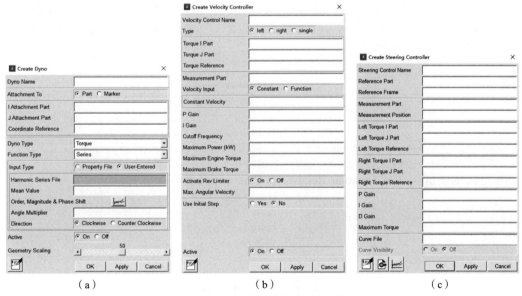

图 5-50 创建三种作动器对话框
(a) Dyno（测功机）；(b) Velocity Controller；(c) Steering Controller

5.5.3 ATV 模板建模

ADAMS/ATV 也是基于模板方式创建整车装配的，即先基于模板建立相应子系统，再基于各子系统创建整车装配。

接下来以创建平衡肘（单纵臂）扭杆式悬架系统模板为例，介绍创建模板的过程。

5.5.3.1 进入模板建模器

加载 ADAMS/ATV 模块后，Tools 菜单中的 Adams Car Template Builder 选项会转变成 ATV Template Builder。

选择 ATV Template Builder 后，即可进入模板建模器。

5.5.3.2 创建悬架子系统模板

从 File 菜单选择 New...，打开 New Template 对话框。填入并选择：

```
Template Name:trailing_arm; Major Role: track_holder
```

单击 OK 按钮，创建 track_ suspension 模板后，在工作空间将出现一些标记点。
接下来，ATV 通过创建硬点、部件及几何体、约束关系及力元，完成整个部件系统。

5.5.3.3 创建硬点

从 Build 菜单选择 Hardpoint→New...，打开 Create Hardpoint 对话框。

创建三个硬点，作为创建平衡肘的参考点。

pivot_point（平衡肘与车体连接点）坐标：0.0，-700.0，0.0；

axle_to_arm（平衡肘弯折点）坐标：350.0，-700.0，-200.0；

road_wheel_center（负重轮中心点）坐标：350.0，-1000.0，-200.0。

5.5.3.4 创建部件（平衡肘）

平衡肘的几何外形可简化为纵臂和车轴两个部分。

从 Build 菜单选择 Parts→General Part→Wizard...，创建含有纵臂几何外形的平衡肘部件 arm；再从 Build 菜单选择 Geometry→Link→New...，创建车轴部分的几何外形 axle，如图 5-51 所示。

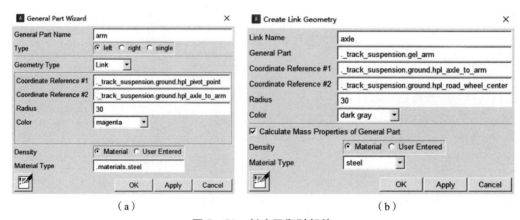

图 5-51 创建平衡肘部件

(a) 创建部件 arm；(b) 创建车轴部分的几何外形 axle

5.5.3.5 创建 ATV 部件（负重轮）

创建负重轮之前，需在硬点 road_wheel_center 先创建一个结构框作为参考坐标系。

从 Build 菜单选择 Construction Frame→New...，打开 Create Construction Frame 对话框。创建结构框 road_wheel_ref，位置在 hpl_road_wheel_center，方向 Euler Angles 为 0.0，90.0，0.0。再从 ATV 菜单选择 Track Wheel→New...，打开 Create Track Wheel 对话框。输

入 Track Wheel Name 为 wheel_300，Reference Frame 为 cfl_road_wheel_ref，在 Mass Properties 标签和 Geometry 标签输入负重轮的质量属性和几何外形，如图 5-52 所示。

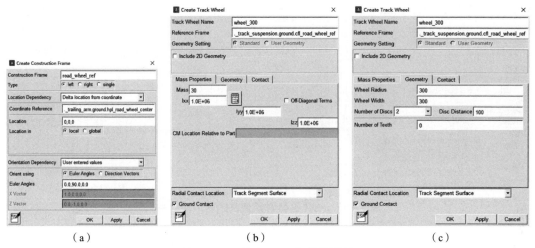

图 5-52　创建 ATV 部件履带轮
(a) 创建参考坐标系；(b) 创建负重轮的质量属性；(c) 创建负重轮的几何外形

在 Contact 标签，保持与接触相关的默认设置不变；在 Radial Contact 栏选择 Track Segment Surface；勾选 Ground Contact；单击【OK】按钮，完成负重轮的创建。

5.5.3.6　创建 Mount 部件

由于悬架系统需要与车体装配，故需要在悬架模板中创建一个用于替换车体的部件，以便创建悬架与车体相连的约束关系。悬架与车体装配后，Mount 部件将被抑制。悬架模板 Mount 部件的名字应与车体模板中的 Mount 部件匹配，以实现通信。

从 Build 菜单选择 Parts→Mount→New…，打开 Create Mount Part 创建对话框。创建名字为 arm_to_hull 的 Mount 部件，坐标参考点在 pivot_point（平衡肘与车体连接点），次要角色为 inherit（继承）。

5.5.3.7　创建约束

平衡肘悬架系统的运动约束包括：平衡肘转动约束和车轮转动约束。

(1) 创建平衡肘转动约束

平衡肘转动约束是平衡肘与车体（Mount 部件）之间的转动副。

创建平衡肘转动约束需先在硬点 pivot_point 位置创建一个结构框作为参考坐标系。

从 Build 菜单选择 Construction Frame→New…，打开 Create Construction Frame 对话框。创建结构框 pivot_point，位置在 hpl_pivot_point，Euler Angles 为 0.0，90.0，0.0。

再从 Build 菜单选择 Attachments→Joint→New…，创建平衡肘转动约束 arm_to_hull。

(2) 创建车轮转动约束

车轮转动约束是车轮与平衡肘之间的转动副。

创建车轮转动约束可以使用结构框 road_wheel_ref。

从 Build 菜单选择 Attachments→Joint→New…，创建车轮转动约束 wheel_to_arm。

创建平衡肘悬架系统的运动约束时，各对话框设置如图 5-53 所示。

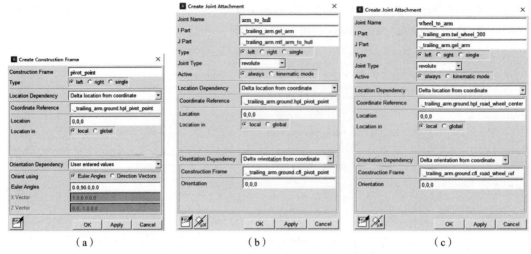

图 5-53 创建平衡肘悬架系统的运动约束

(a) 创建参考坐标系；(b) 创建平衡肘转动约束；(c) 创建车轮转动约束

5.5.3.8 创建力元

在平衡肘同车体相连的位置，还应创建扭杆弹簧、转动阻尼、双向转动限位器等力元。

从 ATV 菜单选择 Forces→Rotational Spring→New…，创建 arm_to_hull_spring；从 ATV 菜单选择 Forces→Rotational Damper→New…，创建 arm_to_hull_damper；从 ATV 菜单选择 Forces→Rotational Bumpstop→New…，创建 arm_to_hull_bumpstop，如图 5-54 所示。

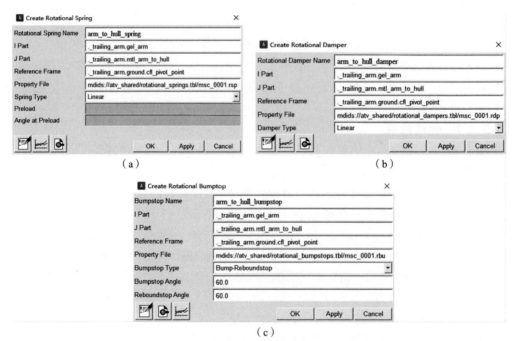

图 5-54 创建力元

(a) 创建扭杆弹簧 arm_to_hull_spring；(b) 创建转动阻尼 arm_to_hull_damper；
(c) 创建双向转动限位器 arm_to_hull_bumpstop

5.5.3.9 保存创建的模板文件

完成创建的平衡肘悬架系统模板如图 5 – 55 所示。

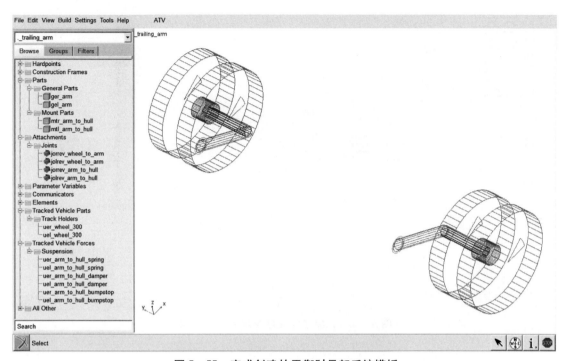

图 5 – 55 完成创建的平衡肘悬架系统模板

从 File 菜单选择 Save 保存新建的模板文件 track_suspension.tpl 到默认数据库中。

5.5.4 建立履带式车辆整车模型

基于模板创建履带式车辆各子系统后，即可将其组装成整车。ADAMS/ATV 设有专门的工具以方便用户完成履带缠绕、设置驱动力和提交计算。

5.5.4.1 加载模型

加载 ADAMS/ATV 后，在标准界面，打开共享目录 atv_shared/assemblies.tbl 中装配文件 tank.asy，此车辆模型已包含履带（tank_track）但未缠绕组装，如图 5 – 56 所示。

5.5.4.2 履带缠绕组装

从 ATV 菜单选择 Tracked Vehicle – Dynamic Track→Dynamic Track Wrapping…，打开 Dynamic Track Wrapping 对话框，单击【Wrap】按钮，开始履带缠绕，信息窗显示缠绕组装过程信息。缠绕组装完成后，车体两侧出现两条由 73 块履带板组成的履带，如图 5 – 57 所示。

在履带缠绕对话框中，Track Type 可选 3D Dynamic Track 或 3D Dynamic Track – Analytical；在 Track Systems 标签，Vehicle Symmetry（车辆对称性）可选 Half Vehicle 以加快计算速度；也可在 Load from File 标签使用 Track System Setup File 完成履带缠绕。

5.5.4.3 设置路面

设置硬质路面，可以从 ATV 菜单选择 Track Vehicle – Dynamic Track→Hard Road Setup…，

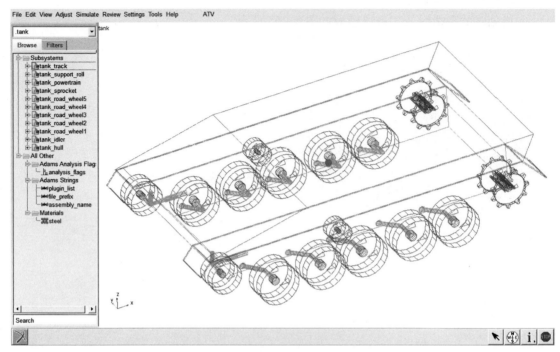

图 5-56 未缠绕组装履带坦克底盘模型

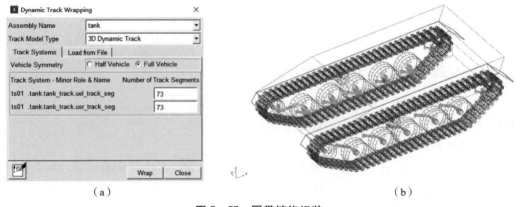

图 5-57 履带缠绕组装

(a) 动态履带缠绕对话框；(b) 履带缠绕组装完成

打开对话框。

在 Track Segments 标签中 Road Data Files 子标签，设置 Number of Road Data Files 为 1，从 ATV 共享目录导入 Data File 和 Soli Property File，并设置路面方位，如图 5-58 所示。

路面可以使用 Road Data Files（路面数据文件）、Road Geometries（路面几何）、Road Flexible Bodies（路面柔体）描述。在 Hulls 标签中还可以设置车身与地面接触撞击时的属性文件。

5　ADAMS 的车辆多体动力学仿真

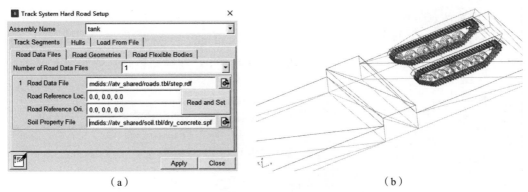

图 5-58　设置路面
(a) 路面设置对话框；(b) 台阶路面设置完成

5.5.4.4　定义车辆驱动

为驱动车辆行驶，可以给主动轮设定转速。系统使用一个 Step 函数定义主动轮转速。

从 Adjust 菜单选择 Parameter Variable→Table，打开对话框。点选 Subsystem 项，选择 tank_powertrain 子系统，将 pvl_sprocket_angular_velocity 设置为 90，如图 5-59 所示。

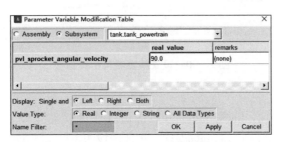

图 5-59　设置主动轮转速

单击【OK】按钮，完成设定。

5.5.4.5　创建履带板输出请求

为查看履带板与地面及车轮之间的动力学响应，可以设置 Track Segment Request。

从 ATV 菜单选择 Track Vehicle – Dynamic Track Request→Track Segment Request→Create，打开对话框。在 Track Segment (s) 栏填入 .tank.tank_track.tsl_track_seg__1，定义第 1 节履带板的输出请求，其他保持默认设置，单击【OK】按钮，完成履带板输出请求的创建。

5.5.4.6　设置解算器与仿真参数

(1) 设置动力学解算器

从 Settings 菜单选择 Solver，打开 Solver Settings 对话框，勾选左下角的 More 复选框，确认 Category 栏选 Dynamics，其他保持默认设置，如图 5-60 (a) 所示，单击【Close】按钮，完成解算器参数设置。

为加快仿真速度，可以采用多线程方式。例如：选择 Category 为 Executable，设置

Choice 为 C++，Thread Count 为 4。

（2）设置仿真参数

从 Simulate 菜单选择 Tracked Vehicle Analysis→Submit…，打开 Tracked Vehicle Analysis 对话框。在对话窗中输入 Analysis Name 为 concrete_step，并设置仿真参数如图 5－60（b）所示。

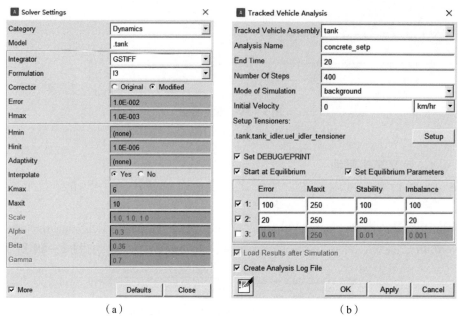

（a）　　　　　　　　　　　　　　（b）

图 5－60　设置解算器与仿真参数

（a）设置动力学解算器；（b）设置仿真参数

Mode of Simulation 选择 background 可加快仿真速度；勾选 Set DEBUG/EPRINT、Start at Equilibrium 和 Set Equilibrium Parameters，并合理设置 Equilibrium Parameters 静平衡参数。

选择 tensioner 右侧的【Setup】按钮可确认 Tensioner 的 Setup Type 为 Tensioner Design Length。

5.5.4.7　运行仿真

在 Tracked Vehicle Analysis 对话窗单击【OK】按钮，开始 20 s、400 步的仿真。

系统打开 DOS 窗口运行。仿真完成后，在工作目录生成系列结果文件，如图 5－61 所示。

concrete_setp.acf	2022/5/30 22:30	Adams/Solver Command File	1 KB
concrete_setp.adm	2022/5/30 22:30	ADM 文件	1,305 KB
concrete_setp.bat	2022/5/30 22:30	Windows 批处理文件	1 KB
concrete_setp.log	2022/5/30 22:30	文本文档	11 KB
concrete_setp.msg	2022/5/30 23:14	Outlook 项目	10,903 KB
concrete_setp.res	2022/5/30 23:14	RES 文件	62,778 KB
concrete_setp.xmt_txt	2022/5/30 22:29	XMT_TXT 文件	9,092 KB

图 5－61　仿真生成的系列结果文件

5.5.4.8　读取结果文件

从 Review 菜单选择 Analysis Management→Read…，打开对话框，读入 concrete_

step.res 结果文件。从 Review 菜单选择 PostProcessing Window…，打开后处理窗口。

Load Animation 载入 concrete_step 仿真动画，按 ▷ 按钮播放动画，截图如图 5-62 所示。

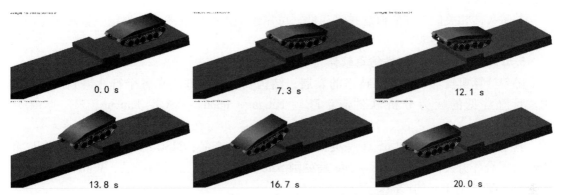

图 5-62　载入 concrete_step 仿真动画截图

绘制主动轮转速、履带速度、车体纵向位移和车体俯仰等参数的时域曲线，如图 5-63 所示。

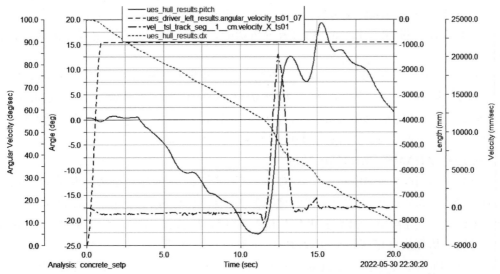

图 5-63　主动轮转速、履带速度、车体纵向位移和车体俯仰等参数的时域曲线

5.6　耐久性仿真模块 ADAMS/Durability 简介

5.6.1　疲劳与耐久性仿真技术概述

5.6.1.1　疲劳与耐久性的基本概念

疲劳是一种部件在循环载荷作用下出现失效的现象。即使部件受到的应力低于部件材

料的静态强度,也可能会有损伤产生。在多次循环作用下,部件的损伤在微观层面不断发展,直到形成宏观裂纹。

耐久性是指产品或部件持续保持结构完好和使用功能的能力,即部件不发生疲劳失效的使用时间长度。

与耐久性相关但不同的概念是可靠性。可靠性是指产品或部件在规定条件和规定时间内完成规定功能的概率。

5.6.1.2 疲劳与耐久性仿真软件

随着计算机技术和有限元技术的发展,结构疲劳分析方法在各个行业得到广泛的应用。目前常见的疲劳分析软件有:FE – Fatigue、nSoft、MSC – Fatigue、FE – safe 和 WinLIFE。

其中,FE – Fatigue 和 nSoft 是英国 nCode 公司的产品;MSC – Fatigue 是由 nCode 和 MSC 公司合作开发的产品;FE – safe 是英国 Safe Technology 公司的产品;WinLIFE 是德国 Steinbeis TZ 交通中心的产品。

疲劳分析软件一般作为有限元软件的后处理来进行结构的疲劳分析,需要使用有限元软件的结果文件。根据应力、应变计算结果,载荷幅值和周期性材料属性,在计算过程中实现自动搜索疲劳热点部位和每一单元或节点的损伤,并实现疲劳计算结果的可视化。

MSC.Fatigue 现已被 MSC 公司集成在 MSC.Patran 中,作为一体化的疲劳分析解决方案,并不再发布单独的 MSC Fatigue 安装程序。MSC.Patran 可以方便地建立疲劳寿命计算的模型,并直接访问 MSC.Fatigue 的所有分析功能,进而方便地进行疲劳分析结果查看和优化设计。

MSC.Fatigue 可以从 MSC.Nastran、MSC.Marc 和 MSC.Dytran 中获得所需的有限元数据,也可以从 Ansys 或 Abaqus 中获得所需的有限元数据。所需的材料信息可以从 MSC.Fatigue 自己的标准库中获得,也可从 MSC.Enterprise Mvision 的材料数据库中获得,或者由用户提供。载荷工况可以从 MSC.ADAMS 或物理试验中获得。

5.6.1.3 ADAMS/Durability 功能

ADAMS/Durability 是 MTS 公司和 nCode 公司参与合作开发的耐久性仿真试验解决方案。ADAMS/Durability 可以还原柔体的模态应力,将载荷数据导出到常用的有限元软件中进行详细的应力分析,并可以与 MSC Fatigue 集成,以预测部件寿命。ADAMS/Durability 支持两种时间历程文件格式:nSoft 的 DAC 和 MTS 的 RPCⅢ。

ADAMS/Durability 的主要功能包括:从 DAC 及 RPC 文件中提取时间记载数据,并将其输入 ADAMS 仿真模块中进行分析;把 ADAMS 仿真结果及测量数据存储在 DAC 及 RPCⅢ文件中;查看 DAC 和 RPCⅢ文件的头信息与数据;提取 DAC 和 RPCⅢ文件中的数据绘图,并以此与 ADAMS 仿真结果相对照。

ADAMS/Durability 使工程师能够评估机械系统内部件的应力、应变或寿命,以设计出长寿命产品,使工程师们能够使用物理试验数据与仿真结果进行对比分析。

5.6.2 使用 ADAMS/Durability 输出 DAC 格式文件

在本项任务中,首先使用 RPCⅢ格式的试验实测数据加载,运行汽车四分之一悬架仿真,然后把响应的时间历程以 DAC 格式输出,最后在 ADAMS/PostProcessor 后处理模块中比较仿真试验结果和试验实测结果，以验证仿真模型的准确性。

5.6.2.1 导入悬架模型

从 ADAMS 安装目录/durability/examples/suspension 导入文件 suspension.cmd，打开一个悬架模型，如图 5-64 所示。

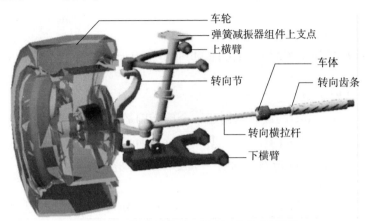

图 5-64　汽车四分之一悬架 ADAMS 模型

5.6.2.2 创建车轮跳动

为 Upper_Arm（上横臂）应用一个参考样条函数的旋转副运动（车轮跳动）。

具体步骤是先使用 RPC Ⅲ 格式的物理测试数据创建样条曲线，再使用 INTERP 函数定义旋转副运动。

（1）创建样条曲线

从 Build 菜单选择 Data Elements→Spline→General…，打开 Data Element Create Spline 对话框，如图 5-65 所示。

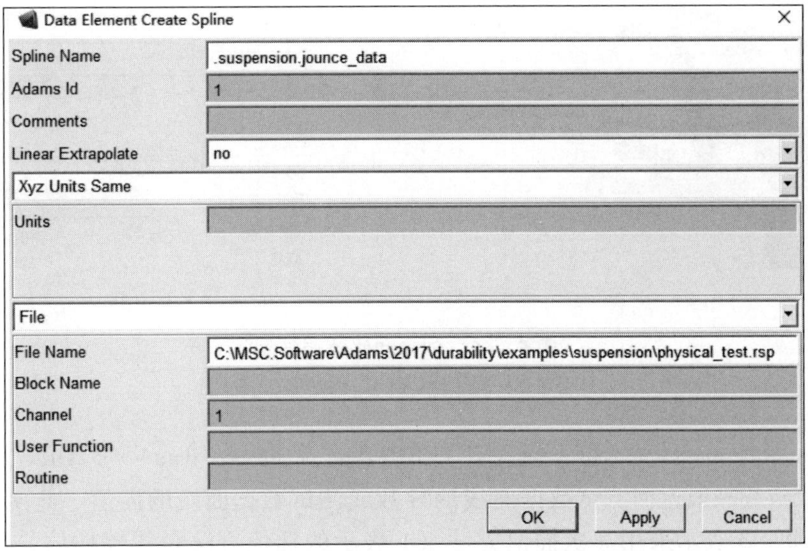

图 5-65　创建样条曲线 Data Element Create Spline 对话框

在 Spline Name 文本框，键入 .suspension.jounce_data。

鼠标右键单击 File Name 文本框，并选择 Browse，出现 Select File 对话框。

选择在 ADAMS 安装目录/durability/examples/suspension 下的 physical_test.rsp，此文件是 RPCⅢ格式，包含多个通道实测数据的时间序列文件。样条曲线也可使用 DAC 格式的数据文件定义。

在 Channel 文本框，键入 1。

单击【Apply】按钮，系统使用文件 physical_test.rsp 中通道 1 的参数创建一条样条曲线。

（2）定义旋转副运动

在上控制臂 Upper_Arm 的旋转副创建一个旋转副运动 Rotational Joint Motion。

从 Main Toolbox 主工具箱中，单击【Rotational Joint Motion】工具按钮。

选择 Upper_REV 作为旋转副，创建一个旋转副运动。

（3）重命名旋转副运动

在模型中右键旋转副运动图标，单击 Motion: MOTION_2，并选择 Rename，出现 Rename Object 对话框。在 New Name 文本框键入 jounce_input，单击【OK】按钮。

（4）修改旋转副运动

默认情况下，ADAMS/View 创建一个恒速的旋转副运动。接下来，修改旋转副运动使其基于参考样条曲线随着时间变化。

在模型中，鼠标右键单击旋转副运动图标，选择 Motion: jounce_input→Modify，出现 Joint Motion 对话框，如图 5-66 所示。

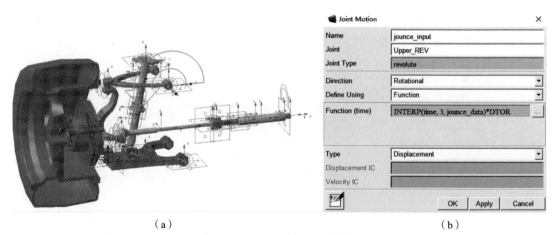

(a)　　　　　　　　　　　　　　(b)

图 5-66　创建和修改旋转副

(a) 创建旋转副驱动；(b) Joint Motion 对话框

在 Function (time) 文本框，输入 INTERP(time,3,jounce_data)＊DTOR。

INTERP 函数一般返回测试数据曲线的导数或测试数据曲线的插值。此函数中，自变量是 time 时间；3 表示采用三次插值方法（1 表示的插值方法是线性插值）。jounce_data 是样条曲线名称。DTOR 是从角度到弧度的角度转换系数。

单击【OK】按钮。如输入函数不正确，系统会报错，需检查函数语法。

5.6.2.3 创建转向器齿条运动

步骤同样是先使用 RPCⅢ格式的物理测试数据创建样条曲线,再为转向器齿条移动副使用 INTERP 函数定义移动副运动。

(1) 创建样条曲线

回到 Data Element Create Spline 对话框。

在 Spline Name 文本框,键入 .suspension.steer_data。

在 Select File 对话框,保持文件 physical_test.rsp 不变。

在 Channel 文本框,键入 2。

单击【OK】按钮。系统利用 physical_test.rsp 中通道 2 的参数创建了一条样条曲线。

(2) 定义移动副运动

在转向器齿条 Rack 的移动副创建一个移动副运动。

从 Main Toolbox 主工具箱中,单击【Translational Joint Motion】工具按钮。

选择 Rack_Joint 作为移动副,ADAMS/View 创建了一个移动副运动。

(3) 重命名移动副运动

在模型中右键移动副运动图标,单击 Motion:MOTION_3,并选择 Rename,出现 Rename Object 对话框。在 New Name 文本框键入 steer_input。单击【OK】按钮。

(4) 修改移动副运动

默认情况下,ADAMS/View 创建一个恒速的移动副运动。接下来,修改移动副运动使其基于参考样条曲线随着时间变化。

在模型中,右键移动副运动图标,选择 Motion:steer_input→Modify,出现 Joint Motion 对话框,如图 5-67 所示。

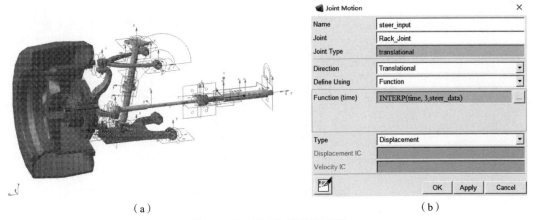

(a)　　　　　　　　　　　　　　(b)

图 5-67　创建和修改移动副

(a) 创建移动副驱动;(b) Joint Motion 对话框

在 Function(time)文本框输入 INTERP(time,3,steer_data,0)。

单击【OK】按钮。如输入函数不正确,系统会报错,需检查函数语法。

5.6.2.4 仿真模型

从 Main Toolbox 主工具箱中按下【Simulation】工具按钮。

设置仿真 end time 结束时间为 5 s，output steps 输出步数为 50。

按下【Simulation Start】工具按钮 ▶。

模型仿真开始，车轮在向右转动的同时完成一个周期跳动后停止。

按下【Reset】工具按钮 ◀◀ 可回到模型的初始状态。

5.6.2.5 设置测量请求

为验证 ADAMS 模型的准确性，需要对比仿真输出数据与试验实测数据是否吻合。接下来，设置测量请求以输出 spindle_center 主销中心的位移，再设置 ADAMS 产生 DAC 格式的结果，最后仿真模型输出数据。

(1) 创建新的测量请求

创建新的测量是部件 Knuckle 上主销中心 spindle_center 相对 ground 上参考点 Spindle_Ref 的位移，此位移包括 6 个分量，即 3 个方向的平动位移和 3 个方向的转动位移。

从 Build 菜单选择 Measure→REQUEST→New…，打开 Create a Request 对话框。

输入 Request Name：instrument，Output Type：displacement。

在 I Marker Name 和 J Marker Name 栏，使用右键 Triad→Browse… 打开 Database Navigator，分别选择 I Marker Name：Spindle_Center；J Marker Name：Spindle_Ref，如图 5-68 所示。

(a)   (b)   (c)

图 5-68 创建新的测量请求

(a) 创建 Create a Request 对话框；(b) 选择 I Marker Name；(c) 选择 J Marker Name

单击【OK】按钮，完成测量请求 instrument 的创建。

(2) 设置 ADAMS 产生 DAC 格式的仿真结果文件

默认情况下，仿真模型时，ADAMS/View 以 ADAMS 的格式生成结果。但是在实际的试验设备上，不能使用 ADAMS 格式的结果文件。因此，需将仿真结果转换成标准的 RPC Ⅲ 格式或 DAC 格式输出。

从 Settings 菜单选择 Solver→Output…，出现 Solver Settings 对话框，如图 5-69 (a)

所示。

确认 Category：Output；Model：.suspension。设置 Save Files 为 Yes；在 File Prefix 文本框键入 suspension。设置所有 File 选项为 No。

勾选 More，拓展对话框，如图 5-69（b）所示。设置 Output Category：Durability Files，出现 Durability Files 相关内容。设置 DAC Files 为 On，在其他文本框使用默认值。

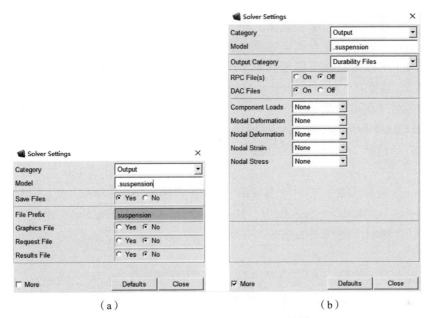

（a） （b）

图 5-69 设置 Solver Settings 对话框

（a）勾选 More 之前的设置；（b）勾选 More 之后的设置

单击【Close】按钮，关闭 Solver Settings 对话框。

（3）仿真模型以生成 DAC 格式的结果

从 Main Toolbox 主工具箱中按下【Simulation】工具按钮。

设置仿真结束时间为 5 s，输出步数为 512。与物理测试数据的采样频率匹配，此物理测试数据在后面将用于验证仿真结果。

按下【Simulation Start】工具按钮，开始仿真。

仿真完成后，按下【Reset】工具按钮可回到模型的初始状态。

如不执行 Reset（重置）模型，所有的仿真结果将不会被输入 DAC 文件中。

一个 DAC 文件只能存储一个通道的数据，本次仿真中，ADAMS/View 在当前工作目录下为 6 个测量请求分量创建了 DAC 文件。6 个 DAC 文件为：

> suspension_instrument_x.dac；suspension_instrument_y.dac；suspension_instrument_z.dac；suspension_instrument_r1.dac；suspension_instrument_r2.dac；suspension_instrument_r3.dac。

文件命名规则为：prefix_request name_component label.dac（前缀_请求名_分量标签.dac）。其中：prefix 是设置 Solver 时定义的前缀，即 suspension；request name 是请求名，

即 instrument；component label 是为请求预留的 6 个分量标签，即 x、y、z、r1、r2、r3。

5.6.2.6 试验实测数据与仿真测试数据对比

先输入试验数据，再输入仿真结果，最后绘制数据对比图。

要输入的试验数据来自实验室实测的 RPC Ⅲ 格式文件 physical_test.rsp，数据时长 10 s，采样频率为 51.2 点/s，包含 5 个数据通道，分别为：

- 通道 1，上横臂运动驱动数据，用于悬架跳动控制；
- 通道 2，转向器运动驱动数据，用于车轮转向控制；
- 通道 3，主销中心在全局坐标系中 X 方向的平动位移响应；
- 通道 4，主销中心在全局坐标系中 Y 方向的平动位移响应；
- 通道 5，主销中心在全局坐标系中 Z 方向的平动位移响应。

(1) 输入物理测试数据

启动 ADAMS/PostProcessor 后处理模块。

从 File 菜单选择 Import→RPC File…，打开 File Import 对话框，读取文件 physical_test.rsp。

选择 Source 为 RPC Ⅲ，在 RPC Ⅲ File 列表，选择 physical_test。从 Channel 列表选择 Measure_Spindle_1、Measure_Spindle_2、Measure_Spindle_3，勾选 Surf，绘制主销中心在三个方向的平动位移响应曲线，如图 5-70 所示。

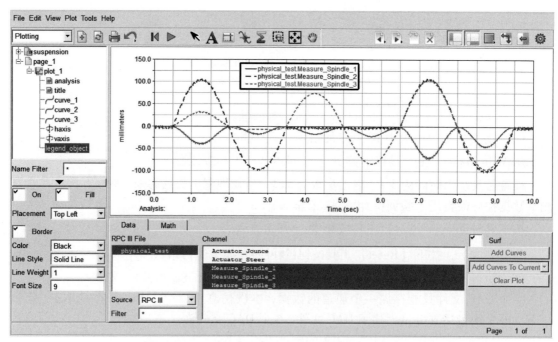

图 5-70 根据物理测试数据绘制的主销中心在三个方向的平动位移响应曲线

(2) 输入仿真结果数据

从 File 菜单选择 Import→DAC Files…，打开 File Import 对话框，从工作目录读取 suspension_instrument_x.dac、suspension_instrument_x.dac、suspension_instrument_z.dac 共三

个文件（主销中心在三个方向的平动位移数据），输入 DAC Object Name 为 instrument。

选择 Source 为 DAC。在 DAC 列表，选择 Instrument。从 File Data 列表，选择 REQUEST_1_X、REQUEST_1_Y、REQUEST_1_Z，勾选 Surf，绘制主销中心在三个方向的平动位移响应曲线，如图 5-71 所示。

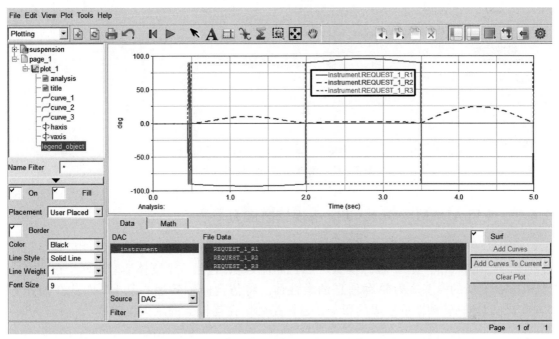

图 5-71　根据仿真结果数据绘制的主销中心在三个方向的平动位移响应曲线

（3）绘制数据对比图

设置 Source 为 RPCⅢ，清除 Surf 已选项，选择 Clear Plot，清除原有曲线。在 RPCⅢ File 列表选择 physical_test。从 Channel 列表选择 Measure_Spindle_1。单击【Add Curves】按钮。

设置 Source 为 DAC。从 DAC 列表选择 Instrument。从 File Data 列表选择 REQUEST_1_X。单击【Add Curves】按钮。由于两个垂直轴的比例略有不同，需要手动调整其中的一个。

选择 vaxle_1，清除 Auto Scale，改变 Limits 为 -75 至 0 与左垂直轴匹配，如图 5-72 所示。

可以看出，仿真结果和实测结果几乎完全一样，相位没有偏移，位移峰值也能对应。实测数据图中有噪声信号，幅度有较小的变化，这是由于试验实测时运动副可能出现松动。

尽管有细微的差别，ADAMS/Durability 仿真结果与试验实测之间也有良好的数据相关性。仿真模型对测试输入的响应与物理模型匹配，即虚拟样机与物理样机表现良好的一致性。

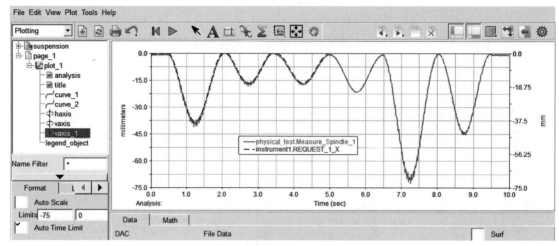

图 5-72　物理测试与仿真结果对比

5.6.3　使用 ADAMS/Durability 再现模态应力

在本项任务中，先输入模型，再加载 ADAMS/Durability，并运行分析，然后观察柔性体应力并绘制节点应力图。输入模型是一个曲轴模型，包括一个刚体活塞和两个包含来自 NASTRAN 分析的模态应力轮廓信息的柔性体。将仿真曲轴转速在 0.1 s 内从 0 加速到 5 000 r/s 时曲轴转动惯量造成的影响，目标是确定在连杆上的最大等效应力（von Mises stress）。

5.6.3.1　输入模型

从 ADAMS 安装目录/durability/examples/engine 导入文件 crankshaft.cmd，打开一个曲轴模型，如图 5-73 所示。

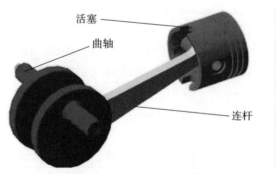

图 5-73　输入的曲轴模型

5.6.3.2　加载 ADAMS/Durability 插件

加载 ADAMS/Durability 需从 Tools 菜单选择 Plugin Manager…，打开插件管理器，勾选 ADAMS/Durability 的 Load 或 Load at Startup 选项，完成加载。

Durability 插件的加载完成后，ADAMS/View 的菜单栏会增加 Durability 菜单，而且在 ADAMS/PostProcessor 中为 Contours 添加了多种应力应变的 Plot Type 菜单选项。

5.6.3.3 输入模型并运行分析

打开 ADAMS 安装目录/durability/examples/engine 下的 crankshaft.cmd，输入曲轴模型。

从 Main Toolbox 主工具箱中按下【Simulation】工具按钮。

设置仿真结束时间为 0.1 s、步长为 0.001。

按下 ▶ 按钮运行仿真。仿真结束后，按下【Reset】工具按钮 ◀◀ 可回到模型的初始状态。此模型仅仿真部件惯量对曲轴和活塞连杆的应力影响，没有仿真由于燃烧产生的压力。

5.6.3.4 观察柔性体应力

（1）观察曲轴上的应力

启动 ADAMS/Postprocessor 后处理器，切换到 Animation 动画模式。

在空白的动画窗口按右键，并选择 Load Animation，后处理器显示刚仿真过的模型。

选择 Contour Plots 标签，从 Contour Plot Type 下拉菜单选择 von Mises stress。注意窗口出现的应力颜色等高线图例。图例中默认的最大值和最小值与当前显示的动画模型相对应，图例的外观可通过调整窗口底部的参数来改变。由于曲轴和连杆元件都包含应力，当前帧为初始的零应力状态，曲轴和连杆被渲染成蓝色。

按下【Play】工具按钮 ▶ 开始动画。

后处理器执行动画时同时显示曲轴和连杆上的应力。注意连杆和曲轴的色彩相对以前的动画发生了改变，如图 5-74 所示。

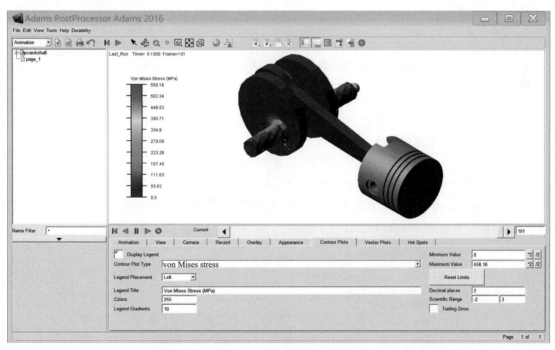

图 5-74 在后处理器的仿真动画中显示应力

按下【Reset】工具按钮 ◀◀ 可回到模型的初始状态。

（2）观察连杆上的应力

选择 Animation 标签，鼠标右键单击 Component 文本框，选择 Flexible_Body，选择

Browse，出现 Database Navigator 对话框。选择 biele，单击【OK】按钮。动画窗口仅显示连杆。在左侧模型树中选择 biele 元件。在 Flex Props 标签中的 biele 元件属性编辑器中，设置 Scale 为 200。

再次运行动画并观察，如图 5-75 所示。

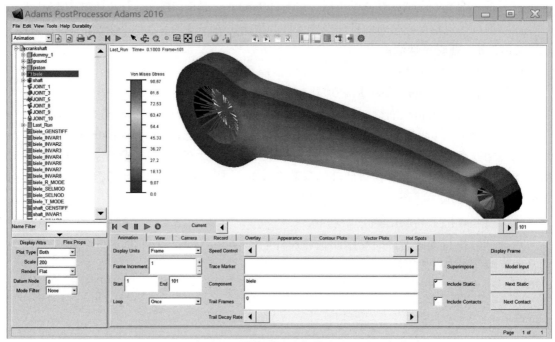

图 5-75 在后处理器中再现连杆模态应力的仿真动画

动画显示了连杆上应力的变化。应力等高线主要显示了连杆中的弯曲应力状态。蓝色代表连杆中部的零应力，红色代表连杆边缘处的高应力。这与连杆的变形情况一致。

（3）绘制特定节点的应力时域曲线

绘制连杆的 768 号节点的应力（Stress）随时间变化图。

在 ADAMS/Veiw 界面，从 Durability 菜单选择 Nodal Plots…，打开 Compute Nodal Plot 对话框。选择 Flexible Body：Biele；填写 Select Node List：768，确认勾选 von Mises（等效应力，遵循材料力学第四强度理论），如图 5-76 所示。

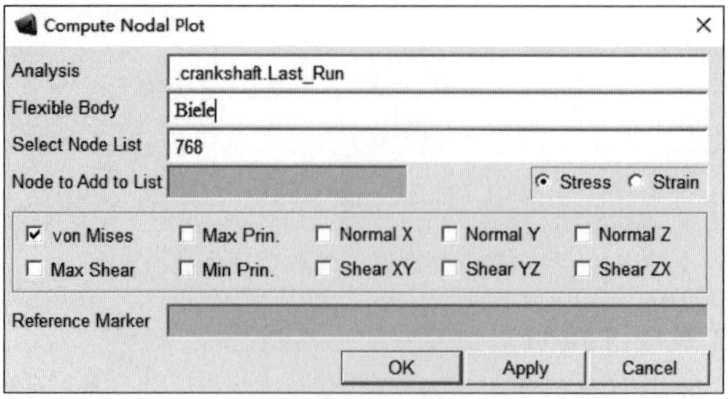

图 5-76 设定 Compute Nodal Plot 对话框

如勾选 Max Shear，即最大剪应力，则遵循材料力学第三强度理论计算应力（Stress）。

单击【OK】按钮，关闭 Compute Nodal Plot 对话框，为连杆的 768 号节点的应力生成一个新的名为 biele_STRESS 的结果集。

打开 ADAMS/Postprocessor 后处理器窗口。

鼠标右键单击【Page Layout】工具按钮 ，选择工具按钮 （Page Layout：2 View，Over & Under），将后处理器窗口分为上下两个。鼠标右键单击空白窗口，选择 Load Plot，进行绘图。

设定 Source 为 Results Sets，在 Result Set 选择 biele_STRESS，选择 node_768_VON_MISES 元件。单击【Add Curves】按钮，出现了连杆的 768 号节点的应力时域曲线，如图 5-77 所示。

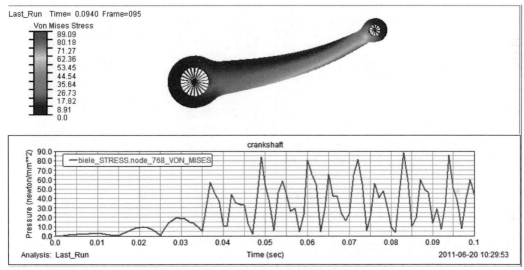

图 5-77　添加连杆 768 号节点的应力时域曲线

5.6.4　使用 ADAMS/Durability 导出疲劳分析模型文件

本任务将导出供 MSC. Fatigue 软件使用的疲劳分析模型文件。先导入一个全地形车模型，再进行左下控制臂刚柔替换，然后完成仿真并导出供 MSC. Fatigue 使用的疲劳分析文件。

5.6.4.1　导入模型并加载 ADAMS/Durability

从 ADAMS 安装目录/durability/examples/ATV 导入文件 ATV_4poster.cmd，打开一个置于四柱试验台上的四轮全地形车模型，此车的所有部件都是刚性的，如图 5-78 所示。

确认已使用 Tools 菜单中的 Plugin Manager 加载 ADAMS/Durability。

5.6.4.2　建立柔性的悬架下控制臂

使用 MSC. Nastran 提供的一个左下控制臂柔

图 5-78　置于四柱试验台上的全地形车模型

体零件替换左下控制臂刚体零件。

从 Build 菜单选择 Flexible Bodies→Rigid To Flex，在打开的 Make Flexible 对话框，选择 Import，出现 Swap a rigid body for a flexible body 对话框。

在 Alignment 标签中，选择 Current Part 为 RB2_left_lca_59（左下控制臂）；选择 MNF File 为 ADAMS 安装目录/durability/examples/ATV 下的柔体模态中性文件 left_lca_0.mnf。

在 Connections 标签中的 Distance 列，可发现 4 个衬套连接点有微小的偏差。需把柔性体连接点修正到刚体原始点上。依次点击表中第 1~4 行的 Move 列，均选择 Preserve location。

设定 Swap a rigid body for a flexible body 对话框，如图 5-79 所示。

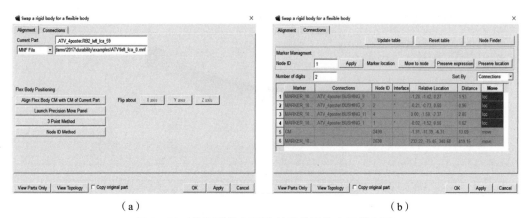

(a)　　　　　　　　　　　　(b)

图 5-79　转换刚体左下控制臂为柔体左下控制臂

(a) Alignment 标签；(b) Connections 标签

单击【OK】按钮，完成刚柔替换。

5.6.4.3　动画仿真柔性下控制臂的模态

鼠标右键单击柔性下控制臂，并选择 Modify，出现 Flexible Body Modify 对话框。

在 Mode Number（模态阶数）栏填入 7。

在对话框中选择动画工具按钮 。

可以看到柔体前左悬架下控制臂应力变化的仿真动画，如图 5-80 所示。

第 7 阶模态是需要关注的模态，第 1~6 阶模态是刚体模态，已被自动禁用。

最前几个模式都非常类似组件的完全自由模态。高频模态的外貌通常是不寻常的，但对于描述的附着点周围的局部变形是非常有用的。

从.mnf 文件导入的由 MSC.Nastran 计算的 40 个模态都可以动画仿真。

5.6.4.4　修改柔性下控制臂的阻尼比

在动力学仿真中，高频模态一般不是很起作用。有两种策略可以避免高频模态，第一种是禁用模态，这可能会导致仿真的困难，例如在描述附着点周围发生局部变形的静态位置时可能必须用到一些被禁用的模态；第二种是修改高频模态阻尼为临界阻尼，因为应用了高阻尼，这些模态可用，但不参与动力学仿真。

下面使用第二种方法，即用一个阶跃函数定义阻尼。频率越高，阻尼越高。

在 Flexible Body Modify 对话框，取消 Damping Ratio 栏右侧的 default 选择，并输入函

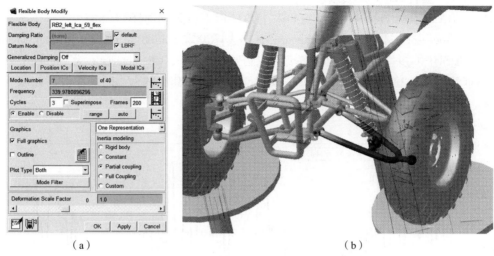

图 5-80　仿真柔性下控制臂的第 7 阶模态
(a) Alignment 标签；(b) Connections 标签

数表达式：STEP（FXFREQ，1000，0.005，10000，1）。

此函数表达式的含义是：频率低于 1 000 Hz 的模态的阻尼比将为 0.5%，频率高于 10 000 Hz 的模态的阻尼比将为 100%，频率在 1 000 ~ 10 000 Hz 之间模态的阻尼比将基于阶跃函数随频率增加。

通常是不使用默认的阻尼比，如果使用了默认的阻尼比，7 号模态的阻尼比将被设置为 10%，这对于钢制组件过高。

单击【OK】按钮，保存改动并关闭 Flexible Body Modify 对话框。

5.6.4.5　设置解算器

从 Settings 菜单选择 Solver→Executable…，打开 Solver Settings 对话框。

确认设置 Choice：C++。

修改 Category 为 Dynamics，确认设置 Formulation：SI2；Error：0.01。

关闭 Solver Settings 对话框，完成解算器设置。

输入的高精度对疲劳分析是至关重要的，而 SI2（Stabilized Index - 2）表达式使积分器能够监视速度变量的积分误差，以实施高精确的仿真。SI2 表达式的积极作用是在小步长时，因为雅可比矩阵保持稳定，从而增加了小步长时校正器的稳定性和鲁棒性。

5.6.4.6　运行仿真

从 Simulate 菜单选择 Interactive Controls…，打开 Simulation Control 对话窗。

选择 Start at equilibrium，从平衡位置启动，运行时长为 10 s，步长为 0.01 s 的仿真分析。

如不从平衡位置启动，结果将包含不想要的初始瞬时振动。

欲加快解算时间，可以清除 Update graphics display 的选择，以避免屏幕的不断更新。

按下 ▶ 按钮，开始仿真。仿真过程中，每个振动激励器将在垂直方向运动，仿真车辆在崎岖地形中行进。

5.6.4.7 查看 ADAMS 结果

启动 ADAMS/PostProcessor，在窗口左上角使用下拉菜单选择 Plotting。

在 Postprocessor 窗口底部的 dashboard 中，选择设定 Source 为 Objects、Filter 为 force、Object 为 BUSHING_9（此为减振器连接下控制臂的衬套）、Characteristic 为 Element_Force、Component 为 Mag。单击【Add Curves】按钮，绘制该衬套上的合力时域曲线，如图 5-81 所示。

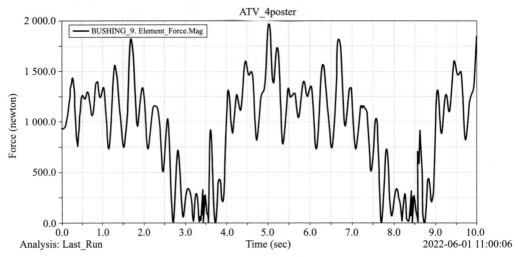

图 5-81　减振器连接下控制臂衬套上的合力时域曲线

5.6.4.8 查看应力数据

使用 ADAMS/Durability 创建报表列出左下控制臂三个最危险的热点。

从 Durability 菜单选择 Hot Spots Table，出现 Hot Spots Information 对话框。

选定 Flex Body:RB2_left_lca_59_flex；
选定 Analysis:Last_Run；
设定 Type:Maximum Principal/Stress；

Radius 为 30.0，Count 为 3。

选择 Report，制作热点报表。

完成热点报表后，Hot Spots Information 对话框的显示如图 5-82 所示。

可以看出，应力最大的位置在节点 2 990 处，最大应力值为 71.348 1 MPa。此节点坐标为（287.244，-227.586，259.245），位于下控制臂底部表面，靠近横梁连接部位。

关闭 Hot Spots Information 对话框。

5.6.4.9 为 MSC.Fatigue 导出仿真结果

从 Durability 菜单选择 MSC.Fatigue→Export…，打开 MSC.Fatigue Export 对话框，如图 5-83（a）所示。

选定 Flexible Body：RB2_left_lca_59_flex；输入 Job Name：ATV_4poster；勾选 Modal Coordinates（模态坐标）；确认 Analysis：Last_Run。清除 Run MSC.Fatigue 的勾选。

单击【OK】按钮，为 MSC.Fatigue 导出仿真结果。

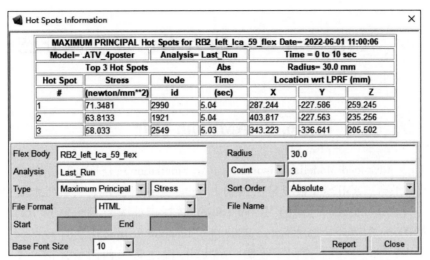

图 5-82 创建报表列出左下控制臂三个最危险的热点（Hot Spots）

可以在工作目录中看到有 40 个前缀为 atv_4poster 的 DAC 格式文件输出，如图 5-83 (b) 所示。这些柔性体下控制臂的模态可作为 MSC. Fatigue 的输入文件，40 个文件对应 40 个模态。

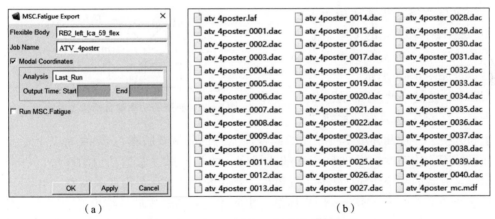

图 5-83 为 MSC. Fatigue 导出仿真结果
(a) MSC. Fatigue Export 对话框；(b) 为 MSC. Fatigue 导出 40 个 DAC 格式模态文件

从 ADAMS 导出结果到 MSC. Fatigue 时，实际上导出的是模态坐标，而不是在 ADAMS 中计算得到的应力。MSC. Fatigue 将由有限元分析软件计算并存储在 XDB 文件中的应力状态和从 ADAMS 导出的模态坐标数据相结合，计算部件的寿命。

6 AMESim 车辆动力学仿真软件介绍

6.1 AMESim 简介

AMESim(Advanced Modeling Environment for Simulation)是广泛应用的多学科复杂系统建模与仿真平台。AMESim 最早是法国的 Imagine 公司开发的,旨在控制复杂的动态系统。1995 年,创建 Imagine 公司的 Michel Lebrun 教授与英国的 Claude W. Richards 教授合作推出了 AMESim 的第一个商业版本。2007 年,Imagine 公司被比利时 LMS 国际公司全资收购,2012 年,LMS 公司被西门子收购。AMESim 随之进入西门子公司产品线,被称为 Simcenter Amesim。

功率键合图是 AMESim 背后的重要理论支撑。功率键合图用图形表示动态变量,可以模拟和研究系统内部元件之间能量的交换、传递、储存、耗散与调整,非常适用于工程建模,是一种结构化的多学科系统建模仿真方法。典型的功率键合图模型示意如图 6-1 所示。

AMESim 提供一个完整的一维仿真平台,能对多领域智能系统进

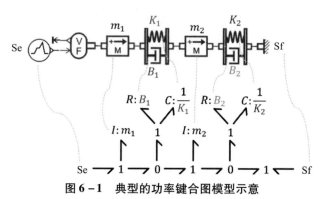

图 6-1 典型的功率键合图模型示意

行建模和分析,并预测其多学科专业的耦合性能,目前最新版本包含 40 个以上专业应用库,如机械库、传动库、冷却库、3D 散热器库、两相流库、车辆动力学库等,每个元器件库均包含完备的系统建模所需标准元器件,提供超过 4 500 个物理子模型。

交互的图形界面为 AMESim 用户提供了快速建立复杂多领域系统模型的环境。由此建立的系统方案图易于理解,为需要分析的系统模型提供了合理的图形表达。除了大量预先定义好并经过验证的元件所组成的应用库外,AMESim 强大便捷的二次开发功能保证用户能够通过建立新的图标和(子)模型来开发和扩展自己的应用库。为了便于在供应商、客户和公司内部不同部门之间共享模型和应用库,AMESim 提供了创建和发布即用元件模型应用库的功能,同时可以保护知识产权。

6.1.1 AMESim 建模理论

系统仿真分析方法为研究人员进行系统动态特性分析和建立数学模型提供了极大的方便。一方面,它对功率流描述的模块化结构与系统本身各部分物理结构及各种动态影响因素之间具有明确而形象的一一对应关系,便于理解其物理意义;另一方面,它与系统动态数学模型,即状态方程之间又存在着其他方法无法比拟的一致性,系统状态方程的数量

与储能元件的数量是一致的，可以根据系统的功率键合图有规律地推导出相应的数学模型。

键合图方法由 Henry M. Paynter 于 1959 年首次提出，后由 D. Karnopp、R. Rosenberg 和 J. Thoma 等人逐步完善。键合图是一种基于功率流物理过程的图形化建模方法，借助于 9 个基本多端口元素来准确、清晰地表达出系统模型中要考虑的物理效应，能够在真实的物理系统和数学模型之间建立起桥梁，适合处理涉及机、电、液、热力学和控制等多学科领域复杂系统的动态行为建模与仿真分析。

键合图方法具有如下特点：
①能显式反映系统的物理拓扑结构及各种动态影响因素。
②因果关系是键合图方法所特有的重要属性，能表达出模型的计算结构。
③键合图是一种准确表达系统数学模型的方法，可以方便地推导出一组相对简单、易于编程实现的方程组，适于自动建模仿真技术的应用。
④具有层次化结构和面向对象的特性，增强了模型的易建性和可重用性。
⑤作为重要的系统模型表达方式，可以方便地转换成状态空间表示式、传递函数、方块图、信号流图等其他形式。

在具体表达方式上，键合图方法将各类工程系统所涉及的多种物理参量，从功率流的角度出发，统一归纳为两种系统变量，即势变量（Effort）和流变量（Flux）。同时，采用若干基本构成元素，诸如功率键、作用元、源、节点（0 节点即等势节，1 节点即等流节）、变换器和回转器等来表征系统基本物理特征和功率转换与守恒的基本连接方式。键合图所定义的系统变量和构成元素都具有特定的物理含义，并由一组专门的图形或字母符号来标识。键合图方法描述变换的规则同各类典型物理特性及一些普遍定律之间具有高度的协调一致性，因而为系统动态模型的准确定义及据此有规律地推导状态方程提供了一条有效的途径。

6.1.1.1 因果关系

键合图的核心是功率键，功率键代表工程系统的功率或能量流向。每个功率键由一对功率变量组成，一对功率变量的乘积等于键传递的功率。如电气系统的功率键，流变量是电流，势变量是电压，电压和电流的乘积等于该键传递的功率，如表 6-1 所示。

表 6-1 功率变量

序号	学科	势变量	流变量
1	机械平动	力（N）	速度（m/s）
2	机械转动	力矩（N·m）	角速度（rad/s）
3	电气	电压（V）	电流（C/s）
4	液压	压力（N/m^2）	流量（m^3/s）
5	热	温度（K）	发热功率（J/s）

键合图的物理建模方法可以观察系统内的能量流，端口的能量交换描述如下式：

$$\begin{cases} \text{Power} = \text{Effort} \cdot \text{Flux} & [\text{W} = \text{J/s}] \\ \text{Energy} = \int_{t_0}^{t_{\text{final}}} \text{Power} \cdot dt & [\text{J} = \text{N} \cdot \text{m}] \end{cases}$$

从表达形式来看，键合图可以表达非因果关系，也可以表达因果关系。即：A 和 B 两个模块的连接，每一端都要有力变量（e）和流变量（f）的连接，其中只有一个是施力物体。如果 A 对 B 施加一个力，B 将通过反作用力来改变 A 流变量；反之同理，如图 6-2 所示。

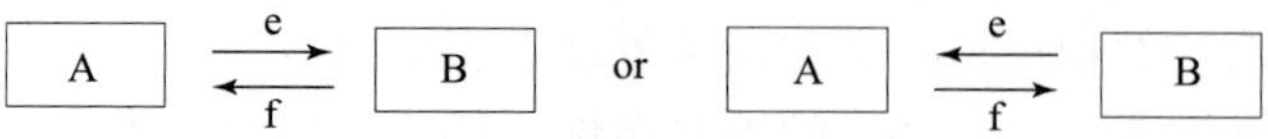

图 6-2 因果关系示意图

基于因果关系分析，可以有规律地推导系统状态方程，预测模型阶数，判断系统可控性和稳定性等重要特性。

6.1.1.2 建模方法

从物理属性角度，键合图方法将系统组件分为储能元件（容性元件 C 和惯性元件 I）和耗能元件（阻性元件 R），以及作为环境因素作用于系统的源场（包括势源 Se 和流源 Sf）。

各基本组成元素及其对应的因果关系如表 6-2 所示。

表 6-2 键合图方法的基本组成元素

元素名称	因果形式	因果关系式
势源	Se ⟶	$e(t) = E(t)$
流源	Sf ⊢	$f(t) = F(t)$
阻性元件	R ⟵	$e = \Phi_R(f)$
阻性元件	R ⊢	$f = \Phi_R^{-1}(e)$
容性元件	C ⟵	$e = \Phi_C^{-1}\left(\int_f^t dt\right)$
容性元件	C ⊢	$f = \dfrac{d}{dt}\Phi_C(e)$
惯性元件	I ⟵	$e = \dfrac{d}{dt}\Phi_I(f)$
惯性元件	I ⊢	$f = \Phi_I^{-1}\left(\int_e^t dt\right)$
变换器	1 ⊢ TF 2 ⟶	$e_1 = me_2 \quad f_2 = mf_1$
变换器	1 ⟶ TF 2 ⊢	$f_1 = f_2/m \quad e_2 = e_1/m$
回转器	1 ⊢ GY 2 ⊢	$e_1 = rf_2 \quad e_2 = rf_1$
回转器	1 ⟶ GY 2 ⟶	$f_1 = e_2/r \quad f_2 = e_1/r$

储能元件、耗能元件和源场通过物理拓扑结构相互耦合,从而实现能量传输与变换,物理拓扑结构之间能量传输与变换需满足能量守恒定律。

能量通过物理拓扑结构实现在各组件端口之间的传输与转换,能量的变化过程是系统与环境之间相互耦合的基本动态过程。

功率键合图系统的拓扑结构如图 6-3 所示。

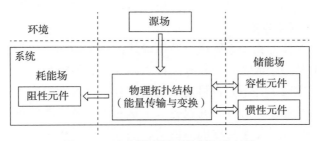

图 6-3 功率键合图系统的拓扑结构

键合图建模方法基于此基本思想,用图形化的手段来描述能量(功率)通过结型结构(物理拓扑结构)实现在各组件功率端口 {R、C、I、Se、Sf} 之间的传输与转换过程。

单自由度有阻尼振动系统的微分方程和经过拉普拉斯变换得到的频域方程为

$$\begin{cases} m\ddot{x} = F - R\dot{x} - Kx \\ s^2 + 2\xi w_n s + w_n^2 = F(s) \end{cases}$$

从上式中可以分析得到其对应的惯性、阻尼、刚度等元素。对于机械、电气、液压、热系统,同样可以找到对应惯性、阻尼、刚度元素。因此从频域的角度,系统仿真能够把这 4 个不同的学科有机统一起来,如表 6-3 所示。

表 6-3 机、电、液、热的 R、C、I 说明

学科	容性 C	惯性 I	阻性 R
机械	弹簧	质量	阻尼
电气	电容	电感	电阻
液压	蓄能器	液动力	液阻
热	热容	热惯量	热阻

键合图方法适用于不同学科的建模,通过键合图方法表达的不同学科的键合图本质上是一样的,如图 6-4 所示。

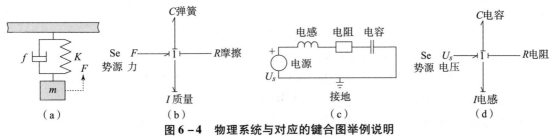

图 6-4 物理系统与对应的键合图举例说明

(a) 简单机械系统;(b) 机械系统键合图;(c) 简单电气系统;(d) 电气系统键合图

可以看出，一个由质量块、弹簧和阻尼组成的简单机械系统和另一个由电阻、电容和电感组成的简单电气系统的键合图很相似，而且通过拉普拉斯变换得到的频域方程本质上是等效的。

基于物理元件的建模方式是目前在工程领域应用最广的一种方式，工程人员只需要熟悉元件的外部接口和常用的工程参数，而不需要对元件动态行为方程进行编程，就可以像搭积木一样由这些基础物理元件搭建出复杂机电系统的动态仿真模型。

6.1.1.3 模型多级复杂度

所有的模型都是对实际物理系统进行数值描述的一个切面，即数值模型只是能够片面反映实际物理系统的某一个或者几个物理属性。因此，数值模型可以无限进行细化，但是在实际分析和解决问题时，并不是盲目追求模型的复杂度或者颗粒度。同时，模型的颗粒度越细，所需要的参数越多，计算时间也越长，这对于计算资源的占用，如控制系统开发过程中的物理模型的建立，是不可取的。因此，实际建模过程中是根据实际分析的问题选择不同复杂度的数值模型。

6.1.2 AMESim 基本操作流程

AMESim 建模流程分为 4 步，即：Sketch（草图）→Submodel（子模型）→Parameter（参数）→Simulation（仿真）。具体建模流程如图 6-5 所示。

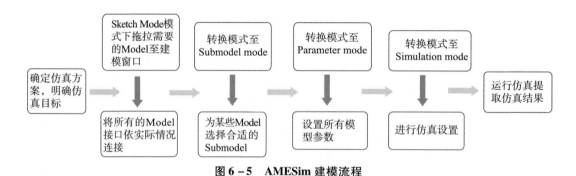

图 6-5 AMESim 建模流程

在 AMESim 图形用户界面（GUI）可以看到这 4 个建模步骤的标签页，如图 6-6 所示。

6.1.2.1 Sketch（草图）

Sketch（草图）建模可以在应用库中选择所需的元件进行草图绘制。

在绘制草图过程中，使用鼠标左键选中所需元件，双击鼠标中键可旋转元件方向，使用鼠标右键可将元件对称翻转。

以简单的弹簧质量系统为例，绘制的过程和结果如图 6-7 所示。

6.1.2.2 Submodel（子模型）

选择 Submodel 标签，使用 Set Submodel 命令，设置子模型的数学模型，反色模块表示该图形模块有多个数学模型可供选择，如图 6-8 所示。

也可通过使用 Premier Submodel 命令，为所有的反色显示的图形模块选择最佳的子模型组合。还可以使用 Remove Submodels 命令移除子模型。

6 AMESim 车辆动力学仿真软件介绍

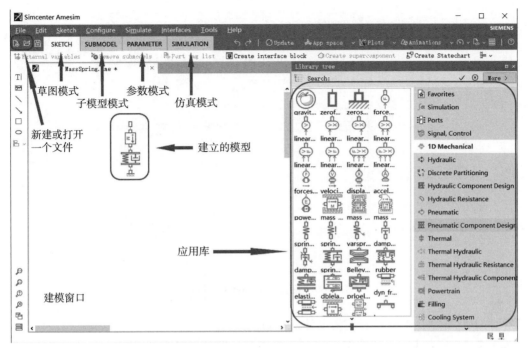

图 6-6 AMESim 图形用户界面

图 6-7 简单的弹簧质量系统 Sketch（草图）建模

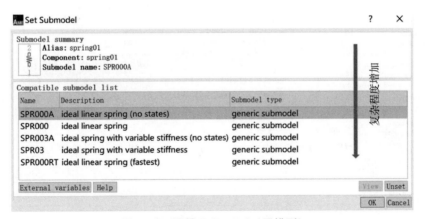

图 6-8 设置 Submodel（子模型）

6.1.2.3 Parameter（参数）

选择 Parameter 标签，左键双击相应的元件可对其参数进行设置，如图 6-9 所示。

在设置窗口中可以看到质量块的状态变量初始条件，可对初始速度、初始位置以及质量大小等参数进行设置。这里将质量的初始位置在 Parameters（参数模式）中设为 0 m，

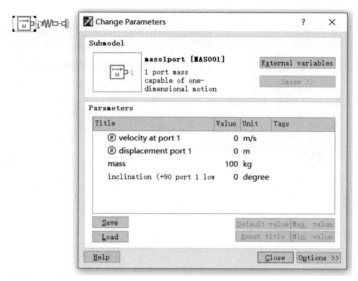

图 6-9 设置 Parameter（参数）

质量设为 100 kg。在参数设置时需要注意单位的选择。

6.1.2.4 Simulation（仿真）

选择 Simulation 标签，单击 Run Parameters 即可进行仿真时间、结果输出采样间隔、仿真类型、积分器类型、杂项等参数设置，如图 6-10 所示。

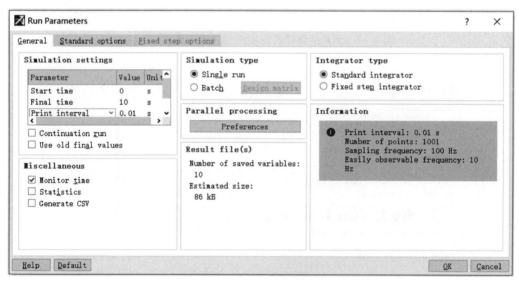

图 6-10 仿真参数设置

在仿真参数设置中，可以选择变步长计算，即 Standard integrator；也可以选择定步长计算，即 Fixed step integrator。在选择定步长计算时，为了保证模型收敛，需要选择合适的计算步长。

仿真完成后，将对应元件的仿真结果拖拉至模型窗口即可得到仿真运行的时间历程曲线，如图 6-11 所示。

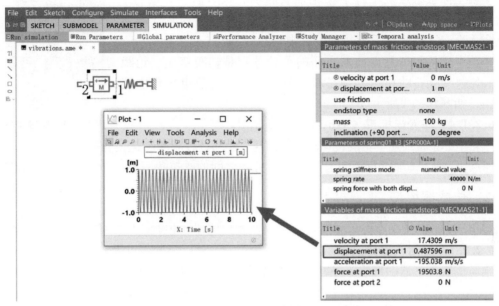

图 6-11 仿真结果展示

6.2 AMESim 车辆动力学库简介

6.2.1 AMESim 车辆坐标系的定义

6.2.1.1 伽利略坐标系（Galilean Frame R0）

在进行车辆运动学或者动力学分析时，通常将车身和底盘视为刚体，而不考虑其扭转或者弯曲变形所产生的影响。为了描述车辆在自由空间中的位置和航向信息，引入了伽利略坐标系，也称为绝对坐标系或者大地坐标系。该坐标系主要用来描述车辆运动轨迹及其航向角，体现全局的车辆运动信息。在车辆初始状态时，一般选择在汽车质心在地面的投影为坐标原点，X 轴指向驾驶员前方，Y 轴指向驾驶员左边，Z 轴垂直大地指向上方。

6.2.1.2 车身坐标系（Car Body Frame R_1）

为了方便描述车辆自身的垂向跳动、侧向瞬态位移或速度，需要引入车身坐标系。这里车身坐标系是固结于车身且随着车身运动的。为了方便动力学模型的推导，一般人为地选择坐标系原点与车身或前轴中心重合，坐标系 X 轴方向指向驾驶员正前方，Y 轴指向驾驶员的正左边，Z 轴指向车辆上方，如图 6-12 所示。

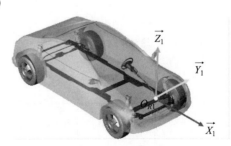

图 6-12 车身坐标系

6.2.1.3 车轴坐标系（Spindle Frame R_2）

车轴坐标系原点位于每个车轮轴系的中心。车轴坐标系的 Y 方向与车轮平面的法向量相同；Z 方向与车轮接地点和原点的连线重合；X、Y、Z 坐标系满足右手法则。

车轴坐标系和车身坐标系之间的平动分别是轴距变化、轮距变化和轮跳变化；欧拉角分别是车轮外倾角、车轮前束角和主销后倾角，如图 6-13 所示。

图 6-13　车轴坐标系

6.2.1.4 车轮坐标系（Wheel Frame R_3）

车轮坐标系是描述车轮旋转运动，如加速、制动过程车轮轮速变化的坐标系。车轮坐标系的原点、Y 轴和车轴坐标系重合，两个坐标系之间的欧拉角只有一个，就是车轮旋转角。

6.2.2 传感器模型

AMESim 车辆状态虚拟传感器包含绝对位置传感器和相对位置传感器两类。

6.2.2.1 绝对位置传感器

绝对位置传感器图形表示及功能详细描述如图 6-14 所示。

绝对速度　绝对加速度　绝对位移　绝对角速度　绝对角加速度　绝对力/力矩

绝对欧拉角　相对速度　相对位移　相对角速度　相对欧拉角

传感器名称	设置	功能	参数设定
绝对速度	相对速度	测量绝对/相对速度，都可用任意坐标系表示	设定表达坐标系；需设定Msi点
绝对加速度		测量绝对加速度，可用任意坐标系表示	设定表达坐标系；需设定Msi点
绝对位移	相对位移	测量绝对/相对位移，都可用任意坐标系表示	设定表达坐标系；需设定Msi点
绝对角速度	相对角速度	测量绝对角速度[不含欧拉角]，都可用任意坐标系表示，相对为相连或body之间	设定表达坐标系
绝对角加速度		测量绝对角加速度，都可用任意坐标系表示	设定表达坐标系
绝对力/扭矩		测量力和扭矩，都可用任意坐标系表示	设定表达坐标系；需设定Msi点
绝对欧拉角	相对欧拉角	测量Ri到R0的绝对欧拉角；body间相对欧拉角	

图 6-14　传感器模型

6.2.2.2 相对位置传感器

相对位置的采集需要使用坐标变换传感器（Frame Change Sensor），如图6-15所示。

坐标系 $R_j \rightarrow R_0$ 的变换矩阵的测量，根据

图6-15 坐标变换传感器

其连接到车辆动态模型接口的不同，可以有多种测量选择。具体的相对位置传感器如图6-16所示。

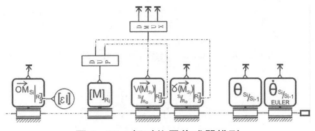

图6-16 相对位置传感器模型

图6-16中从左向右依次为位移传感器、坐标变换传感器、绝对速度传感器、绝对加速度传感器、相对角度传感器和相对欧拉角速度传感器。

6.2.3 多级复杂度悬架模型

最简单的悬架模型就是将悬架等效为线性刚度线性阻尼模块，采用机械库中的弹簧、阻尼模型进行建模。悬架弹簧减振器外部变量有输入位移和输出弹簧力。需要注意的是，此处的位移是悬架的相对位移，即悬架相对变形量（压缩量或者伸缩量），如图6-17所示。

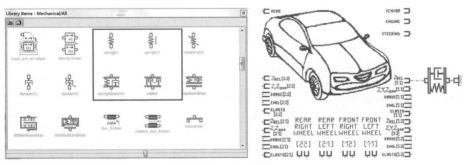

图6-17 悬架建模示意图

也可以考虑悬架限位器、减振器、弹簧和横向稳定器等，搭建较为复杂的悬架模型，如图6-18所示。

对于一般的轿车，悬架多为多连杆、麦弗逊等独立或者非独立悬架，这种悬架的减振器轴线一般不与车轮中心平面平行；为了防止车辆在紧急制动时过于前倾，减振器轴线都会有一定的后倾角。进而，轿车悬架减振器位移和车轮与车身之间的相对跳动值并不相等，也不是固定的数比关系，而是与两侧车轮轮跳值以及转向器位移存在函数关系；如果要对轿车悬架系统进行精确建模，需要通过试验或者多体动力学仿真手段获取这个关系数表，再导入AMESim中，法国标致汽车使用AMESim对相关内容做过十分深入的研究。这

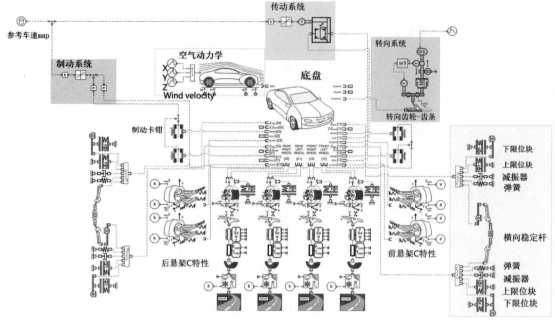

图 6-18 考虑横向稳定杆的整车模型

样就可以使用数表来代替悬架的减振器和轮胎之间的运动学关系;也可使用 3D 悬架模块(在 Vehicle Dynamics 中) VDTFSUSP0 来体现悬架压缩量与轮跳、转向器齿条位移之间的运动学关系,即杠杆比,如图 6-19 所示。

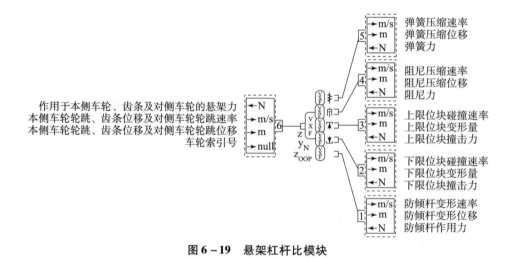

图 6-19 悬架杠杆比模块

进入参数模式,可以用多体动力学仿真(如 ADAMS)或者试验得到的运动学数表来代替运动学关系,如图 6-20 所示。

描述悬架 K 特性共需 5 个数表,分别是弹簧压缩量、减振器位移、悬架上止点、悬架下止点和防侧倾杆位移。

前、后轮的悬架 K 特性描述略有不同。对于前轮,减振器位移除与左右两个轮跳(Z,$Zopp$)有关系外,还与转向器位移(Y)有关系;对于后轮,减振器只与本侧及另一

6　AMESim 车辆动力学仿真软件介绍

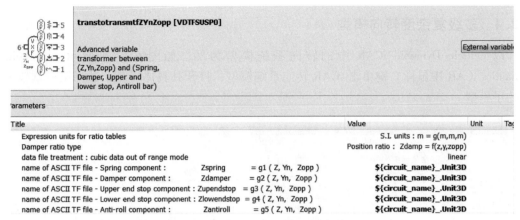

图 6-20　悬架杠杆比输入输出说明

侧轮跳位移（Z, $Zopp$）成函数关系。

如果减振器（压缩）位移只是单个轮跳的函数或者数表关系，也可使用机械库简单的运动学转换关系模块 XTX01A 来分析，如图 6-21 所示。

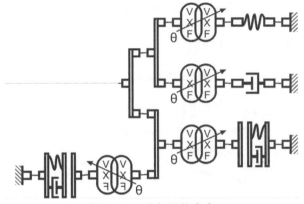

图 6-21　悬架限位考虑

此时 XTX01A 参数里面需要输入一个数表，即轮跳和悬架压缩量的关系，即悬架杠杆比关系，如图 6-22 所示。

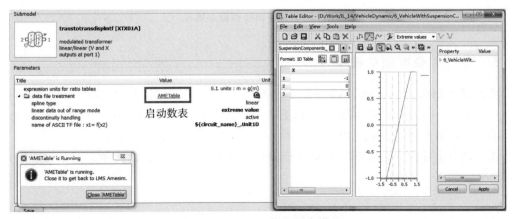

图 6-22　悬架杠杆比数表描述

6.2.4 多级复杂度转向模型

以 Vehicle Dynamic iCAR 中的转向系统模型为例,如图 6-23 所示,在 Vehicle Dynamics iCAR 中鼠标右键单击 iCAR 转向系统模型,打开其具体模型,选择第一款较为简单的子模型。

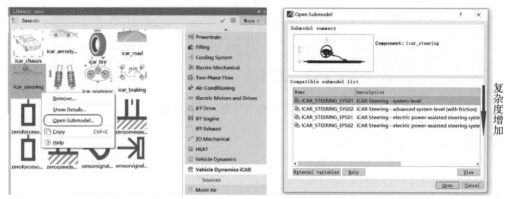

图 6-23 多级复杂度转向模型

打开后其具体模型如图 6-24 所示。

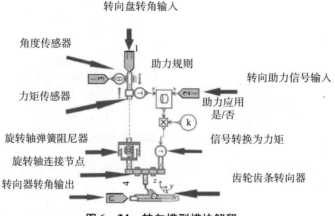

图 6-24 转向模型模块解释

6.2.5 多级复杂度制动模型

同样以 Vehicle Dynamic iCAR 中的制动系统模型为例,在 iCAR 中鼠标右键单击 iCAR 制动系统模型,打开其具体模型,选择第一个子模型,可以看到 ESC(Electronic Stability Controller)控制模块(包括 EBO、ESP 和 ABS/ASR),如图 6-25 所示。

其中制动信号输入主要包括制动踏板信号、车辆速度信号、横摆角速度信号、转向盘转角信号,如图 6-26 所示。

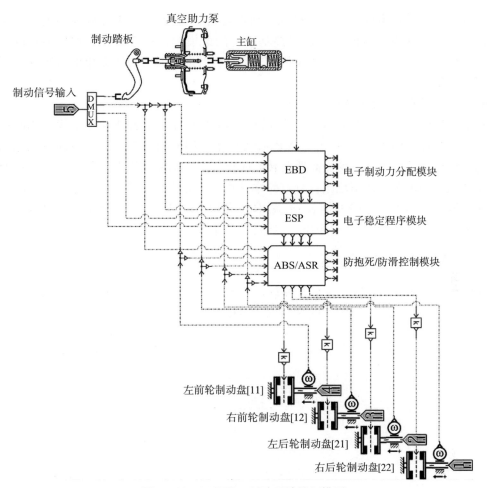

图 6-25　AMESim 制动系统控制模型

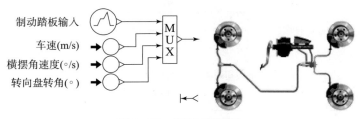

图 6-26　制动系统输入

6.2.6　轮胎模型

轮胎动力学建模方法有理论方法、经验/半经验方法，建立的模型有理论物理模型、经验/半经验模型。

6.2.6.1　理论物理模型

根据轮胎的力学特性，用物理结构去代替轮胎结构，把物理结构变形看作是轮胎的变形。比较复杂的物理模型有梁、弦模型，如比较有代表性的 Fiala 模型。其优点是具有解析表达式,能探讨轮胎特性的形成机理;缺点是精确度较经验/半经验模型差,且梁、弦模型的计算较为复杂。Fiala 模型是弹性基础上的梁模型,不考虑外倾和松弛长度。当不把内倾角作为主要变量且把纵向滑移和横向滑移分开对待时,对于简单的操纵性分析可得到合理的结果。

6.2.6.2 经验/半经验模型

针对具体轮胎的某一具体特性,目前广泛应用的有魔术公式轮胎模型(MF - Tyre)和统一轮胎半经验模型(UniTire)。魔术公式轮胎模型根据仿真工况的不同可在稳态和非稳态之间切换模型,考虑了轮胎高速旋转时陀螺耦合、侧偏和纵滑的相互影响,以及外倾对侧偏和纵滑的影响。适用范围:有效频率到 8 Hz,是点接触模型,适用于平坦路面(路面起伏的波长必须大于轮胎的周长)。魔术公式轮胎模型只适用于低频操纵稳定性分析,对于超低速工况(车速小于 5 km/h),如自动泊车等则不适用。

6.2.7 AMESim 驾驶员模型

研究车辆操纵稳定性时,需要控制转向盘输入(角输入或者力输入)的横向驾驶员模型,以及控制油门、制动等输入的纵向驾驶员模型,如图 6 - 27 所示。

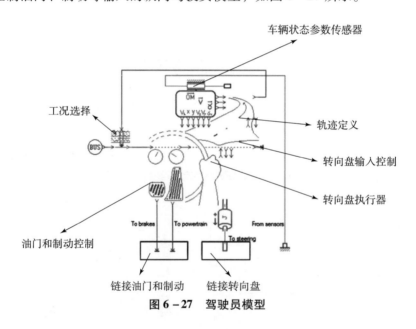

图 6 - 27 驾驶员模型

图 6 - 27 中的工况选择模块包含 SIGBUSFIL0 和 TRVDDRMIS0 两个子模型。SIGBUSFIL0 是信号库,主要功能是向 BUS 上实时写入一个参数的值,用来输入纵向目标车速。

6.2.7.1 纵向驾驶员模型

纵向驾驶员模型,是基于 PID 控制的目标车速跟踪模型。根据实际车速与目标车速的跟踪误差求得驱动或者制动转矩,并考虑加速阻力、滚动阻力等因素,得到总的加速或者制动扭矩,然后给驱动电机或制动执行机构发出扭矩请求,实现车速跟踪,如图 6 - 28 所示。

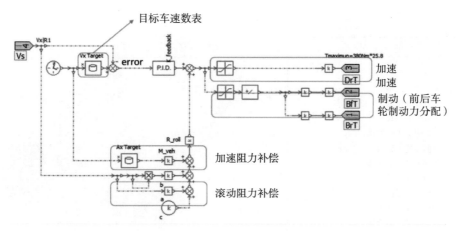

图 6-28 纵向驾驶员模型

6.2.7.2 侧向驾驶员模型

侧向驾驶员模型基于模型预测控制（MPC）能够实现路线优化和速度优化。

路线优化根据车辆当前位置进行道路信息预测，从而计算出平滑的行驶路线；速度优化针对车辆行驶过程中的安全车速约束。

AMESim 同时也支持用 MATLAB 自己来开发路径跟随的驾驶员模型。

车辆动力学库中的 MPC 驾驶员模型如图 6-29 所示。

6.2.8 整车模型

AMESim 车辆底盘模型是车辆动力学的基础模型，主要包含 7、15 和 18 自由度三个基本模型。本节以 15 自由度整车模型为例介绍整车模型。

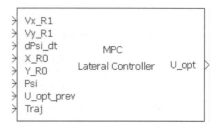

图 6-29 基于 MPC 的侧向驾驶员模型

6.2.8.1 自由度模型

15 自由度模型是一个多体动力学模型，主要包括车身纵向、侧向、垂向、俯仰、侧倾、横摆 6 个自由度，4 个车轮的旋转和垂向共 8 个自由度，以及齿条横向运动的 1 个自由度。

车辆符号定义和整车模型示意如图 6-30 所示。

可以看出，X_G、Y_G 和 Z_G 分别是整车质心在车身坐标系 R1 的平动位移；ψ，θ，φ 分别为车身坐标系 R1 下的转动，Y_{crav} 是齿条运动，Z_{rel} 是车轮垂向跳动，θ_{rel} 是车轮旋转运动。

6.2.8.2 车身-车轮动力学拓扑关系

为了描述车身与车轮之间复杂的运动关系，AMESim 采用 K&C 曲线组来描述其之间的关系。车轴总成包括与车身相连的半轴系统、悬架机构、驱动、制动器等。车轴运动学参数包括：轴距变化 X_a、轮距变化 Y_a、转向角 δ、外倾角 ε 和车轮自转角 η。车轮的力和运动是一步一步由车轮传递到车身的。单个车轮到车身的力和运动传递示意如图 6-31 所示。

符号	含义
ψ	车身横摆角
θ	车身俯仰角
φ	车身侧倾角
X_G	车身纵向位移
Y_G	车身横向位移
Z_G	车身垂向位移
$Z_{rel\ 11}$	左前悬架垂向位移
$\theta_{rel\ 11}$	左前车轮旋转角
$Z_{rel\ 12}$	右前悬架垂向位移
$\theta_{rel\ 12}$	右前车轮旋转角
$Z_{rel\ 21}$	左后悬架垂向位移
$\theta_{rel\ 21}$	左后车轮旋转角
$Z_{rel\ 22}$	右后悬架垂向位移
$\theta_{rel\ 22}$	右后车轮旋转角
Y_{crav}	转向齿条横向位移

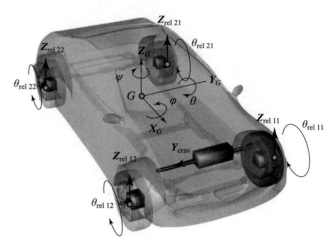

图 6-30 车辆符号定义和整车模型示意

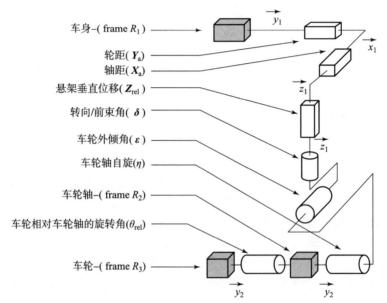

图 6-31 单个车轮到车身的力和运动传递示意

6.2.8.3 外部变量

外部变量是 AMESim 建模的重要依据,也是因果建模规则的重要思想。15 自由度底盘模型是针对两轴车模型,一般分为轮胎接口和车身接口,共有 32 个接口,如图 6-32 所示。

图中代号 [11]、[12]、[21]、[22] 分别代表车辆所连接的左前、右前、左后、右后车轮或悬架系统。1 为车身虚拟传感器接口,包括车辆轨迹、车身质心速度、加速度、侧偏角等物理量在内的传感器;2 为发动机悬置接口,如果不考虑悬置对车辆的影响,则可以不接;3 为转向模型接口,输入为齿条力,输出为转向齿条速度和位移;4 为悬架模型接口;5 为主动 K&C 力输入接口,一般为自由状态;6 为制动模型接口;7 为驱动系统模型接口，如差速器输出端口；8 为悬架 C 特性模型接口，考虑轴头受到的力对车轮定位参数的影响；9~12 分别为 4 个车轮的轮胎模型接口；13 为车辆空气动力学模型接口。

6.2.8.4 底盘参数设置

底盘模型的重点是参数设置，底盘需要设置的参数包括车辆几何参数、质量惯性参数、K&C 曲线等，以 VDCAR15DOF01 为例来解释底盘模型的参数设置。在参数模式下，双击底盘模型 VDCAR15DOF01，可以进入参数列表。

15 自由度模型的主要参数如图 6-33 所示。

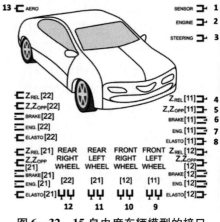

图 6-32 15 自由度车辆模型的接口

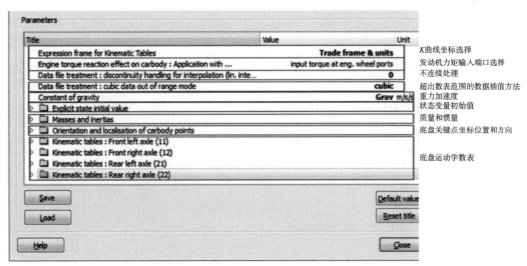

图 6-33 15 自由度模型的主要参数

6.2.9 AMESim 模型简化

随着对控制系统性能的要求越来越高，控制器用到的控制方法越来越复杂，这就要求设计人员采用并行的设计方法进行整机系统的设计。一方面在设计控制对象的同时进行控制器的设计，这样可以在设计的早期就进行控制器的集成，更好地考虑控制器和被控对象之间的相互影响，优化整个控制系统；另一方面采用快速控制器成型的方法，即可以在被控制对象物理样机试制出来之前，在虚拟的控制对象模型基础上，进行控制器的设计、测试和标定，从而缩短开发周期、降低成本。

对于整机系统，被控对象涉及机械、电气、液压、热、控制等多学科专业的内容，这正是 AMESim 多领域系统建模和仿真工具的特长。对于被控对象的实时模型，传统的做法是需要专业的编程人员在实时仿真平台上重新建立实时模型，过程复杂烦琐。也就是需要重复进行两种模型的构建，即离线模型和实时模型。为了解决这个问题，AMESim 提供了实时代码生成功能，即一旦通过 AMESim 建立被控对象的离线模型，可以利用 AMESim 的实时代码生成工具，生成指定实时仿真平台所需要的实时模型，从而避免了重复建模的工作，提高建模效率。在实时化的过程中，需将复杂的系统模型简化为可以在仿真机中运行的实时模型，因此对模型的计算量和复杂度提出了很高的要求，既要保证模型精度又不失去仿真的意义，同时确保模型实时性。

实时仿真主要技术难点在于：被控对象的离线模型和实时模型的建立以及保证计算速度。

由于被控系统动力学模型本身涉及的专业面比较广，涉及机械、电气、液压、热、控制等多学科的耦合，因此要求计算机仿真工具必须具备多学科专业建模的能力，并且不同学科专业的模块能够在统一的平台上连接起来，实现多物理领域的耦合分析。

被控对象的模型由于涉及的学科专业多，需要考虑的物理因素多，直接在实时仿真平台上通过编程的方法来建立实时模型基本上是行不通的，如何有效地建立高精度被控对象的实时模型，使得实时仿真得以实现至关重要。

由于受到硬件 I/O 固定采样频率的影响，要实现实时仿真，就要求实时模型能够在 I/O 采样周期内完成计算，如果实时模型非常复杂，要求实时仿真平台的计算速度非常高，否则就需要简化被控对象的模型。如何保证适当的精度和计算时间，是模型简化的难点之一。

AMESim 模型简化流程如图 6-34 所示。

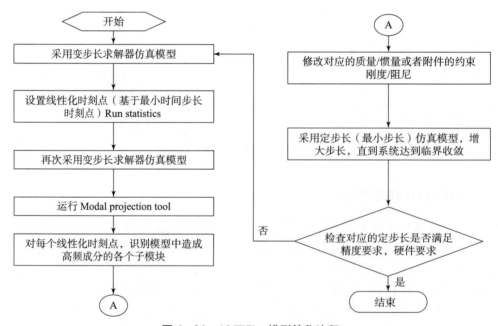

图 6-34　AMESim 模型简化流程

一般 AMESim 模型的简化流程如下：

● 添加 Simulation 库中的 RUN STATS 模块，并进行模型仿真，然后在 Performance Analyer 中查看 Run statistics，从而得到最小计算步长对应的时刻点，作为下一步的线性化时刻点。

- 采用变步长求解器进行模型仿真,然后在 Linear analysis 中设置线性化时刻点。
- 通过添加 Powertrain 库中的 Modal projection tool,查看每个线性化时刻点对应的造成模型高频成分的各个子模块。
- 查看振荡,首先把所有变量属性都设为 state observer,然后把振荡时刻设为分析时间点,观测模态,查看哪个元件造成了振荡(注意是否有负阻尼元件存在)。
- 找到振荡所对应的元件以后,调节阻尼或摩擦参数。
- 对于质量块,可以修改摩擦力 Coulomb friction force 或静态力 Static force,设置 Static force 的目的是:使得质量块不至于有一个很小的扰动力就产生位移振荡。
- 容腔,如果只是容性元件,那么相当于只有刚度,没有阻尼,所以可以增加管路 $R-C-R$ 阻性特性,即通过增加管壁粗糙度来增加阻尼,抑制油液的振荡。
- 容腔越小,刚度越大;容腔越大,刚度越小,因此合理选择容腔是十分必要的。
- 针对液压气动系统的简化,可以通过模型等效方法去除惯性元件。
- 通过修改参数降低系统频率,增大计算步长,如将 PID 中的 time constant for first order lag…参数由 0.001 修改为 0.01(0.001 对应的频率是 1 000 Hz)。
- 通过增大转动惯量,减小系统固有频率来进行模型简化。
- 通过上述步骤修改模型,最后尝试用定步长求解模型,查看模型是否收敛,如果不收敛,重复上述步骤。

6.3 AMESim 建模仿真案例

6.3.1 悬架双质量模型的搭建与仿真

悬架双质量模型所需元件主要包括:两个质量块、两个弹簧、减振器、路面激励。

6.3.1.1 模型搭建

(1) Sketch(草绘模型)

打开 AMESim,在 Sketch 标签,从右侧元件库中选择 1D Mechanical,添加机械元件。

添加两个质量模块,分别作为车体质量和轮胎质量;选择质量模块,并单击鼠标中键旋转质量块,将箭头朝上,设置重力传递的正方向;添加弹簧和阻尼器,并通过连接器与车体质量块和轮胎质量块连接在一起;添加位移激励模块;添加弹簧,连接位移激励模块和轮胎质量块,将路面的激励传递给悬架系统;从右侧元件库中选择 Signal,添加 Step 模块模拟阶跃路面,并将其连接到位移激励模块。

(2) Submodel(子模型设置)

转换到 Submodel 标签,选择 Premier submodel 为所有反色显示的图形模块选择最简单的物理模型。子模型设置完成后,将所有反色显示的图形模块反色消除。

(3) Parameter(参数设置)

转换到 Parameter 标签,为各模块设置合适的参数。

选中车体质量模块,设定车体质量为 400 kg,设定倾斜度为 -90°(该倾斜度用于确定模型的运动方向);选中轮胎质量模块,设定轮胎质量为 50 kg,设定倾斜度为 -90°;选中悬架弹簧模块,设定弹簧刚度为 15 000 N/m;选中轮胎刚度模块,设定轮胎刚度为

200 000 N/m；选中路面激励模块，设定阶跃激励幅值为 0.1 m，激励出现时间点为 1 s 处。悬架双质量模型如图 6-35 所示。

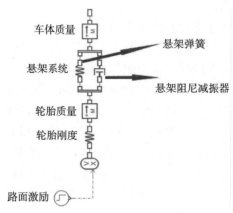

图 6-35　悬架双质量模型

6.3.1.2　运行仿真

转换到 Simulation 标签，单击 Run Parameters，设置仿真时长为 5 s，设置 Print Interval（结果输出采样间隔）为 0.002 s；单击 Run simulation 开始仿真。

仿真完成后，将对应参数拖至模型窗口可得到仿真结果。

该系统车身位移、轮胎位移以及阶跃激励的仿真结果如图 6-36 所示。

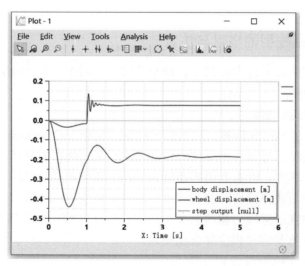

图 6-36　仿真结果

6.3.2　二自由度自行车模型的搭建与仿真

二自由度自行车模型位于 AMESim 元件库的 Vehicle Dynamics 中，如图 6-37 所示。

6.3.2.1　模型搭建

①在 Sketch 模式中搭建二自由度自行车模型，如图 6-38 所示。

②在 Parameters 模式中设置模型参数，如图 6-39 所示。

6 AMESim 车辆动力学仿真软件介绍

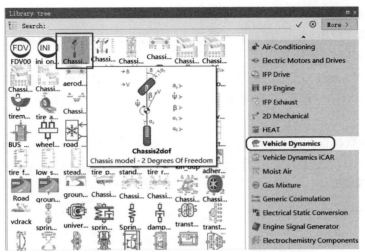

图 6-37　AMESim 车辆动力学库中的自行车模型

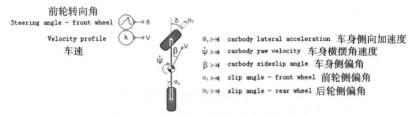

图 6-38　自行车模型的输入输出说明

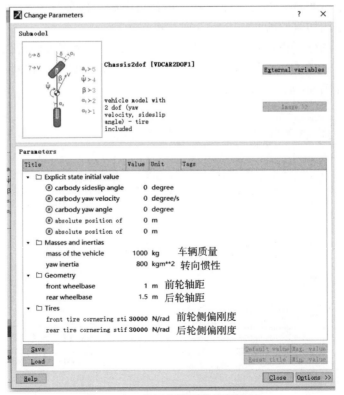

图 6-39　自行车模型的参数设置

6.3.2.2 模型运行

在自行车模型左侧，前轮转向角 δ 通过分段函数设置为在 10 s 内从 0°减小到 -1°（右转），设置车速 v 恒定为 30 m/s。

单击 Study Manager，设置三组不同的轴距参数，以模拟三种不同的转向工况。

在 Studies 中将前轮轴距 a1 和后轮轴距 a2 两个参数拖拉至列表中，单击【Add】按钮添加参数。

三组轴距参数设置如图 6-40 所示。

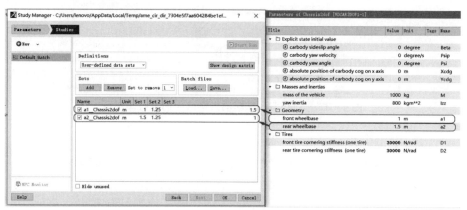

图 6-40 设置三组不同的轴距参数

完成设置后，单击【Run Parameters】按钮，设置 Simulation Type 为 Batch 模式。

单击【Run simulation】按钮开始仿真，仿真结束后，将车身 XY 方向位置的仿真结果拖到模型窗口，绘制仿真曲线。

单击 XY curve 图标（也可在 Tools 中选择 XY curve），将两条曲线转化为车辆的轨迹图。

单击【Result Set Selection】按钮，选中三组不同轴距的模型，在同一张图中对比显示三条轨迹曲线，如图 6-41 所示。

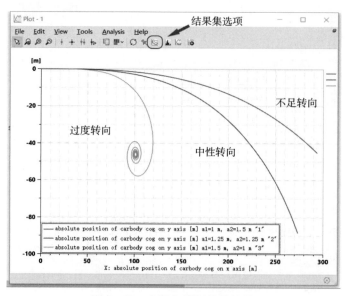

图 6-41 自行车模型仿真结果

可以看出对于相同的速度和转向输入，车辆具有不同的路径结果。过度转向特性车辆的转弯半径越来越小，不足转向特性车辆的转弯半径越来越大。

6.3.3 多轴卡车模型建模

在元件库 Vehicle Dynamics 中的 Chassis 中选择多轴卡车簧载质量模型，如图 6-42 所示。

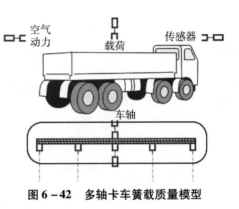

图 6-42 多轴卡车簧载质量模型

卡车簧载质量模型可以通过 3D 机械节点与多个车桥模型连接。车桥模型包括带转向车桥模型和不带转向车桥模型，带转向车桥模型通过一个齿轮齿条机构对车桥进行转向输入。不带转向车桥模型无齿轮齿条机构，一般用于后桥，如图 6-43 所示。

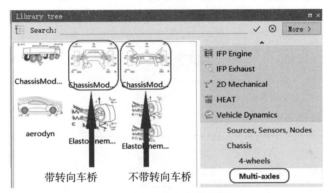

图 6-43 卡车车桥模型

带转向车桥的模型如图 6-44 所示。

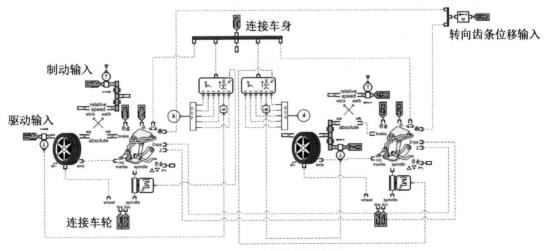

图 6-44 前转向桥模型

可以采用一个简单的齿轮齿条机构作为转向传动机构，如图 6-45 所示。

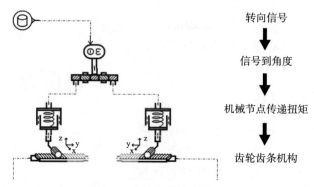

图 6-45 卡车转向模型

简化版的四轴卡车模型一般是前两轴采用带转向的车桥模型,后两轴采用无转向的车桥模型。为了便于描述,轮胎模型用超级元件进行了封装,如图 6-46 所示。

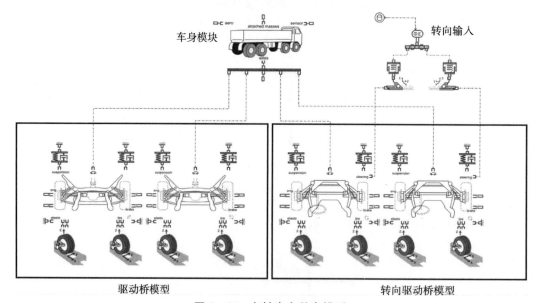

图 6-46 多轴卡车整车模型

简易四轴卡车模型没有发动机、制动系统等模块,应根据仿真需要进行完善。

参 考 文 献

[1] 李军,邢俊文,覃文洁. ADAMS 实例教程 [M]. 北京:北京理工大学出版社,2002.
[2] 陈立平. 机械系统动力学分析及 ADAMS 应用教程 [M]. 北京:清华大学出版社,2005.
[3] 喻凡,林逸. 汽车系统动力学 [M]. 北京:机械工业出版社,2005.
[4] 李增刚. ADAMS 入门详解与实例 [M]. 北京:国防工业出版社,2006.
[5] 阎清东,张连第,赵毓芹. 坦克构造与设计 [M]. 北京:北京理工大学出版社,2007.
[6] 陈军. MSC. ADAMS 技术与工程分析实例 [M]. 北京:中国水利水电出版社,2008.
[7] [德] B. 海兴,M. 埃尔斯. 汽车底盘手册:基础知识、行驶动力学、部件、系统、机电一体化及展望 [M]. 孙鹏,译. 北京:机械工业出版社,2012.
[8] Hans B Pacejka. Tire and Vehicle Dynamics [M]. 3rd ed. Oxford:Butterworth – Heinemann,2012.
[9] Shabana A Ahmed. Dynamics of Multibody Systems [M]. 4th ed. New York:Cambridge University Press,2013.
[10] Michael Blundell, Damian Harty. The Multibody Systems Approach to Vehicle Dynamics [M]. 2nd ed. Oxford:Butterworth – Heinemann,2015.
[11] 宋少云,尹芳. ADAMS 在机械设计中的应用 [M]. 北京:国防工业出版社,2015.
[12] 门玉琢. 汽车试验技术 [M]. 北京:人民交通出版社,2016.
[13] 汤涤军,张跃. MSC Adams 多体动力学仿真基础与实例解析 [M]. 2 版. 北京:中国水利水电出版社,2017.
[14] 林逸,陈潇凯,汤林生. 汽车悬架系统新技术 [M]. 北京:北京理工大学出版社,2017.
[15] 董明明,王梦瑶,梁迎港. 装甲车辆悬挂系统设计 [M]. 北京:北京理工大学出版社,2019.
[16] 缪炳荣,现代车辆结构疲劳寿命预测和耐久性分析 [M]. 北京:科学出版社,2017.
[17] Vasiliu N, Vasiliu D, Călinoiu C, et al. Simulation of Fluid Power Systems with Simcenter Amesim [M]. Boca Raton:CRC Press,2018.
[18] 付永领,祁晓野. AMESim 系统建模和仿真——从入门到精通 [M]. 北京:北京航空航天大学出版社,2006.
[19] 付永领,齐海. LMS Imagine Lab AMESim 系统建模和仿真实例教程 [M],北京:北京航空航天大学出版社,2011.

[20] 梁全,苏齐莹. 液压系统 AMESim 计算机仿真指南［M］. 北京：机械工业出版社，2014.

[21] 梁全,谢基晨,聂利卫. Amesim 机电一体化仿真教程［M］. 北京：机械工业出版社，2021.

[22] 田树军,胡全义,等. 液压系统动态特性数字仿真［M］. 2 版. 大连：大连理工大学出版社，2012.

后　　记

　　自 2017 年承担北京理工大学"车辆多体动力学仿真"的研究生课程教学起至今已有 6 年，若从 1997 年接触多体动力学仿真软件 ADAMS 算起，到现在已经有 26 年。但与车辆多体动力学仿真领域的优秀同行相比，无论是在理论还是在实践方面，我们还只能算是个小学生。撰写这本《车辆多体动力学仿真与实践》，既是班门弄斧，更是勉为其难。好在有学校领导和同事的鼓励，以及海克斯康集团 MSC 公司大中国区 ADAMS 技术团队的大力支持和帮助，得以鼓足勇气，基于多年来在车辆技术和车辆多体动力学仿真方面的科研与教学经验，最终完成此拙作，希望能给学习车辆多体动力学仿真技术的读者提供有益的参考。